V&R

Alfred Adler Studienausgabe

herausgegeben von Karl Heinz Witte

Band 7: Alfred Adler
  Gesellschaft und Kultur (1897–1937)
  herausgegeben von Almuth Bruder-Bezzel

Alfred Adler

Gesellschaft und Kultur (1897–1937)

herausgegeben von Almuth Bruder-Bezzel

Vandenhoeck & Ruprecht

Die Alfred Adler Studienausgabe wird im Auftrag der Deutschen Gesellschaft für
Individualpsychologie herausgegeben von Karl Heinz Witte
unter Mitarbeit von Vera Kalusche.

Bibliografische Information der Deutschen Nationalbibliothek

Die Deutsche Nationalbibliothek verzeichnet diese Publikation in der
Deutschen Nationalbibliografie; detaillierte bibliografische Daten sind
im Internet über http://dnb.d-nb.de abrufbar.

ISBN 978-3-52546055-9

© 2009, Vandenhoeck & Ruprecht GmbH & Co. KG, Göttingen
Internet: www.v-r.de
Alle Rechte vorbehalten. Das Werk und seine Teile sind urheberrechtlich
geschützt. Jede Verwertung in anderen als den gesetzlich
zugelassenen Fällen bedarf der vorherigen schriftlichen
Einwilligung des Verlages. Hinweis zu § 52a UrhG: Weder das Werk noch seine Teile
dürfen ohne vorherige schriftliche Einwilligung des Verlages
öffentlich zugänglich gemacht werden. Dies gilt auch bei einer entsprechenden Nutzung
für Lehr- und Unterrichtszwecke.
© Umschlagabbildung: DGIP-Archiv Gotha.
Printed in Germany
Satz: KCS GmbH, Buchholz / Hamburg
Druck und Bindung: ⊕ Hubert & Co, Göttingen
Gedruckt auf alterungsbeständigem Papier.

Inhalt

Einleitung 7
Vorbemerkung 7
I. Individualpsychologie als Sozialpsychologie 8
II. Biografische Zusammenhänge 12
III. Die Themenbereiche in diesem Band 17

Textausgabe

1. Das empfohlene Treiberlein (1897) 35
2. Das Eindringen sozialer Triebkräfte in die Medizin (1902) 39
3. Eine Lehrkanzel für soziale Medizin (1902) 44
4. Staatshilfe oder Selbsthilfe? (1903) 47
5. Hygiene des Geschlechtslebens (1904) 52
6. Zur Psychologie des Marxismus (1909) 58
7. Syphilidophobie – Ein Beitrag zur Bedeutung der Phobien und der Hypochondrie in der Dynamik der Neurose (1911) 61
8. Neuropsychologische Bemerkungen zu Freiherr Alfred von Bergers »Hofrat Eysenhardt« (1913) 72
9. Das Problem der Homosexualität (1917) 88
10. Dostojewski (1918) 101
11. Bolschewismus und Seelenkunde (1918) 111
12. Die andere Seite. Eine massenpsychologische Studie über die Schuld des Volkes (1919) 120
13. Die individuelle Psychologie der Prostitution (1920) 131
14. Danton, Marat, Robespierre. Eine Charakterstudie (1923) 142
15. Die Ehe als Gemeinschaftsaufgabe (1925) 147
16. Erörterungen zum Paragraph 144 (1925) 154
17. Diskussionsbemerkungen zum Vortrage des Prof. Max Adler im Verein für Individualpsychologie (1925) 158
18. Salvaging Mankind by Psychology (Rettung der Menschheit durch Psychologie) (1925) 163
19. Berufseignung und Berufsneigung (1926) 169
20. On Mussolini (Über Mussolini) (1926) 176
21. Tolstoi und unsere Zeit (1928) 182
22. Zur Massenpsychologie (1934) 183
23. Ist Fortschritt der Menschheit möglich? wahrscheinlich? unmöglich? sicher? (1937) 194

24. Psychiatric aspects regarding individual and social disorganization (Psychiatrische Gesichtspunkte individueller und sozialer Störungen) (1937) 199
25. Selbstmord (1937) 208

Literatur 213
Personenverzeichnis 220
Sachverzeichnis 225

Einleitung

Vorbemerkung

Der vorliegende 7. Band dieser Studienausgabe umfasst 25 Aufsätze aus der 40-jährigen Schaffensperiode Adlers, von 1897 bis 1937, in denen er sich ausdrücklich zu »Gesellschaft und Kultur«, zu gesellschaftlichen Fragen und Erscheinungen, vielfach sehr engagiert, geäußert hat und diese im Licht seiner psychologischen Theorie erörtert.

Auch wenn sich im ganzen Werk Adlers gesellschaftspolitische und kulturelle Bezüge finden lassen, da er den Menschen ohnehin in seinen sozialen Beziehungen, als soziales Wesen, sieht, so richtet ein eigener Band »Gesellschaft und Kultur« den Blick noch einmal gesondert auf diese Gesichtspunkte. Bei seinen anderen Beiträgen treten diese Aspekte oft nur indirekt oder verzahnt mit entwicklungspsychologischen, neurosenpsychologischen oder pädagogischen Fragestellungen auf.

Vor allem vor und nach seiner Zeit mit Freud hat er immer wieder zu konkreten gesellschaftlichen, politischen und kulturellen Erscheinungen Stellung genommen, vor allem natürlich in den Zeiten besonderer politischer Brisanz und neuer gesellschaftlicher Aufgaben, wie dem Ersten Weltkrieg, den Revolutionen 1918/19, dem Roten Wien, den reaktionären Wenden der 1930er Jahre.

Die ausgewählten Aufsätze behandeln Themen wie Sozialmedizin, Sexualität und soziale Beziehungen unter gesellschaftlichem Gesichtspunkt, politische Themen, die auch ins Ethisch-Weltanschauliche reichen wie Marxismus, Bolschewismus, Krieg, Massenbewegungen, Beiträge zur Literatur- und Künstlerpsychologie und Einzelbeiträge zu Selbstmord und Berufswahl.

Eine Besonderheit dieses Bandes ist es, dass eine ganze Reihe von Aufsätzen aufgenommen wurden, die zu Adlers Lebzeiten nur einmal und seitdem nicht noch nochmals erschienen sind. Diese Schriften waren daher weitgehend unbekannt.

Wie in allen Bänden dieser Studienausgabe wurden die Texte jeweils aus der ersten Auflage verwendet und die Veränderungen der jeweiligen weiteren Auflagen in einem Variantenapparat aufgeführt. Drei Aufsätze mussten aus dem Englischen neu übersetzt werden. Die Aufsätze erscheinen hier in chronologischer Reihenfolge. Ihnen sind jeweils editorische Hinweise vorgeschaltet, die die Quellen der Erst- und Neuveröffentlichung, eine Zusammenfassung des Inhalts und Hinweise auf den jeweiligen Kontext angeben. An einigen Stellen wurden im Text selbst oder in Fußnoten Autorenverweise, Erscheinungsjahre und Sach- oder Personenkommentare hinzugefügt. Der Band wird mit einem Literaturverzeichnis, einem Personenregister mit knappen biografischen Angaben und einem Sachregister abgeschlossen.

Die vorliegende Einleitung umfasst drei größere Kapitel. Zunächst werden die sozialpsychologischen Grundlagen der Adler'schen Individualpsychologie dargestellt (I.), dann der Zusammenhang zwischen Adlers Biografie und dem Themenkomplex Gesellschaft und Kultur (II.) und schließlich werden die konkreten Themenbereiche diskutiert, denen diese Aufsätze zuzuordnen sind (III.).

I. Individualpsychologie als Sozialpsychologie

Es gehört zu den Merkmalen und Selbstverständlichkeiten der Psychoanalyse in der Gründerzeit, dass sie sich keineswegs nur als klinische Psychologie oder als Technik der Therapie verstand, sondern ebenfalls als eine psychologische Theorie, die gesellschaftliche und kulturelle Ereignisse und Erscheinungen zu verstehen und zu analysieren versucht. In der Mittwochgesellschaft von Freud waren daher solche Themen gang und gäbe wie die Psychologie und Biografie von Künstlern und Philosophen (Pathografien), die psychologische Analyse literarischer, philosophischer, medizinischer Werke, gesellschaftlicher Erscheinungen und Institutionen, sexueller Phänomene sowie Fragen der Sexualmoral und Sexualreform, der Stellung der Frau in der Gesellschaft und vieles mehr. Freud selbst schrieb eine ganze Reihe kulturtheoretischer Schriften zu den Ursprüngen und zur Verfasstheit von Gesellschaft, zu Krieg und Frieden, zur Massenpsychologie etc.

Mit der Medizinisierung der Psychoanalyse und der damit verbundenen Reduktion der Psychoanalyse auf eine klinische Behandlungstechnik ist der sozialpsychologische und kulturtheoretische Strang der Psychoanalyse immer mehr zurückgedrängt worden. Solche Interessen wurden und werden dann eher Sache von »außen«, von anderen Fachrichtungen, von Sozial-, Literatur-, Kunst-, Kulturwissenschaftlern, Künstlern und Kulturschaffenden, weniger von klinisch ausgebildeten und arbeitenden Psychoanalytikern. Hier geht es um psychoanalytisch orientierte Interpretationen von Dichtungen, bildender Kunst und Musik, um die ethnopsychoanalytische Entschlüsselung (fremder) kultureller Äußerungen oder um die Interpretation politischer Ereignisse, Erscheinungen, Bewegungen und Personen wie Faschismus, autoritäre Persönlichkeit, Antisemitismus, Kriegstreiberei oder Traumatisierungen durch den Krieg, Flucht oder Folter, Terrorismus, politischer Narzissmus.

Insgesamt aber ist dieser Strang der Untersuchung und Analyse politischer Ereignisse und ökonomischer Situationen quantitativ kaum ausgebaut und qualitativ häufig sogar problematisch. Das Problematische daran hat mit der Komplexität der Phänomene zu tun, die stets eine Vielfalt von Erklärungsansätzen erfordern – von denen der psychologische nur einer sein kann. Es hat aber auch zu tun mit dem Denken und dem Status der Freud'schen Theorie selbst, wodurch die Psychoanalyse auf solche Themen eigentlich nicht gut vorbereitet ist. Denn zum einen hat sich die Psychoanalyse als Psychologie innerpsychischer (Trieb-)Konflikte verstanden, die mit der äußeren Realität nichts zu tun habe. Zum anderen hat Freud seine Psychologie als Psychologie eines Einzelwesens, des Robinson, konzipiert. Von den sozialen Beziehungen kamen allenfalls familiale Beziehungen in den Blick und unter diesem familialen Blickwinkel werden umgekehrt auch gesellschaftliche, kulturelle Zusammenhänge gesehen (vgl. Erdheim 1990). All dies bringt dann Schwierigkeiten mit sich, individuelle und gesellschaftliche Erscheinungen analytisch angemessen zu verknüpfen.

Alfred Adler steht, als Gründungsmitglied und in seiner neunjährigen Zugehörigkeit zur Mittwochgesellschaft (1902–1911), ganz in der kulturell orientierten Tradition der Psychoanalyse, hat diese Themen aktiv mitdiskutiert und mit seinen Beiträgen bereichert. Er hat dieses Interesse an Kultur und gesellschaftlichen Zusammenhängen bereits in die Psychoanalyse mitgebracht, vor allem als gesellschaftskritisches und sozialpolitisches Engagement.

Im Unterschied zu Freud hat Adler einen Ansatz, der grundsätzlich den Menschen als soziales Wesen, seine Entwicklung im Zusammenhang mit dem sozialen Umfeld sieht. Diese Sicht geht auch konstitutiv in seine Persönlichkeitstheorie ein. Für Adler sind daher alle psychischen Funktionen von sozialen Zusammenhängen und von gesellschaftlichen Bedingungen mitgeprägt, womit er zu sogenannten Naturgrößen wie Trieb oder genetischer Anlage auf Distanz geht. Adlers Zurückweisung eines triebpsychologischen und eines deterministischen Ansatzes, die letztlich zum Bruch mit Freud führte, steht mit diesem sozialpsychologischen Denken im Zusammenhang. Damit ist natürlich die Wichtigkeit der sozialen Realität für die individuelle Entwicklung, die Bedeutung des sozialen Umfelds, der sozialen Lage, konkreter: die der Familie, der Schule, des Berufs, der Stellung in der Geschwisterreihe, aber auch der Zugehörigkeit zu einem Geschlecht (als soziale Relation verstanden) angelegt und unterstrichen – auch wenn Adler dies nur selten konkret ausformuliert. Dieser Blickwinkel der Berücksichtigung gesellschaftlicher Zusammenhänge ist in der heutigen Individualpsychologie ebenso wie bei den Psychoanalytikern anderer Herkunft eher verkümmert, zumindest im theoretischen Anspruch der Psychotherapeuten, weniger bei individualpsychologischen Beratern, denen sehr viel mehr bewusst ist, dass sie im »sozialen Feld« arbeiten.

Adlers Grundbegriffe sind interaktionistisch, sozialpsychologisch angelegt. Sein Konzept von Gemeinschaft und Gemeinschaftsgefühl, der Grunddynamik von Minderwertigkeitsgefühl und Kompensation, des Strebens nach Macht oder nach Geltung und Anerkennung und seine kritisch verstandene Geschlechtermetaphorik sind vom sozialen Kontext und sozialen Vergleich geprägt. Dies sei noch etwas weiter ausgeführt.

In der Dynamik von Minderwertigkeitsgefühl und Kompensation bildet er ein zentrales Problem des sozialen Lebens ab: das Ringen um den Erhalt des Selbstwertgefühls, das immer den sozialen Vergleich, das Denken in Konkurrenz- und Machtkategorien impliziert, sich an sozialen Maßstäben orientiert und die herrschenden gesellschaftlichen Ungleichheiten widerspiegelt. Wie das Gefühl, minderwertig zu sein, zumindest indirekt den sozialen Vergleich braucht, so ist auch die Kompensation – ihre Form, ihr Inhalt und ihre Ausprägung – durch soziale Maßstäbe geprägt und durch soziale Instanzen übermittelt. So kann diese Dynamik als Erklärungsmuster für Macht, Aggression, Angst, Autoritarismus, Narzissmus dienen.

Adler hat die Machtthematik in die Psychoanalyse gebracht. Er hat das Streben nach Macht kompensatorisch verstanden, als Form der Überwindung von Minderwertigkeits- und Ohnmachtsgefühlen. Im Allgemeinen spricht er in der frühen Zeit eher vom Streben nach Überwindung von Schwäche, vom Streben nach Geltung und Anerkennung als dem Motor der psychischen Entwicklung. Dieses Streben kann »hypertroph« werden, übersteigert oder starr, und wird damit neurotisch. Der »Nervöse« ist »ans Kreuz seiner Fiktion geschlagen« (1912a/2008a, S. 89). Vorübergehend (1912/13) spricht er, mit Verweis auf Nietzsche, vom »Willen zur Macht« im Sinn einer »Urkraft«, versteht dies aber trotzdem kompensatorisch, um der »Unsicherheit ein Ende« zu machen (1912a/2008a, S. 62), identisch mit dem männlichen Protest, »da dieser eine Urform psychischen Geltungsdranges darstellt« (S. 74). Das Machtstreben meint stets aber auch »Herrschaft und Überlegenheit« (S. 67) erstreben, Macht über andere haben. So ist Adlers Machtbegriff immer auch Kritik am Machtstreben (vgl. Bruder-Bezzel 2004, S. 155, 158 f.).

Später, als er das Gemeinschaftsgefühl eingeführt hat, werden Macht und Machtstreben zu ausgesprochenen Negativbegriffen. Er sieht diese Macht in engem Zusammenhang mit Krieg, Mord und Zerstörungen. Adler ist nun ganz zum Kritiker der Macht geworden: Macht beherrscht und vergiftet das gesellschaftliche Leben und die individuelle psychische Entwicklung.

In der Zeit des Ersten Weltkriegs hat Adler die Begriffe »Gemeinschaft« und »Gemeinschaftsgefühl« an eine wichtige Stelle gesetzt. Mit Ansbacher (1981) wird im Allgemeinen der Aufsatz »Bolschewismus« (1918c, in diesem Band S. 111–119) als Zeitpunkt der Einführung genannt. Allerdings finden sich Vorläufer schon im Aufsatz »Das Problem der Homosexualität« (1917b, in diesem Band, S. 88–100) oder sogar schon im »Zärtlichkeitsbedürfnis« (1908d/2007a). Im Aufsatz zur Homosexualität verwendet er Begriffe wie Gemeinschaft, Gemeinsinn, Gemeinschaftsidee – Gemeinschaft wird zum tragenden Gedanken der Argumentation. Adler verstand Gemeinschaft als Ideal und als Maßstab der Kritik. Er verwendet diese Begriffe gerade auch im Bewusstsein, dass diese missbräuchlich eingesetzt und damit pervertiert wurden, zum Beispiel in den Parolen patriotischer »Vaterlandsverteidigung«. Auch in der gewaltsamen Durchsetzung des Sozialismus im Bolschewismus sah er eine Pervertierung des Gemeinsinns.

Gemeinschaftsgefühl in seinem Sinn hatte damals natürlich viel mit sozialistischer Solidarität oder Kollektivismus zu tun, ist nicht streng definiert und hat verschiedene Dimensionen und Bedeutungen. Es ist ein Bewusstsein über gesellschaftliche Zusammenhänge und Spielregeln, ist emotionale Verbundenheit oder ethische Kategorie. Gemeinschaftsgefühl meint eine Fähigkeit und eine Notwendigkeit zur sozialen Interaktion und Kooperation, ein Bedürfnis nach Nähe und nach Gemeinschaft, ein Gefühl der Zusammengehörigkeit, soziales Interesse und die Bereitschaft, sich nützlich machen. Es ist insofern angeboren (und muss entwickelt werden), als es zur Disposition des Menschen als sozialem Wesen gehört. Es steht dem Streben nach Macht und der Egozentrik gegenüber und kann durch diese eingeschränkt werden. »Gemeinschaft« bezieht sich bei Adler sowohl auf die konkrete Gegenwart als auch auf ein Ideal von Gemeinschaft. Als solches hat es bei Adler unterschiedliche Schattierungen: Es kann einen kritischen Begriff meinen, etwas, woran es in der Gegenwart mangelt, es kann Hoffnung auf eine bessere Gesellschaft, eine konkrete Utopie ausdrücken, es kann aber auch affirmativ und wertekonservativ, als Aufforderung zur konformen Anpassung, verstanden werden.

Gemeinschaftsgefühl war zum Identifikationsbegriff der damaligen, vorwiegend sozialistisch orientierten, Individualpsychologie geworden. Nach 1945 bis heute wurde es zum umstrittensten, am meisten kritisierten Begriff in der Individualpsychologie. Das hängt natürlich mit der Erfahrung in der Nazizeit zusammen, in der Gemeinschaft in »Volksgemeinschaft« verdreht und in diesem Sinn auch von Individualpsychologen verwendet wurde. Aber es ist vielleicht ohnehin ein »Unwort« im Kapitalismus, zumal im Neoliberalismus, in dem die Individualisierung gefördert, die »Freiheit« des Vereinzelten gefeiert wird.

Schließlich hat Adler auch die Geschlechtszugehörigkeit als eine soziale Zuordnung betrachtet, da sie in der herrschenden patriarchalischen Gesellschaft mit Wertungen verbunden ist, der Höherwertung des Männlichen, der Entwertung des Weiblichen. Diese Entwertung der Frau durch den Mann sieht er »geradezu als Triebkraft für unsere Kultur« (Protokolle III, 1911, S. 140), und der »zu starke Vorrang der Männlichkeit« sei »der Krebsschaden unserer Kultur« (1910d/2007a, S. 214).

Diese Ungleichwertigkeit drücke sich in der Geschlechtermetaphorik aus: männlich als oben und stark, weiblich als unten und schwach. Dies hatte als »psychischer Hermaphroditismus« und »männlicher Protest« zumindest in seinem frühen Werk einen wichtigen Platz (Adler 1910c/2007a, S. 103–113).

Für Adler gibt es keine angeborenen weiblichen Charakterzüge, diese seien vielmehr aus der untergeordneten Lage der Frau zu erklären. »Weibliche Charakterzüge« seien »Notprodukt, das zustande kommen muss, weil das kleine Mädchen einen männlichen Aberglauben von der Aussichtslosigkeit ihres geistigen Strebens in sich aufgenommen hat« (Adler 1914f, S. 482).

In der psychoanalytischen Mittwochgesellschaft hatte Adler sich in den nicht seltenen Debatten über die Frau sehr klar zur intellektuellen Gleichrangigkeit, zur

Emanzipation und zur Berufstätigkeit (als Ärztin) geäußert (vgl. Protokolle I, 1907, S. 187f., Protokolle II, 1908, S. 82 f.). »Die Frau wird sich nicht hindern lassen durch die Mutterschaft, einen Beruf zu ergreifen« (Protokolle I, 1908, S. 332). Der Emanzipationskampf der Frau stehe neben dem Klassenkampf, die beide einer Furcht vor Degradierung entsprängen (vgl. Protokolle II, 1908, S. 88). An der Gleichberechtigung der Frau müsse daher eine Änderung der Gesellschaft ansetzen.

Adlers grundlegend sozialpsychologische Denkweise geht nicht nur in seine Persönlichkeitstheorie und in sein Menschenbild ein, sondern befähigt natürlich auch zu Analysen gesellschaftlicher Erscheinungen. Die hier abgedruckten Beiträge zeigen, dass Adler kein wertneutraler Wissenschaftler ist. Er schreibt mit Verve, mit Überzeugung, mit Emotion, aus einer humanistischen oder auch sozialistisch geprägten Haltung heraus. Gleichwohl ist Adler auch Praktiker. Ihn interessieren sehr konkrete Probleme und historische Situationen, und er geht solche konkreten Fragestellungen handlungsorientiert an, sucht nach Lösungen und Veränderungen. Seine kulturtheoretischen Überlegungen sind keine Spekulationen über den Anfang der Geschichte, sondern Visionen über die Zukunft, für die er eine Höherentwicklung der Menschheit erwartet oder zumindest verkündet.

II. Biografische Zusammenhänge

Als Adler im November 1902 zum Gesprächskreis von Freud eingeladen wurde, war er bereits seit einigen Jahren praktizierender Arzt, Allgemeinarzt oder Augenarzt und hatte schon manches publiziert, zur ärztlichen Standespolitik, Arbeitsmedizin und zum Gesundheitswesen. Er blickte also wissenschaftlich über die Ränder seines Fachs hinaus und war offenbar im Weiteren auch aufgeschlossen für Psychopathologie, Philosophie und Literatur.

Von Beginn an hatte das Interesse an sozialen Fragestellungen Adlers Denken mehr oder weniger deutlich geprägt. Diese Orientierung war mit der Zugehörigkeit zu sozialistischen und marxistischen Kreisen verbunden. Adler war als Student im linken »Österreichischen Studentenverband« (1888–90), war dann als junger Arzt Mitglied im Studentenverband »Lese- und Diskutierclub Veritas«, 1898/99 (oder früher) Obmann der »Freien Vereinigung« bzw. des »Sozialwissenschaftlichen Bildungsvereins«, in einer Zeit, in der dieser sich zu einer austromarxistischen Vereinigung wandelte, unter Führung von Max Adler, dem späteren Theoretiker des Austromarxismus und der sozialistischen Erziehung (Hubenstorf 1991, S. 484 f.).

In diesen Vereinigungen wurden gesellschaftpolitische, literarische und philosophische Fragen diskutiert, hier hatte Adler Marx und dessen Schriften sowie die politische Welt der Arbeiterbewegung kennengelernt, und hier wurde ebenso über Nietzsche und Kant und viele andere debattiert. Alle drei – Kant, Marx, Nietzsche – wurden damals häufig miteinander verbunden oder im Wechsel verehrt. Sie erwiesen sich auch für Adler als besonders prägend. Man muss davon ausgehen, dass Adler aus diesen intellektuellen Kreisen alle seine damaligen oder in der weiteren Zukunft wichtigen Kontakte, sein Netzwerk, bezogen hat. Adlers Wirken nach dem Ersten Weltkrieg wäre ohne diese Verbindung gar nicht denkbar. So wissen wir von seiner Freundschaft mit Franz Blei, dem späteren literarischen Revolutionär und Kaffeehausliteraten, mit dem ihn das Interesse an Marx und Nietzsche verband. Er lernte dort auch Max Adler kennen und Carl Furtmüller, den späteren Weggefährten und sozialdemokratischen Schulinspektor im Wiener Stadtschulrat, und vor allem auch seine Frau Raissa, eine politisch aktive russische Studentin, die er bereits im Dezember 1897 in Moskau heiratete.

Der Einfluss durch die Sozialisten ist damals zweifellos die stärkste intellektuelle Prägung Adlers. Carl Furtmüller schildert Adler in diesen Kreisen als »eifrigen, hellsichtigen und allen Seiten gegenüber kritischen Beobachter. [...] Von Marx lernte er, wie die gegebene gesellschaftliche Lage auf das Geistes- und Gefühlsleben des Individuums einwirkt, ohne dass es sich dessen bewusst wird« (Furtmüller 1946, S. 235 f.). Adlers früheste Publikationen zeigen unmittelbar diese Verbindung in den Themenstellungen, aber auch in den Publikationsorganen, die alle dem Spektrum der Arbeiterbewegung, der Sozialdemokratie und Gewerkschaftsbewegung entstammten (»Arbeiterkampf«, »Arbeiterzeitung«, »Ärztliche Standeszeitung«, »Gewerbebücher«, »Neue Gesellschaft«).

Durch seine Frau Raissa hatte Adler auch Kontakt zu den russischen Sozialisten und Kommunisten, die nach der Jahrhundertwende in Wien lebten. So kann man auch einen gewissen, sicher nicht allzu starken, Einfluss von Trotzki vermuten (vgl. Glaser 1976).

Adlers sozialistische Orientierung müssen Freud und dem Mittwochkreis von Anfang an bekannt gewesen sein, zumindest wird in dem inoffiziellen Protokoll der ersten oder einer der ersten Sitzungen von 1902 Adler von Stekel mit dem Decknamen »der Sozialist« gekennzeichnet (vgl. Handlbauer 1990, S. 27). Diese Orientierung wird von Adler selbst nicht so stark hervorgehoben, aber er bringt sie doch immer wieder in die Diskussionen ein, am deutlichsten mit seinem Vortrag »Zur Psychologie des Marxismus« (1909d, in diesem Band S. 58–60) oder auch in seiner Haltung zur Frauenfrage, die er mit der sozialistischen Position verband (Protokolle I, 1908, S. 331 f., Protokolle II, 1908, S. 88). Die Reaktionen darauf zeigen, dass er damit ziemlich allein stand, eher befremdlich wirkte und teilweise sogar angegriffen wurde. So sagte Wittels: Es sei »nicht zu vereinigen, Freudianer und Sozialdemokrat zu sein« (Protokolle I, 1908, S. 333). Das mag nicht Konsens im Freud-Kreis gewesen sein, aber auch Freud betonte, zumindest im Nachhinein, in seiner Schrift »Zur Geschichte der psychoanalytischen Bewegung« Adlers sozialistische Herkunft als trennend (Freud 1914, S. 107).

Neben diesen politischen Einflüssen hatten sowohl Kant als auch Nietzsche das Denken von Adler stark geprägt, beides Philosophen, die generell erheblichen Einfluss hatten und auch in Teilen der Sozialdemokratie verankert waren.

Für die Beziehung Adlers zu Kant war sicher der austromarxistische »Cheftheoretiker« Max Adler von Bedeutung, wichtig war aber auch der Kantianer Hans Vaihinger. Dass Kant für Adler wichtig war, zeigt sich auch daran, dass er seinen jungen Verein am 28. November 1912 dazu aufforderte, in die Kant-Gesellschaft einzutreten (vgl. Kretschmer 1982, S. 179).

Der andere herausragende Einfluss auf Adler ist der von Nietzsche (ausführlicher Bruder-Bezzel 2004, S. 122–169) – auch hier wiederum gab es eine Beziehung zur Sozialdemokratie (vgl. Aschheim 2000).

Nietzsche gehörte auch für Adler, wie für so viele, zu einem »Jugenderlebnis«, den er in den studentischen Vereinigungen gemeinsam mit Franz Blei verehrt hatte. Möglicherweise hing Adlers Interesse an Freud mit seinem Interesse an Nietzsche zusammen. Auf jeden Fall war Nietzsche im Mittwochkreis häufig Thema, sodass auch Adler wieder verstärkt mit Nietzsche konfrontiert wurde[1], ein besonderes Interesse an ihm wird hier allerdings nicht sichtbar.

Anfangs scheint Adler aber unausgesprochene Anleihen bei Nietzsche gemacht zu haben: In seiner Grundkonzeption der Dynamik von Minderwertigkeitsgefühl und Kompensation, in der Thematisierung von Aggression und Macht, in der Zurückweisung der primären Rolle des Lustprinzips und in der Idee von Triebumwandlung sind Spuren von Nietzsche zu finden.

Nach dem Bruch mit Freud, um 1912/13, nennt Adler Nietzsches »Willen zur Macht« und »Willen zum Schein« als Formen der »Zwecksetzung« der »Erhöhung des Persönlichkeitsgefühls« und des »männlichen Protests« (1912a/2008a, S. 41). »Wenn ich den Namen Nietzsche nenne, so ist einer der ragenden Säulen unserer Kunst enthüllt«, wobei er mit »Kunst« das »intuitive Erfassen« meint, das »die Seelenkunde« verlangt (1913f, S. 123). Auch der Begriff »Fiktion«, den er in dieser Zeit (1912a) einführt, verweist auf Nietzsche, der diesen Gedanken und Begriff sowohl direkt und wörtlich als auch verdeckt im »Willen zum Schein« gebraucht. Der Philosoph Hans Vaihinger, von dem Adler »Fiktion« unmittelbar zu entlehnen angibt, bezog sich bereits 1902 auf Nietzsche und in seinem großen Werk »Die Philosophie des Als Ob« (1911) auf Kant und auf Nietzsche und hat »Fiktion« ganz mit Nietzsches »Willen zum Schein« verbunden.

1918 nennt Adler Nietzsche, zusammen mit Dostojewski, einen Kenner und Kritiker der Macht (1918c, in diesem Band S. 101–110). Jahrelang schweigt er dann zu Nietzsche und wandte sich in den 1920er Jahren fast feindselig von ihm ab: Als Machtkritiker wurde er Nietzsche-Kritiker. Adler will mit ihm nicht mehr als »Machtpsychologe« verbunden werden. Es sei ein »Missverständnis«, dass man die Individualpsychologie »in die Nähe Nietzsches versetzt hat« (1931o, S. 200).

Im Freud-Kreis wurde Adler zweifelsohne einer der aktivsten und originellsten Diskutanten. In seiner Diskussionsfreude war er auch angriffig und auf seiner Meinung bestehend, was ihm natürlich als despektierlich dem »Meister« gegenüber

---

1 Zu Freuds ambivalentem Verhältnis zu Nietzsche vgl. Gödde (1999) und Bruder-Bezzel (2004, S. 130 ff.).

oder als starr und penetrant angelastet wurde. Seine Beiträge waren ideenreich, häufig auch assoziativ, er hatte stets eine Vorliebe für Charakterbeschreibungen, suchte Lösungen in Reformen oder pädagogischen Interventionen. Er wurde Schüler Freuds und dann Dissident. Er hat viel in diesem Kreis gelernt und übernommen, hat aber umgekehrt unausgesprochen auch einen deutlichen Einfluss auf Freud ausgeübt (vgl. Gast 1992), was zeitweise in einem stillen Ringen, dann in relativ offenem Kampf ausgetragen wurde (vgl. Handlbauer 1990, Bruder-Bezzel, 1999, S. 32 ff.).

Nach dem Bruch zwischen Adler und Freud (1911), bei dem mit Adler eine Reihe von Personen aus der Mittwochgesellschaft austraten, gründete Adler einen eigenen Verein, den »Verein für freie psychoanalytische Forschung«, »frei« von der Vorherrschaft von Freud. Ab September 1913 wurde der Verein umbenannt in »Verein für Individualpsychologie«, wobei »individual« auf Individuum als Einheit und als Einzigartigkeit verweist. Adler bezieht sich hier auf Rudolf Virchows Zellularpathologie, in der Virchow die Zelle als Individuum in einer einheitlichen Gemeinschaft sieht, »in der alle Teile zu einem gleichartigen Zweck zusammenwirken (Virchow)« (1912a/2008a, S. 29). In diesem individualpsychologischen Verein nehmen bis zum Ersten Weltkrieg 1914 die Bereiche Kultur, Literatur, Philosophie einen großen Stellenwert ein. Das zeigen die Titel der Schriftenreihe »Schriften des Vereins für freie psychoanalytische Forschung« ab 1912 (ab 1914: für Individualpsychologie): »Psychoanalyse und Ethik«, »Gogol«, »Philosophie Henri Bergsons«, »Sadismus, Masochismus in Kultur und Erziehung«, »Alkoholismus«, »Frauenfrage«. Auch Adler selbst beschäftigt sich mit Literatur und Kunst (1911f, 1913g, 19140, 1918c, in diesem Band S. 61–71, 72–87, 105–107, 101–110).

Dann kam der Erste Weltkrieg, in dem das Vereins- und Publikationsleben mehr oder weniger zum Erliegen kam. Adler selbst wurde 1916 als Lazarettarzt eingezogen. Aus dieser Zeit ist ein Vortrag von 1916 aus einer »militärärztlichen Sitzung in Krakau« zur »Kriegsneurose« hervorgegangen (1918f/1920a). Da dieser im Wesentlichen einen wissenschaftlichen Überblick über die seinerzeit gängigen Auffassungen über Kriegsneurose und ihre Behandlung darstellt, ist er hier nicht abgedruckt.

Adler soll, wie die meisten, zunächst auf der Seite der Kriegsbefürworter gestanden haben, was später umschlug in Entsetzen und der Propagierung eines wirklichen Gemeinschaftsgefühls.

Nach dem Ende des Krieges, mit den revolutionären Bewegungen, mit der Gründung der Republik, mit der sozialdemokratischen Regierung in Wien, dem »Roten Wien« ab 1920, erwachte wieder Adlers sozialistisches und politisches Engagement. Er ist gegen den Krieg, für die Republik, aber gegen die Revolution, gegen den Bolschewismus. Seine Position ist sozialdemokratisch, er ist Mitglied des Arbeiter- und Soldatenrates. In diese Zeit fallen auch Kontakte zu expressionistischen Kreisen in Wien und in Zürich.

Adler stellt sich nun ganz in den Dienst des Roten Wien, in dem unter der sozialdemokratischen Regierung ein Reformschub größten Ausmaßes in Gang gesetzt wurde. Durch Adlers Engagement hat sich die Zusammensetzung des individualpsychologischen Kreises stark verändert und erweitert; es sind nun vor allem sozialdemokratisch Interessierte dazugekommen. Die Individualpsychologie wurde die einflussreichste Psychologie Wiens, dominierte als Psychologie und Pädagogik alle anderen Richtungen, einschließlich der Psychoanalyse. Sie widmete sich bevorzugt der Erziehungs- und Schulreform, Lehrerbildung und Volksbildung, richtete Erziehungsberatungsstellen ein, aber auch heilpädagogische Heime, Ehe- und Sexualberatungsstellen, Ambulatorien für Kinder und Kinderheime und gründete später sogar eine individualpsychologische Schule. Individualpsychologische und sozialdemokratische Pädagogik verschmolzen miteinander. Die hier abgedruckten Beiträge zur Geburtenregelung, zur Ehe, zur Berufseignung/-begabung sind ein sehr kleiner Ausschnitt aus dem Umfeld dieser Aktivitäten – die pädagogischen Arbeiten im engeren Sinn sind Gegenstand des 4. Bandes dieser Studienausgabe (2009a).

Adler selbst arbeitete in Erziehungsberatungsstellen und hielt unendlich viele Vorträge, Kurse, Seminare zur Erziehung, Lehrerbildung, »Menschenkenntnis«, unter anderem im Wiener Volksheim, am Pädagogischen Institut der Stadt Wien, in der Volkshochschule und der Urania. Ab Mitte der 1920er Jahre ist er sehr viel gereist, in Deutschland, besonders Berlin, und durch ganz Europa, schließlich dann in den USA. Amerika wird zunehmend zu seinem Hauptstandort, nur noch hin und wieder kommt er für eine gewisse Zeit nach Wien. Er reist auch dort sehr viel zu Vorträgen in Kliniken, lehrt in New York an der New School for Social Research, der Columbia University und am Long Island Medical College. Er hatte also zweifellos großen Erfolg, galt aber als populärer Psychologe, der die intellektuelle und künstlerische Avantgarde nicht interessierte (vgl. Hoffman 1997). Er schreibt auch hier eine ganze Menge von Büchern und Aufsätzen (oder lässt sie schreiben) und gibt Interviews in bekannten Zeitungen, wie zum Beispiel in der »New York Times«, was bereits seinen Bekanntheitsgrad anzeigt.

Weit entfernt von der vorherigen täglichen Arbeit mit den Reformen und von den politischen Entwicklungen in Europa und in einem Land lebend, in dem sozialistische Tendenzen noch viel weniger als in Europa geduldet und geradezu verfolgt wurden, geht er zur sozialdemokratischen Partei, zu den sozialistischen Bewegungen und Theorien eher auf Distanz. Den marxistischen Flügel der Individualpsychologie, der sich 1927 um Alice Rühle-Gerstel und Manès Sperber in Wien, Dresden und Berlin entwickelt hat, scheint er toleriert zu haben, aber mit seinem kommunistisch gewordenen Lieblingsschüler Manès Sperber hat er gebrochen.

Gleichwohl ist er bis zu seinem Ende kritisch geblieben und hat sich auch in Amerika so geäußert. Er ist bis zum Schluss nicht davon abgegangen, die kulturelle und gesellschaftliche Ebene einzubeziehen, nach der gesellschaftlichen Relevanz und nach den jeweiligen individuellen und gesellschaftlichen Folgen von Erscheinungen zu fragen.

Die gehäuften Beiträge zu politischen Bewegungen, politischen Führern und zur Zukunft der Welt mit den Überlegungen nötiger Verbesserungen ab den späten 1920er Jahren zeigen, dass er die Entwicklungen der Klassenkämpfe und die Entwicklungen hin zum Faschismus in Europa sehr wohl besorgt beobachtet hat, auch wenn er verständlicherweise die Nazis in Deutschland oder die Austrofaschisten in Österreich nicht konkret benennt.

Nachdem mit dem Sieg der Austrofaschisten im Februar 1934 die Sozialdemokratie in Österreich verboten wurde und damit auch die Individualpsychologie von Verfolgung und vom Austrocknen bedroht war, weil sie so eng mit der Sozialdemokratie verbunden war und alle Reformen gestoppt wurden, mit denen sie beschäftigt war, drängte Adler seine Familie zur Emigration, die dann 1935 erfolgt ist.

III. Die Themenbereiche in diesem Band

Die vorliegenden 25 Texte aus dem Umfeld von »Gesellschaft und Kultur« lassen sich thematisch vier größeren Themenblöcken zuordnen, mit jeweils folgenden Aufsätzen (Kurztitelnennungen):
1. Sozialmedizin: Treiberlein (1897), Triebkräfte (1902), Lehrkanzel (1902), Staatshilfe (1903).
2. Politische Psychologie und Massenpsychologie: Marxismus (1909), Bolschewismus (1918), Die andere Seite (1919), Danton (1923), Max Adler (1925), Salvaging (1925), Mussolini (1926), Massenpsychologie (1934) Fortschritt (1937), Psychiatric aspects (1937).
3. Sexualitätsdiskurs: Hygiene (1904), Syphilidophobie (1911), Homosexualität (1917), Prostitution (1920), Ehe (1925), Paragraph 144 (1925).
4. Literatur- und Künstlerpsychologie: Syphilidophobie (1911), Eysenhardt (1913), Dostojewski (1918), Tolstoi (1928).

Außerhalb dieser Themenbereiche stehen folgende zwei Beiträge: Berufseignung (1926) und Selbstmord (1937).

Anhand dieser Themenblöcke soll auf die Beiträge in ihrem Zusammenhang und ihren Hintergründen und auf ihre Bedeutung im Adler'schen Gesamtwerk oder in der Individualpsychologie eingegangen werden, soweit dies nicht bereits in den editorischen Hinweisen geschehen ist.

1. Sozialmedizin

Adlers erste Publikationen überhaupt sind seine Beiträge zur Sozialmedizin. Das spiegelt seine soziale und sozialdemokratische Orientierung wider, die sich auch in den Publikationsorten zeigt.

Adler hat sechs Beiträge zur Sozialmedizin im engeren Sinn geschrieben, zwischen 1897 und 1903, von denen hier vier abgedruckt sind. Zwei von diesen (1897 »Treiberlein« und 1902b »Lehrkanzel«) sind mit dem Pseudonym »Aladin« bzw. »Aladdin« gekennzeichnet und damit ist die Autorschaft mit einem gewissen Fragezeichen behaftet.

Im erweiterten Sinn könnte man darüber hinaus noch vier Beiträge zur Sozialmedizin hinzurechnen, in denen es um körperliche und psychohygienische Aufklärung über Gesundheit geht, als konkrete Ausführung des sozialmedizinischen Auftrags zur gesundheitlichen Prophylaxe: 1902c, 1902d (hier nicht abgedruckt), 1904a (»Arzt als Erzieher«,2007a, S. 25–34) und 1904b (»Hygiene«, in diesem Band S. 52–57).

Die vier hier abgedruckten Beiträge stellen den Zusammenhang zwischen der sozialen Lage und den Krankheiten her, greifen die sozialen Verhältnisse und vor allem die staatliche und kommunale Gesundheitspolitik an und machen Lösungsvorschläge zur sozialen Gesetzgebung, zur öffentlichen Sanitätspflege und Hygiene. Eine von Adlers Forderungen ist die Einrichtung einer »Lehrkanzel für soziale Medizin«.

Sozialmedizin ist ein Bereich, der sich um diese Zeit gerade erst herausgebildet hat. Es ist eine Zeit, in der die »soziale Frage« als politische, medizinische, sittliche, als Frage der Arbeits-, Lebens- und Wohnungsbedingungen der in die Städte strömenden Arbeiter brennend wurde. Es war die Zeit der explosiven kapitalistischen Industrialisierung und Urbanisierung, die die Verhältnisse aufwirbelten und neue Probleme schufen. Die Unternehmen wandelten sich von Klein- und Familienbetrieben – in Österreich um diese Zeit noch vorherrschend – zu Großbetrieben und Aktiengesellschaften. Es ist eine Zeit, in der die Wiener Gemeindeverwaltung unter dem ansonsten berüchtigten erzkonservativen, katholischen Wiener Bürgermeister Karl Lueger (ab 1897) in großem Maßstab kommunale Gemeindereformen durchführte – denen allerdings bereits Anfang der 1890er Jahre entsprechende Projekte (u. a. Raum- und Verkehrsplanung im Generalregulierungsplan 1892) vorausgegangen waren (vgl. Bruder-Bezzel 1983, S. 16 f., 33 f.).

Der Medizinhistoriker Michael Hubenstorf setzt die Bedeutung Adlers in dieser »Schlüsselperiode« der sozialen Medizin sehr hoch an und hat Adlers Beiträge einer detaillierten, ca. 100 Seiten umfassenden Analyse unterzogen. Obgleich Ludwig Teleky später als der erste Begründer der Wiener Sozialmedizin gilt (Hubenstorf 1991, S. 504), seien von Adler »praktisch alle entscheidenden Problemstellungen der österreichischen, wenn nicht überhaupt der gesamten deutschsprachigen Sozialmedizin/Sozialhygiene erstmals versuchsweise ausformuliert« worden (S. 471). Hubenstorf sieht bei Adler verschiedene wissenschaftliche, standespolitische und politische Einflüsse. Adler argumentiere nie biologistisch, sondern immer sozialwissenschaftlich-nationalökonomisch (S. 532), er habe umfassende Kenntnisse der Institutionen und Zusammenhänge von Wissenschaft, Gesellschaft, Staat und ein Vertrautsein mit der Geschichte der Medizin (S. 522 ff.).

Besonders sei hervorzuheben, dass Adler der Erste war, der die Forderung nach einer Lehrkanzel für soziale Medizin erhoben habe (S. 472).

Adler ergreift in seinen Beiträgen Partei für das Volk und die Arbeiterklasse, zur Hebung des Lebensstandards und Verbesserung der Gesundheit und scheut keine Anklage gegen die Regierenden und Herrschenden. Diese Verbesserungen der Lebensbedingungen müssten erkämpft werden und bedürften einer gestärkten, sozial denkenden Ärzteschaft.

In Adlers Themen und Argumentationen gehen marxistische und gewerkschaftliche Positionen ein, aber sehr stark auch bürgerliche radikal-liberale. Hier gibt es fließende Übergänge. Der marxistisch-sozialdemokratische Hintergrund ist vor allem an Stellen sichtbar, wo Adler die Anklage gegen das Elend der unteren Klassen mit einer marxistischen Staatskritik verbindet (1902a, 1902b, 1903b, in diesem Band S. 39–51). Für die liberalen Positionen greift er unter anderem auf den »Verein für Socialpolitik« mit den »Kathedersozialisten« Gustav von Schmoller und Luio von Brentano zurück. Ebenso wird Rudolf Virchow als Sozialmediziner und als Zellularpathologe einbezogen.[2]

Die 1902 neu herausgegebene Zeitschrift »Ärztliche Standeszeitung«, in der Adlers Beiträge erschienen sind, ist eine standespolitische Initiative zur »Vereinigung aller Ärzte zum gemeinsamen Kampfe für die Standesinteressen«, zur »Hebung des gesunkenen Ansehens der Ärzte«. Herausgeber war der Arzt, Standes- und Kommunalpolitiker Dr. med. Heinrich Grün, der laut Hubenstorf innerhalb der Sozialdemokratie dem revisionistischen Flügel angehörte (Hubenstorf, S. 521).[3]

Im Verständnis dieser Zeitschrift, das auch Adler teilt, gehört bemerkenswerterweise der soziale Auftrag der Medizin (zur Hebung der Volksgesundheit) zur Standespolitik, die sozialkritisch verstanden wurde – ein Zusammenhang, den es später nicht mehr gab (Hubenstorf 1991, S. 538). Da aber die Ärzte im Kampf gegen die konservative Regierung und Ärztekammer standen, wurden sie auch als Opposition zum kapitalistischen System gesehen (was heute nur schwer vorstellbar ist).

Adlers sechs Feuilleton-Beiträge (1902–1904) in dieser »Ärztlichen Standeszeitung« stehen immer auf der ersten Seite unter dem Leitartikel. Adler ist somit für sechs Mal der Hauptkommentator oder das Aushängeschild des Blattes, und zwar ab der ersten Nummer. In seiner Thematik und in der Schärfe seiner Kritik an der staatlichen Gesundheitspolitik sind diese Beiträge somit für diese Zeitschrift als programmatisch zu verstehen.

Auf zwei hier nicht abgedruckte Beiträge aus der Reihe der sozialmedizi-

---

2 Virchows 80. Geburtstag 1901 wurde in der Presse gerade breit gewürdigt.
3 Rüdiger Schiferer nennt Heinrich Grün zusammen mit Max Kahane (1995, S. 53), der wie Adler eines der Gründungsmitglieder der Freud'schen Mittwochgesellschaft war. Somit könnte Kahane, über Heinrich Grün, auch mit Adler bereits bekannt gewesen sein.

nischen Schriften Adlers möchte ich noch eingehen: die kleinformatige 31-seitige Broschüre »Gesundheitsbuch für das Schneidergewerbe« von 1898 (als Faksimile erschienen 1987, hg. v. R. Porep) und der Feuilleton-Beitrag »Stadt und Land« von 1903a (vgl. auch Bruder-Bezzel 1983, S. 29 f., 33 f.). Sie sind hier nicht abgedruckt, da in ihnen vornehmlich sozialpolitische Analysen und ökonomische Statistiken übernommen werden.

Das »Gesundheitsbuch« steht in der Reihe »Wegweiser der Gewerbehygiene«, herausgegeben von einem Arzt, der in Berlin für Berufsgenossenschaften tätig und aktiv war, Dr. E. Golebiewski. Dieser Reihe und darin auch Adler geht es darum, die Arbeits- und Lebensbedingungen und die Krankheiten einzelner Gewerbe, hier der Schneider, aufzuzeigen und Reform- und Änderungsmöglichkeiten auszuweisen. Allgemeiner, so schreibt Adler, sei er bemüht, den »Zusammenhang von ökonomischer Lage und Krankheiten eines Gewerbes zu schildern« und »den Menschen mit seinen körperlichen Leiden nicht als Einzel-, sondern als Gesellschaftsprodukt« zu sehen. Er schildert die Arbeitsbedingungen und die soziale Lage der Schneider anhand von Berichten und Statistiken von Genossenschaften, Gewerkschaften, Krankenkassen und von Analysen der »Schriften des Vereins für Socialpolitik«. Er setzt diese Bedingungen mit den am häufigsten vorkommenden Erkrankungen der Schneider (Lungentuberkulose, Magen- und Darmkrankheiten, Verkrümmungen des Rückgrats, Krätze, Krämpfe) in Beziehung und macht entsprechende organisatorische und gesetzliche Lösungsvorschläge. Die Wurzel allen Übels sei die kleinbetriebliche Struktur. Schneiderwerkstätten arbeiteten in der Mehrzahl im Verlagssystem[4], würden durch Zwischenmeister ausgepresst (»Schwitzsystem«). Daraus erklärten sich die niedrigen Löhne, der Wechsel von sehr langen zu sehr kurzen Arbeitszeiten und die Arbeitslosigkeit. Sie müssten sitzend, in gebückter Körperhaltung arbeiten, in geschlossenen, schlecht gereinigten, staubigen, mangelhaft ventilierten Räumen.

In »Stadt und Land« (1903a) vergleicht Adler die gesundheitlichen Bedingungen in der Stadt und auf dem Land und klagt besonders die schlechten hygienischen Verhältnisse auf dem Land an, deren Ursache in Armut und Unwissenheit einer ausgepowerten Bevölkerung liege und wo gesundheitspolitische Gesetzgebung nicht gelte. Gesundheitliche Reformen und Schutzmaßnahmen kämen nur der Stadt zugute.

Diese Position hebt sich von der zeitgenössischen Großstadtkritik und von den mehr oder weniger agrarromantischen Naturbewegungen (z. B. Lebensreformbewegung) ab und kann darauf verweisen, dass tatsächlich alle Modernisierungen der Infrastruktur wie Verkehrsplanung, Kanalisation, Grünflächen, Bau von Spitälern und sozialen Einrichtungen, Verwaltungen etc. den (Groß)Städten zugute kamen. So auch in großem Stil in Wien.

---

4   Historische wirtschaftliche Organisationsform, bei der dezentrale Produktionen von einem sog. Verleger zentral vermarktet werden.

Adler ist mit diesen Arbeiten zur Sozialmedizin, zumindest bis 1903, noch weit entfernt von Psychologie, deren Einfluss aber in den Arbeiten von 1904 sichtbar wird. Umgekehrt geht diese sozialreformerische Herkunft in Adlers Psychologie und Praxis ein.

2. Politische Psychologie und Massenpsychologie

Adler verwendet die Begriffe »Masse«, »Massenpsychologie«, »Massenpsyche« eher unpräzise und in verschiedenen Bedeutungen. Er wendet sich auf jeden Fall gegen Le Bon, auf den sich Freud bezieht (1934i, in diesem Band, S. 183-193, S. 184).

»Massenpsychologie« bedeutet bei ihm so etwas wie die Sozialpsychologie von Kollektiven, »Massenpsyche« sind die Menschen in der Masse, aber auch Mentalitäten, vorherrschende Haltungen von Kollektiven. Er betrachtet die Massenpsyche und Massenbewegungen nach dem Modell der Einzelpsyche und deren Dynamik durch Minderwertigkeitsgefühl und Kompensation.

Die verschiedenen Bedeutungen werden auch an einem über Jahre hinweggehendem Seminar »Massenpsychologie« deutlich, das Adler und seine Mitarbeiter von 1919 bis 1924 im Wiener Volksheim abgehalten hat. Die Themen waren: Psychologie des Kleinkindes, des Schulkindes, der Pubertätsjahre; Psychologie der großen Männer und des Revolutionärs, dann Seminare zur Massenpsychologie im engeren Sinn wie Massensuggestion, Masse und Führer, Individuum und Gemeinschaft und Vorträge zur Psychologie des Proletariats, der Jugendbewegung und Mode.

Die meisten von Adlers Beiträgen zur politischen Psychologie und Massenpsychologie sind Antworten auf politische Ereignisse oder Strömungen, in denen Massen eine Rolle spielen, Massen sich bewegen oder Massen verführt und gezwungen werden – so die Französische Revolution (»Danton«, 1923b), die Klassenkämpfe der Arbeiterbewegung zu Beginn des 20. Jahrhunderts (»Marxismus«, 1909d), der Erste Weltkrieg (»Die andere Seite«, 1919a), dann die folgenden revolutionären Bewegungen: die russische Oktoberrevolution (»Bolschewismus«, 1918c), die deutschen und österreichischen revolutionären Bewegungen mit den Ergebnissen der Republiken, danach die reaktionären Bewegungen beim Scheitern der Republiken, Faschismus, Nazismus (»Mussolini«, 1926z, »Massenpsychologie«, 1934i). Vor diesem Hintergrund stellt er dann auch Fragen nach der Zukunft der Menschheit und der Bedeutung und Aufgabe der Psychologie (»Salvaging«, 1925j, »Fortschritt«, 1937g, »Psychiatrische Gesichtspunkte«, 1937b). In einem Beitrag (»Max Adler«, 1925g) wird er zur Reflexion über die wissenschaftliche Begründung des Gemeinschaftsgefühls aufgefordert.

In allen Beiträgen geht es um das Wirken von Macht und um die tragende Bedeutung des Gemeinschaftsgefühls, beides auf individueller und kollektiver Ebene. Das wird konkretisiert in einer Kritik an Krieg und Gewalt, an der Analyse der Beziehung von Staat oder Führer und Volk oder Massen und die damit verbundenen Abhängigkeiten, Demütigungen, Unterdrückungen, Verführungen. Mit dieser Thematik sind seine Beiträge ab 1923 auch eine Antwort auf Freuds Massenpsychologie (1921), Adler explizit 1934i (in diesem Band S. 183–193).

Stellenweise sind Adlers Analysen von historischen Bewegungen mit Hilfe seiner individualpsychologischen Kategorien sehr beeindruckend, ja sogar großartig. Gleichwohl kann auch zuweilen Unbehagen entstehen, wenn beispielsweise die Realitätsebene einer historischen Situation in der psychologischen Erklärung zu wenig Beachtung findet oder wenn bei Massenbewegungen von der politischen Ausrichtung abgesehen und generalisiert wird.

Seine Herkunft vom Marxismus und der Arbeiterbewegung und seine Orientierung an der Sozialdemokratie hat Adler innerhalb der Mittwochgesellschaft erstmalig 1909 mit seinem Vortrag »Zur Psychologie des Marxismus« zum Thema gemacht (1909d, in diesem Band S. 58 ff.). Adlers Frage nach der Rolle der Psychologie im Klassenkampf, die Frage nach dem »subjektiven Faktor«, der Motivation, der Beteiligung oder Notwendigkeit von Moral und Altruismus oder ob Klassenkampf überhaupt notwendig sei (Fatalismus-Diskussion), waren aktuelle Fragen, die im Umkreis Adlers in Wien unter anderem von Trotzki (1906) und Max Adler (1908) diskutiert wurden, worauf bereits Dahmer (1973, S. 267–271) und Glaser (1976) verwiesen haben.[5] Es ist der einzige Beitrag Adlers, in dem er eine so enge Verbindung zur marxistischen Bewegung herstellt und sich so uneingeschränkt positiv zum Klassenkampf äußert. Klassenkampf ist für ihn ein Kampf gegen Degradierung, was er positiv als Befreiung, auch als Befreiung von den Hemmungen der Aggression, beurteilt.

Dieser Vortrag 1909 wird von manchen psychoanalytischen Autoren gern genannt als früher Beweis für die Verbindung zwischen Psychoanalyse und Marxismus, die sich in den 1920er Jahren mit den sogenannten Freudomarxisten fortsetzte (und in den 1968er-Zeiten wieder aufgelebt ist) wie auch als Beweis für Freuds Toleranz. Das könnte man auch ein wenig zurückhaltender sehen. Denn zum einen war die Aufnahme des Vortrags in diesem Kreis deutlich reserviert, Adler stand ziemlich allein, nur Paul Federn war vorsichtig positiv. Die Thematik blieb in diesem Kreis ein Einzelereignis – ohnehin nur von Adler eingebracht –, der Vortrag wurde nicht gedruckt. Zum anderen ging es inhaltlich weniger um die Theorie des Marxismus in ihrem Verhältnis zur Psychoanalyse, sondern um eine psychologische Interpretation des Klassenkampfs und Klassenbewusstseins, und zwar bereits mit den Kategorien der Individualpsychologie.

Zehn Jahre später, aufgerüttelt durch den Krieg und die revolutionären Ereignisse in Europa und Russland, leben für Adler Arbeiterbewegung, Sozialismus, Kritik am Kapitalismus, Kritik an Kriegstreiberei wieder auf. Er verändert seine

---

5   Beide hatten sich mit dieser Diskussion in der Mittwochgesellschaft beschäftigt, noch bevor die »Protokolle« veröffentlicht waren.

Theorie mit dem Appell an das Gemeinschaftsgefühl und arbeitet in der Folge bei den Reformen im Roten Wien mit.

Er feiert den Sieg des Sozialismus als »Erhebung des Gemeinsinns zur leitenden Idee«, als »Urlaut der Menschheit«, als »Verwerfung des Strebens nach Macht«, preist den »gemeinsamen Kampf des Proletariats« und die »Diktatur des Proletariats« (1918c, hier S. 111–119).

Vor diesem Hintergrund muss man seine Kritik am Bolschewismus lesen, aus der Enttäuschung über »ehemalige Freunde und Weggenossen,« über die »gewaltsame Durchsetzung des Sozialismus«. Diese Enttäuschung war sehr weit verbreitet, sie ging von den Mehrheits-Sozialdemokraten zu Rosa Luxemburg bis hin zur rätedemokratischen Bewegung (Otto Rühle). Die österreichische und deutsche Sozialdemokratie machte daraus einen erbitterten Kampf gegen den Bolschewismus, der als »jakobinische Schreckensherrschaft« gegeißelt wurde. Revolutionäre Tendenzen oder gewaltsamer Kampf sollten unterbunden werden. Adlers Kritik am Bolschewismus steht in dieser austromarxistischen Linie, ebenso wie seine spätere Beschäftigung mit den Führern der Französischen Revolution (»Danton«, 1923b), als Warnung vor Gewalt. Der Bolschewismus-Aufsatz mit seiner Erklärung der diktatorischen Machtausübung durch »Machtrausch« oder »Machtgier« – ganz ohne auf die Situation in Russland vor und nach der Revolution einzugehen – gehört zu den Beispielen von Verkürzungen und Psychologisierungen.

Dass für Adler die Auseinandersetzung mit dem Bolschewismus zugleich die Auseinandersetzung mit Machtausübung und Machtstreben etc. darstellt, zeigt sich daran, dass er 1928 einen Aufsatz »Psychologie der Macht« (1928m, Studienausgabe, Bd. 3), als Kritik an der Macht, veröffentlicht, der etwa zur Hälfte identisch ist mit dem Bolschewismus-Aufsatz, aber ohne diesen konkreten politischen Bezug.

In der gleichen Zeit nach dem Krieg, 1918/19 geißelt er häufig den Krieg, in »Bolschewismus« (1918c), in »Die andere Seite« (1919a) und an anderen Stellen: Krieg als Ausdruck des Machtstrebens der Herrschenden und ihrer Helfer, dem die »Untertanen« unterworfen würden und die sich selbst, in Übernahme der Kriegsziele als ihrer eigenen, unterwerfen.

»Die andere Seite« gehört zu den klarsten und radikalsten Schriften Adlers und hier ist die Anwendung seiner Theorie auf Massenpsychologie am überzeugendsten – selbstverständlich nicht nur auf die Kriegssituation bezogen. Beeindruckend plastisch wird das Zusammenspiel von autoritärer Herrschaft, von Zwang, Täuschung, Verführung und autoritären Bedürfnissen, Verleugnung der Ängste und Demütigungen und kompensatorischer Identifikation, entfaltet. »Aus der Schande seiner Entehrung versuchte es [das Volk] sich unter die Fahne seines Bedrückers zu retten« (1919a, hier S. 120–130; S. 130), »um nur irgendeinen Halt zu gewinnen«, griff es »nach der Losung des übermächtigen Unterdrückers und tat so, als ob er die Parole zum Krieg ausgegeben hätte« (hier S. 129). Dadurch wird das Volk missbrauchbar und willfährig und handelt gegen seine eigenen Interessen. Die Verantwortlichkeit der Herrschenden ist hier klar, Adler spricht das Volk frei von Schuld, die »Massenneurose« oder »Kriegspsychose«, wie er andernorts auch schreibt, ist induziert und aus der Not heraus entstanden. An anderen Stellen ist Adler nicht so klar. Eineinhalb Jahre vorher (Juli 1918) verbindet er mit »Kriegspsychose« eine bittere, vorwurfsvolle Haltung (1918g in 1919a, hier S. 129) oder verschwimmt die Verantwortlichkeit in Richtung »Kultur«, »Massen«. So heißt es zum Beispiel 1919 im Vorwort zur zweiten Auflage des »Nervösen Charakters« zum »Weltkrieg, die furchtbarste Massenneurose, zu der sich unsere neurotisch-kranke Kultur, zerfressen von ihrem Machtstreben und ihrer Prestigepolitik entschlossen hat. [...] Und er [der Weltkrieg, A. B.-B.] entschleiert sich als das dämonische Werk der allgemein entfesselten Herrschsucht, die das unsterbliche Gemeinschaftsgefühl der Menschheit drosselt oder listig missbraucht« (1919c/2008, S. 30).

An verschiedenen Stellen – so am Ende seines Vortrags zur Kriegsneurose in Krakau (1918f/1920a), sogar am Ende seiner Antikriegsbroschüre »Die andere Seite« (1919a, hier S. 130) – wird auch eine ablehnende Haltung gegen Kriegsneurotiker oder solche, die sich dem Kriegsdienst entziehen wollen oder als Simulanten angesehen werden, spürbar. Hier schlägt offenbar unter dem Begriff Solidarität oder Gemeinschaftsgefühl trotz Kriegsgegnerschaft eine Art von unhinterfragtem Kollektivismus oder Kameradschaftsgeist durch. In dieser Richtung löst Adler in einem viel später berichteten Traum auch den moralischen Konflikt zwischen Kriegsgegnerschaft und militärärztlicher Auslese, die für Adler eine »painful duty« gewesen sei, wie Phyllis Bottome schrieb (Adler 1929b, S. 80 f.; Bottome 1939, vgl. Bruder-Bezzel 1999, S. 56 f.).

Die »Massenbewegungen« beurteilt er in den 1920er Jahren – anders als vorher den Klassenkampf – nun vorwiegend negativ oder steht ihnen ambivalent gegenüber. Er sieht in ihnen »zerstörerische Ziele«, konstatiert aber zugleich »eine Befreiung von Umständen, die als unerträglich empfunden werden«. Vermutlich meint er damit die reaktionären Massenbewegungen – das ist allerdings nicht richtig klar. Denn immerhin haben sich ab Anfang bzw. Mitte der 1920er Jahren bereits die faschistischen oder präfaschistischen Massen organisiert oder auch bereits etabliert (u. a. Faschisten in Italien, Nazis in Deutschland, »Heimwehr« in Wien).

Auch zur Führerfigur äußert sich Adler meist negativ, zeichnet den Führer als machtgierig, ehrgeizig oder als autoritären Verführer – so die bolschewistischen Führer (1918/19), die französischen Revolutionäre (1923b), den Faschisten Mussolini (1926z) und auch allgemein (1934i). Dagegen stattet er im Aufsatz »Salvaging« (1925h) den Führer mit positiven Eigenschaften aus, vor allem mit Gemeinschaftsgefühl.

Immer wieder beschreibt Adler das Zusammenspiel von Führer und Volk oder Massen. Er scheint hier vorwiegend die autoritären Führer wie Mussolini oder Hitler (den er verständlicherweise nicht nennt) zu meinen: Führer und Volk passten zueinander, der Führer könne nur wirken, wenn die Sehnsucht der Massen durch ihn verkörpert werde (in diesem Band 1923b, S. 142 ff.; 1925h, S. 163 ff.; 1926z, S. 176 ff.; 1934i, S 183 ff.). Die Menschen erwarteten alles von den anderen, meist von einem Führer, der für sie denkt, die Verantwortung übernimmt etc.

Adlers Analysen zur Massenpsychologie, seine darin implizierte Theorie der politischen Macht, des Autoritarismus und der autoritären Persönlichkeit sind geradezu vorbildlich, lange vor Erich Fromms und Adornos Untersuchungen zur autoritären Persönlichkeit. Der in den 1920er Jahren individualpsychologisch orientierte Rätekommunist Otto Rühle hat die autoritäre Persönlichkeit (1925) in ganz ähnlicher Weise wie Adler beschrieben, vor allem aber müssen Adlers Analysen Vorbild für Manès Sperbers »Analyse der Tyrannis« (1937) gewesen sein. Sperber bezieht sich darin im Wesentlichen auf die Nazibegeisterung, setzt sich aber auch mit dem Stalinismus auseinander. Sperbers Schrift ist bis in einzelne Gedanken und Formulierung hinein gänzlich getragen von Adlers Theorie der Macht und des Verhältnisses von Führer und Volk und geht über ihn hinaus[6] (vgl. Bruder-Bezzel 2006, S. 371 ff.).

3. Sexualitätsdiskurs

Bei den Beiträgen zur Sexualität und zu sexuellen Beziehungen geht es um Fragen der Sexualpolitik, Sexualerziehung und Sexualreform und insofern um Sexualität als kulturellem Phänomen. Hier schließt Adler an einen gesellschaftlich breit geführten Diskurs an und verknüpft ihn mit seinen neurosenpsychologischen Ideen.

Das psychologisch-theoretische Verständnis von Sexualität, in dem sich Adler und Freud so stark unterscheiden, die Frage des Triebs und dessen Stellung und Bedeutung (vgl. Bruder-Bezzel 2004b, S. 39 ff.), bleiben hierbei eher im Hintergrund. Zum besseren Verständnis sei es hier aber kurz skizziert:

Adler sieht Sexualität oder den Sexualtrieb nicht als primär und treibend an, sondern die Triebe sind den Zielen des Individuums untergeordnet und in die Suche nach sozialen Beziehungen eingebettet. Als solche ist Sexualität auch der kompensatorischen Dynamik unterworfen und kann als eine Ausdrucksform von Machtstreben auftreten. Dies äußert sich im sexuellen Jargon oder im ungleichen Geschlechterverhältnis, in dem die Frau als untergeordnet gilt. Die geschlechtermetaphorische Terminologie von »männlich« als »oben« und »weiblich« als »unten«, von »psychischem Hermaphroditismus« und »männlichem Protest« drückt dieses Verhältnis aus.

Sowohl der theoretische Diskurs in der Psychoanalyse als auch der sexualpolitische Diskurs, um den es hier geht, schließen an eine Debatte an, die es seit den 1890er Jahren gab und die in Zeiten von gesellschaftlichen Umbrüchen, wie

---

6 Obgleich Sperber in dieser Zeit eigentlich schon länger von Adler getrennt war.

denen nach dem Ersten Weltkrieg, also in den 1920er Jahren, wieder an Bedeutung gewann.

Dieser Sexualitätsdiskurs wurde teils von der Psychiatrie geführt, teils von Reformkräften, oft erzwungen durch gesetzgeberische Einschränkungen und Verbote. In der Sexualreformbewegung mischten sich frauenemanzipatorische, sexualrevolutionäre und eugenisch-bevölkerungspolitische Interessen. Stets war der Diskurs auch Anzeiger für das Ausmaß von Repression und Freiheit, von Moral und Doppelmoral – und als solcher wurde er als Teil der Gesellschaftskritik geführt. Es ging um Sexualaufklärung und sexuelle Emanzipation, um Homosexualität und Prostitution, aber auch um ein neues Verständnis von Ehe, Familie, Kindererziehung. Mit der Bekämpfung der Geschlechtskrankheiten wurden Fragen der Moral verknüpft, auch die Stellung der Prostitution in der Gesellschaft und die Toleranzbreite gegenüber der Sexualität der Jugend und außerhalb der Ehe. Heiß umstritten waren auch die vielfach verteufelte Selbstbefriedigung und die Geburtenkontrolle. Diese Themenbereiche werden auch in den vorliegenden Texten Adlers angesprochen.

In Adlers Artikel aus der frühesten Zeit, »Hygiene des Geschlechtslebens« (1904b, in diesem Band S. 52–57), geht es anhand einer Rezension um Sexualpädagogik um Sexualität von Jugendlichen. Von höchster Stelle, von dem renommierten Sozialhygieniker und Eugeniker, Professor Max Gruber, werden hier Normen gesetzt. Mit der scheinbaren Haltung von Ehrerbietung widerspricht Adler in seiner Rezension diesen konservativen Vorgaben in allen Punkten. Er vertritt aufgeklärte Positionen, die Freud nahestehen. Das Thema kindliche Sexualität im Sinn von Freud führt Adler im folgenden Jahr weiter (1905a/2007a, S. 35–40).

Ähnlich fortschrittlich-sachlich, ohne zu moralisieren, sind auch die beiden Artikel »Syphilidophobie« (1911f, in diesem Band S. 61–71) und »Prostitution« (1920c, in diesem Band S. 131–141): Die – damals nicht unbegründete – Angst vor Geschlechtskrankheiten hat für Adler auch eine neurotische Seite oder Ausprägung, auf die er hier eingeht. Prostitution wird in ihrer gesellschaftlichen Rolle und, sehr modern, als Beruf gesehen. In der übermäßigen Angst vor Geschlechtskrankheiten und in der Psychologie des Freiers sieht Adler die (Sexual)Angst vor der (starken) Frau, weshalb die Frau entwertet werden muss. Angst vor der Frau und ihre Entwertung seien ein regelmäßiges Merkmal der Neurotiker – so auch im »Eysenhardt« (1913g, in diesem Band S. 72–87).

An prominentester Stelle in der Diskussion stand lange Zeit das in jeder Hinsicht umstrittene Thema der Homosexualität. Es ging um die Erklärung der Homosexualität (die so unklar war und ist wie die der Heterosexualität), die Frage der Pathologie, die Frage ihrer Veränderbarkeit und Therapierbarkeit. Drängend war das Problem, weil Homosexualität unter Strafe stand und sich eine starke Reformbewegung aus einem breiten Kreis von Politikern, Ärzten und Wissenschaftlern für die Straffreiheit eingesetzt hatte. Mit diesen Anliegen war ganz besonders Magnus Hirschfeld mit seinem WhK (Wissenschaftlich-humanitäres Komitee, gegründet 1897) verknüpft. Zwischen Hirschfeld und der Psychoanalyse wie auch der Individualpsychologie bestanden jeweils vorübergehende Beziehungen.

Von Adler gibt es eine ganze Reihe von Bemerkungen oder Erklärungsansätzen zu Homosexualität in seinen Aufsätzen und in der Mittwochgesellschaft, wo dies sehr häufig diskutiert wurde. Es gibt auch mehrere Aufsätze, die Homosexualität bereits im Titel haben, so 1917b, 1930d (in diesem Band S. 88–100) ferner 1914i, 1918a, 1926h. Seine Bezeichnung der Homosexualität als Neurose oder Perversion war üblich, auch seine Begründung für die ablehnende Haltung (Gang der Evolution) war verbreitet. Die unter anderem von Hirschfeld vertretene Theorie der Angeborenheit von Homosexualität lehnt Adler, wie auch Freud, ab; er erklärt Homosexualität stattdessen mit seiner psychodynamischen Theorie, maßgeblich mit der Angst des Mannes vor der Frau. Dies verbindet er mit der nicht uninteressanten, aber gewagten Hypothese, dass sich Homosexualität deshalb angesichts einer starken Frauenbewegung stärker entwickelt oder verbreitet.[7] Er unterstützt die Homosexuellenbewegung nicht, aber wendet sich gegen die Strafverfolgung.

Adlers ablehnende und ambivalente Haltung zur Homosexualität gehört zu den problematischen, heute nicht mehr akzeptierten Positionen Adlers. (Für die Individualpsychologie s. Heisterkamp 1995, S. 230 ff.) Allerdings stand er damals damit keineswegs allein, ambivalent zumindest waren sehr viele, auch Freud. So lange ist es ja auch noch nicht her, dass Homosexualität noch unter Strafe stand und von Seiten der Psychiatrie und auch der Psychoanalyse pathologisierend betrachtet und zu therapieren versucht wurde, gar nicht zu reden von den gesellschaftlich nach wie vor herrschenden Vorbehalten oder den kirchlichen Verboten.

Nach der Jahrhundertwende, verstärkt nach dem Ersten Weltkrieg, standen gesellschaftlich die Erneuerung des ehelichen Zusammenlebens und der ehelichen Sexualität an, angesichts einer starken Frauenbewegung, aber auch unter dem gesellschaftlichen Druck des Geburtenrückgangs und des breiten Einstiegs der Frau in den Beruf. Dem entsprach das neue Leitbild von Frau, die »coole«, attraktive »Neue Frau«. In den 1920er Jahren erschien eine wahre Flut von Aufklärungsbüchern über Ehe und Sexualität, schossen Ehe- und Sexualberatungsstellen aus dem Boden, die (nur) teilweise mit sexual- und frauenemanzipatorischen Ansprüchen verbunden waren. In Frage gestellt wurden auch die eheliche Bindung und der »Mutterschaftszwang«, der Frau wurde das Recht und die Fähigkeit zu voller sexueller Befriedigung zuerkannt, aber auch das Recht zur Verhütung, während die Legalisierung der Abtreibung noch umstritten war.

Die von Adler immer schon an zentraler Stelle stehende Geschlechter- oder Frauenfrage wurde nun wieder neu von ihm und seinen Anhängerinnen und An-

---

7 Das möglicherweise gleichzeitige Auftreten von beidem verweist nicht auf ein Kausalitätsverhältnis, könnte vielmehr auf ein offeneres, freiheitlicheres Klima verweisen, das beides begünstigt.

hängern aufgegriffen und diskutiert und fand in verschiedenen Publikationen wie auch in der praktischen Beratungstätigkeit ihren Niederschlag. Frauen wie Hedwig Schulhof, Margarete Hilferding, Sofie Lazarsfeld, Gina Kaus, Alice Rühle-Gerstel und viele andere mehr wären hier zu nennen. 1925 gab es in der »Internationalen Zeitschrift für Individualpsychologie« ein ganzes Heft (Nr. 6) zum Thema Frauenemanzipation und männlicher Protest.

Gina Kaus, damalige Ehefrau des Individualpsychologen Otto Kaus, war Schriftstellerin, individualpsychologische Autorin, später Romanautorin. Sie brachte die Zeitschrift »Die Mutter« heraus und betrieb eine Beratungsstelle für Frauen. Sophie Lazarsfeld, eine der zentralen Frauen um Adler, Sozialistin, Mutter des späteren Soziologen Paul Lazarsfeld, Autorin individualpsychologischer Publikationen zur Frauenemanzipation und Kindererziehung, leitete ab 1925 eine individualpsychologische Eheberatungsstelle in Wien, aus der unter anderem 1931 ihr Buch »Wie die Frau den Mann erlebt« hervorging. Ein vergleichbares Buch war das von Alice Rühle-Gerstel »Das Frauenproblem der Gegenwart« von 1932 – beides sehr engagierte und heute noch aktuelle Bücher. Alice Rühle-Gerstel arbeitete in Dresden mit Frauen u. a. in einer »proletarischen Erziehungsgemeinschaft«. Margarete Hilferding, ehemalige Ehefrau des sozialistischen Theoretikers und Politikers Rudolf Hilferding, war als Frauenärztin ab 1926 mit der ärztlichen Leitung von Erziehungsberatungsstellen beauftragt. Sie war die erste Frau in der Freud'schen Mittwochgesellschaft[8], die sie 1911 mit Adler verließ (vgl. Mühlleitner 1992, Kenner 2007).

Adler lässt sich in den 1920er Jahren gehäuft über Liebesbeziehung und Ehe aus (z. B. 1925b, in diesem Band S. 147–153). Auch hier tritt eine stark konservative Seite zutage, was auch im Verhältnis zu der Position, die Adler früher zur Frauenfrage und -emanzipation vertreten hatte, eher einen Rückschritt darstellt.

Die Ehe gehört für ihn zu den drei Lebensaufgaben oder -pflichten, sie ist für ihn bereits Ausdruck des Gemeinschaftsgefühls. Allerdings müssten in ihr Zusammenarbeit, Gleichheit und Gleichberechtigung herrschen. Für ihn gehört zur Ehe auch die Entscheidung für Kinder, deren Erziehung er in die Hand der Mutter legt. Kinderlose Ehen verurteilt er als Ausdruck mangelnden Gemeinschaftsgefühls. Trotzdem nimmt er zur Abtreibung eine eher liberale Haltung ein, begründet sie aber mit dem Wohl des Kindes, nicht dem der Frau (1925i, in diesem Band S. 154–157). Eine ähnliche Haltung vertritt er auch 1929. Da heißt es: »Die Entscheidung, ob eine Frau ein Kind haben will oder nicht, sollte ganz und gar bei der Frau selbst liegen. [...] Ich kann keinen Sinn darin sehen, einer Frau ein Kind aufzuzwingen, die kein Gemeinschaftsgefühl oder keine Kinderliebe besitzt« (1929c/1981a, S. 77).

---

8 »Unser einziges Doktorweib«, wie Freud an Jung am 1. September 1911 schrieb (1991, S. 196). Diese Zugehörigkeit einer Frau war erst nach langen und heftigen Debatten möglich.

Adlers Haltungen und die seiner Anhänger zu sexuellen Fragen sind, für heutige und zum Teil auch für damalige Begriffe, gemäßigt-aufgeklärt bis leicht konservativ, niemals »sexual-revolutionär« geprägt – womit er sich wieder auch als Sozialdemokrat erweist. Man muss hier einräumen, dass Antworten auf Fragen zum Sexualverhalten und auf Fragen zur Gestaltung von (partnerschaftlichen) Beziehungen in sehr hohem Maß gesellschaftlichem Wandel unterworfen sind, so dass sie selten die Zeiten überdauern.

4. Literatur- und Künstlerpsychologie

Die Beschäftigung mit Kunst und Künstlern, auch Wissenschaftlern und Philosophen und deren Werken, hatte in der psychoanalytischen Vereinigung von Anfang an eine herausragende Rolle gespielt. Dichtung galt als vorbildlich für das Verstehen von psychologischen Zusammenhängen, Dichter als Menschenkenner, die durch »Intuition« erfassen, was die Wissenschaft und die Psychoanalyse selbst »in mühseliger Weise an anderen Menschen aufgedeckt habe«, wie es in dem berühmten Brief Freuds an seinen »Doppelgänger« Arthur Schnitzler heißt (Freud an Schnitzler 1922, zit. n. Worbs 1983, S. 179). Immer wieder wurden dann einzelne Werke oder einzelne Künstler und Autoren im Sinn einer Psychografie interpretiert, was damals allgemein verbreitet war. Damit wurden Werke aus der Biografie des Künstlers heraus zu erklären versucht, als Ergebnis der frühen Kindheit und des Unbewussten. Gern wurden hierin pathologische Prozesse »entdeckt«, Biografie wurde zur Pathografie, auch wenn damit nicht den Degenerationstheorien im Anschluss an Lombrosos »Genie und Wahnsinn« das Wort geredet wurde.

Schließlich suchte man mit psychoanalytischen Mitteln ein Werk zu erschließen, seine Prozesse oder Charakterfiguren psychoanalytisch zu interpretieren und sah darin eine Bestätigung für die eigene Theorie. Daraus ist eine Fülle von psychoanalytischen Literaturinterpretationen entstanden, die sich zu einem eigenständigen Interpretationsansatz entwickelt haben.

Adlers gesamte Schriften sind sehr reich an Verweisen auf einzelne Künstler(biografien), auf literarische Figuren und reich an aphoristisch eingefügten Literaturzitaten, mit denen er seine Gedanken illustriert oder belegt findet. Josef Rattner hat eine ganze Serie von »literarischen Reminiszenzen« und »Literaturassimilationen« Adlers aufgezeigt (Rattner 1980).

Adler hatte sich auch in der Mittwochgesellschaft immer wieder zu einzelnen Künstlern und zur Künstlerpsychologie allgemein geäußert. Er hatte bereits in seiner Jugendzeit, aber auch in der Zeit um den Ersten Weltkrieg, Kontakt zur schriftstellerischen Expressionistenszene in Zürich und Wien; in Zürich zu seinem Jugendfreund Franz Blei, zu Josef und Charlot Strasser, Alfred Ehrenstein, Ludwig Rubiner. Die Herausgabe des Kriegshefts der »Internationalen Zeitschrift für Individualpsychologie« in Zürich 1916, u. a. mit den Autoren Charlot Strasser und

Ludwig Rubiner, und Adlers Vortrag in Zürich 1918 über Dostojewski hängen mit diesen Kontakten zusammen. In Wien 1918/19 war er Genossenschafter der expressionistischen Zeitschrift »Daimon« um Moreno (vgl. Schiferer 1995, S. 117 ff.; Schimmer 2001, S. 279).

Adler hat zwei etwas größere literaturpsychologische Arbeiten verfasst, die hier abgedruckt werden: 1913 über Alfred von Bergers Novelle »Hofrat Eysenhardt«, 1918 über Werk und Person Dostojewskis. Dieser Arbeit geht 1914 ein kleinerer Beitrag über Dostojewskis »Petersburger Träume« voraus, der in die spätere Arbeit integriert wurde. Daneben existiert noch eine schriftliche Äußerung über Tolstoi von 1928, die hier ebenfalls abgedruckt wird. Einige der verstreuten Hinweise zur Person Nietzsches gehörten hier dazu. Und schließlich enthält der hier abgedruckte Beitrag »Syphilidophie« von 1911 wichtige Äußerungen über Künstler und Kunstschaffen, über deren Verhältnis zum Leben, zur Liebe, zur Neurose.

Ganz ähnlich wie Freud über die Dichter schreibt auch Adler von der »Verehrung der Dichter«, der »Bewunderung für ihre vollendete Menschenkenntnis«, als Führer »zu den Erkenntnissen der Individualpsychologie« (1913g/Erg. 1924, in diesem Band S. 73). Dostojewski und zum Teil auch Nietzsche werden von ihm wie Vorläufer oder Doppelgänger behandelt, was auch bei von Berger bzw. dessen Novelle zutreffen würde.

Adler stellt an verschiedenen Stellen methodologische Überlegungen über den Zusammenhang von Kunstwerk und Biografie an. So äußert er in der Mittwochgesellschaft 1906, dass unbewusste Anteile am Kunstschaffen beteiligt seien (Protokolle I, 17.10.1906, S. 16), später spricht er von »Triebkräften« des Autors, die in »den Gestalten eines Kunstwerks« enthalten seien (1913g, in diesem Band S. 76). 1907 fordert er für die Psychografie des Künstlers, dass mehrere Werke einbezogen werden müssten, besonders aber Jugendwerke (Protokolle I, 11.12.07, S. 249). Diese Ansicht vertritt er auch 19140/1918c, in diesem Band S. 105).

Ein nie ganz aufgegebener Erklärungsversuch für das künstlerische Schaffen oder für besondere, geniale Leistungen, war seine Theorie der Organminderwertigkeit und Kompensation: Kunst entstehe aus der (Über)Kompensation einer Organminderwertigkeit (z. B. eingeschränktes Seh- oder Hörvermögen bei Dichtern und Malern etc.), die zu besonderen Leistungen ansporne. Das könnte an die Degenerationstheorie Lombrosos erinnern, aber Adler weist diese als »unrichtige Auffassung des pathologische Genies« zurück, da Organminderwertigkeit selbst noch keine Pathologie darstellt. »Nach unseren Darlegungen ist das minderwertige Organ keine pathologische Bildung, wenngleich es die Grundbedingungen des Pathologischen vorstellt« (1908e/2007a, S. 61). In dieser Organminderwertigkeit, dem Minderwertigkeitsgefühl und der Kompensation, könne »die Prädestination zu den genialen und künstlerischen Leistungen« liegen (1910c/2007a, S. 109). Daraus allein entsteht natürlich noch keine Kunst[9], dazu, für eine »gute Kompensa-

---

9   Musil hatte im »Mann ohne Eigenschaft« in dieser Richtung über die Organminder-

tion«, müssten »Mut und eine günstige Situation zusammentreffen« (1929c/1981a, S. 82), aber auch viel Training. Die »Begabung ist Resultat eines Trainings. [...], ›Genie, das ist vielleicht nur Fleiß!‹ (Goethe)« (1913c/1920a, S. 45, Studienausgabe, Bd. 3).

Bei der Frage nach einem Zusammenhang von Kunst/Künstler und Neurose, die damals viel diskutiert wurde und geradezu zum Künstlermythos der Zeit gehörte oder ihn aufbaute, ist Adler nicht eindeutig – man könnte sogar sagen: zu Recht. Er konstatiert dem Genie und Künstler, wie jedem anderen auch, den »Kampf gegen sein Gefühl der Unsicherheit«, allerdings führe dieser ihn mit »kulturell wertvollen Mitteln« (1912a/2008a, S. 72). Aber Adler schreibt auch: »Der Künstler ist aus einem dem Neurotiker verwandten Stoff gefertigt« (1911f, in diesem Band S. 69), er werde der Neurose »oft teilhaftig« (1911f/Erg. 1920, in diesem Band S. 69). So ist es nicht richtig, wenn Rattner meint, »Adler wäre wohl kaum auf Freuds Idee gekommen, dass der Dichter oder Künstler dem Neurotiker prinzipiell nahestehe und seine privaten Komplexe und Unangepasstheiten in seiner Dichtung abreagiere« (Rattner 1980, S. 208). Vielmehr sieht er bei Künstlern häufig übersteigerte Charakterzüge. Der Künstler werde »dadurch auffällig, dass er in seiner Kunst ein Leben »neben dem Leben« sucht (1914h/1920a, S. 25, Studienausgabe, Bd. 3), »sich nicht in der Realität betätigt, sondern eine Ersatzwelt sucht, von der Wirklichkeit nahezu abgestoßen wird« (1926a/1982a, S. 113, Studienausgabe, Bd. 3). Es gebe unter Künstlern »oft diesen Typus«, »der sich von der Wirklichkeit abgewandt hat, um sich in der Fantasie, im Reich der Ideen, wo es keine Hindernisse gibt, eine zweite Welt zu errichten« (1927a/2007b, S. 147). Künstler gehörten zu den Menschen, »die mit besonderer Empfindlichkeit dem Leben gegenüberstehen« (1926a/1982a, S. 113, Studienausgabe, Bd. 3).

Im Leben der Künstler spiele häufig die Liebe eine tragende Rolle, häufig gebe es eine Überhöhung der Liebe oder Flucht aus den Bindungen der Liebe. »Die Frau als Gefahr« sei ein »dauerndes Leitideal der Kunst«. Die Kunst, die »heute vorwiegend eine männliche Kunst« sei, »hebt die Frau zu jener Zauber- oder Schreckgestalt empor« (1926a/1982a, S. 114, Studienausgabe, Bd. 3).

Adler zählt also eine ganze Reihe von (angeblichen) Persönlichkeitsmerkmalen bei Künstlern auf, die er üblicherweise als Merkmale von Neurotikern bezeichnen würde. Aber offensichtlich will er den Künstler trotzdem nicht zum Neurotiker stempeln, er sei dies nicht, weil oder solange er Gemeinschaftsgefühl hat, und konstatiert ihm – ziemlich unbegründet – ein stärkeres Gemeinschaftsgefühl: »Vor der Neurose [...] schützt ihn sein stärkeres aktives Gemeinschaftsgefühl« (1911f/ Erg. 1920, in diesem Band S. 69). Er macht sogar dieses Gemeinschaftsgefühl – durchaus in fragwürdiger Weise – zum Kriterium von Kunst: Der Künstler werde »erst dann zum Künstler [...], wenn er seine Schöpfungen so gestaltet, dass sie

---

wertigkeitsthese gespottet: Man müsse ja doch zugeben, »dass zu einer besonderen Begabung auch noch etwas anderes gehört als ihr Fehlen!« (Musil 1978, S. 1176 f.).

der wirklichen Welt förderlich werden. Jedes Kunstwerk ist erst dadurch ein Kunstwerk, dass es allgemeinsten Wert besitzt, dass der Künstler in seiner Schöpfung den Weg zur Wirklichkeit und zur Gemeinschaft zurückfand« (1926a/1982a, S. 113, Studienausgabe, Bd. 3).

Adlers hier abgedruckter Aufsatz »Hofrat Eysenhardt« (1913g) ist die Werkinterpretation einer zeitgenössischen Novelle von Alfred von Berger (1911). Anders als im »Dostojewski« stellt Adler hier keinen Bezug zur Person des Autors her, möglicherweise aus »Taktgefühl«, weil von Berger, erst ein Jahr zuvor gestorben, eine zu bekannte Figur des damaligen Wiener Kulturlebens war (vgl. hier S. 76). Von Berger war Theatermann, Journalist und Schriftsteller, zuletzt Direktor des Burgtheaters in Wien (vgl. Schrögendorfer 1966, Schimmer 2001, S. 124 f.). Adlers Text ist heute weitgehend unbekannt, da Wolfgang Metzger ihn aus der Fischer-Ausgabe von »Praxis und Theorie« 1974 ausgeschlossen hatte, mit der etwas seltsamen Begründung, dass der Text die Grenze zwischen Tatsachenbericht, also Falldarstellung, und »dichterischer Eingebung« verwische. Das verwirre einen »Leser, der Adlers Gedankenwelt erst kennenlernen will« (Metzger 1974, S. 8).

Tatsächlich aber ist die Nähe von von Bergers Text zur Individualpsychologie verblüffend – Metzger spricht von ihm als »literarischem Vorläufer« Adlers –, die Novelle könnte aber genauso auf eine »Doppelgängerschaft« oder Anhängerschaft Adlers verweisen. Adler spitzt in seinem Beitrag lediglich interpretierend zu, was von Berger selbst an Charakterbeschreibung liefert. Damit – seien es nun von Bergers oder Adlers Ideen – führt Adlers Text in geradezu bestechender Weise in Adlers Gedankenführung und Metatheorie ein (z. B. Einheit der Gegensätze, Formwandel der Fiktion). Im »Nervösen Charakter« (1912a) hatte Adler in einer Fußnote bereits auf von Bergers Eysenhardt verwiesen, bei dem der Typ des »Obenseinwollens« besonders krass hervortrete. Dazu zählt er bei Eysenhardt: »Steigerung des Sexualbegehrens, des Willens zur Macht, Vorbereitung zum Vatermord, Fetischismus, richterliche Laufbahn« – »Konstruktion von Reue, Gewissensbisse, Halluzinationen und Zwangsvorstellungen«; »verstärkte Furcht vor der Frau als Ursache eines weiter gesteigerten männlichen Protests und damit abermals das Arrangement gesteigerten Sexualbegehrens«. Und er sieht darin Ähnlichkeiten mit »Bildern Dostojewskis« (Adler 1912a/2008a, S. 255).

Die Novelle von von Berger und der Text von Adler sind wie eine Fallvignette einer narzisstischen Persönlichkeit, die ihre Machtposition ehrgeizig erhalten und steigern will. Die narzisstische Persönlichkeit gilt mit Recht in der Psychoanalyse als Personifizierung des Machtstrebens, als eine, die die Machtpositionen für sich zu nutzen versteht (so bei Erdheim 1982, Cremerius 1990, Wirth 2002). So enthält auch Adlers Eysenhardt-Text implizit eine ganze Reihe von Merkmalen der Macht, der Mächtigen und der autoritären Persönlichkeit (vgl. Bruder-Bezzel 2009).

Mit zwei Dichtern der Weltliteratur, mit Dostojewski und mit Tolstoi – wohl nicht zufällig Russen, religiös und sozial engagiert, mit einer gewissen Schwere –, kam Adler noch näher in Berührung. Dostojewski scheint Adler aber mehr zu bewegen, er wird insgesamt häufiger als Tolstoi genannt. Der hier abgedruckte Text zu Tolstoi (1928p), eine Antwort auf eine Umfrage anlässlich des 100. Geburtstages Tolstois[10], wirkt in seinen kurzen Charakterisierungen im Telegrammstil geradezu genial. Er zeichnet Tolstoi fast übermenschlich, mit Merkmalen und Fähigkeiten ausgestattet, die den Idealen Adlers entsprechen. Im »Nervösen Charakter« schreibt er, dass Tolstoi den Triumph in der Unterwerfung und »Gegenfiktion« quasi »in ein System gebracht hat« (1912a/Erg. 1922/2008a, S. 105).

Adler hat an verschiedenen Stellen auf Dostojewski und auf verschiedene seiner Romane verwiesen, jeweils sehr kurz und knapp. Nur in dem hier abgedruckten Vortrag von 1918 hat er sich ausführlicher mit ihm beschäftigt.

Adlers »Dostojewski« ist eine Verknüpfung von Werk- und Dichterinterpretation in großer Dichte und Identifizierung. Die Persönlichkeit des Dichters, seine Merkmale, sein Lebensstil werden anhand seiner Biografie und anhand der psychologischen Interpretation der Figuren seiner Hauptwerke analysiert. Dostojewski, eine Person mit krassen Gegensätzen, hat sehr unterschiedliche, oft emotional getönte Reaktionen hervorgerufen, ähnlich wie Nietzsche.

Adler scheint ganz offensichtlich von Dostojewski fasziniert zu sein, vielleicht ihn als eine Art Doppelgänger empfunden zu haben. Metzger spricht von »Konvergenz« zwischen Dostojewski und Adler (1974, S. 8), auch Rattner (1979) verfolgt diese Linie an einer ganzen Reihe von Dostojewskis Werken. Bei einer solchen konstatierten Ähnlichkeit zwischen beiden ist es eigentlich erstaunlich, dass Adler sich nicht öfters auf Dostojewski bezogen hat – oder hat auch Adler eine solche Bezugnahme vermieden, so wie Freud es mit Schnitzler oder mit Nietzsche getan hat?

Die Einheit der Gegensätze, Minderwertigkeitsgefühl und Machtstreben und versöhnendes Gemeinschaftsgefühl – also die zentralen Positionen Adlers – seien in der Person Dostojewski und in seinen Figuren dramatisch vorgeführt und auf die Spitze getrieben. Und vor allem sei Dostojewski ein Kenner von Macht und Despotie, Adler nennt ihn daher mit gewissem Recht »unseren Lehrer« – und setzt ihn dabei neben Nietzsche. Als Held der »Nächstenliebe« und des »Gemeinschaftsgefühls« idealisiert er ihn.[11]

Adler benennt gleichwohl Dostojewskis nationalistisches, panslawistisches und religiöses Eiferertum, seine reaktionären Inhalte und Unterwerfungsakte, aber er scheint ihm dies verzeihen zu wollen – womit er eventuell dem expressionistischen Kreis in Zürich, wo er diesen Vortrag hält, nahesteht.

Da ist Freud anders. Aus der Perspektive der Vatertötung entwickelt er eine

---

10   Im gleichen Jahr gibt es in der »Internationalen Zeitschrift für Individualpsychologie« einen längeren biografischen Text zu Tolstoi von Elise Polak (1928, S. 456–481).
11   Sein junger Schüler Otto Kaus preist Dostojewski 1916 als »Kommunisten« im Sinn der Urchristen. Otto Kaus schreibt viermal über Dostojewski (1914, 1916, 1923, 1926).

Reihe von psychoanalytischen Diagnosen, findet für den Dichter Dostojewski höchste Töne, für die Person aber markante negative Bemerkungen, wie »reaktionär«, »rückläufig«. »Dostojewski hat es versäumt, ein Lehrer und Befreier der Menschen zu werden, er hat sich zu ihren Kerkermeistern gesellt« (Freud 1928, S. 411, S. 400).

Von Adlers damaligen Anhängern liegt eine große Anzahl von Beiträgen zur Literatur und Kunst vor. Zu den wichtigsten frühen individualpsychologischen Literaturinterpreten gehören Otto Kaus mit sieben Arbeiten (der in der Sekundärliteratur nicht genannt wird!), David Ernst Oppenheim mit fünf Arbeiten, Hedwig Schulhof mit drei, Carl Furtmüller mit zwei (vgl. Schimmer 2001, S. 320–323). Mit der Biografie Nietzsches und mit dem Verhältnis Individualpsychologie und Nietzsche hat sich mehrmals der Individualpsychologe Robert Freschl beschäftigt (1912, 1914, 1936) (vgl. Bruder-Bezzel 2004, S. 124).

Heute liegen zur Thematik Individualpsychologie und Literaturwissenschaft immerhin zwei Monografien vor: Hoefele (1986) und Schimmer 2001 (der sich in seinen Grundlagen ganz auf Hoefele stützt). Auch hat Josef Rattner immer wieder dazu geschrieben (z. B. 1979, 1980).

Moderne individualpsychologische Kunst- und Literaturinterpretationen sind mir nicht bekannt.

Textausgabe

1. Das empfohlene Treiberlein (1897)

Editorische Hinweise
Erstveröffentlichung:
1897: Arbeiter-Zeitung. Morgenblatt. Zentralorgan der österreichischen Sozialdemokratie. Wien. 9. Jg., Nr. 228 (19. August) (Feuilleton), S. 4 f. Unter dem Pseudonym: Aladin

Dies ist der erste bekannte Text von Adler, der erst spät (1995) durch Rüdiger Schiferer entdeckt wurde.
  Diese kleine, ironisch-witzige, als Märchen aufgebaute Geschichte hat vermutlich einen konkreten historischen Anlass, der bisher aber noch nicht ermittelt werden konnte. Sie zeichnet ein Bild der herrschenden Kreise der Wiener Gesellschaft, die sich gegenseitig nicht trauen und die, von Ehrgeiz und Eitelkeit getrieben, auch vor Gewagtheiten nicht zurückschrecken. Die Ärzteschaft bildet hier keine Ausnahme. Nur der arme Teufel aus dem Volk ist davon unberührt, widersetzt sich und verdirbt den anderen damit ihr Spiel. In der Hervorhebung von Eitelkeit und Ehrgeiz als Motor des Verhaltens ist man geradezu versucht, bereits hier schon die Adler'schen Theoriestücke seines Menschenbildes zu sehen.

Das empfohlene Treiberlein

Wer hätte ahnen können, dass das schlichte Haus in der abgelegenen Gasse so rasch zu einer Sehenswürdigkeit heranwachsen werde? Kam doch kein Fremder mehr in die Stadt, dem man nicht die Besichtigung der kleinen Krankenanstalt als lohnend empfahl.
  Vor Jahren freilich dachte kein Mensch an die Charité. Da war sie ein

schlecht besuchtes Krankenhaus, an das man sich nur erinnerte, wenn man sich einen Zahn ziehen lassen wollte. Oder es kamen kleine Kinder hin, wenn sie Verstopfung oder rote Augen hatten. Und alles war jetzt anders geworden. Ja, der neue Direktor, der wusste, wie man's anpacken müsse. Vor allem verlangte er die Restaurierung des Gebäudes. Dazu hatte man kein Geld. Lange zerbrach sich Direktor Schliefmann den Kopf – endlich hatte er das richtige Mittel gefunden. In einer feierlichen Generalversammlung saßen die Vorstände der Krankenabteilungen und ließen sich die Idee des Herrn Direktors auseinandersetzen. Der Redner sprach von Bittschriften an bekannte Wohltäter aus der bürgerlichen und Adelswelt. »Nun, man kann's versuchen«, dachten die Kollegen. Dann sprach er von dem dürftigen und unscheinbaren Aussehen des Krankenhauses. »Wo will er denn hinaus?«, flüsterte man sich zu. Jetzt aber kam's. Zum Dank sollten an der Vorderfront des Hauses Büsten der edlen Spender in künstlerischer Ausführung angebracht werden. Man horchte gespannt hin. »Damit«, fuhr der Redner fort, »ist in mehrfacher Hinsicht eine Besserung angebahnt. Unser Heim gewinnt an Schönheit, der leichte und neue Reiz wirkt auf die Wohltäter von Stadt und Land, und unsere Beziehungen zur reichen Klientel werden bessere.« Einstimmiger, würdevoll applizierter Beifall, und die Idee wird zum Beschluss.

Die erste Serie von Briefen blieb erfolglos. Es kam zwar eine Geldsendung von 500 Mark, aber von einem »ungenannt sein wollenden« Wohltäter. »Wenn wir nur die erste Büste droben haben«, sagte der Direktor und sah sinnend in die Ferne. Die Kollegen verloren sichtlich den Respekt, gute Freunde hohnlächelten ganz offen.

Zum Glück fiel ihm der eitle Graf T. ein. Dem entdeckte sich der Direktor. T. willigte im Interesse der guten Sache ein. »Wie gesagt, betrachten Sie meine Zustimmung als ein Opfer, nur als ein Opfer«, rief er dem freudig Davonstürmenden nach. Jetzt wurde fleißig gearbeitet, und nach einigen Wochen stand die erste Büste oberhalb eines Fensters im Erdgeschoss. Graf T.s Büste war von erschütternder Ähnlichkeit. Die Zeitungen sprachen von dem bekannten Wohltäter Grafen T. und lobten den Künstler, der sich bereit erklärt hatte, die erste Büste unentgeltlich anzufertigen.

Jetzt kamen auf einmal Spenden. Mit jeder neuen Spende stieg der Direktor in der Achtung seiner Kollegen. Der war jetzt den ganzen Tag beschäftigt, den Wohltätern den Dank der Charité abzustatten. Nirgends wollte man noch von den Büsten gehört haben: Nur den dringenden Bitten des geschätzten Primarius und Direktors gab man nach und versprach, den reizenden Plan nicht zu stören.

Bald waren alle möglichen Plätzchen und Eckchen des Erdgeschosses durch die kleinen Büsten wohltätiger Zeitgenossen eingenommen. Der Herr Direktor lenkte seine Blicke zum ersten Stockwerk und seinen Fenstern. Zwei Büsten waren schon wieder der Vollendung nahe, des Grafen Dirmir und des Bankiers

Deinesmeines. Nächsten Tages sollten sie die zwei ersten Fenster des ersten Stockwerks zieren.

»Ich höre«, wendete sich Süßwasser, Primar der Nasenabteilung, an den Direktor, »dass nächstens Graf Dirmir neben dem Emporkömmling Deinesmeines seinen Platz bekommen soll. Ich kann das nicht zugeben. Anlässlich der Behandlung seines Leibkutschers machte ich voriges Jahr die Bekanntschaft des hochgebildeten Herrn Grafen, der mich in seine Ansichten ein wenig Einblick nehmen ließ. Wie gesagt, wir könnten da Unannehmlichkeiten haben. Zudem besitzt Graf Dirmir das Ohr der Regierung.« »So? Meinen Sie? Aber das muss ja rasch in Ordnung gebracht werden!« Und der Herr Direktor ging grübelnd nach Hause.

Nächsten Tages fand sich bald der geschäftige Süßwasser wieder ein. »Nun, Herr Kollege, was ist zu tun?« »Aber ganz einfach, lieber Süßwasser, Deinesmeines bleibt auf seinem Platze, Graf Dirmir, da er doch das Ohr der Regierung besitzt, bekommt den Ehrenplatz oberhalb des Portals.« Triumphierend lächelte der Direktor und ging zur Ordination in seine Abteilung. Etwas kläglich blickte ihm Kollege Süßwasser nach. – So kam Graf Dirmir zu seiner Sonderstellung.

Nun besaß der Graf neben dem Ohr der Regierung auch noch eine Portion Weltklugheit. Und da er selbst von strotzender Gesundheit war, zudem den Doktoren abhold, suchte er unter seinem Gesinde, wen er wohl zur Behandlung in die Charité schicken könnte. Da war nun auf dem Gute des Grafen ein altes Treiberlein, dem vor langer Zeit eine Schrotladung ins linke Auge geschossen worden war. Er war in Folge der Jahre schon krumm und gebrechlich und klagte gern über allerhand Beschwerden. So peinigte ihn seine Nase; sein Kropf, den er schon zwei Menschenalter trug, und wenn er den alten Weibern des Gutes seine Leiden klagte, vergaß er nie, sein erblindetes Auge wild herumzuwerfen, was das Mitleid mit dem armen Josef immer beträchtlich steigerte. Diesen Mann beschloss der Graf als Unterpfand seiner Freundschaft an die Charité zu schicken. Und Josef machte sich trotz seiner 60 Jahre auf den Weg, um vielleicht durch eine kleine Operation seine Leiden zu bessern.

Mit großem Behagen nahm Schliefmann den Brief des Grafen entgegen. Nachdem er erst den Inhalt durchgeflogen hatte, las er den Unterärzten und den wartenden Patienten das Schreiben »unseres hochgeehrten Gönners« vor. Der Graf schrieb: »Geschätzter Herr Primarius! Überbringer dieses ist vor 20 Jahren durch des Schicksals Fügung um sein linkes Auge gekommen. Ich setze in Ihre Kunst ein so unbegrenztes Vertrauen, dass ich hoffe, es werde Ihnen gelingen, den Mann von seinen übrigens geringen Beschwerden zu befreien. Zu besonderem Danke würden Sie mich verpflichten, wenn Sie wegen des gleichfalls geringfügigen Nasen- und Kropfleidens die mir bestens bekannten Vorstände Ihrer Nasen- und Kropfabteilung mit dem Mann bekannt machten. Mit vorzüglicher Hochachtung Dirmir.«

»Ein schwieriger Fall, meine Herren«, sprach Schliefmann nach sorgfältiger Untersuchung. »Sie kennen meinen Grundsatz, in *[5]* solchen Fällen nicht zu operieren. Hier aber juckt es einen ordentlich in den Fingern, hier möcht' ich wohl von einer Operation das Beste erwarten. Der Mann ist für seine Jahre noch ganz kräftig« – alles sah bei diesen Worten auf das gebrechliche Treiberlein, dem ganz kläglich zumute war – »übrigens warten wir noch das Urteil der anderen Herren Kollegen ab.« Und der Brief des Grafen samt dem Patienten wanderte zu Süßwasser, dem Primar der Nasenabteilung, sodann zum Chirurgen.

Die Sache lag ganz einfach. Auch die beiden anderen Ärzte fühlten sich durch das Vertrauen des hoch geschätzten Gönners sehr geehrt. Auch sie ließen solche Fälle lieber unangetastet, waren aber gern bereit, dem Protektor der Charité zuliebe durch eine eingreifendere Operation das warm empfohlene Treiberlein von seinen Leiden zu kurieren. Der Chirurg wollte am liebsten heute gleich beginnen.

Aber das Treiberlein wollte nicht, Medizin, ja, so viel's nur wäre, aber vor dem Messer hätte er ein bisschen Respekt. Alle Ermahnungen waren umsonst, und endlich sah man sich gezwungen, den Mann mit einem Schreiben an den hochverehrten Gönner zu entlassen. In diesem Briefe stand, das Treiberlein sei ein gar messerscheues Individuum und wolle sich nicht fügen, und man bedauere ungemein, sich dem Protektor der Charité nicht dankbar erweisen zu können. Mit dem Ausdruck der tiefsten Verbeugung schloss der Brief.

Der Graf nahm diese schriftliche Erklärung mit stillem Lächeln zur Kenntnis. Dann wendete er sich freundlich an sein altes Treiberlein. »Wie ihm das Krankenhaus gefallen habe und ob ihm nichts Besonderes aufgefallen sei.« – »Ei ja«, begann Josef zu erzählen, »das Krankenhaus sei ein großes, schönes Gebäude, über und über mit einer höllischen Menge von Köpfen geziert. Und über dem Tor habe er den gnädigen Herrn Grafen selber erblickt, schöner und größer als alle anderen. Ganz oben sei in goldenen Buchstaben das Wort Charité zu lesen, was das bedeute, wisse er aber nicht.«

Da klopfte der Graf seinem Diener mitleidig auf die Schulter und erklärte ihm, die Charité sei die große Wohltäterin der Stadt und reine Menschenliebe erwarte dort die armen Kranken.

2. Das Eindringen sozialer Triebkräfte in die Medizin (1902)

Editorische Hinweise
Erstveröffentlichung:
1902a: Ärztliche Standeszeitung. Organ für die Gesamtinteressen der Ärzte Österreichs, Wien. Herausgegeben von Dr. Heinrich Grün, 1. Jg, H. 1 (15. Juli), S. 1–3

Adlers Augenmerk liegt, wie in allen seinen Beiträgen zur sozialen Medizin, ganz auf den sozialen Zusammenhängen von Krankheiten. Die Medizin sei auf das soziale Elend gestoßen und zu einem öffentlichen Problem geworden. Er fordert die Förderung öffentlicher Gesundheitspflege, Hygiene für bessere Lebenshaltung und Beseitigung der Armut. Von den Ärzten erwartet er aktive Mitarbeit an der Bekämpfung und Prophylaxe der Volkskrankheiten und spart nicht mit Kritik am Staat, an der Regierung und der bisherigen Haltung der Ärzteschaft.

Die Zeitschrift »Ärztliche Standeszeitung«, herausgegeben von dem sozialdemokratischen Arzt und Kommunalpolitiker Heinrich Grün, ist eine Initiative zum Zusammenschluss aller Ärzte Österreichs gegen den Ansehensverlust der Ärzte. Sie erschien hier erstmalig, zweimal monatlich gratis in einer Auflage von 10.000 Exemplaren.

Adlers Beitrag – auf der ersten Seite und mit dieser Stoßrichtung – muss als programmatisch für diese Zeitschrift gelten.

Das Eindringen sozialer Triebkräfte in die Medizin

Stets zeigte sich die Heilkunde als ein Wissensgebiet, das allen denkbaren Einflüssen offenstand, jedes Wissensgebiet war zeitweilig ihr Gebieter, bis es durch einen anderen abgelöst wurde. Neben Empirie und Praxis drängten sich in der Zeiten Flucht an jedem Punkte der Heilkunde chemische, physikalische, technische und philosophische Erwägungen. Jeder Fortschritt eines Wissensgebietes erfüllte die Medizin mit neuem Geiste und die riesige Materie, die sich heute vor unseren staunenden Augen ausbreitet, zeigt neben berechtigten Einflüssen anderer Wissenszweige noch immer die Spuren älterer, haltloser Betrachtungen. Viele dieser Spuren stecken nur mehr in der Terminologie, werden zuweilen verhängnisvoll, wenn sie die Betrachtungsweise des Arztes beeinflussen und erweisen sich als verheerend in ihren Folgen für das Laienbewusstsein, für das Denken des Volkes, für den »gemeinen Hausverstand«. Die offenen Grenzen der Medizin lockten die ganze Schar fantastischer Gebilde heran und machten die Heilkunde nicht selten zu einem Tummelplatz religiöser, philosophischer, astrologischer und alchimistischer Spielereien.

In reicherem Maße ergossen sich über die offenen Grenzen der Medizin die stetigen Errungenschaften des geistigen Fortschrittes. Sie blieben haften und befruchteten unsere Disziplin. Heute liegen die zahllosen Schätze dieser Synthesen vor uns, und jeder Teil der medizinischen Wissenschaft zeigt sich von ihnen durchdrungen. Die ätiologische Forschung, die Symptomatologie haben Physik, Chemie, Ethnologie und Anthropologie in ihren Dienst gezogen, die ärztliche Diagnostik ist ein wahres Wunderwerk geworden, in der alle Lehrsätze, Errungenschaften, Erfindungen aller Zweige ihre Rolle spielen, und der kolossale Schatz der Therapie vollends umfasst sämtliche Wissensgebiete, birgt die einfachsten Schlüsse des menschlichen Verstandes und die kunstvollsten Schöpfungen der Optik, Mechanik, Chemie, Elektrizität und Technologie in sich und schöpft immerwährend aus Philosophie und Praxis.

Aus diesen Synthesen von Medizin und anderen Wissensgebieten ist für unsere Zeit am bedeutendsten die der Medizin und der Optik geworden. Das Instrument, welches hier der Medizin zu Hilfe kam, war das Mikroskop, und unsere ganze moderne Medizin legt Probe ab von der Fruchtbarkeit dieser Synthese. Die wichtigsten Probleme der Medizin zeigten sich in neuem Lichte, tausendjährige und jüngere Wahrheiten wurden entthront und auf den Trümmern zerschlagener, ehrwürdiger Dogmen erhob sich unerschüttert bis auf den heutigen Tag die Zellenlehre und Pathologie. War so die bis dahin herrschende Theorie gesprengt und dem Glauben und Aberglauben in der Medizin durch die Statuierung des Monismus in der belebten Welt ein Riegel vorgeschoben, so folgte darauf in kurzer Zeit die ebenso vernichtende Krise und Revision der Krankheitsätiologie. Denn die treibende Kraft der Optik in der Medizin führte zur Begründung der Bakteriologie und brachte einen unerhörten Aufschwung in der Ätiologie der wichtigsten Krankheiten. Einen mächtigen Antrieb erhielt die angewandte Bakteriologie, die Hygiene, und jetzt gelang, was nie zuvor gelungen war: Der Weg zur Bekämpfung der Volkskrankheiten lag klar zutage. War schon früher stets die kausale Therapie das Ziel des medizinischen Sinnens und Trachtens gewesen – jetzt war zur Bekämpfung vieler Krankheiten ein gemeinsames kausales Prinzip gegeben: die Bekämpfung der vielleicht letzten Krankheitsursachen der Parasiten. [2]

Auf dieser Basis baute sich das Hauptgebäude der öffentlichen Gesundheitspflege auf, und sie erst brachte zuwege, was die größten Geister der Medizin nicht zu träumen wagten, nicht Heilung, sondern Prophylaxes.

Auf diesem Wege aber auch, der die Lebensbedingungen der Parasiten erwies, stieß die Hygiene auf ein gleichfalls allen Krankheiten gemeinsames Prinzip, auf das soziale Elend. *Und so war die wissenschaftliche Medizin bis an jene Stelle vorgerückt, wo sie auf das soziale Elend traf* und es ins Kalkül ziehen musste, wenn sie Krankheiten bekämpfen wollte.

Die Frucht dieser Bemühungen waren nicht nur Verbesserungen der öffentlichen Sanitätspflege, sondern ein Eintreten der Hygiene für bessere Lebenshaltung der besitzlosen Klassen, für Abkürzung der Arbeitszeit, Sonntagsruhe, Ausbau der Spitäler, Krankenversicherung, Altersfürsorge, Unfallversicherung etc., für Kinderasyle, Vermehrung und Verbesserung der Volksschulen usw. – kurz, eine neue Welt erschloss sich der Hygiene und somit der wissenschaftlichen Medizin. Auch hier wieder erfolgte prompt die Erweiterung der Ätiologie, und in der Therapie die Erkenntnis des einzuschlagenden Weges.

Damit wurde freilich der Weg noch nicht gangbar. Die Hebung der Lebenslage des Volkes begegnet so riesigen Widerständen, dass sie stets als kausalste Medizin vorgeführt werden muss, aber durch die *Schwierigkeit ihrer sofortigen Erlangung andere wertvolle Palliativmittel unentbehrlich macht.*

Eine andere Entwicklungslinie, die sich mit der bis jetzt gekennzeichneten an diesem Punkte trifft, ist die der sogenannten Armenpflege. Für den Staat, für den die Armut großer Volksschichten nicht eine zufällige Erscheinung, sondern geradezu eine Notwendigkeit bildet, ergab sich von selbst die Forderung, die allzu großen Missstände der Volksverelendung zu beseitigen. Dazu zwingen den Industriestaat vor allem die Rücksicht auf das Heer, das Bedürfnis nach kräftigen, geschulten Arbeitern und – last not least – die Furcht, dass die Seuchen aus der verelendeten Bevölkerung auf die Wohlhabenden übergreifen könnte, oder um es weniger hart, aber auch weniger treffend zu sagen: Die Sorge um das Gemeinwohl, Pfründe, Armenärzte, in den letzten Jahren Krankenkassen, der allgemeine hygienische Apparat, Wohnungs-, Fabriks- etc. Hygiene kennzeichnen dieses Streben.

So viel auch auf diesem Gebiet geleistet wird, der Staat hätte kaum die Früchte dieser Erkenntnisse pflücken können, wenn er nicht einen sozial denkenden Ärztestand vorgefunden hätte, der ihm um billiges Geld und für die wichtigsten Dinge umsonst die ganze Last der *zur Sozialhygiene gewordenen Armenlast* abgenommen hätte. Mit welchem Erfolg für die Ärzte dies geschehen ist, beweist uns jeder neue Tag.

Die dritte Entwicklungslinie, die sich mit den vorhergenannten verbindet, bildet das in der natürlichen Entwicklung begründete Aufsteigen des Arbeiterstandes. Seine zunehmende Intelligenz, seine fortschreitende Organisation, seine Erkenntnis der gemeinsamen Interessen führen diesen Stand zu Forderungen, die, als Kampfforderungen gegen Entrechtung und Enteignung aufgestellt, sich naturgemäß als eminent hygienische Forderungen erweisen. So sind die Forderungen nach Verkürzung der Arbeitszeit, nach Selbstverwaltung der Krankenkassen, der Unfallversicherung, der Invaliditätsversorgung, ja sogar das allgemeine Stimmrecht und die Heimatberechtigung etc. an dieser Stelle anzuführen.

Es wäre noch manches in diesem Zusammenhange zu nennen. Ich müsste noch schildern, wie jede dieser Einrichtungen zu medizinischen Weiterungen führt. So gehen aus *Krankenkassen* Sanatorien und Rekonvaleszentenhäuser hervor. Aus *Findelanstalten* [3] gliedern sich Krippen und Kinderbewahranstalten, ja die Milchversorgung wird langsam in den Bereich der Hygiene gezogen. Aus *Versicherungsanstalten*, die den Geist der Medizin von einer andern Seite fassen, als es der praktische Arzt gewöhnt ist, gehen Aufklärungsagitationen hervor gegen Alkohol und venerische Krankheiten, aus Unfallversicherungen, die gleichfalls bei Bemessungen von Prämien ein dem Arzte noch schlecht geläufiges Thema vorlegen, Unfallstationen.

So reicht heute die Medizin an den Anfang und das Ende jedes Staatswesens. Und andererseits wieder sind es staatstechnische und allgemeinhygienische Maßregeln, die die schwebenden Fragen der Therapie in Angriff nehmen. Die Medizin ist ein öffentliches Problem geworden und beschäftigt Juristen und Techniker vielleicht in ausgiebigerem Maße als den Arzt. Über die Köpfe der Ärzte hinweg werden die brennenden Fragen der Gewerbehygiene, der großen Volkskrankheiten wie Tuberkulose und venerische Krankheiten, Infektionskrankheiten aller Art in Angriff genommen. Die wirkliche Ursache hiefür ist zum großen Teil darin begründet, dass sich die Medizin, vor allem der *Ärztestand, von den Regierungen ins Schlepptau nehmen* ließ, anstatt an der Spitze dieser Tendenzen zu marschieren. Wohl gab es eine Zeit, wo ein breiter Lichtstrahl in diese Verhältnisse fiel, aber in den kleinlichen Sorgen des Alltags, in der stets getäuschten Hoffnung niedlicher Untersuchungen ging der Ärzteschaft der weitere Blick wieder verloren. Es war einmal, als der junge *Virchow* und Gleichgesinnte mit Vehemenz auf eine soziale Lösung der Krankheitsfragen drängten.[1] Wenn der Staat später gleichfalls in diese Bahn einlenkte, so geschah es mit Behutsamkeit und Vorsicht, um den drängenden Volksklassen nicht zu weit nachzugeben. Es ist aber kein Zufall, dass gerade der kühne *Begründer der Zellularpathologie*, der den lebenden Leib als eine soziale Zellorganisation ansah, der Erste war, der den kühnen Ruf nach einer sozialen Therapie ausgestoßen hat.

Täuschen wir uns nicht! Die letzte, vielleicht herrlichste Frucht der Schulmedizin, die Herabminderung der Diphtherietodesfälle auf ca. 15 %, sie kann nur den Arzt befriedigen, der von früher her die hohen Todeszahlen gewohnt war, nie und nimmer aber das Volk und die rastlos strebende Wissenschaft. Und die Frage liegt so nahe: Warum sollte hier nicht möglich sein, was bei andern Infektionskrankheiten, bei Cholera, Pest, Lepra, Variola[2], möglich war?

Gegenwärtig stehen im Vordergrund des medizinischen Interesses die Fragen der Tuberkulose, der Säuglingssterblichkeit und der Schulhygiene. Aber wir praktischen Ärzte sind weder in der Lage, die für unser Wohl und das Wohl des Volkes nötigen Vorschläge durchsetzen zu können, noch verfügen wir, was

---

1 [Rudolf Virchow (1821–1902), der Begründer der Zellularpathologie (1858), war 1849 und 1852 mit zwei sozialmedizinischen Studien über Oberschlesien und den Spessart hervorgetreten.]

2 [Variola: Pocken]

die Masse unserer Kollegen anbelangt, über jene Sicherheit in der Beurteilung des technischen Teils dieser Fragen, sodass aus diesen Gründen allein die Lösung dieser Fragen auf schädliche Irrwege geleitet wird. Und doch wäre es so leicht, die *Diktatur in diesen Fragen* an uns zu reißen, und, wie *Spencer* sagt, die Führer der Menschheit zu werden![3]

Noch eine vierte Entwicklungslinie sollte ich nun auseinandersetzen, sie betrifft den Gang der Entwicklung des Ärztestandes. Auch hier finden sich jene sozialen, ehernen Tendenzen wieder, die die Zusammenschlüsse aller mit Macht herbeiführen. Ich darf bei dieser kleinen Betrachtung diese Entwicklungslinie nicht außer Acht lassen. Denn erst, wenn diese in die andern Linien einmündet, beginnt die Sicherheit und das zielbewusste Handeln in der Medizin. Dann erst gelangt die Menschheit gegenüber dem weltbeherrschenden Problem Krankheit aus der Periode der zaghaften, schwierigen, oft trostlosen Therapie in die Periode der siegesgewissen Prophylaxe, aus der Periode der Ohnmacht oder der kleinen Mittel in die Periode bewussten Handelns.

---

3 [Anspielung auf Herbert Spencers (1820–1903) sozialdarwinistische Theorie des »survival of the fittest«.]

3. Eine Lehrkanzel für soziale Medizin (1902)

Editorische Hinweise
Erstveröffentlichung:
1902b: Ärztliche Standeszeitung. Central-Organ für die Gesamtinteressen der Ärzte Österreichs, Wien. Herausgegeben von Dr. Heinrich Grün, 1. Jg., H. 7 (15. Oktober), S. 1 f. Unter dem Pseudonym: Aladdin

Die Prophylaxe der Volksgesundheit sei die wertvollste Frucht der wissenschaftlichen Medizin. In der staatlichen Gesundheitspflege werde sie aber behindert durch Flickwerk, Bürokratie, Sparpolitik und Einflusslosigkeit des Volkes. Dagegen erhebt Adler, als erster in Österreich, die Forderung nach einer Lehrkanzel für soziale Medizin, bei der soziale Hygiene, Statistik und Nationalökonomie im Kampf für die Volksgesundheit zusammenarbeiten. Die Verbesserung der Prophylaxe diene auch dem Ansehen des Ärztestandes. Es fehlt wieder nicht an der Frontstellung gegen die (christlich-soziale) Regierung und am Pathos der Arbeiterbewegung.

Eine Lehrkanzel für soziale Medizin

Die wertvollste Frucht hat die wissenschaftliche Medizin dem Volke in der Prophylaxe geboten. Soweit diese in Wirksamkeit treten konnte, hat sie voll und ganz gehalten, was man sich von ihr versprochen hatte. Sie hat uns von einer ganzen Reihe europäischer Seuchen befreit, sie hat exotische Seuchen von uns ferngehalten und ist geschäftig hinter unseren ständigen epidemischen Plagen her, um ihnen Maß und Ziel zu setzen. Wo die prophylaktische Medizin breitspurig einsetzen konnte, ist ihr der Lohn nicht versagt geblieben. Mangelhaft war der Erfolg nur dort, wo man mit kleinen Mitteln und Mittelchen das Darauskommen finden wollte, wo an die Stelle einer sozialen Medizin, an die Stelle großer kooperativer Werke die harmlosen bürokratischen oder polizeilichen Paragrafen treten, wo der Geist der Medizin sich in unfruchtbarer Schreibarbeit verliert.

Wir wollen es ja gerne glauben, dass die zur öffentlichen Sanitätspflege berufenen Personen ihren Pflichten getreulich nachkommen. Vollends die Krankheitsstatistik ist heute ein so unentbehrliches Instrument geworden, dass nur ein Tor darauf verzichten möchte. Eine andere Frage aber ist, ob auch aus dieser Statistik und aus den sonstigen Erhebungen der Sanitätspersonen die für das Volkswohl nötigen Schlüsse gezogen werden. Ob sich den objektivsten Erwägungen die obersten Verwaltungsbehörden geneigt zeigen und ob der wichtigsten Aufgabe des Staates, der Volksgesundheitspflege, die nötige Beachtung zuteil wird? – Und hier ist die Klippe, an der unter den heutigen Verhältnissen eine staatliche Gesundheitspflege Schiffbruch erleiden muss. Denn das Volk, das in dieser Frage zuallermeist interessiert wäre, ist zur Einflusslosigkeit verdammt, und die Regierungen, sie mögen sich nennen wie immer, sind ein Spielball in der Hand der Mächtigen.

Bis aber das Volk erst seine Gesundheitspflege selber macht, bis dahin fallen unzählige Opfer. Schützt uns die Wohnungshygiene vor Tuberkulose? Sichert die heutige Schulhygiene unsere Kinder vor Scharlach und Diphtherie? Tun das Findelhauswesen, die Kinderasyle, die Milch- und Markthygiene den massenhaften Krankheiten der Säuglinge einen Abbruch? Hemmen die polizeilichen Maßregeln die Verseuchung des Landes durch Geschlechtskrankheiten?

Die herrschenden Parteien unseres Landes ersticken jeden Keim einer sanitären Besserung, für jede hygienische Forderung, die das Leben der Armen erträglicher gestalten könnte, haben sie die gleiche Antwort: Wir haben kein Geld! Millionen von Volksgenossen verenden und siechen dahin, aber die Auserkorenen des Volkes, Parlament, Landtag, Gemeinde, sie alle, alle haben kein Geld! Mag die Pestilenz weitergehen, sie sind geschützt und für die andern haben sie kein Geld!

Oder man rührt sich gewaltig, nimmt die Backen voll und beginnt salbungsvoll zu reden. Große Worte – aber wieder kein Geld! Und dann kommt ein Erlass nach dem andern, hier ein Flickchen, dort ein Flickchen – es ist zum Staunen, wer die vielen Kinkerlitzchen nur erdenkt, von denen es in unseren Sanitätsverordnungen wimmelt. Lauter Erlässe, aber kein großes, einheitliches Sanitätsgesetz! [2]

Auf der einen Seite Staatsmänner und Gemeindepäpste, die ohne Verständnis von Volkshygiene alle dringenden Forderungen ablehnen oder auf ein Nichts kürzen, anderseits eine Sanitätspolitik von Fall zu Fall: Was Wunder, dass in unserem Lande die Krankheiten üppig wuchern und die medizinische Wissenschaft einschrumpft. Zum Teil sind es unbekannte Kräfte, die über unsere Gesundheit wachen, zum Teil eine Miniaturwohlfahrtspflege, die üblen Zufällen nachhinkt. Die Wahrheit ist, dass heute weder die Wissenschaft noch der kundige Teil der Bevölkerung, die Ärzteschaft, in den Fragen der Hygiene mitzureden hat.

Soll dieser Missstand ein Ende nehmen, so bedarf es vor allem einer Zentralstelle, die zugleich vom Staate und der Wissenschaft mit Autorität ausgestattet ist: einer Lehrkanzel und eines Seminars für soziale Medizin. Dort wäre der Ort, medizinische Themen auf ihre soziale Bedeutung zu prüfen, die Fragen der Sozialhygiene gründlich zu erörtern und sie einer einheitlichen Lösung zuzuführen. Theoretische Schulen und praktische Arbeit würden so einen Stab geschulter Ärzte schaffen, die mit Erfolg den öffentlichen hygienischen Ämtern vorstünden. Die soziale Medizin hätte eine Heimstätte gefunden, wo sie sich zum ernsten Kampfe mit den Feinden der Volkswohlfahrt rüsten könnte.

Hygiene, Statistik, Nationalökonomie würden dort im Bunde mit der medizinischen Wissenschaft dem Lande edlere Ziele weisen.

Man wird uns einwenden: Was soll die Forschung, die ideale Wissenschaft in einem Lande leisten, wo selbst Gesetze nur auf dem Papier stehen? Nun, auch wir erwarten keine Periode des Heils von der Lehrkanzel für soziale Medizin allein. Aber diese Lehrkanzel und die Methode ihrer Arbeiten wären endlich einmal der Unterbau zu einem System für den derzeit unentwirrbaren Knäuel unserer Gesundheitspflege. Und die Lichter, die dort entzündet würden, würden nicht allein in den Köpfen und Herzen aller Hörer, sondern auch im Volke selbst hell weiterleuchten. Zehn Jahre hygienischen Volksunterrichts, Befreiung der Hygiene aus den Fesseln der Politik und Beutemacherei – und dann lasst uns über die Volksseuchen reden!

Für den Ärztestand hätte eine solche Lehrkanzel einen unermesslichen Wert. Die Zeiten sind wohl endgültig vorbei, wo die Meinung Platz greifen konnte, je mehr Krankheiten desto besser für die Ärzte. Gerade das Gegenteil ist wahr. Hohe Krankheitszahlen zeugen von einer ausgepowerten Bevölkerung, die zahlungsunfähig und ohne Gefühl für den Wert der Gesundheit dem Ärztestand nicht nur das schuldige Honorar, sondern auch Wertschätzung und Achtung versagt. Je weniger Krankheiten auf ein Volk fallen, desto höher schätzt es seine Gesundheit, desto größer ist das Ansehen seiner Ärzte. Wenn es nun dem Ärztestande gelänge, durch die Erlangung einer wissenschaftlichen Lehrkanzel für soziale Medizin den Dilettantismus und den Zufall aus der Volkshygiene auszumerzen, um an deren Stelle sachverständiges Wirken und ein System der Prophylaxe zu setzen, so wäre das ein segensreiches Geschenk dem Volke wie den Ärzten. Und wir sind der Meinung, dass jedes Programm, das den Ärzten dienen soll, an hervorragender Stelle die Forderung aussprechen müsste: Errichtung einer Lehrkanzel für soziale Medizin!

4. Staatshilfe oder Selbsthilfe? (1903)

Editorische Hinweise
Erstveröffentlichung:
1903b: Ärztliche Standeszeitung. Central-Organ für die Gesamtinteressen der Ärzte Österreichs, Wien. Herausgegeben von Dr. Heinrich Grün, 2. Jg., H. 21 (1. November), S. 1–3; H. 22 (15. November), S. 1 f.

Dies ist Adlers letzter Beitrag zur Sozialmedizin und Standespolitik. Er ist als Kommentar zu aktuellen Angriffen im niederösterreichischen Landtag (20. Oktober 1903) gegen die Ärzteschaft zu verstehen – wie dies im Leitartikel (vermutlich von Heinrich Grün) geschildert wird. Diese Debatte gilt als Höhepunkt eines langjährigen Streits zwischen Regierung und Bürgermeister mit der Ärzteschaft und Ärztekammer.

Adler greift die Regierung scharf und polemisch an: dass sie den Niedergang des ärztlichen Standes betreibe, ihn in bürokratischer Abhängigkeit halte und den Fortschritt der medizinischen Versorgung und Wissenschaft bremse. Das ist für ihn der Beweis, dass die Regierung nur die »Geschäfte der politisch einflussreichen Schichten« wahrnehme und für ärztliche Hilfe daher nur so weit sorge, wie sie müsste – womit Adler klar eine marxistische Staatsauffassung vertritt. Auf Staatshilfe zu hoffen sei daher eine »Utopie«, und jeder Fortschritt werde sich gegen »das System« richten.

Staatshilfe oder Selbsthilfe?

Eines der Grundprobleme des Ärztestandes, dessen Erörterung und Klarstellung nunmehr keinen Aufschub verträgt, knüpft an die Frage an, von welcher Seite die ärztliche Organisation die Durchführung ihrer Forderungen erwarten muss. Wenn man die verschiedentlichen politischen Vorstöße des Ärztestandes auf diesen Sinn hin untersucht, so bleibt die maßgebende Meinung unserer leitenden Kreise vielfach im Dunkeln. Viele von den Kampfgerätschaften und Waffen, an die die Ärzte dachten, stammen wohl aus dem Arsenal der Selbsthilfe. Der taktische Aufmarsch aber ließ zumeist erkennen, dass man nur bis zu jenem Punkte gelangen wollte, wo die Regierung, der Staat, die Führung übernehmen sollte.

Fragen wir aber einmal, welches Interesse die Regierung daran haben könnte, dem Niedergang des ärztlichen Standes um jeden Preis Einhalt zu tun, so wird die Antwort darauf nicht gar leicht sein. Man hofft zuweilen noch auf sonderbare Schwärmer, die einer Regierung allerlei Sorgen und Interessen zumuten. Sie meinen, eine Regierung müsse einen ethischen, sie müsse einen humanen Charakter tragen, müsse in die Zukunft blicken und sozial handeln, müsse ein Ohr haben, nicht nur für die Wünsche der Großen, sondern auch für das Fordern der ganz Kleinen. Wir in Österreich werden aufgrund unserer politischen Schulung wahrlich nicht berühmt werden. Unser Staatsgebäude eignet sich nicht recht für großzügige Politik und macht die begabtesten Köpfe zuschanden. Was wir aber jahrein, jahraus an den Intentionen unserer rasch wechselnden Regierungen erblicken und in seiner brutalen Nacktheit registrieren können, sollte selbst dem Blindesten die Augen darüber öffnen, dass keine Regierung etwas anderes ins Werk setzen kann, als die Geschäfte der politisch einflussreichen Schichten zu führen und deren Interessen wahrzunehmen.

Bilden etwa die sozialen Maßnahmen der Regierungen, der überaus maßvolle Schutz der Schwachen eine Ausnahme hiervon oder gar einen Gegenbeweis? Durchaus nicht. Wer die Geschichte unserer staatlichen Sozialpolitik kennt, der weiß, dass die minimalste Förderung von Armenschutz, der schäbigste Fortschritt in den Arbeiterschutzgesetzen den maßgebenden Kreisen abgetrotzt und abgerungen wurde unter Einsetzung der vollen Wucht der Arbeiterklasse. Was sich die Leiter der Staatsgeschäfte, der Landes- und Gemeindeverwaltungen auf diesem Gebiete geleistet haben, verdient daher kein anderes Ansehen, um von Lob nicht zu sprechen, als die Arbeit eines Maschinisten, der mit seinem kümmerlichen Fläschchen Öls für einen möglichst geringen Reibungswiderstand sorgt. [S. 2 von Nr. 21]

Die ärztliche Kunst ist es nun vor allem, die dazu ausersehen ist, diesen Reibungswiderstand herabzusetzen. Sie war vor Zeiten mehr, sie war sogar politisch einflussreich, solange die gesamte Ärzteschaft als hervorragende Staatsnotwendigkeit sich allen klar vor Augen stellte. Solange im ganzen Land ein Heer von Seuchen wütete, das, unbekümmert um Arm und Reich, sich nicht anders in Schranken halten ließ, als durch die Kunst der Ärzte, da war es natürlich keine kleine Sorge, diesen Stand zu fördern und zu pflegen. Und man kann sagen, die ganze Volkstümlichkeit, ja die Würde und das Ansehen unseres Standes stammt aus dieser Zeit. Als aber die Medizin in ihrer weiteren Entwicklung die moderne Hygiene aus sich heraus gebar, als nach trefflich geleisteter medizinischer Vorarbeit unser Werk in die Hände der Techniker gelegt wurde und diese darangehen konnten, in eigener Machtvollkommenheit über die Gesundheit der Bevölkerung zu wachen, als späterhin durch eine kaum zur Hälfte gediehene Krankenversicherung das Bedürfnis der armen Volksschichten nach ärztlicher Pflege und Behandlung zum Scheine gesättigt wurde, da riss das Band, das den ärztlichen Stand an die Gesamtbevölkerung knüpfte.

Was sonst noch an medizinischen Notwendigkeiten sich zeigte, erledigten die herrschenden Kreise in eigener Regie, indem sie in Land und Gemeinde eine Anzahl von Ärzten zum eigenen Gebrauch einstellten. Auch hier wieder legten sie sich weiseste Beschränkung auf, indem sie ärztliche Kunst in bürokratische Abhängigkeit versetzten. An Händen und Füßen gefesselt, des angeborenen Rechts auf freie Initiative beraubt, tun diese Kollegen ihr undankbares, unfruchtbares Werk unter den Diktaten von Juristen und Politikern. Auch sie werden sich vergebens umsehen nach einem Bestehen von Einfluss oder Bedeutung im Volke und mehren in keiner Weise das Ansehen der praktischen Ärzte.

Bleiben noch die Kassenärzte. Sie wirken in einer Sphäre, in der der Arzt ein unbedingtes Erfordernis ist. Die Gesetzgebung anerkennt ausdrücklich seine Unentbehrlichkeit. Und wir wollen fragen: Hat die Institution der Kassenärzte das Ansehen, die Bedeutung des Ärztestandes für die Bevölkerung gehoben? Leider müssen wir das Gegenteil feststellen. Die Arbeit des Kassenarztes wird scheel angesehen, der Arzt gilt oft als Gebieter, zuweilen als Knecht des Kassenangehörigen, die Kassenleitung ist an ihre Einläufe gebunden und drosselt, so gut sie kann, den Arzt und den Patienten. Kein Wort gegen die Selbstverwaltung! Sie ist der Ausdruck des politischen Einflusses der Arbeiterschaft und muss als solcher respektiert werden. Aber kein höllischer Verstand hätte das dreieckige Verhältnis von Kassenverwaltung, Arzt und Patienten hässlicher gestalten können, als es sich unter der Pauschalierung zeigt. Um das Erreichte nicht zu verlieren, sträubt man sich gegen jeden Fortschritt, und so steht die köstlichste Frucht sozialer Arbeit, die Krankenversorgung, am toten Punkt. Statt weitest gehender Krankenfürsorge die *[S. 3 von Nr. 21]* notdürftigste Leistung, statt fruchtbaren Vertrauens gegenseitiges zerstörendes Misstrauen. Hätten die Ärzte bei verständnisvoll eifriger, allgemeiner Anteilnahme die Fühlung mit dem Volke wieder gewonnen und die Unentbehrlichkeit des gesamten Ärztestandes für die Hebung des Volkes dokumentiert – in dieser und ähnlichen Fragen –, kein Zweifel, ihre Bedeutung wäre wieder gewachsen. Und ebenso sicher hätte diese Hebung des Ärztestandes eine befruchtende Wirkung auf die soziale Gesetzgebung ausgeübt.

Glaubt nun einer, dass die regierenden Kreise an alldem ein Interesse haben? Dass sie sich durch Hebung des ärztlichen Standes die Peitsche knüpfen werden, mit der sie angetrieben werden sollen? Unsere Machthaber sind in der glücklichen Lage, in behaglicher Ruhe die Fortsetzung ihrer Sozialpolitik verschieben zu können, und sollten sich ohne Grund, – denn der Untergang des ärztlichen Standes in seiner gegenwärtigen Gestalt kann ihnen keinen Grund mehr abgeben – zu neuen Taten, zu einer weiteren Abbröckelung ihrer Macht herbeilassen? Der Staat – das sind die Geschäftsführer der politisch einflussreichen Klassen –, er hat für ärztliche Hilfe gesorgt, soweit er musste, und tat dies in kärglicher Weise. Was übrig bleibt vom ärztlichen Stande hat keine unbedingte Notwendigkeit mehr und deshalb auch keine Bedeutung. *[S. 1 von Nr. 22]*

Nach den Ereignissen der letzten Tage wären wir eigentlich der Mühe überhoben, die vorliegende Betrachtung fortzusetzen. Die Debatten im Landtage, die Rede des Statthalters von Niederösterreich zeigen deutlich, wie hoch die Ärzteschaft von den herrschenden Kreisen eingeschätzt wird und wie gering ihre Notwendigkeit erachtet wird. Ja noch mehr, es liegt in den angezogenen Erörterungen der Versuch vor, mit allerdings lächerlichen Mitteln die Bedeutung der ärztlichen Kunst in den Augen der Bevölkerung noch weiter herabzusetzen. Wie gesagt, wir könnten hier eigentlich schließen und statt weiterer Ausführungen den Schlusssatz hinschreiben: dass die Ärzteschaft unter den heutigen Verhältnissen von den regierenden Kreisen nichts zu erhoffen, also auch nichts zu erbitten hat, und dass es weiter eine Selbsttäuschung wäre, auf Staatshilfe für den Ärztestand zu rechnen.

Um aber in unserem Thema fortzufahren, hätten wir noch der Militärärzte zu gedenken, die für ihren Stand, den Militärstand, unzweifelhaft eine Notwendigkeit bedeuten. Sie unterstehen einer besonderen Disziplin, sind außer Zusammenhang mit der Ärzteschaft und fallen aus dem Rahmen unserer Betrachtung.

So wie sich nun der Staat für alle unbedingt nötigen ärztlichen Funktionen seiner Amtsärzte, seiner Polizeiärzte, seiner Militärärzte durch fixe Anstellung und bindende Verträge versichert hat, so hat er es sich auch nicht nehmen lassen, die Entwicklung der medizinischen Forschung und der medizinischen Lehre in seine Obhut zu bringen. Die medizinische Wissenschaft birgt so ungeheure Entwicklungstendenzen, dass es den Machthabern durchaus geraten erscheint, die Bremse fest in den Händen zu halten. Deshalb soll die Forschung nicht unaufhaltsam voraneilen, sondern gleichen Schritt halten mit den zögernden sozialen Maßnahmen unserer Zeit. Deshalb die staatliche Oberhoheit bei Berufungen von Lehrern, deshalb die persönlichen und materiellen Einschränkungen an unseren Schulen, deshalb auch die geringe Gunst, in der die so überaus wichtigen Lehrfächer der Hygiene und sozialen Medizin stehen. Die Regierung huldigt mit diesem reaktionären Streben dem Prinzip, etwaige Reibungstendenzen zu vermindern. Wir bezahlen aber zu teuer, wir zahlen mit dem Ruhm und dem Glanz unserer Fakultät. [S. 2 von Nr. 22]

Da aber medizinische Lehrer unzweifelhaft zu den Staatsnotwendigkeiten gehören, sorgt die Regierung auch in ihrer Weise, sodass nicht allzu viele Kliniken unbesetzt bleiben. Diese Lehrer haben die Aufgabe, die nötigen ärztlichen Amtspersonen heranzubilden, ohne die eine geregelte Funktion des Staates undenkbar wäre. Und da die Bevölkerung noch immer bei Krankheiten den Rat und die Hilfe des praktischen Arztes sucht, ist auch die Ausbildung dieser Gewerbetreibenden ihr Beruf. Zuletzt und endlich sollen sich auch die wohlhabenden Kreise des Vorzugs erfreuen, den Lehrer der Wissenschaft als praktischen Arzt und Gewerbetreibenden genießen zu können.

Genug davon. So untauglich ein derartiges System ist, die Entwicklung der medizinischen Wissenschaft zu fördern, so genügt es gleichwohl zur Befriedigung der unentbehrlichsten Staatsnotwendigkeiten. Mehr kann es allerdings nicht leisten, und der Rückgang der Wiener medizinischen Schule ist in erster Linie das Verdienst unserer herrschenden Klassen.

Es fällt uns natürlich nicht ein, die Bedeutung der frei praktizierenden Ärzte für einen Teil der Bevölkerung übersehen zu wollen. Die Bedeutung verdankt der Arzt einzig und allein seiner erprobten Tüchtigkeit, seiner Willfährigkeit und seiner Charakterbildung, Eigenschaften, bis zu deren Anerkennung eine Reihe sorgenvoller Jahre verstreicht. Aber bis ans Ende seiner Tätigkeit streitet wider die angemessene Wertschätzung die wachsende Konkurrenz, die jede Nachfrage durch ein gehäuftes Angebot erwidert, und das geringe Verständnis der Bevölkerung für prophylaktische und gesundheitliche Fragen. Gesellt sich dazu noch die systematische Untergrabung des ärztlichen Ansehens durch die Wortführer der herrschenden Parteien, so wird es bei passivem Verhalten der Ärzteschaft zweifellos gelingen, den Wert der ärztlichen Hilfe in den Augen von sachkundigen Bevölkerungskreisen noch weiter herabzusetzen. Vielleicht kann man sich auf diese Weise um die Schulärztefrage herumdrücken, vielleicht wird der Ruf nach Gemeindeärzten auf dem Lande allmählich schwächer.

So behaglich dieses System den herrschenden Kreisen erscheinen mag – der Widerspruch zwischen der Leistungsfähigkeit der Medizin und der ihr staatlich aufgezwungenen Schwäche ist ein so ungeheurer, dass die Zeit allein das System sprengen muss. Aber selbst der kleinste Fortschritt, den die Ärzteschaft anbahnen wird, wird sich stets gegen das System richten müssen. Auf Staatshilfe zu rechnen, wäre eine Utopie, wenn nicht eine Narrheit. Nur aus eigener Kraft kann sich die Ärzteschaft ihre Zukunft gestalten.

5. Hygiene des Geschlechtslebens (1904)

Editorische Hinweise
Erstveröffentlichung:
1904b: Ärztliche Standeszeitung. Central-Organ für die Gesamtinteressen der Ärzte Österreichs, Wien. Herausgegeben von Dr. Heinrich Grün, 3. Jg., Nr. 18 (15. September), S. 1 f. und Nr. 19 (1. Oktober), S. 1–3

Dies ist Adlers letzter Beitrag in der »Ärztlichen Standeszeitung«. Es handelt sich um eine Besprechung der populären Aufklärungsschrift mit gleichem Titel des Münchener Eugenikers Prof. Max Gruber (1903). Grubers Schrift, noch 1925 in der 52. Auflage erschienen, wurde auch in den frühen 1950er Jahren wieder aufgelegt.

Das Thema Sexualpädagogik war unter anderem aufgrund eines erheblichen Geburtenrückgangs in dieser Zeit höchst populär und wurde mit einer Flut von Sexualreformaktivitäten und Aufklärungsschriften begleitet. Sexualpädagogik dieser Art wurde verknüpft mit Eugenik, Rassenhygiene, Neurasthenie und der Warnung vor Geschlechtskrankheiten.

Trotz vorausschickender Verbeugungen widerspricht Adler in allen Punkten den durchgängig konservativen Positionen Grubers. Er kritisiert unter anderem die Verknüpfung von Sexualhygiene mit Geschlechtskrankheiten und Neurasthenie, die Forderung nach Abstinenz, seine Übertreibung der Folgen sexueller Unmäßigkeit und weist Grubers Forderung nach Bestrafung Homosexueller zurück. Dagegen sieht Adler in Grubers positiver Stellung zur Masturbation – ebenfalls ein heiß diskutiertes Thema der Zeit – eine Verharmlosung.

Prof. Max Gruber (1853–1927) war ab 1887 Direktor des Hygienischen Instituts in Wien, ab 1902 Ordinarius für (Sozial-)Hygiene in München und Mitherausgeber der »Münchener Medizinischen Wochenschrift«. 1908 wurde er persönlich geadelt. Er wurde einer der führenden Eugeniker und Rassenhygieniker Deutschlands und gilt mit seinen völkischen eugenischen Forderungen heute als einer der Urheber der Rassenhygiene der Nazis. Er war frühzeitig mit zahlreichen Schriften zur Rassenhygiene, Auslese, Zuchtwahl hervorgetreten (Baader 1984, S. 189).

Hygiene des Geschlechtslebens

Unsere Zeit ist im Allgemeinen nicht abgeneigt, sachlichen Ausführungen über das Geschlechtsleben ihr Ohr zu leihen. Die Prüderie, die eine ganze Generation in schädlichem Halbwissen erhalten wollte, scheint ihrem Ende entgegenzugehen, und den Eltern wie den Erziehern kommt eine Ahnung ihrer Pflicht. Zahlreiche Eltern verfügen bereits über die Einsicht, dass man die Kinder nicht unvorbereitet dem blinden Drange des Sexualtriebs überlassen darf. Abgewandten Auges, in Worten, die mehr verhüllen als zeigen, erfolgen die väterlichen oder mütterlichen Winke und damit hat es ein Ende. Mag das Übrige die Jugend unter sich ausmachen.

Und sie tut es. Natürlich in der zweckwidrigsten Weise. Fantasien, Ahnungen, Missverständnisse, ins Lüsterne oder krankhafte verzerrte Vorstellungen verwirren die jungen Köpfe, treiben frühzeitig zur Sexualbetätigung, aber zugleich auch in Angst und Grauen. Oft ist schon eine ganze Klasse, nicht etwa nur der Mittelschule, sondern auch der Volksschule, der Masturbation verfallen, aber die Schule merkt es nicht – oder will es nicht bemerken. Was hilft es auch? Der Lehrer hätte oft nur Unannehmlichkeiten davon, durchaus aber nicht die Gewissheit, dem Übel steuern zu können. Was soll er tun? Was lassen? Wo liegt die Wahrheit?

Gibt es überhaupt heute schon eine Hygiene des Geschlechtslebens? Die so populären »Ratschläge« oder »Wegweiser«, die in den Schaufenstern der Buchhändler prangen und von Groß und Klein verschlungen werden, verdienen hier kaum in Betracht gezogen zu werden. Überhaupt hat sich die Kurpfuscherei mit Wucht auf das Gebiet der Sexualhygiene geworfen und verschlimmert die Schäden nach Kräften. Es gibt kaum einen Neurastheniker, in dessen Bücherschatz nicht einige solcher Hefte anzutreffen wären. Von Zeit zu Zeit meldet sich ein wirklicher Arzt zu Worte, aber die völlige Klärung ist bisher ausgeblieben, ebenso wie bei der Frage der »Verhütung des allzu reichlichen Kindersegens«, ebenso wie bei der Frage der Prostitution und der Verhütung der Geschlechtskrankheiten.

Nun meldet sich ein Großer zu Wort: »In dieser kleinen Schrift sollen Dinge rückhaltlos besprochen werden, die man sonst mit ängstlichem Schein zu verhüllen sucht.« Mit diesen Worten leitet Professor *Max Gruber*, den wir Wiener Ärzte in dankbarer Erinnerung halten werden, seine Schrift über »*Hygiene des Geschlechtslebens*« [(Gruber 1904)] ein, die für männliche Laien geschrieben, auch dem Arzte durch die Gruppierung der Themen sowie durch den persönlichen Ton ihrer Beantwortung, durch die gehaltvolle, männliche Sprache eines ethisch und intellektuell hochstehenden Mannes wertvoll erscheinen müsste. Der Ausgangspunkt zu *Grubers* Betrachtungen scheint in den gegenwärtig mächtig sich entwickelnden ärztlichen *[S. 2 von Nr. 18]* Bestrebungen zur Verhütung der Geschlechtskrankheiten gelegen zu sein. So eng sich nun auch die Probleme der Sexualität und der Geschlechtskrankheiten berühren, die enge Verquickung beider drückt einer daraus hervorgegangenen Hygiene des Geschlechtslebens den Charakter der Fügsamkeit, Geschmeidigkeit und Überschlauheit auf. Anderseits ist leicht zu ersehen, wie die Einsicht in die großen Schäden des Geschlechtslebens unseren Autor zu seinem Opportunismus verführt. Und so verdanken wir *Gruber* nicht nur ein Werk, das uns lehrt, wie man die Schäden der Gegenwart aus dem Wege räumt, um Platz zu gewinnen für eine gesunde und freie Entfaltung der Sexualität, sondern nur einen ganz dünnen Ariadnefaden, an dem wir uns ängstlich und mühsam aus einem Labyrinth voll Gefahren herausschlängeln können.

In den drei ersten Kapiteln über Befruchtung, Vererbung und Zuchtwahl, Anatomie und Physiologie der Geschlechtsorgane gibt *Gruber* über die wichtigsten Tatsachen der Wissenschaft kurzen Aufschluss. Diese Einleitung ist unumgänglich nötig, da die Unkenntnis dieser Einzelheiten oft große Verwirrung anrichtet. Aber schon im nächsten Abschnitt »über den Geschlechtstrieb und die angebliche Notwendigkeit seiner Befriedigung« betritt der Autor strittiges Gebiet. So mit seiner Behauptung, dass sich der Geschlechtstrieb auch »als Verlangen nach Nachkommenschaft« äußert. Der »Schrei nach dem Kinde«, der sich gegenwärtig auch literarisch austobt, ist wohl kaum anders zu nehmen denn als eine ansprechende Metapher oder als eine Form der Selbstbeschränkung und Enttäuschung. Dass der Autor die Notwendigkeit der sexuellen Befriedigung leugnet, geht aus dem Titel dieses Abschnittes hervor. Wohl sieht er die Befriedigung als das Naturgemäße und die Ehe als den einzig richtigen Weg. Die Stimmen aber und Argumente, die sich für die Notwendigkeit sexueller Befriedigung erheben, findet er für ungerechtfertigt und verwirft sie mit anscheinend guten Gründen. Nur ein Argument bleibt unberührt, und dies scheint uns das nichtigste von allen. Denn von seiner Beantwortung hängt die praktische Durchführbarkeit der Abstinenz ab: Wie soll man es eigentlich anstellen, um einem Menschen die Befriedigung seines stärksten Lustgefühles als unnötig zu beweisen? Dass er dabei am Leben bleibt, ist nicht genug. Jedenfalls wird die Entwicklung eines solchen völlig Abstinenten zur vollen Männlichkeit verzögert, wie der Überblick über eine Reihe dieser seltenen und selten einwandfreien Fälle ergibt. Zumeist tritt in diesen Fällen die Masturbation, der Autoerotismus, an die Stelle der Heterosexualität und mit ihr eine ganze Reihe von Schädlichkeiten. Doch davon später. Oder es kommt zu einer eigentümlichen Dissveration[1] der Sexualität mit abnormen, selbst pathologischen Erscheinungen. Auch die Möglichkeit einer späteren Umkehr ist nicht für alle Fälle zu garantieren, da die Potenz zweifellos geschädigt wird. Nur eine Art von Menschen wird die Abstinenz gut vertragen, die von vornherein mit geringer Heterosexualität Ausgestatteten. Freilich sind diese auch leichter zur Abstinenz zu bewegen. [S. 1 von Nr. 19]

Nichtsdestoweniger muss man *Gruber* unbedingt beipflichten, wenn er in diesem Zusammenhang und zur Allgemeinheit gewendet der Beherrschung des Sexualtriebes das größte Gewicht beilegt. Welche Rolle dabei die hypothetischen Sexualstoffe, Produkte einer inneren Sekretion der Geschlechtsdrüsen, spielen, ist fraglich. Für den Arzt kommen sie aber nicht allein in Betracht und

---

1 [Der Begriff konnte nicht verifiziert werden.]

keineswegs vor allem. Viel wichtiger sind die Erforschung der individuellen Haltung und Entwicklung des Einzelnen, die Anbahnung einer anderweitigen, befriedigenden Erledigung seiner psychischen Kräfte und damit die Erzielung eines in sich gefestigten, inneren Gleichgewichts. Gibt *Gruber* für die Allgemeinheit die Losung: Abstinenz, so finden wir bei individualisierender Beobachtung die Verhältnisse viel komplizierter und durch Abstinenz in den seltensten Fällen zu erledigen. Wobei allerdings im Auge zu behalten ist, dass der Arzt es mit dem leidenden Teil der Menschheit zu tun hat.

In einem weiteren Abschnitt, »Folgen der geschlechtlichen Unmäßigkeit und Regeln für den ehelichen Verkehr«, geht der Autor entschieden zu weit, wenn er als Folgen der Unmäßigkeit Erscheinungen beschreibt, die wir regelmäßig unter anderen Bedingungen zustande kommen sehen, »Druck in der Lendengegend, nervöse Erregbarkeit, Gefühl von Druck im Kopf, von Eingenommensein des Kopfes, gestörter Schlaf, Ohrensausen, Flimmern vor den Augen, Lichtsehen, zittriges Gefühl und wirkliches Zittern, Neigung zum Schwitzen, Herzklopfen, Muskelschwäche, Arbeitsunlust, Gedächtnisschwäche« – oder gar »Verstimmung, Ermüdung, Mattigkeit in den Beinen«, ja auch Neurasthenie und Melancholie leitet *Gruber* aus der Unmäßigkeit ab. – Was nun die genannten Symptome anlangt, so sind sie als Erscheinungen der Neurasthenie weithin bekannt. Aber wir finden in der Ätiologie niemals unmäßigen naturgemäßen Geschlechtsverkehr nachgewiesen. Überhaupt dürfte es sehr schwer gelingen, Schädigungen aufzuzeigen, die einzig und allein der Unmäßigkeit zur Last zu legen wären, oder auch nur die Unmäßigkeit als häufige Erscheinung festzustellen. Gerade das aber scheint *Gruber* anzunehmen, und deshalb ist nach ihm auch die Einschränkung als das Normalverhalten in der Ehe anzusehen. Dabei enthält dieses Kapitel eine reiche Auslese einwandfreier und beherzigenswerter hygienischer Ratschläge, wie sie nur dem reichen Wissen *Grubers* entspringen können. Während wir aber vorher den Kranken der individualisierenden Behandlung des Arztes vorbehalten mussten und ihn aus einer allgemeinen Hygiene des Geschlechtslebens heraushoben, müssen wir hier Einsprache erheben, dass uns der Gesunde als Kranker präsentiert wird. [S. 2 von Nr. 19]

Volle Zustimmung wird *Gruber* finden, wo er seine Ansichten über künstliche Verhinderung der Befruchtung ausspricht. Die soziale Bedeutung des Nachwuchses für den Staat kann nicht genügend betont werden. Ebenso dass in der Beschränkung der Kinderzahl ein kulturell entwickeltes Volk die Antwort gibt auf erschwerte Existenzbedingungen. Und die finden wir zurzeit in allen Kulturstaaten. Die Art der künstlichen Verhinderung wechselt. Da sie für die Gesundheit der Gatten keineswegs gleichgültig ist, beansprucht sie in einer Hygiene des Geschlechtslebens mit Fug und Recht ihren Platz. Dass dabei nicht von vereinzelten Erscheinungen, sondern von einer durchgreifenden Praxis die Rede ist, beweist am besten der Umstand, dass die Fälle von alljährlichem

Kindersegen, den man in gesunden Ehen eigentlich erwarten müsste, zu den größten Seltenheiten gehören. Eine ärztliche Belehrung tut aber überaus not. Am schädlichsten wirkt wohl der Congressus interruptus, der höchst selten auf die Dauer vertragen wird und nach bestimmter Zeit sowohl Gesundheit der Gatten (*Freuds* Angstneurose) wie auch den Frieden und das Glück der Ehe zu beeinträchtigen imstande ist. Die mechanischen Verhinderungsmittel (Kondom und Okklusivpessar) sind zweifellos sicherer und weniger schädlich. Wir möchten dazu einschränkend bemerken, dass auch sie in bestimmten seltenen Fällen die gleichen gesundheitlichen Nachteile herbeiführen können. Wenn aber *Gruber* am Schlusse dieses Kapitels vor allen diesen künstlichen Verhinderungen warnt, so erscheint uns diese Warnung besonders deshalb nicht als ernst gemeint, da gerade unser Autor in häufigen Geburten eine große Gefahr für die Mutter und einen erheblichen Nachteil für die Gesundheit und Lebenshaltung der Kinder erblickt. Oder sollte er der Meinung sein, dass selbst die stärkste Einschränkung des Geschlechtsverkehrs auf die Anzahl der ehelichen Geburten einen Einfluss hätte?

Unter den »Verirrungen des Geschlechtstriebs« wird die Homosexualität kurz gestreift. *Gruber* verwirft den alten Standpunkt, dass Perversitäten angeboren seien und akzeptiert die neuere Auffassung von ihrer Erwerbung. Er steht auf dem Kampfstandpunkt und will Staat und Gesellschaft gegen die Urninge[2] ins Treffen schicken. Tatsächlich bestehen in den meisten Ländern Strafbestimmungen, ohne dass man etwas damit gebessert hätte. Nach *Hirschfelds* Untersuchungen ist die Zahl der Perversen enorm. Wir müssen jenen zustimmen, die von Strafen absehen wollen, solange nicht Rechte zweiter Personen verletzt werden und soweit es sich nicht um den Schutz Unmündiger handelt. Das Übel wurzelt in sozialen Zuständen, nicht zuletzt in der sexuellen Unfreiheit und Sklaverei. – Einen großen Raum nimmt die *[S. 3 von Nr. 19]* Besprechung der Masturbation ein. Sie soll nach *Gruber* nicht schädlicher sein als der natürliche Verkehr. Und da er sie auch für ein geringeres Übel als die venerischen Krankheiten hält, so ist nur selbstverständlich, dass er es für höchst verderblich und überflüssig ansieht, die diesem Laster Verfallenen zu schrecken und zu quälen. *Gruber* sieht den Schaden vielmehr darin, dass bei dieser Sexualbetätigung die Verlockung zur Unmäßigkeit ungeheuer wächst, und in der frühzeitigen Ausübung. – Diese Betrachtung erscheint uns stellenweise recht unhaltbar. Es fehlt darin die Feststellung, dass Masturbation im Alter von 14 bis etwa 18 Jahren das fast normale Verhalten ist und in dieser Zeit zumeist unschädlich sein dürfte. Es geht aber nicht an, diese Erfahrungs-

---

2 [Bezeichnung für Homosexuelle von Karl Heinrich Ulrichs (1825–1895). Er sieht Homosexualität als angeborene weibliche Seele im männlichen Körper. In seinem Kampf für die Straflosigkeit und Emanzipation von Homosexuellen in den 1860er Jahren kann er als Vorläufer von Magnus Hirschfeld gelten.]

tatsache so zu erweitern, dass der Autoerotismus für die ganze Zeit der Reife von seiner Schädlichkeit freigesprochen wird. Die Schäden sind für den Arzt zumeist auffindbar und zeigen sich in Erschütterungen des nervösen Gleichgewichts (Neurosen) sowie in mangelhafter, zumeist verhaltener Entwicklung psychischer Charaktere. Sind dies die Angriffspunkte, so finden wir die Ursache dieser nachteiligen Erscheinungen in Folgendem: 1. Die Masturbation gewährt in der Regel nicht eine volle Erledigung der Sexualität. 2. Sie kann in ihrer psychischen Einwirkung den protektiven Einfluss der Bisexualität auf die Entwicklung voller Männlichkeit und Weiblichkeit nicht ersetzen. 3. Die ständige Möglichkeit einer Befriedigung auch der dürftigsten sexuellen Erregung macht den Masturbanten unfähig, die Abstinenz zu ertragen. – Ein Abwägen dieser Nachteile gegenüber denjenigen der venerischen Krankheiten erscheint uns als unpassend. Die Verwerflichkeit und zerstörende Kraft der Methode, durch Angst die Masturbation beseitigen zu wollen, hat *Gruber* in dankenswertester Weise dargetan.

Folgt ein Kapitel über »die venerischen Krankheiten und ihre Verhütung«, welches die schrecklichen Folgen der Gonorrhoe und Lues schildert. Der Autor kommt darin zu dem gleichen Schlusse, den er bereits vor Jahren in einer Mahnschrift den Wiener Studenten ans Herz gelegt hat: »Jeder, dem Leben und Gesundheit lieb ist, jeder, der sich eine gesunde Nachkommenschaft wünscht, sollte schon dieser ungeheuren Gefahr (der Geschlechtskrankheiten) wegen die Prostitution und den außerehelichen Beischlaf überhaupt vermeiden.«

In der Masse wird dieser Mahnruf wirkungslos verhallen. Genug, wenn er in einzelnen Fällen sich als Kulturforderung durchsetzt. So oft auch der Arzt im Einzelnen kleine Einwendungen gegen diese weitaus beste aller Schriften dieses Gebietes erheben wird, der Tenor seiner Ausführungen ist auch oberste ärztliche Forderung: dass jeder seinen Geschlechtstrieb beherrschen lerne!

6. Zur Psychologie des Marxismus (1909)

Editorische Hinweise
Erstveröffentlichung:
1909d: Protokolle der Wiener Psychoanalytischen Vereinigung, II., 1977, S. 155–160, 72. Protokoll (10. März)
Abgedruckt werden hier die Protokollmitschrift von Adlers Vortrag (S. 155 f.) und sein Schlusswort (S. 159 f.).

Bereits am 23. Dezember 1908 hatte Adler in einem Diskussionsbeitrag den Vortrag als »Psychologie des Klassenkampfes« angekündigt (Protokolle II, 1977, S. 88) und dort andeutungsweise ähnliche Gedanken wie hier geäußert.

Die offenbar sehr verkürzte Protokollmitschrift von Otto Rank macht den Text eher schwer verständlich. Adler geht vom Triebleben aus, das in den ökonomischen Grundlagen erscheine. Er verbindet dies mit seinem Konzept der Kompensation von Minderwertigkeit und mit seinen beiden Konzepten aus dieser Zeit, dem »Aggressionstrieb« (Adler 1908b) und der »Empfindlichkeit« (Adler 1909a; beide 2007a, Studienausgabe, Bd. 1, S. 64 ff. u. S. 82 ff.).

Ausgangspunkt für die altruistischen Ideen im (Marx'schen) Klassenbewusstsein sei nicht Moral, sondern Reaktion auf Empfindlichkeiten und Furcht vor Degradierung (so wie die Frauenemanzipationsbestrebungen dieser Furcht vor Degradierung entsprängen, wie er am 23. Dezember 1908 [Protokolle II, S. 88] sagt). Diese Affektlage gegen Degradierung lasse keine »fatalistische« Ergebenheit zu. Im Klassenbewusstsein und Klassenkampf werde der Aggressionstrieb von (neurotischen) Hemmungen befreit und im kulturellen Sinn befriedigt (»kulturelle Aggression«, siehe »Das Zärtlichkeitsbedürfnis des Kindes« (Adler 1908d/2007a, Studienausgabe, Bd. 1, S. 78 ff.).

In Adlers Ausführungen zu den »Ideen« und zum »Fatalismus« spiegeln sich Debatten der Austromarxisten und der trotzkistischen russischen Emigranten in Wien (vgl. Glaser 1976).

Adlers Vortrag gilt als erster Beitrag zur Verbindung von Psychoanalyse und Marxismus. Die Reaktion im Mittwochkreis war allerdings distanziert und wenig interessiert, Sozialismus wurde vorwiegend negativ kommentiert.

Zur Psychologie des Marxismus

Nach Schilderung und kurzer Charakterisierung der Leistungen Marx' weist der Vortragende auf die psychischen und intellektuellen Fähigkeiten hin, die dem großen Denker ermöglichten, einen so tiefen Einblick in den Werdegang der gesellschaftlichen Entwicklung zu gewinnen (analytische, synthetische Kraft etc.).

Seine Einsicht in das Natur- und gesellschaftliche Geschehen befähigten ihn, auch psychologisch sein Arbeitsgebiet so intensiv zu durchdringen, dass ihm klar vor Augen stand, was uns immer deutlicher aus der analytischen Psychologie zu dämmern beginnt: der Primat des Trieblebens. Er kam von der Nationalökonomie, durch praktische Er*[156]*wägungen geleitet, zur Feststellung der ökonomischen Grundlagen, die in seinem Sinne als Erscheinungsformen aufzufassen sind, in denen Triebleben und Befriedigungstendenzen wie in einem Knotenpunkt zusammenstoßen. – Die Befriedung komme nur auf einem Aggressionsumweg zustande, der die Produktionsbedingungen einschließe.

Eine etwas höhere Kulturstufe zeige *altruistische Ideen* (Mitleid, Wohltätigkeit, Milde, Schamgefühl etc.), die nun die Welt regieren sollen. Die Psychoanalyse zeigte uns aber, dass diese sogenannten »Ideen« weder angeboren sind noch einem moralischen Sinn entstammen, sondern dass sie sich aus gegensätzlichen Regungen aufbauen, die direkt dem Triebleben entstammen. Es sind *Reaktionserscheinungen, die eine Affektlage bewirken, welche sich als Empfindlichkeit äußert* (Empfindlichkeit gegen Herabsetzung, Degradierung, in letzter Linie Beschmutzung). – Das Maß der ursprünglichen Triebbefriedigung ist meist übersättigt, und jede weitere Äußerung dieses Triebes, des Geizes, der Grausamkeit, des Neides, der Schamlosigkeit, wird mit einer Abwehrreaktion beantwortet, die Verwandtschaft zeigt mit dem Affekt des Ekels oder der Idiosynkrasie.

Diese Empfindlichkeit breitet sich über eine Unzahl [von] Beziehungen des Lebens aus. – Beim Proletariat besteht sie gegen jede Art von Degradierung und ist der Affekt, der dem Klassenbewusstsein zugrunde liegt. Wegen dieser Affektlage aber, die stets eine Degradierung hintanzuhalten sucht, ist dem klassenbewussten Proletariat eine *fatalistische* Ergebung unmöglich, an deren Möglichkeit man nur so lange glauben kann, als man hinter der »Idee« nicht die Affektlage sieht.

Marx' Leistung gipfelt nun darin, diese Empfindlichkeit bewusst gemacht zu haben (die erste große Massenanalyse) und sie dann auf einen Punkt konzentriert zu haben. Dieses Bewusstmachen der Empfindlichkeit bringt dann die Tendenz zur Nivellierung mit sich.

Am Schluss spricht der Vortragende die Hoffnung aus, dass aus seinen Ausführungen der Einklang der Klassenkampftheorie mit den Ergebnissen der Trieblehre deutlich hervorgegangen sein dürfte.

[Schlusswort]

Adler dankt in seinem Schlusswort für die Aufnahme der Ausführungen, deren er nicht ganz sicher war. – Die Ideen habe er, im *[160]* Einklang mit *Freud*, als Reaktionsbildungen bezeichnet, die durch eine Affektlage bewirkt werden.[1]

Es sei darauf hingewiesen, dass sich die Idiosynkrasien nicht durchwegs als koprophil hinstellen lassen.[2] Die verbreitetste Idiosynkrasie sei die gegen Milch, wobei es sich offenbar um die früheste Ernährung handle.

Bezüglich der Bewusstseinserweiterung, die durch den Klassenbegriff gegeben sei, habe *Rank* im Einklang mit ihm hervorgehoben, dass es sich dabei, wie bei den ethischen Vorstellungen, um die Wirkung des Sadismus (wie er sage: des Aggressionstriebes) handle.[3] Hier zeige es sich auch deutlich, dass es sich beim Sozialismus nicht um eine Neurose handle (*Steiner*)[4]: Beim Neurotiker sehen wir den Aggressionstrieb in Hemmung, durch das Klassenbewusstsein wird er befreit, und *Marx* zeigt, auf welche Weise er im kulturellen Sinn befriedigt werden kann: nämlich durch das Erfassen der wahren Ursachen der Unterdrückung und Ausbeutung und durch eine zweckmäßige Organisation.

Hitschmanns Frage nach den Lebensbedingungen und Schicksalen eines solchen Genies sei sehr berechtigt.[5] Aber man müsse dabei mit großer Toleranz zu Werke gehen und vor allem Abschied nehmen von der ethischen Idee. Der wichtigste äußere Impuls war anscheinend die Unmöglichkeit für *Marx*, sich habilitieren zu können. Daneben hat er natürlich noch etwas anderes mitgebracht: seinen Kopf.

Zum Schlusse sei noch hervorgehoben, dass die ganze Arbeit von *Marx* in der Forderung gipfelt, *bewusst* Geschichte zu machen.

---

1 [In Adlers Vortrag ebenso wie in *Freuds* Diskussionsbemerkung (S. 157) erscheint es umgekehrt: aus den Reaktionsbildungen gehe die Affektlage hervor.]

2 [*Freud* stellt einen Zusammenhang zwischen Ess-Idiosynkrasien und koprophilen Trieben her (S. 159).]

3 [Rank: Die Geschichte der Ethik mache den Eindruck einer Ausdrucksform des sadistischen Triebes, »alle ethischen Ideen sind kulturelle Reaktionsbildungen gegen alle Formen von Aggressionsregungen« (S. 158).]

4 [Steiner: »Wie wäre es denn, wenn man auch den Sozialismus nur als eine ›Neurose‹ auffassen wollte?« (S. 159).]

5 [Hitschmann fragt: »wie sich die Marx'schen Lehren aus seiner persönlichen Psychologie ergeben haben« (S. 159).]

7. Syphilidophobie – Ein Beitrag zur Bedeutung der Phobien und der Hypochondrie in der Dynamik der Neurose (1911)

Editorische Hinweise
Erstveröffentlichung:
1911f: Zentralblatt für Psychoanalyse. Medizinische Monatsschrift für Seelenkunde. Herausgegeben von Sigmund Freud, 1. Jg., Bd. 1, H. 6 (März), S. 400–406, Wiesbaden, Bergmann. Neudruck: Amsterdam, Bonset 1964
Neuauflagen:
1920: Praxis und Theorie der Individualpsychologie, S. 106–112
1924: Praxis und Theorie der Individualpsychologie, S. 108–114
1927: Praxis und Theorie der Individualpsychologie, S. 108–114
1930: Praxis und Theorie der Individualpsychologie, S. 104–109
Letztveröffentlichung:
1974: Praxis und Theorie der Individualpsychologie, S. 161–169

In der damals weitverbreiteten und (sexual)politisch geschürten Angst vor Geschlechtskrankheiten sieht Adler typische Merkmale der Neurose, und zwar der Neurose als Sicherungsmechanismus mit ihrer hermaphroditisch schwankenden Ambivalenz (hier zwischen Vorsicht und Leichtsinn) und Neurose als Auseinandersetzung mit dem Geschlechterverhältnis, hier spezifisch als Angst vor der Frau.

Er hält diese (Sexual-)Angst vor der Frau bei Philosophen und Künstlern geradezu für ubiquitär und verallgemeinert von hier aus: »Der Künstler ist [...] aus einem dem Neurotiker verwandten Stoff gefertigt« (S. 69). Er zählt dafür eine ganze Reihe von philosophischen und dichterischen Äußerungen und Beispielen aus der Malerei auf.

In den verschiedenen Auflagen erscheinen viele Änderungen zur Präzisierung, die meisten 1920.

Syphilidophobie – Ein Beitrag zur Bedeutung der Phobien und der Hypochondrie in der Dynamik der Neurose

Es kommt mir selten ein Fall von Neurose vor, der nicht in ausgeprägter Weise Gedankengänge der Syphilisfurcht verriete. Bald steht dieses Symptom im Vordergrund, ist oft das einzige, dessentwegen der Patient den Arzt aufsucht, bald wieder verwebt es sich mit einer Unzahl anderer Symptome in der mannigfaltigsten Weise. Meist sind es Patienten, die noch keine Infektion durchgemacht haben. Aber auch ehemals infizierte Neurotiker zeigen zuweilen eine derartige Phobie, ersetzen sie jedoch häufiger durch die Furcht vor Gonorrhoe, vor Morpiones[1] und Ungeziefer oder vor Tabes und Paralyse, oder sie zittern vor dem Schicksal ihrer noch lange nicht geborenen Kinder. Stets heftet sich ein ungeheures Interesse an den Syphiliskomplex, in Wort und Schrift jagen sie diesem Thema nach, und nicht selten findet man auch, wie sich diese Aufmerksamkeit zeichnerisch, malerisch[2] betätigt[3].

Dass die Phobiker und Hypochonder *vorsichtig* sind, wäre eine Binsenwahrheit, und es lohnte nicht der Mühe, davon zu sprechen, *wenn sie diesen Charakterzug nicht mit jedem Neurotiker teilten.* Eine eingehende Analyse dieser Zustände kann jeden leicht belehren, dass die phobischen und hypochondrischen Symptome eine ausgezeichnete Eignung besitzen, ihren Träger vor einer Gefahr[4] zu sichern, ja dass Vorsicht in unserem Sinne fast überflüssig erscheint, *da sie ganz durch die Phobie ersetzt werden kann*[5].

Nun entstehen jene Zustandsbilder, deren Auflösung und Verständnis so große Anforderungen an den Neurologen stellen. *Da die Phobie aus der Sicherungstendenz entspringt*, den Patienten mehr als genugsam behütet, darf er sich schon den Luxus erlauben, Unvorsichtigkeiten[6] zu begehen. In der Tat kann jeder Syphilidophobe Beweise erbringen, wie unvorsichtig er sein kann. *Stekel* hat in seinen »Nervösen Angstzuständen« [Stekel 1908] auf diese »Bipolarität« kurz hingewiesen.[7] Der psychische Zusammenhang dieser, wie *Bleuler*[8] sagen würde, »voluntären Ambivalenz«[9] ist damit allerdings noch nicht einmal angedeutet. Er liegt in der *Dynamik des psychischen Hermaphroditismus mit folgendem männlichen Protest*, und die kontrollierende, sozusagen zuschauende (»sen[401]timentalische« *Schillers!*)[10] Instanz des neurotischen Seelenlebens gerät unter den Eindruck: »So unvorsichtig kann ich sein! Ich kenne keine Grenzen! Also Vorsicht!« Dies ist die zwingende Seelenregung des Phobikers, die er regelmäßig auftauchen lässt, ob er sich nun irgendwelcher

---

1 [Filzläuse]
2 *Erg. 1920*: erfinderisch
3 *Erg. 1924*: wie z. B. bei Félicien Rops [belgischer Maler]
4 Gefahr] *Änd. 1930*: Niederlage im Leben
5 *Erg. 1920*: wie die Angst durch die Sicherung *Erg. 1924*: Nur dass die Phobie an einer anderen, früheren, rückwärts gelegenen Stelle des menschlichen Bezugssystems einsetzt und deshalb zu stärkeren, weiter greifenden Ausschaltungen führt als die Vorsicht.
6 *Erg. 1924*: bei kleinen Anlässen
7 Stekel *bis* hingewiesen] *Ausl. 1920*
8 *Erg. 1920*: mit Unrecht
9 [Das Nebeneinander von widersprüchlichen Wünschen]
10 [Schiller: »Über naive und sentimentalische Dichtung« (1795). Der »sentimentalische« Mensch denkt und handelt nicht spontan, sondern beobachtet sich.]

Unvorsichtigkeiten erinnert oder ob er sie, was wohl bedeutungsvoller wird,[11] arrangiert.

In dieses *neurotische Arrangement* gehört zum Beispiel die dauernde oder gelegentliche Abneigung gegen Schutzmaßregeln. Als Erklärung für diesen »Leichtsinn« hört man stets die gleichen scheinbaren Ungereimtheiten: »Die Schutzmaßregeln taugen nichts!« – Oder: »Ich bin nicht imstande, ein Kondom[12] zu benützen.« Und Ähnliches mehr.

Dass diese Einwände des leichtsinnig scheinenden Neurotikers eine gewisse Berechtigung haben, soll nicht geleugnet werden. Aber diese Berechtigung sollte doch für alle gelten! Und in der Tat überzeugt man sich leicht, dass der Syphilidophobe dieser Kategorie auch anders kann, dass er auch Schutzmaßregeln anzuwenden imstande ist.

In diesem Gebaren liegt derselbe Sinn, den ich in meinen früheren Arbeiten (in dieser Zeitschrift und in der »Disposition zur Neurose«[13]) wiederholt beschrieben habe: Der Patient spielt mit der Gefahr, läuft seinen Ohrfeigen nach, nur um sich in sein Sicherungsnetz umso fester einzuspinnen, um sich die[14] Gefahren der Außenwelt und seine eigene Minderwertigkeit recht drastisch vor die Seele zu rücken. Ein Patient, der kurz nach einer erworbenen Lues wegen anderer nervöser Symptome in meine Behandlung kam, drückte dieses Verhältnis mit den Worten aus: »Jetzt bin ich erst von meiner Neurose[15] erleichtert, seit ich an Lues erkrankt bin. Seit zehn Jahren habe ich auf diese Infektion mit Angst und Bangen gewartet!«[16]

Die meisten der Syphilidophoben rücken allerdings mit ihrer Sicherungstendenz direkt gegen die Infektionsgefahr[17]. Sie sichern sich auf allen entfernteren und näheren Gebieten, die mit der Infektionsmöglichkeit zusammenhängen, vermeiden sogar Berührungen, trinken nicht aus fremden Gläsern, schließen sich von Gesellschaften ab und können nur den eigenen Abtritt benützen. In den weiteren Kreis ihrer Sicherungen gehören Masturbation, Ejaculatio praecox, Pollutionen und psychische Impotenz. Auch gewisse Charakterzüge werden maßlos verstärkt. So der *Geiz*. Dadurch ist ihnen der Weg zur Frau[18] aufs Äußerste erschwert. Ihre *Ästhetik* und ihre *ethischen Grundsätze* errei-

---

11 *Erg. 1920:* im Kleinen
12 ein Kondom] *Änd. 1920:* sie
13 [Adler 1910f; Adler 1911c; Studienausgabe, Bd. 1, S. 132–153; 181–212 und Adler 1909a; Studienausgabe, Bd. 1, S. 82–102]
14 *Erg. 1920:* sonstigen
15 Neurose] *Änd. 1920:* Angst
16 *Erg. 1920:* Was ihn wirklich erleichterte, war seine nunmehrige Enthebung von der Liebe und Ehe.
17 *Erg. 1920:* vor
18 zur Frau] *Änd. 1920:* zur Liebe

chen ein unheimliches Maß, ihre Augen, Ohren und Nasen wittern überall Unrat und Fehler. Die syphilidophobischen Mädchen flirten oft unaufhörlich, schrecken aber vor der Liebe und Ehe wie die männlichen Patienten zurück. Wegen des Geruchs, wegen der Unreinlichkeit, wegen der Flatterhaftigkeit, Verlogenheit, weil die Männer nicht rein in die Ehe treten – also lauten die bezüglichen Erklärungsversuche. Nicht so selten hört man von Mädchen die Befürchtung, vom Manne in der Ehe infiziert zu werden. Weitere Sicherungen solcher Frauen sind Frigidität, solcher Männer und Frauen Homosexualität und Perversionen[19]. *[402]*

Ist man in der Analyse bis zu diesen Zusammenhängen vorgedrungen, und versteht der Patient seine Syphilisfurcht als eine Form der Rückendeckung, als eine *halluzinatorische Erregung*, die ihm fast die letzte Konsequenz eines unbedachten Schrittes vorspiegelt, nämlich den bevorstehenden Eintritt der Infektion[20], so klingt die Syphilidophobie in vielen Fällen ab. Eine radikale Heilung der Neurose – und in vielen Fällen muss man bis ans Ende der Aufklärung gehen – erfordert ein tieferes Erfassen der unbewussten Grundtatsachen und Regungen. Die Endergebnisse einer solchen Analyse sind folgende:

1. Die Syphilidophobie ist nie die einzige Form der Sicherung, sondern kooperiert regelmäßig mit allen oder den meisten der neurotischen Sicherungstendenzen. (Siehe *Über den neurotischen Charakter*, Heft 1 und 2 dieses Zentralblattes: »Die psychische Behandlung der Trigeminusneuralgie«.)[21]

2. Alle Sicherungstendenzen werden eingeleitet[22] durch die Erscheinung ängstlicher Erwartungen.

---

19 *Anm. Adlers:* Bei der Perversion ist, wie ich in anderem Zusammenhange [*Erg. 1920:* (s. »Das Problem der Homosexualität«, l. c. [(Adler 1917b); in diesem Band, S. 88 ff.] schon öfters ausgeführt habe, ein zweifacher psychischer Modus zu entdecken. 1. Die Perversion, in der Regel Masochismus, um durch eigene Unterwerfung den Partner zu *fesseln*. Also Pseudomasochismus. Oder 2. Perversion als äußerster Grad der Unterwerfung, um vom Partner loszukommen, sich zu erschrecken und vor andern Partnern zu fliehen, vor ehelicher Verbindung etc. *Erg. 1920:* Ganz durchsichtig, wenn der Masochismus auf das Gebiet der Fantasie beschränkt bleibt. Anschließend daran – zur Revanche – oft sadistische Äußerungen und Fantasien oder Ekel. *Erg. 1920:* Neigung zur Herrschsucht und Sekkatur. [Quälerei] *Erg. 1924:* Immer liegt die Tendenz zur Ausschaltung eines dem eigenen Ehrgeiz gefährlich scheinenden Gebietes, der Kooperation in der normalen Erotik, zugrunde.

20 *Anm. Adlers:* Halluzinatorische Erregungen, die sich *der letzten Konsequenz* bemächtigen, *das Endresultat einer Infektion* unter der Form von Tabes, Paralyse, Kopfschmerz und Vergesslichkeit *vorwegnehmen*, konstituieren oft [*Erg. 1924:* in schreckender [*Änd. 1930:* erschreckender], aber sichernder Weise] den hypochondrischen Zustand.

21 [Adler 1910f; Studienausgabe, Bd. 1, S. 132–153] (Siehe bis Trigeminusneuralgie.) *Ausl. 1920*

22 *Erg. 1920:* sozusagen angekündigt

3. Die ängstliche Erwartung resultiert aus dem Gefühl der Minderwertigkeit und Unsicherheit, das durch Organminderwertigkeit und durch die Furcht vor einer dauernd weiblichen[23] Rolle im Stadium der Kindheit erworben und in der späteren Entwicklung größtenteils im Unbewussten festgehalten wird[24].

Die Formen dieser neurotischen Dynamik habe ich in den Beiträgen zu dieser Zeitschrift[25] auseinandergesetzt, sie betreffen die verschiedenen Versuche eines männlichen Protestes[26] gegenüber der Empfindung einer weiblichen[27] Rolle und beziehen sich auf einen Gegensatz, der wörtlich und figürlich in den Beziehungen von »unten und oben« zum Ausdruck kommt.

Besonders deutlich tritt bei den Syphilidophoben aus dem Kreise der Sicherungstendenzen die *Furcht vor der Frau* hervor. In der Vorgeschichte findet man starke, männlich geartete Mütter oder Väter, deren Überlebensgröße auf das Kind gedrückt und dessen Neurose mitverschuldet hat.[28] Die entarteten Kinder genialer Menschen geben den Schulfall ab. Der Neurotiker hilft sich mit der *Entwertung* von Mann und Frau, um dem Gefühl der eigenen Minderwertigkeit zu entgehen.

Ebenso deutlich tritt eine auffallend übertriebene *Sucht nach Reinlichkeit* auf, gleichfalls in der Sicherungstendenz gelegen, und äußert sich oft in Waschzwang, Furcht vor Flecken, Schmutz und Staub. Dass dabei den Stuhl- und Harnfunktionen ein geradezu rituelles Gepräge gegeben wird, wobei nicht selten *Obstipation als Zeichen des Reinlichkeitsdranges*[29] auftritt[30], liegt auf der gleichen Linie. Organische Minderwertigkeitserscheinungen des Darm- und Harnapparates (Hämorrhoiden, Fissuren, Hypospadie, Enuresis und Erkrankungen der beiden Apparate in der Vorgeschichte) sind häufig, und deren Äußerungen werden als schreckende Spuren von der Erinnerung bewahrt[31].
[403]
Die Fantasietätigkeit umrankt fortwährend – entsprechend der frühzeitig erregten und eingestellten Aufmerksamkeit – Probleme des Krankseins, des Sterbens, der Schwangerschaft und des Gebärens (auch bei Männern) –, heftet

---

23 weiblichen] *Änd. 1920:* inferioren
24 *Erg. 1924:* und kennzeichnet die Stimmungslage des Ausreißers, der den Kontakt mit den Mitmenschen nicht gewonnen hat
25 zu dieser Zeitschrift] *Änd. 1920:* dieses Bandes [Praxis und Theorie der Individualpsychologie]
26 männlichen Protestes] *Änd. 1930:* Persönlichkeitsprotestes
27 weiblichen] *Änd. 1930:* minderwertigen
28 *Anm. Adlers 1930:* Es ist, als ob ein junges Bäumchen dicht neben stärkere gepflanzt, von Letzteren bedrängt und im Wachstum gehemmt worden wäre.
29 *Erg. 1920:* und, wie alle obigen Symptome, der Zeitvertrödelung
30 *Erg. 1924:* auch in der Absicht, die Umgebung mit sich, mit dem Stuhl zu beschäftigen
31 *Erg. 1920:* und als Präokkupation verwendet

sich an Ausschläge, Flecken, Schwellungen und verwendet sie in symbolischer Weise *ebenso wie Gedankengänge über Kastration*[32] *und Kleinheit des Penis*[33]. *Das Empfinden einer nicht erreichten, nie ganz zu vollendenden Männlichkeit führt kompensatorisch maßlose Übertreibungen herrschsüchtiger, sadistischer und erotischer Regungen herbei.*

Ein überaus verschärftes *Misstrauen*, die immerwährende *Sucht, bei anderen Fehler zu entdecken*, steht mit der *Entwertungstendenz* (siehe »Zur Lehre vom Widerstand«)[34] im Zusammenhang und hindert jede dauernde freundschaftliche und erotische Beziehung. Eine weitere Lebensschwierigkeit schafft der aus der Kindheit übernommene *Zweifel*, ursprünglich aus dem Gefühl der Minderwertigkeit erwachsen, die hervorstechendste Form der ursprünglichen Unsicherheit[35].

Aus Erlebnissen, wie sie jedermann zu Gebote stehen, holen die Syphilidophoben ihre Überzeugung von ihrer *alles überschreitenden Erotik*. Diese Überzeugung drückt auf ihre Entschließungen, ruft die Phobie hervor und steigert sie stetig. Genügt diese nicht vollkommen, um den Patienten zu sichern, dann kommt es zu psychischer Impotenz oder anderen Sicherungen. Nicht selten gesellen sich weitere Phobien, wie Platzangst, Erythrophobie etc., und andere hysterische, neurasthenische und Zwangserscheinungen hinzu und machen den Patienten gesellschaftsunfähig, um ihn vor Liebe und Ehe zu schützen. Einmal beobachtete ich eine Kombination mit Nieskrampf, in der sich der Patient wie der Held in Vischers »Auch Einer« [Vischer 1879] benahm, ohne dass er diesen Roman gekannt hätte.

Syphilidophobe Mädchen zeigen sich vollkommen in der männlichen Einstellung. (Siehe meine Arbeit [»Über männliche Einstellung bei weiblichen Neurotikern«][36] in dieser Zeitschrift.) Die *Entwertung* des Mannes erreicht bei ihnen die gleiche Stärke wie die der Frauen bei den männlichen Phobikern.

Die Bedeutung der *Phobie als Sicherung* wird ganz klar in solchen Fällen, wo der Patient, meist wenn er mit der Verheiratung ernst machen soll, ein Exanthem[37] oder öfters einen gonorrhoischen Ausfluss fälschlich an sich bemerkt und die Flucht ergreift. Organminderwertigkeitszeichen, wie paraurethrale Gänge, Phimose, kleiner Penis, Kryptorchismus oder kleine Testes, vergrößerte Labia minora, sind öfters zu konstatieren[38].

---

32 *Anm. Adlers 1930:* Später im ganzen Umfang von *Freud* auch gefunden.
33 des Penis] *Änd. 1920:* der Genitalien
34 [Adler 1911d; Studienausgabe, Bd. 1, S. 213–222] (Siehe *bis* Widerstand.)] *Ausl. 1920*
35 *Erg. 1920:* die zum Nichtstun führt
36 [Adler 1911c; Studienausgabe, Bd. 1, S. 181–212] (Siehe *bis* Zeitschrift.)] *Ausl. 1920*
37 [Hautsymptom der Syphilis]
38 *Erg. 1924:* geben aber fast nie zureichende Gründe ab. *Anm. Adlers 1930: Wenger* hat

Die Analyse ergibt, wie so oft in der Neurosenpsychologie, eine Aufklärung, die dem Standpunkt des Patienten gerade entgegengesetzt ist. Der Patient gibt an, er fürchte die Lues und hüte sich deshalb vor dem Sexualverkehr. Wir können ihm nachweisen: *Er fürchtet die Frau (resp. den Mann) und deshalb arrangiert er die Syphilidophobie.* Immer dringt die Kampftendenz gegen das andere Geschlecht durch und lässt sich bis ins früheste Kindesalter zurückverfolgen. Ich habe auf die literarische und wissenschaftliche Verwendung dieses Problems bereits hingewiesen *(Schopenhauer, Strindberg, Moe[404]bius, Fließ, Weininger)* und will nur kurz auf die *Ubiquität dieser Phobie vor der Frau in Dichtkunst und Malerei* aufmerksam machen. Wegen der scharfen Problemstellung ist mir noch der Dichter *Georg Engel* (»Die Furcht vor der Frau« und »Der Reiter auf dem Regenbogen«[39]) aufgefallen, sowie die gedankenreiche Arbeit *Philipp Freys:* »Der Kampf der Geschlechter«[40].

Schopenhauer lässt sich in den »Aphorismen zur Lebensweisheit« [Schopenhauer 1851] folgendermaßen vernehmen: »Sie zusammen (das ritterliche Ehrenprinzip und die venerische Krankheit) haben νεικοζ και φιλια[41] des Lebens vergiftet. Die venerische Krankheit nämlich erstreckt ihren Einfluss viel weiter, als es auf den ersten Blick scheinen möchte, indem derselbe keineswegs ein bloß physischer, sondern auch ein moralischer ist. Seitdem Amors Köcher auch vergiftete Pfeile führt, ist in das Verhältnis der Geschlechter zueinander ein fremdartiges, feindseliges, ja teuflisches Element gekommen; infolge wovon ein finsteres und furchtsames Misstrauen es durchzieht; und der mittelbare Einfluss einer solchen Änderung in der Grundfeste aller menschlichen Gemeinschaft erstreckt sich, mehr oder weniger, auch auf die übrigen geselligen Verhältnisse.« Wir tun dem Späherauge des großen Philosophen wohl keinen Abtrag, wenn wir auch sein »feindseliges« Verhältnis zur Frau in Zusammenhang bringen mit seiner ursprünglichen feindseligen Regung gegen die starke Mutter. Dass Schopenhauer auch in den übrigen Punkten unserer Schilderung des Syphilidophoben gerecht wird, ist männiglich bekannt. Hervorheben will ich sein Beben und sein Erstaunen über die Macht des Sexualtriebes, seine Überempfindlichkeit, sein Misstrauen und die stark ausgeprägte Entwertungstendenz gegen Mann und Frau. Gab er doch seinem Hunde den Namen »Mensch«. Seine Verneinung des Lebens ist im selben Sinne Verneinung des Sexualtriebes wie die Syphilidophobie. Das Motiv ist das gleiche wie bei unseren Neurotikern: der Kampf gegen das starke Weib, die Furcht vor der

---

diese Befunde in einer interessanten Arbeit (*Wiener med. Wochenschr. 1928*) bestätigt.
39 [Engel 1909/1922 und 1909/1914]
40 [(Frey 1904)]
41 [neíkos kaì philía: Hass und Liebe/Zank und Freundschaft als zwei gegensätzliche, aber zusammengehörige Prinzipien bei Empedokles]

Frau, die Furcht nach »unten« zu kommen⁴². – August Strindberg, einer der stärksten männlichen Protestler, schreibt im »Buch der Liebe« [(Strindberg 1912)] über die Waffen der Liebe: »Mit welchen Waffen kann die Frau am besten ihre kleine Person verteidigen, damit sie nicht unter ihn kommt und sich verliert?« Dabei verweise ich auf die neurotische Furcht der Männer vor der Frau, die »oben« ist, auf den heimlichen Wunsch aller weiblichen Nervösen, oben zu sein, wovon in diesen Blättern schon öfters die Rede war.

Ich will noch eine Reihe von Gemälden namhaft machen, die aus der gleichen psychischen Dynamik erflossen sind. Der in ihnen sichtbare Antrieb führt so deutlich auf die Furcht vor der Frau zurück, dass es uns nicht wundern wird, alle oben ausgeführten Probleme des Phobikers wiederzufinden. Deutlicher bei symbolischen und stilisierten Darstellungen. Eine Unzahl oft der herrlichsten Werke folgen dem Kampaspa-⁴³, Delila- oder Salomemotiv⁴⁴ und stellen bei oberflächlicher Betrachtung oft nur den abstrakten Triumph oder die Macht der Liebe dar, oder das Problem ist so weit reduziert, dass bloß die räumlichen Maße (große Frau – kleiner Mann, die Frau oben – der Mann unten) die Furcht vor der Frau andeuten. [405] Dass sich das Madonnenmotiv dazu sehr gut eignet, ist leicht zu erraten. Unter den Reaktionen auf diese ursprüngliche Furcht fehlt die Entwertung der Frau in der überwiegend von Männern geübten Kunst⁴⁵ gleichfalls nicht. Entscheidend aber ist, dass man, wie beim Phobiker, ganze Reihen von Bildern aufstellen kann, seien sie nun von einem oder mehreren Künstlern genommen, die fast alle die oben angeführten Sicherungstendenzen aufweisen. Recht augenfällig ist die umfassende Produktion der Probleme bei Rops⁴⁶, und die Identität mit den Problemen des Neurotikers bedarf keines weiteren Beweises, wenn wir

---

42 *Erg. 1924:* Den klaffenden Widerspruch zum Gemeinschaftsgefühl suchte er im Finale seiner Philosophie durch die Berufung auf das Mitleid zu überbrücken, ähnlich wie *Nietzsche* dem Gemeinschaftsgefühl in der »Wiederkehr des Gleichen« seinen ethischen Tribut zollte.

43 *Anm. Adlers:* Kampaspa, die Geliebte Alexanders, auf Aristoteles reitend. [Ausführlicher Verweis Adlers darauf auch im »Nervösen Charakter« (Adler 1912a; Studienausgabe, Bd. 2, S. 250)]

44 [Beides verführerische und grausame biblische Frauen: Delila (Altes Testament, Richter 13–16) entlockt ihrem Ehemann Simson (Samson) das Geheimnis seiner übermenschlichen Kraft (die Haare) und liefert ihn aus, indem sie nachts seine Haare schneidet. – Salome: Stieftochter des Königs Herodes: Da sie in ihrem Begehren von Johannes dem Täufer zurückgewiesen wird, fordert sie aus Rache seinen Kopf, als Lohn für ihren Tanz vor Herodes.]

45 *Anm. Adlers:* Hier liegt offenbar eine der Ursachen für die Überlegenheit des Mannes in der Kunst, dass das vielleicht weitreichendste Problem der Malerei und Bildhauerei *aus den psychischen Regungen des Mannes* stammt.

46 [Félicien Rops, 1833–1898, belgischer Zeichner und Maler]

folgende Bilder der Betrachtung empfehlen: »La dame au pantin«[47], »Sphinx«, »Pornokrates«, »Cocottocratie«, »Alkoholistin«, »Mors syphilitica«. Es klingt wie der Text zu diesen Bildern und schildert die Empfindung des Syphilidophoben, wenn Baudelaire verkündet: »Ich kann mir eine Schönheit ohne ein damit verbundenes Unglück gar nicht vorstellen.« Und in den »Blumen des Bösen« [Baudelaire 1857][48]:

Du wandelst über Tote, Schönheit, lacht sie aus,
Den Schrecken hast du dir zum schönsten Schmuck erwählt,
Behängst als liebstes Zierrat dich mit Mord und Graus,
Der protzig gleißend uns von deinem Stolz erzählt.
Du bist der Augenblick, der wehend uns verfliegt,
Die Flamme bist du, wie sie knistert und verblasst.
Der Mann, der brünstig schönen Frauenleib umschmiegt,
Ist gleich dem Sterbenden, der's eigne Grab umfasst.[49]

Der Künstler ist, wie ähnlich schon oft hervorgehoben wurde, aus einem dem Neurotiker verwandten Stoff gefertigt. Seine *aus dem Organischen abgeleitete Unsicherheit*[50] begleitet ihn durch das ganze Leben, nie und nirgends fühlt er sich ganz heimisch; sein Zagen vor der Handlung, vor der Prüfung, das Lampenfieber und die Furcht, nicht zu Ende zu kommen, sind ebenso zu weit getriebene Sicherung, wie das Zurückweichen des Neurotikers in seiner Höhen- oder Platzangst, wie sein Beben vor dem stärksten männlichen Triumph, vor der Liebe. Es erschreckt nicht die Höhe, sondern die Tiefe, und *während seine Gier ihn nach »oben« reißt, zittert er vor dem »Unten«*.[51] Die Syphilidophobie ist ein kleiner Ausschnitt aus der Sicherungstendenz, die vor dem »Unten« behüten soll und es deshalb grauenhaft ausmalt.[52]

In der Praxis ergeben sich meiner Erfahrung nach zumeist Bilder wie die folgenden, die nach dem Obigen leicht zu durchschauen sind:

---

47 [pantin: Hampelmann]
48 [F. Rops hat Illustrationen u. a. für Baudelaire geschaffen.]
49 *Anm. Adlers:* Siehe die entsprechenden Auseinandersetzungen in *Gustave Kahn*, »Das Weib in der Karikatur Frankreichs« [Kahn 1907], denen auch diese Verse entnommen sind.
50 *Anm. Adlers 1920:* Siehe *Adler*, »Studie über Minderwertigkeit von Organen«, das Kapitel von der »Psychischen Kompensation«, Verlag Urban u. Schwarzenberg, 1917, englische Übersetzung New York 1917. [(Adler 1907a)]
51 *Erg. 1920:* Vor der Neurose, deren er oft teilhaftig wird, schützt ihn sein stärkeres aktives Gemeinschaftsgefühl.
52 *Anm. Adlers:* Ein Neurotiker zeigte ausgesprochene Abneigung gegen die Malerei. Er motivierte folgendermaßen: »Die Malerei stellt alles, was nebeneinander gehört, *übereinander*.«

I. Ein kürzlich verheirateter Fabrikant, der mit seiner Gattin in glücklicher Ehe lebt, kommt mit der Klage, dass ihn seit einigen Tagen ununterbrochen die Furcht quäle, er werde Lues bekommen. Er könne nicht schlafen und nicht arbeiten; er fürchte sich, im Ehebett zu schlafen, seine *[406]* Frau zu küssen oder sein Badezimmer zu benützen, um nicht auch seine Gattin zu gefährden. Auf näheres Befragen ergibt sich, dass er kurz vor Ausbruch seiner Phobie ein fremdes Mädchen in der Bahn geküsst habe. Die Heilung erfolgte nach zwei Unterredungen, in denen dem Patienten klargemacht wurde, dass er sich durch die Syphilidophobie vor weiteren Seitensprüngen sichern wolle. – Die Disposition dürfte dadurch kaum beeinflusst worden sein.

II. Traum aus einer längeren Kur eines Mediziners, der an Zwangsvorstellungen und gehäuften Pollutionen litt:

»Mir träumte, ich sei bei der Türkenbelagerung Wiens anwesend und erwarte die Niederlage und Flucht der Türken. Ich wusste im Traume, um welche Zeit die Türken geschlagen auf der Bildfläche erscheinen müssten, ich hatte es ja gelesen. Um ein Übriges zu tun, nahm ich ein Gewehr und wollte den fliehenden Kara Mustapha[53] unter Zuhilfenahme einiger Genossen gefangen nehmen. Zur bestimmten Zeit tauchte Kara Mustapha mit mehreren anderen auf schwarzen Pferden auf. Meine Gefährten liefen davon. Ich sah mich allein einer riesigen Macht gegenüber, wollte mich auch zur Flucht wenden und erhielt einen Schuss ins Rückenmark. Ich fühlte, wie ich starb.«

Die Deutung ergibt als *Versuch des Vorausdenkens im Traum* Gedanken über den Erwerb einer Lues und deren Ausgang, Tabes und Tod. Die Einfälle gingen über Türken, Halbmond, Halbwelt[54]. Was dem Träumer, einem jungen Mediziner, aus dem Buche bekannt war, betraf die Zeit des Exanthemausbruchs. Der Reiter auf dem schwarzen Ross (»Das ist der finstere Thanatos«) ist der Tod. Der Schuss in den Rücken bedeutet außer Tabes noch das Erleiden einer weiblichen Rolle einem Manne gegenüber (Ein Loch mehr!), der gegenüber der Versuch eines männlichen Protestes im Ergreifen des Gewehres[55]. Schließlich dringt der männliche Protest auf dem Umweg über die Vorsicht durch: Weg von den Prostituierten! Das heißt weg von jenen Frauen, die für den Patienten fast ausschließlich in Betracht kamen. Und ein weiterer Protestgedanke: *viele* Weiber, Türken, Harem! – Ähnliche Sicherungstendenz zeigt der zweite Traum, den ich in den »Träumen einer Prostituierten«[56] analysiert

---

53 [Großwesir, Oberbefehlshaber der türkischen Armee bei der 2. Türkenbelagerung Wiens 1683]
54 Halbmond, Halbwelt] *Änd.1920:* und Vielweiberei
55 einer weiblichen Rolle bis Gewehres] *Änd. 1920:* einer Niederlage einem Manne gegenüber (Ein Loch mehr!), der Versuch eines männlichen Protestes liegt im Ergreifen des Gewehres
56 [Adler 1908f/2007a, S. 48–50]

habe. Auch *Lenau* behandelt das gleiche Problem in der gleichen Weise in
seiner »Warnung im Traum«:

»Nun ist kein Haus zu schauen mehr;
Mit arg betroffnen Blicken
Sieht er nur Gräber rings umher
Und ernste Kreuze nicken.
Da wend't sie sich im Mondenlicht,
Zu seiner Qualgenesung:
Mit grau verwischtem Angesicht
Umarmt ihn – die Verwesung.«[57]

Von ausführlicheren Analysen sehe ich hier ab. Wo ein Patient Syphilidophobie zeigt, kann man sicher sein, dass dahinter die Furcht vor dem Weibe, respektive vor dem Manne, meist vor beiden zu finden sein wird.

---

57 [Zwei Strophen gegen Ende des Gedichtes von Nikolaus Lenau (1808–1850)]

8. Neuropsychologische Bemerkungen zu Freiherr Alfred von Bergers »Hofrat Eysenhardt« (1913)

Editorische Hinweise
Erstveröffentlichung:
1913g: Zeitschrift für Psychotherapie und medizinische Psychologie. Mit Einschluss des Hypnotismus, der Suggestion und der Psychoanalyse. Herausgegeben von Albert Moll, Bd. 5, H. 2 (Juni). Stuttgart, Enke, S. 77–89
Neuauflagen:
1920: Praxis und Theorie der Individualpsychologie, als: »Individualpsychologische Bemerkungen zu Alfred Bergers ›Hofrat Eysenhardt‹«, S. 183–194
1924: Praxis und Theorie der Individualpsychologie, S. 197–207, Titel wie 1920
1927: Praxis und Theorie der Individualpsychologie, S. 197–207, Titel wie 1920
1930: Praxis und Theorie der Individualpsychologie, S. 189–199, Titel wie 1920

Der Beitrag geht auf einen Vortrag Adlers im »Verein für freie psychoanalytische Forschung in Wien« zurück, den er dort 1912 gehalten hat (Cresta 1912/1913, S. 190). Im »Nervösen Charakter« (Adler 1912a) hatte Adler bereits in einer längeren Anmerkung auf diese Novelle von 1911 verwiesen (1912a/2008a, S. 255).

Bemerkenswert ist die Titeländerung ab 1920: Die Auslassung des Adelstitels beim Autor von Berger, wie es nach dem Ersten Weltkrieg in Österreich vorgeschrieben war, und der Wechsel von »neuropsychologisch« (im Sinne von neurosenpsychologisch) zu »individualpsychologisch«, was der Umbenennung des Vereins in »Verein für Individualpsychologie« im September 1913 entsprach.

Der Autor Alfred von Berger (gestorben 1912) war eine im Wiener Kulturleben allseits bekannte Persönlichkeit. Offenbar deshalb, aus »Taktgefühl«, bezieht Adler dessen Biografie nicht in die Analyse ein. Adlers Essay ist daher eine reine Werkinterpretation, eine individualpsychologische Analyse des Helden. In den verschiedenen Zügen, Gegensätzen und Wandlungen der Figur sucht Adler die verbindende Einheit der Persönlichkeit.

»Hofrat Eysenhardt« zeigt verschiedene sonderliche Züge des »Obenseinwollens« und endet im Suizid. In einer differenzierten, verschiedene Aspekte einbeziehenden Analyse sieht Adler in »Eysenhardt« die typischen Merkmale des »Nervösen Charakters« – wir würden in ihm heute eine narzisstische Persönlichkeit sehen. In ihm seien die kompensatorische Aggressivität und der Ehrgeiz mit sexuellen Auffälligkeiten und Furcht vor der Frau verbunden und damit werde ein starres, fiktives, überhöhtes »Persönlichkeitsideal« verfolgt. Noch der Suizid sei Gegenwehr, sei Rache am Vater und am Staat.

Die Zeitschrift der Veröffentlichung, herausgegeben von dem Berliner Sexologen Albert Moll, steht im Zusammenhang mit dem »Internationalen Verein für medizinische Psychologie und Psychotherapie«, auf dessen Jahressitzung in Zürich 1912 Adler mit einem Vortrag (»Das organische Substrat der Psychoneurosen«, Adler 1912h/2007a, S. 237 ff.) anwesend war.

Die Änderungen des Textes in den verschiedenen Auflagen beziehen sich vorwiegend auf die Auflage von 1920.

Neuropsychologische Bemerkungen zu Freiherr Alfred von Bergers »Hofrat Eysenhardt«

Einleitung.[1] Dr. Franz Ritter v. Eysenhardt war einige Jahre vor dem Ausbruche der Revolution von 1848 zu Wien geboren. Seine Jugendzeit fiel in die schwüle Reaktionsepoche der 50er Jahre, und er trat als Praktikant beim k. k. Landesgericht in Strafsachen ein, während ein Umwandlungsprozess des alten absolutistischen Österreich in ein modernes Staatswesen sich vollzog.

Eysenhardt hatte seine Karriere in erster Reihe seinen außerordentlichen Fähigkeiten zu verdanken. Er verstand es vortrefflich, die Qualitäten des vormärzlichen Beamtentums mit den Anforderungen, die der Geist der neuen Zeit an den Staatsdiener stellte, in seiner Person zu verschmelzen. Als Grundfarbe seiner politischen Gesinnung ließ er im geeigneten Moment die bedingungslose Kaisertreue kräftig hervortreten.

Der Ruf seines kriminalistischen Genies und seiner glänzenden Rednergabe steigerte sich zur Popularität. Er wurde zum Staatsanwalt ernannt, zum Schrecken der Verbrecherwelt und der Advokaten. Nach einer Reihe von Jahren wurde er in den Richterstand zurückversetzt und trat als Präsident in schwurgerichtlichen Verhandlungen auf. Man bewunderte seine Geisteskraft und sein ungeheures Gedächtnis. Seine Parteilichkeit wurde ihm zuweilen vorgeworfen. Er schien immer unbewusst auf die Verurteilung des Angeklagten hinzuarbeiten; die Härte der Strafen, die verhängt wurden, sooft *Eysenhardt* Vorsitzender war, erregte bei allen Entsetzen. Doch man empfand es bei ihm nur als Ausdruck eines gegen sich und andere gleich strengen Rechtsgefühls, das sich durch keinerlei Rücksicht im Geringsten erschüttern ließ. Alle Welt betrachtete es als die gerechte Belohnung seiner Verdienste, dass ihm einer der

---

1 Erg. 1924: Unsere Verehrung der Dichter kann kaum einen höheren Grad erreichen als in unserer Bewunderung für ihre vollendete Menschenkenntnis. Es wird sich bald herausstellen, dass der Künstler Führer der Menschheit ist auf dem Wege zur absoluten Wahrheit. Von dichterischen Kunstwerken, die uns Führer waren zu den Erkenntnissen der Individualpsychologie, ragen als Gipfel hervor: Märchen, die Bibel, *Shakespeare* und *Goethe*. In den folgenden zwei Abhandlungen [gemeint ist zusätzlich zum vorliegenden Text der Aufsatz über *Dostojewski* (Adler 1918c/1920a; in diesem Band S. 101–110)] soll unsere Betrachtung von Kunstwerken dargelegt werden.

höchsten Posten im Landgericht anvertraut und der Titel eines Hofrats verliehen wurde. Man sagte damals, *Eysenhardt* sei dazu ausersehen, im nächsten Ministerium das Justizportefeuille zu übernehmen.

Das Äußere sowie das Privatleben von *Eysenhardt* waren nicht gewöhnlich. Er hatte keinen Freund, nicht einmal wirkliche Bekannte; ganze Tage vergingen, an denen er außer dem, was das Amt erforderte, kein Wort sprach. Sein Wesen war verschlossen, unfreundlich, und er sah schüchtern aus. Solche Eigenschaften verdankte er nicht im geringen Maße *der überaus strengen, ja grausamen Erziehung, die er als Kind genossen hatte.* Sein Vater züchtigte ihn mit einer Reitpeitsche für das geringste Vergehen und nährte auf diese Weise die Rachsucht im Knaben. Die grausame Behandlung seitens des Vaters hatte ein Ende, als der kleine *Eysenhardt* sich für sein erspartes Geld einen Revolver kaufte und damit seinen Vater bedrohte. Auch zeigte seine Jugend verschiedene sexuelle Abnormitäten; er verkehrte nie mit anständigen Mädchen, war aber ein oft gesehener Gast in verrufenen Häusern. Auch wurde bekannt, dass sein Vater ihn einst furchtbar prügelte, als sich der Junge einmal für sein erspartes Geld *feine Damenglacéhandschuhe* gekauft hatte. Wenn er sich allein wusste, *bedeckte er die Handschuhe mit zärtlichen Küssen.* [78]

So lebte *Eysenhardt* – verachtet, gefürchtet und bewundert zugleich, in seelischer und geistiger Abgeschlossenheit, gewissenhaft seine Amtspflichten erfüllend – sein Leben dahin, als plötzlich ein großer Umschwung sich in ihm vollzog. Seine äußere, von Kopf bis Fuß unmoderne Erscheinung war in Wien wohlbekannt. Eines Tages vertauschte er seinen kurzen, struppigen Vollbart mit einer eleganten Bartfasson, bestellte sich neue, moderne Kleider und veränderte sich so äußerlich ungemein. Aber nicht nur äußerlich. Sein hartes, finsteres Wesen schien von innen heraus eine Erhellung empfangen zu haben, die auf sein leibliches Befinden und seinen Charakter wohltätig wirkte. Diese Metamorphose wurde so gedeutet, dass *Eysenhardt* bald eine sehr hohe, wenn nicht die höchste Stelle im Justizdienst einnehmen werde. Und man ging in dieser Annahme so weit nicht fehl, als auch *Eysenhardt* seine Beförderung erwartete. – In diesem gehobenen Zustande verbrachte *Eysenhardt* drei Wochen, bis ein unbedeutender Vorfall dieser einzigen wirklich glücklichen Periode in *Eysenhardts* Leben ein Ende machte. Es fiel ihm nämlich *ein Zahn heraus*. Dieses Zeichen des Alterns traf ihn völlig unvorbereitet und übte auf *Eysenhardt* eine fürchterliche Wirkung ans. Die Störung seines Nerven- und Seelenlebens wollte nicht mehr in Ordnung kommen, und er wurde immer *von Zweifeln geängstigt*, ob nicht seine geistigen Fähigkeiten Symptome der Abnahme verrieten. Sein sonst unerschütterliches Wesen erfüllte jetzt ein unbestimmtes Bangen vor etwas ihn Bedrohendem.[2]

Als die erwartete Ministerkrisis ihm kein Justizportefeuille brachte, wirkte

---

2   etwas ihn Bedrohendem] *Änd. 1920:* einer drohenden Gefahr

das auf *Eysenhardt* wie ein elektrischer Schlag. Jetzt musste er immer über die Gründe nachdenken, warum man ihn übergangen habe, dabei musste er sich mit seinem Ich intensiv beschäftigen, was für ihn völlig neu war. Er war auch kein Versteher[3] menschlicher Regungen und Taten. Er besaß nur eine außerordentliche Virtuosität, den »verbrecherischen Prozess«, der den Angeklagten Schritt für Schritt zum Verbrechen geführt hatte, aus dem Aktenmaterial herauszuarbeiten und drastisch darzulegen. Aber[4] er sah im Verbrecher nie ein ihm selbst verwandtes Geschöpf[5]. Seit er aber innerlich litt[6], begann er anders zu werden. Sein Gewissen begann ihn zu quälen, er litt in der Nacht an Halluzinationen und einmal erschien ihm bei einer solchen ein von ihm angeblich wegen Kinderschändung streng verurteilter Angeklagter, Markus Freund. Bei allen diesen Halluzinationen, wo er immer die von ihm Angeklagten sah, war er der Angeklagte und die anderen die Kläger. Von der Zeit an, als ihm Markus Freund erschien, verließ ihn der Gedanke an diesen auch am Tage nicht und so beschloss er, den Akt Freund wieder durchzuarbeiten, *um sich selbst zu beweisen*, dass Markus Freund schuldig war. Aber auch dazu konnte er sich nicht entschließen, bis er zufällig hörte, dass Markus Freund gestorben, und zwar genau in derselben Nacht, wo er ihm erschienen war. Seit dieser Begebenheit schritt die Zerrüttung seiner Nerven immer weiter, und er glaubte alle Welt mit der Sache Freunds, ebenso ausschließlich wie sich selbst, beschäftigt; auch *brachen Hand in Hand mit dem Niedergang* seiner stahlfesten Persönlichkeit die elementaren sinnlichen Instinkte seiner Natur hervor. Im Hause war die innere Zerrüttung *Eysenhardts* ziemlich unbemerkt geblieben; das Auftauchen der neuen ihn marternden *Zwangsidee* hatte die frühere, die sich auf das Nachlassen seiner geistigen Fähigkeiten bezog, in den Hintergrund gedrängt, sodass sein Kopf wieder freier und leistungsfähiger wurde. Noch einmal gelang es *Eysenhardt*, sich aufzuraffen, als man ihn dazu bestimmte, den Vorsitz in einem sehr wichtigen Spionageprozess zu führen. Diese Mitteilung wurde noch durch die vertrauliche Andeutung versüßt, er sei bei der Besetzung des Justizportefeuilles nur darum übergangen worden, weil man ihn für die Lösung der überaus schwierigen Spionagesache aufsparen wollte. *Eysenhardt* schien wieder der Alte geworden zu sein und vergaß auch den Markus Freund.

Aber in den Abendstunden des letzten Tages, vor Beginn der Schlussverhandlung im Spionageprozess, ereignete sich etwas, was *Eysenhardt* zum Selbstmorde trieb. Die Ursache dieser Katastrophe wurde nicht ganz aufgehellt, aber man brachte sie in einen Zusammenhang mit dem Spionagepro-

---

3 *Änd. 1920*: Kenner
4 *Ausl. 1920*: Aber
5 *Erg. 1920*: den Mitmenschen
6 *Änd. 1920*: krankte

zess, bei welchem die Frau und die Tochter des Angeklagten, *ein minderjähriges Mädchen*, eine Rolle spielten, *[79]* und mit seinem letzten nächtlichen Abenteuer, wo ihn ein Polizeiagent in einem verrufenen Lokal in einer für ihn ungünstigen Situation erblickte. *Eysenhardt* hinterließ ein Schreiben, das folgendermaßen lautete:

»Im Namen Seiner Majestät des Kaisers!

Ich habe ein schweres Verbrechen begangen und fühle mich unwürdig, fürderhin mein Amt auszuüben und überhaupt weiter zu leben. Ich habe selbst die härteste Strafe über mich verhängt und werde sie in der nächsten Minute mit eigener Hand an mir vollstrecken.

Eysenhardt.«

Schon[7] längst haben wir die Frage, ob es gestattet ist, Gestalten eines Kunstwerkes auf die in ihm enthaltenen Triebkräfte zu untersuchen, mit einem Ja beantwortet. Dabei gelten bloß die allgemeinen Gesetze des Taktgefühls, über dessen Grenzen eine vollkommene Einigung allerdings nicht zu erzielen ist.

Bei der Lebensgeschichte des Hofrat E. kommt noch ein schwerwiegender Grund hinzu, die Aufmerksamkeit der Psychologen auf diese Novelle zu lenken: die Lebenswahrheit, die nicht etwa durch die Anlehnung an eine historische Persönlichkeit erzeugt ist, sondern durch die Gestaltungskraft eines psychologischen Künstlers, der uns öfter schon solche Proben intuitiver Kenntnisse der Menschenseele gegeben hat. Es würde mich nicht wundernehmen, wenn *jeder der heute wirkenden Fachpsychologen Bergers Schöpfung als eine Bestätigung, wenn nicht gar als eine Nachempfindung seiner Lehren in Anspruch nähme. Sieht doch jeder nur, was er weiß*, und sucht doch jeder dieses Wissen in die Betrachtung der menschlichen Seele und der Kunst hineinzutragen, wie der geistreiche *Steinherr*[8] in *Bergers* Buch ähnlich hervorhebt.

Wir wollen das reiche Gut unserer Dichter und Denker unangetastet lassen, wollen vielmehr an ihren Schöpfungen ermessen, ob wir auf richtigem Wege sind und wie viel wir mit unserer Arbeitsmethode der *vergleichenden*[9] *Individualpsychologie* davon begreifen werden.

Unser Arbeitsgebiet nun führt uns freilich in die gleiche Richtung, die *Bergers* Kunst uns erschlossen hat. Wir beschäftigen uns immer mit auffallenden Charakteren, wir sind gewohnt, den Keim eines Schicksals bis in die Kindheit und weiter zurück zu verfolgen, unser Interesse umspinnt die auffallenden *Wandlungen der Persönlichkeit* und immer wieder suchen wir die verschie-

---

7 Erg. 1920: Wir können unsere Bemerkungen nicht besser einleiten, als indem wir zuerst dem Denker und Psychologen *Berger* unsere Reverenz erweisen.
8 [bei Berger: Steinheer, Schulfreund von Eysenhardt]
9 Ausl. 1920: vergleichenden

densten Gedankengänge und Betätigungsformen eines Menschen *einheitlich zu begreifen.*
Die eingehende Enquete über Fantasien der Kinder in Betreff der künftigen Berufe, die wir den Fachpädagogen unseres Vereins[10] verdanken, hat uns ebenso wie unsere Erfahrungen an nervösen Menschen belehrt, dass die Berufswahl trotz aller einschränkenden Grenzen oft den innersten *Kern eines fiktiven Lebensplanes* zu [80] enthüllen geeignet ist, dass die Berufswahl unter dem Diktat einer *vergöttlichten Persönlichkeitsidee* steht.[11]

Unsere ganze Aufmerksamkeit ist dem Zusammenhang von *Persönlichkeit und Nervosität* gewidmet. Aus diesem Zusammenhang aber ergeben sich, sofern wir den Begriff der Neurose richtig fassen, alle *jene prinzipiellen abstrakten Leitlinien* der menschlichen Psyche, welche den Charakter der eigenartigen Persönlichkeit ausmachen, *sei sie nun Schöpfer oder Vernichter von Kulturwerten, sei sie Säkularmensch oder armseliger Träger der Psychoneurose und Psychose.*

Unsere bisherigen wissenschaftlichen Urteile und Vorurteile über den psychologischen Aufbau eines eigenartigen Menschen finden in der Schilderung des »Eysenhardt« reichliche Nahrung.

Der Dichter hat seinen Helden so sorgfältig und allseitig gestaltet, dass wir mit munterem Sammelfleiße den Spuren seiner Arbeit folgen können, nicht ohne warnend hervorzuheben, *dass der Reiz eines Kunstwerkes aus seiner Synthese* stammt, während die Analyse entgöttert und entweiht.

Denn nun erwächst uns die Aufgabe, ihrem allgemeinen Interesse für das Buch entsprechend, den Versuch einer Gruppierung zu unternehmen, aus der sich die Dynamik der Lebensäußerungen unseres Helden verstehen lässt, teils damit wir Stützen und brauchbare Formeln für unsere Menschenkenntnis gewinnen, teils um unsere praktische Tätigkeit *im Interesse der Erziehung*[12] und *der Heilung* auszugestalten.

Beginnen wir mit der *körperlichen Eigenart E.s.* – Wir hören von schmächtigen Schultern, buckeliger Stirne, buschigen Augenbrauen, spätem Erscheinen des Schnurrbarts, von galligem Teint und bläulichen Ringen um die Augen, von Magen- und Gallenbeschwerden. Um ganz klinisch zu sprechen, vor uns taucht die Gestalt eines Mannes auf, *dem die Reste einer Rachitis anhaften, der Minderwertigkeitserscheinungen vonseiten des Verdauungstraktes aufweist und eine Andeutung von Verkümmerung sekundärer Sexualcharaktere, wie sie*

---

10 unseres Vereins] *Änd. 1920:* unserer Richtung
11 *Anm. Adlers: Krämer* in »Arzt und Erzieher«, E. Reinhardt, München 1913. *Erg. 1920:* Dass sie sozusagen eine inhaltliche Erfüllung eines tiefer liegenden »formalen« Bewegungsdranges (Triebes?) vorstellt. Siehe *Kramer,* »Berufswahlphantasie« in »Heilen und Bilden« l. c. [Kramer 1914]
12 *Erg. 1920:* der Selbsterziehung

in diesen Fällen[13] *häufig sind.* Wir haben oft genug darauf hingewiesen, dass dieses Ensemble körperlicher Erscheinungen mit seinem Heer störender Folgen, Schmerzen, Unzulänglichkeiten zu einer Selbsteinschätzung in der Kindheit führt, deren Ergebnis ein *Gefühl der Minderwertigkeit und Unsicherheit* ist.

Die Situation des kleinen Eysenhardt als einziges Kind des überaus strengen Vaters mag nicht wenig zur Verstärkung seines »Sentiment d'incompletude«[14] beigetragen haben. [81]

Um nun die Rechnung des Lebens ansetzen zu können, um Sicherheit zu gewinnen, muss die Psyche solcher Kinder ihren normalen Kunstgriff kompensatorisch übertreiben und die leitende Persönlichkeitsidee höher anbringen und dogmatischer festhalten. Und sie folgen in ihrem Gehaben nun der Gottheit, die sie selbst geschaffen haben und die jetzt scheinbar als Gott, Teufel, Dämon alle ihre Schritte lenkt. Ihr Wollen und Begehren wird ausdrucksvoller und aggressiver, ihr Tun heimlicher[15]; Herrschsucht, Neid, Grausamkeit, Geiz lodern mächtig auf, und ihre *Bereitschaften* für das Leben werden vorsichtiger, aber präziser ausgestaltet.

Aber folgen wir lieber der Schilderung Bergers[16]. E. ist ein Streber, unterwürfig und von aufdringlichem Patriotismus. Er ist hartherzig und mutig. Er spielt den Retter der Gesellschaft, verfügt über Geschicklichkeit, große Rednergabe, Geisteskraft und über ein hervorragendes Gedächtnis. Seine Neugierde und Wissbegierde, dabei sein Scharfblick geben ihm die Eignung zu einem Detektivgenie. Dabei ist er einsam, egoistisch, bewahrt die alten Formen und liebt die scharf herausgearbeitete Linie in Haltung, Gang, Lebensgewohnheiten und Maximen. Gleichgültig ist er keinem. Er findet ebenso viel Hass als Bewunderung.

Gottlieb Steinherr, non arrivée, sonst an Originalität E. nichts nachgebend, kennt das Persönlichkeitsideal E.s aus dessen früherer Zeit, wo sein Streben geradliniger und offener zum Ausdruck kam. Er entscheidet: *E. ist ein Fall von Umbildung verbrecherischer antisozialer Instinkte ins Richterliche. Seine Leitlinien sind brutale sexuelle Sinnlichkeit und maßloser Ehrgeiz; er will die Männer beherrschen, womöglich knechten, die Weiber besitzen.*

Erinnern wir uns an die Feststellungen. *Hoch angesetztes fiktives Persönlichkeitsideal, das am Vater zu scheitern droht.* Er lernt die Umgehung und scheinbare Unterwerfung unter die Macht, zielt aber eines Tages mit dem Revolver nach dem Kopf des Vaters. Seine Persönlichkeitsidee hat sicher viele Züge von dem grausamen Vater erborgt, geht aber weit über diesen hinaus, lehrt ihn

---

13 in diesen Fällen] *Änd. 1920:* bei Nervösen
14 *Erg. 1920:* (Janet)
15 *Erg. 1920:* und listiger
16 *Änd. 1920:* [als Überschrift]

den Starken auszuweichen, die Schwachen zu bedrücken. *In seinem sexuellen Verhalten liegt die Analogie, nicht der Ursprung. Seine angreifende Attitüde wird zögernd, geht nur auf den Handschuh, wenn es sich um eine Dame handelt.* Die starke Frau, das Riesenweib, Dions Furie[17] erfüllt ihn mit Schrecken. Er macht die Dirne zur Dame, ihm schwebt die Eroberung des Kindes vor, er *könnte ebenso den Weg zum Manne finden, den er gering schätzt und überwinden gelernt hat, oder zur ohnmächtigen Frau oder zur Leiche.*

Seine psychische Geste sucht die Linie, die Maxime. Er geht am Rande des Trottoirs, er bewegt sich an der haarscharfen Grenze der [82] bürgerlichen Moral; seine Feder, sein Bleistift liegen bei seinem Tode an ihrem genau bestimmten Platz. Er hat das Maß für seine überspannte Aggression gefunden, und um sich als Mann zu beweisen, genügt ihm sein Beruf und die Norm seiner sexuellen Banalitäten. Sein Beruf aber bietet ihm reichlich Gelegenheit, den Schein seiner Überlegenheit einzuheimsen. Er entwertet den Menschen, um selbst ein Gott zu werden. Je höher er steigt, desto schwächer wird seine Energie. Der Aufbrauch seiner Kräfte[18] lässt nach, wenn er sich auf der aufsteigenden Linie bewegt. Ihm winkt ein Ministerportefeuille, und er wird human. Soziale Gefühle sprießen auf und sprengen den starren Panzer seiner Strenge gegen den Mitmenschen. E. macht eine Veränderung durch, wenn er seiner Gottähnlichkeit näher rückt.[19]

Gibt es eine derartige Änderung eines Menschen, sagen wir eines Neurotikers? Kann sich sein Charakter verwandeln? Wenn wir nur auf die entwickelte Neurose achten, so findet man häufig eine solche Konstanz der Erscheinung, dass man wie vor fest gefügten Konstruktionen zu stehen glaubt. Eine tiefere Einsicht lässt erkennen, dass nicht einmal in dieser Phase der gleiche Ablauf der Psyche zu finden ist. Der Kranke ist bald heiter erregt, bald deprimiert, überschwänglich und niedergedrückt, trostlos und hoffnungsfreudig, unternehmend und verzagt, kurz, man findet alle Züge *in gegensätzlicher Anordnung*, wie sie Lombroso als bipolare, ich als[20] hermaphroditische[21], *Bleuler* als amphigene[22], andere Autoren als double vie[23], Bewusstseinsspaltungen etc. be-

---

17 *Erg. 1920:* (*Plutarch*) [das riesenhafte Weib fegte kurz vor Dions Ende allen Staub aus dem Haus, als Ankündigung seines Todes. Aus den Biografien des Plutarch. Vgl. Berger 1911, S. 121 f. und 168 f.]
18 *Erg. 1920:* sein richterlicher Jagdsport
19 *Erg. 1920:* Wie Eysenhardt anders wurde [als Überschrift]
20 *Erg. 1920:* polare und
21 [»psychischer Hermaphroditismus« als Schwanken zwischen männlich und weiblich, s. Adler 1910c/2007a, Studienausgabe, Bd. 1, S. 103–113]
22 *Änd. 1920:* ambivalente [*Bleuler* führte »Ambivalenz« in die Psychiatrie ein]
23 [»wechselnde Persönlichkeiten«, Begriff der französischen Psychiatrie, Alfred *Binet*, Pierre *Janet*]

schrieben haben[24]. Im Stadium vor der entwickelten Neurose, das gleichwohl neurotisch, gewöhnlich aber als Stadium der Gesundheit oder der Disposition beschrieben wird, sind derart gegensätzliche Leistungen ebenfalls zu beobachten. Schon in der Form des Schwankens und Zweifelns, in der Ängstlichkeit, Schüchternheit und in der Furcht vor der Entscheidung, im Beben vor allem Neuen lassen sich aktive und passive Züge, *Regungen, die sich der Wirklichkeit, und solche, die sich dem Persönlichkeitsideal nähern,* wahrnehmen. *Die entwickelte Neurose tritt als stärkere Sicherung ein und bringt dann prinzipiellere Züge zum Vorschein.*[25]

Hofrat E. erwartet die Krönung seines Ehrgeizes. Wir wissen, dass eine solche real bei Nervösen nicht befriedigend erfolgen kann, weil das leitende Ziel zu hoch gesteckt, imaginär ist. Gleichwohl steht mancher Nervöse zuweilen vor der Erwartung froher Ereignisse, zaghaft meist und mit innerem Beben, aber sichtlich gehoben, und so im Zug seines gesteigerten Persönlichkeitsgefühls hingerissen, dass er »ein anderer Mensch« wird. Der Autor zeichnet dieses Stadium mit Humor und lässt E. sich in einen modernen Menschen verwandeln, dessen *[83]* Körperlichkeit gleichfalls gehoben erscheint. Eine elegantere, moderne Bartfasson löst den kurzen, struppigen Vollbart ab, nicht ohne dass ein neurotischer Zug dabei vermerkt wird: die Trauer über die Loslösung eines körperlichen Besitzes. Wir wissen[26] schon, dass E.[27] dabei den *Verlust eines Stückes seiner Männlichkeit* betrauert. Aber er wird wohlwollend und umgänglich, denn die[28] Hebung seines Persönlichkeitsgefühls erlaubt es ihm, auf die Unterstreichung der Distanz zu verzichten. Er spart nicht mit Rat und aufmunterndem Lob, zeigt sich aufgeklärter und lässt von seinem starren Bestreben, den Andern ins Unrecht zu setzen. Er spielt seine alte Rolle; er ist noch immer das gleiche Vieleck *Steinherrs*[29], aber in günstigerer Position. Auch die Angeklagten gewinnen, sie sind nicht mehr die notwendigen Opfer der sadistisch aufgestachelten Jagdlust E.s, dessen Physiognomie den Ausdruck angespannter Herrschsucht verliert. Der sichernde Zug der Sparsamkeit mildert sich, und sogar die *Empfindung, das scheinbar unveränderliche Urelement unserer Anschauung und Erkenntnis,* zeigt insofern einen Wandel in gegenteilige Betonung, als die frühere lustvolle Ausübung seines Berufes ihm

---

24 *Anm. Adlers:* Die nie als Ursache, sondern, wie ich gezeigt habe, als Mittel der Neurose zu verstehen sind. *Ausl. 1920*
25 *Erg. 1920:* Die »Ambivalenz« erweist sich als einheitliches Mittel.
26 *Änd. 1920:* ahnen
27 *Erg. 1920:* in der »Männlichkeit« verkürzt
28 *Erg. 1920:* automatische
29 [Steinheer pflegte als »geistige Spielerei« »kongruente Paare komplizierter unregelmäßiger Vielecke zu konstruieren« (Berger 1911, S. 33). Bei E. seien das Verbrecherische und das Richterliche so kongruent wie zwei winkelreiche Vielecke (S. 44).]

nunmehr als ein gewaltiges Leiden erscheint, von dem er jetzt ausruhen will. »Omnia ex opinione suspensa sunt.«[30]

Sein Leben und seine Haltung zeigen die neurotischen, suchenden[31] Vorbereitungen für die erwartete Ministerstelle, und sein Gedächtnis wirft jene Erinnerungsschlacken auf, die diesen Vorbereitungen günstig sind. Dazwischen taucht das alte Gefühl der Unsicherheit, der Angst vor der Entscheidung auf, die Platzangst, wie *Berger* an anderer Stelle sagt, als ob er im Gefühl seiner unvollendeten Männlichkeit, an seinem Vater zu Schanden geworden, auch diesmal den Kürzeren ziehen könnte.

Ein unterer Schneidezahn ist locker geworden und bricht beim Essen aus. Die symbolische Macht dieses Ereignisses, *abermals eine Verkürzung*, abermals ein Verlust eines körperlichen Anteils, eine Einbuße männlicher Kraft, wirkt auf E. mit der Macht einer abergläubischen Regung oder was intellektuelle Köpfe an ihrer Stelle bergen. Das nahende Ende! Alles ist vergänglich, diese Lehre trifft ihn knapp vor dem heiß ersehnten Triumph, für den er alles im Leben getan hat, auf dem sein ganzer Lebensplan aufgebaut[32] ist. Die alte Unsicherheit nimmt ihn gefangen. Wie, wenn auch seine geistige Potenz, seine hauptsächlichste Waffe schwinden würde? Wieder greift er zu dem Mittel, das ihm gewohnheitsmäßig gegeben ist; er will Überzeugung, Sicherheit, Prüfung – *aber bei der innerlichen Selbstprüfung, die er eingeht, hat er es in der Hand, seinen Kurs nach oben oder nach unten anzusetzen*. Was er zumeist fürchtet, sind wieder nicht Tatsachen, sondern der Schein, *als ob* ihm die Macht genommen würde, die er vor der Welt besessen hat. Die *Konstruktion* [84] *von Angst* in diesem Stadium hypochondrischen Zweifels soll ihn zur Vorsicht anspornen. Druck auf dem Herzen, leichte Angstgefühle sind die halluzinatorisch verstärkten Sicherungen und Memento. Die machtvoll konstruierte Rolle der selbstsicheren Persönlichkeit aber sehen wir bis in ihre Wurzeln erschüttert. Als die Enttäuschung eintrifft, sein Triumph, das Justizportefeuille im neuen Ministerium zu erhalten, zerrinnt, trifft dies einen bereits unsicher gewordenen, aus seinen alten sichernden Konstruktionen herausgeschleuderten[33] Kranken.

Was geschieht in allen solchen Fällen, wenn jeder Weg zum Triumph abgeschnitten ist und das bohrende Gefühl abnehmender Männlichkeit nach festen Stützpunkten sucht, um sich aufzuraffen? Wieder treten Versuche und Vorbereitungen zutage, Beweise zu finden, dass die frühere Persönlichkeit nicht vermindert sei, dass sie fester als je begründet ist. Die notorischen Gewohnheiten E.s führen ihn häufiger in die Kärntnerstraße und deren Seitengässchen, und man darf annehmen, dass seine entartete Sexualität wie in allen

---

30 [Alles hängt von unserer Meinung ab, *Seneca*.]
31 *Änd. 1920:* sichernden
32 *Änd. 1920:* gerichtet
33 *Erg. 1924:* entmutigten

klimakterischen Neurosen nicht einer biologischen Welle der Sexualkraft entspringt, sondern ein Corriger la fortune, eine Selbsttäuschung ist, als deren Grundlage der verstärkte Wille zur Macht, die verstärkte neurotische Leitlinie in Kraft getreten ist. Auch der Autor neigt sich dieser Auffassung zu, wenn er E. vom Vorwurf der Liederlichkeit sich freisprechen lässt und ihm eingibt, seine sexuellen Banalitäten seien weit eher Akte der geheimen Verzweiflung, also das, was wir als den *männlichen Protest im Falle des Gefühls der Herabsetzung,* des auftauchenden Minderwertigkeitsgefühls, bei Verlust[34] des Gefühls der Persönlichkeit kennengelernt haben.

Noch in anderer Beziehung geht mit E. eine Wandlung vor sich; sie zeigt uns wieder, wie die Konstruktion eines Charakters im Strom der Welt von der eigenen »opinio« abhängig ist, also wandelbar und wie eine Schablone auszutauschen, da das Charakterbild nie Selbstzweck, sondern die *psychische Attitüde* vorstellt, mittels welcher das Persönlichkeitsideal auf kürzestem Wege zu erreichen wäre oder gegen den Schein unüberwindlicher Schwierigkeiten auf Umwegen erobert werden soll. E. wird menschlich, human, er kann auch anders. »Der hermetische Verschluss seines Ich gegen fremde Ichs war gelockert.«[35] Sein »Gewissen« erwacht. Wir konnten zur Vermutung kommen, dieses Erwachen des Gewissens sei ein Kunstgriff der menschlichen Psyche, um in einer unsicheren Lage die Erhöhung des Persönlichkeitsgefühls durchzusetzen. Das Erwachen des Gewissens, die Einsicht begangener Fehler bringt den reuigen Täter in die Nähe irgendeines Gottes. Sie stützt sich regelmäßig auch auf einen Gegenspieler, dem gegenüber die eigene Überlegenheit zutage tritt. *Wer ist nun E.s Gegenspieler?* Wen will E. diesmal ins Unrecht setzen, er, dessen Lebensplan immer *[85]* das Unrecht des andern verfolgte? Wer ist nun der Angeklagte dieses Schauspielers, der die Geste, die Attitüde stets in seiner Gewalt hatte, bis sie sich selbstherrlich machte und nun den gefangenen E. zwingt, seine Leitlinie wörtlich zu nehmen, die Fiktion von seiner Gottähnlichkeit zu verstärken und bis zu Ende einzuhalten? *Sein Gegenspieler ist jetzt der Staat,* das herrschende Regime, die patriarchalische, väterliche Gewalt, die belohnt und bestraft. E.s Demütigung war ein Missgriff. Der Staat hatte keinen besseren Diener. Aber dieser Diener besaß einen unstillbaren Drang, sich zum Herrn der Staatsgewalt aufzuschwingen. Und als er sich um seine Fiktion, um sein vermeintliches Recht betrogen sah, *da setzte er jene Griffe an,* die ihm die gefährlichsten schienen. Der Umschwung seiner Gesinnung ins Milde, Weichherzige war der stärkste Angriff, die kräftigste Revolte gegen den Staat. »Milde ist Anarchie«, hatte er immer gepredigt, also wurde E. milde.

Man sieht den Formenwandel seiner leitenden Fiktion. Anfangs wollte er etwa, wie er es in seinen Vorbereitungen fürs Leben dem Vater gegenüber ge-

---

34   *Änd. 1920:* beim Sinken
35   [Berger 1911, S. 99]

übt hatte, durch Unterwerfung sich zum Herrn machen. Als dieser Weg vor dem Ziele abbrach, schuf er stärkere Sicherungen und Konstruktionen, bog von der Linie ab und fand die Revolte des richterlichen Mitleids.³⁶

Das Konzept, das E.s Leiden schilderte, wurde nicht verbrannt. Der Autor berichtet, E. vergaß es zu verbrennen. *Berger* ist zu viel Psychologe, um damit etwa abzuschließen. Im Sinne unserer letzten Erörterung wollen wir fortfahren: E. wählte das Arrangement des Vergessens, um seine Revolte auch weiterhin anzuzetteln, zu zeigen, wohin Treue gegen den Staat führt.

Wir wollen uns an die Fiktion E.s erinnern, die seinem männlichen Protest seit seiner Karriere den Weg wies: *durch Unterwerfung unter die Macht zur Herrschaft zu gelangen*. Man kann ihre Spur weithin zurückverfolgen, mindestens bis in die Zeit, wo er in seinem geradlinigen Angriff gegen den Vater scheiterte und zu einem Umweg gezwungen war. Geradlinig war keiner von E.s Charakterzügen geblieben. Nun ist er auf seiner Hauptlinie gescheitert, dazu in einer Zeit, wo ihm der Tod einen Boten geschickt hatte. Was rechnerisch zunächst zu erwarten war, ein Fallenlassen der Umbiegung, ein offener Angriff gegen den Staat, der treue Dienste so schlecht gelohnt hatte, eine Verwerfung der Maximen und Imperative, die ihn im Interesse des Staates und seiner selbst gebändigt hatten, sahen wir zum Teil am Werke: *die anarchistische Milde gewann im Kurs bei E.*

Uns Nervenärzten sind die Fälle geläufig, wo alternde Menschen Revolten anzetteln, ihren Beruf, ihre Familie verlassen, aus Reih und Glied austreten, um unter den mannigfachsten Vorwänden einen *Formenwandel ihrer fiktiven Leitlinie* vorzunehmen. [86]

E. sucht jetzt Annäherung an die früher verfemte Medizin und Psychiatrie. Auch sie war ihm früher als destruktiv, anarchistisch erschienen. Aber die Aussprache mit einem Arzt sah er als Erniedrigung an. So brachte er seine hypochondrischen und Angstzustände zu Papier, indem er zugleich den kranken Menschen aus sich herausrückte und wie von einem andern berichtete, um sein Persönlichkeitsgefühl zu salvieren.

Es war in der Zeit, als er auf seine Ernennung zum Minister hoffte – da trat jener aufregende Verlust des Zahnes ein. Und daran schlossen sich Gedankengänge und Empfindungsfolgen, als wären seine Fähigkeiten, insbesondere sein Gedächtnis, im Abnehmen begriffen.

Dies ist die typische, *zögernde Attitüde des Nervösen*, sobald eine neue Situation, eine neue Aufgabe in Sicht ist. E. mit seinen ehernen Griffen für die gewohnte Umgebung, die ihm Triumphe gibt, hat die Elastizität verloren und traut sich kaum die Umformung zu, die er für das neue Amt benötigt. *Berger*³⁷ kommt uns auch hier zu Hilfe und schildert die tastenden Vorbereitungen,

---

36 *Erg. 1920*: Hofrat Eysenhardts geheimnisvolles Erlebnis [als Überschrift]
37 *Änd. 1920*: der Dichter

E.s Umwandlung seines äußeren Menschen, die Aufhellung seiner Physiognomie etc. Wir schließen aus diesem prinzipiellen Gehaben und seiner zwangsweisen Durchführung auf die innere Unsicherheit E.s.[38] – Es ist die gleiche Unsicherheit, die ihn aus der Gesellschaft, aus dem Verkehr mit wertvollen Frauen getrieben hat. *Er traut sich bloß die Herrschaft über Dirnen und über Verbrecher zu*[39].

Die Psyche und die neurotische Psyche insbesondere hat ein eigenartiges Mittel, einen Kunstgriff zur Verfügung, mit dem sie stets in unsicheren Situationen einsetzt. Sie setzt die eigene Stärke besonders niedrig an, sie unterstreicht die eigene Minderwertigkeit. Um Raum zur Entfaltung zu gewinnen oder um der Entscheidung ausweichen zu dürfen oder auch um den Kampfplatz zu verschieben, weicht der Nervöse gleich am Anfang zurück. Dies ist die Position, die ihm vertraut ist; von dort aus weiß er die Rechnung des Lebens anzusetzen. Jetzt werden alle Stachel des Neides, der gereizten Herrschsucht und Aggressionslust fühlbarer, und die Vorsicht behütet jeden Schritt, um den Sieg herbeizuführen. *In dieser zögernden Attitüde der Vorsicht* liegen beim Nervösen alle Bedenken über den Mangel an Fähigkeiten. Und wir sehen schon, es ist kein Zurückweichen bloß, wenn E. so tut, als ob sein Gedächtnis nachgelassen hätte. Es ist vielmehr die stärkste Sicherung, der beste Griff, sich zu warnen, seine Aufmerksamkeit zu verdoppeln, alle Kräfte zu mobilisieren, um sein leitendes Ziel, sein Persönlichkeitsideal, zu erreichen oder unter dem Vorwand der Krankheit seine Empfindlichkeit zu schonen, falls er nicht reüssieren sollte.

Welche Rolle aber spielte in diesem Zusammenhange der verloren gegangene Zahn? Man kann die Wertschätzung E.s für jeden kleinsten Teil seines Körpers nicht hoch genug veranschlagen. Der Nervöse kann [87] in seinem Gefühl der Verkürztheit keine Einbuße ruhig vertragen. Auch die bekannte symbolische Kraft, die zu allen Zeiten den Verlust eines Zahnes umspielte,[40] die mit Gedanken an Tod, Alter, Krankheit, Schwangerschaft sich verband, darf nicht ausgeschaltet werden. In Träumen und Fantasien kann man die Bedeutung des Zahns als von etwas Wachsendem, Nachwachsendem, als Sinnbild der männlichen Kraft, Verlust des Zahnes als Symbol der Entmannung finden. Ähnlich dürfte der gefühlsmäßige Eindruck an dieser Stelle der Novelle sein: E. nimmt den Verlust des Zahnes als Zeichen des Sinkens seiner schöpferischen Kraft.

---

38 *Erg. 1920:* die solche Kompensationen verlangt

39 *Erg. 1924:* und fürchtet, man könnte ihm hinter seinen bisher verschleierten Unwert kommen

40 *Anm. Adlers:* Im »Oberon« wird Hyon beauftragt, dem Kalifen zum Zwecke einer Demütigung einen Zahn und Barthaare zu reißen sowie seine Tochter zu küssen. [Der Elfenkönig »Oberon« ist Stoff der Weltliteratur u. a. bei *Chaucer, Shakespeare, Goethe, Wieland* und *C. M. v. Weber.*]

Musste er das? Als *Cäsar* bei der Landung in Ägypten hinstürzte, rief er aus: »Ich halte dich, Afrika!« Warum hat E. dieses Ereignis so hoch gewertet? Die Antwort muss lauten: *weil ihm diese Wertung behilflich war*. War er doch nach unserer Auseinandersetzung in der zögernden, zur Vorsicht mahnenden Attitüde knapp vor einer Entscheidung, kurz vor einer Änderung seiner Situation. *Dieser Zahn starb ihm sehr gelegen*, oder weniger aggressiv[41] ausgedrückt, er benützte dieses Ereignis, um die stärkeren Sicherungen vorzunehmen.[42]

Nun kam die Demütigung: Seine Hoffnung, Minister zu werden, erfüllte sich nicht. Als Folge dieser Herabsetzung stellte sich eine Reihe von Halluzinationen ein, die allabendlich meist Bilder von Männern, zum geringen Teil von Frauen vor seine Seele brachten und die in allen Details als bestrafte[43] Verbrecher zu erkennen waren. Sie störten seinen Schlaf und erfüllten ihn mit Angst. Ich will auf die meisterhaft geschilderten Details nicht näher eingehen. Sie scheinen mir alle deutungsfähig und zumeist in der Richtung gelegen, den Beweis der Krankheit herzustellen[44].

Meine Beobachtungen haben mir ergeben, dass die Neurose und Psychose dann die halluzinatorische Kraft aufbringen, wenn sie mit *besonderer Deutlichkeit* und Eindringlichkeit Sicherungen vornehmen wollen.

In der Tat rufen die Halluzinationen E.s immer wieder das Gefühl seiner Minderwertigkeit wach; *andere* zeigen sich überlegen, sie klagen seine Strenge an, sie rücken ihm den Gedanken vor die Seele, er sei gleichfalls ein Verbrecher, wie es ihm Markus Freund, ein Kinderschänder[45], im Gerichtssaal zugerufen hatte. Diese abschließende Figur in der Reihe seiner Halluzinationen weist uns ja den Sinn: Sie zeigt noch deutlicher auf jene wunde Stelle in E.s Psyche, die schon früher hervorgehoben wurde. *Auch E. fürchtet die Frau* wie Markus Freund und kann sich nur mit Prostituierten vergnügen, wie Markus Freund mit Kindern. In der Tat zeigt uns die vergleichende Psychologie der Perversionen den Weg des Neurotikers, der die Frau fürchtet [88] und höchstens bei der Prostituierten, beim Kinde, sein Liebesbedürfnis befriedigen kann, wenn er nicht bis zur seelischen oder körperlichen Leiche hinabsteigt oder homosexuell wird[46]. Die entwertete[47] Frau ist das Ideal der meisten Nervösen, und sie müssen die Frau so lange entwerten, bis sie wertlos geworden ist.

Auf dieser Linie sieht sich E. jetzt immer deutlicher, wenn er im Gefühl sei-

---

41 weniger aggressiv] *Änd. 1920:* anders
42 *Erg. 1920:* Seine Logik geriet unter die Herrschaft der Endabsicht.
43 als bestrafte] *Änd. 1920:* als seine verurteilten
44 *Erg. 1920:* und seine staatsgefährliche Reue zu manifestieren
45 ein Kinderschänder] *Ausl. 1920*
46 *Anm. Adlers: Adler,* »Über den nervösen Charakter«, Bergmann, Wiesbaden 1912. [(Adler 1912a)]
47 *Änd. 1920:* wertlose, unselbstständige

ner neuerlichen Verkürztheit nach verstärkter Sinnenlust verlangt, um seinen männlichen Protest einzuleiten.[48] Da setzt er sich mahnende Halluzinationen als Schreckpopanze. *Er hat seine Halluzinationen wie andere Moral[49] oder Religion haben,* um sich vor seiner durch die Niederlage gereizten Aggression zu sichern.

Noch zwei weitere Bedingungen seiner Halluzinationen, die miteinander kooperieren, ergeben sich leicht. *Indem er krank wird,* wofür die Halluzinationen und die anschließenden Angstzustände sowie die Zweifel an seinen Fähigkeiten beweiskräftig erscheinen, zerbricht er das wundervolle Instrument, das er dem Staate bisher gewesen ist. *Indem er sich selbst anklagt,* beschuldigt er den Staat, die Rechtspflege, die öffentliche Sicherheit[50] und mit seiner Reue erschüttert er das Rechtsbewusstsein seiner Tage, trifft er seinen jetzigen Gegner, der ihm die Niederlage bereitet hat, am schwersten, den Staat, die herrschenden Klassen.

Seine psychische Situation, für welche die Halluzinationen ein gedrängtes Abbild, ein Symbol und zugleich ein wertvolles Hilfsmittel bieten, ist folgende: In einer Lage schwerster Demütigung zwingt er seine Rachegelüste nieder, durch Aufstellung von Schreckgespenstern, die ihm zeigen, wie es kommen könnte. Der Sinn und Inhalt seiner Gesichte aber ist Aggression, ist neurotische Kampfbereitschaft gegen seinen schlafenden und nichts ahnenden Herrn, dem er, wie einst dem Vater, mit Vernichtung droht. *Seine neurotische, auf Sicherung* bedachte Perspektive suchte und fand die warnende[51] Erinnerung an Markus Freund[52]. Nun ist er wieder der Überlegene.

Als er einen neuen Prozess übernahm, von dessen Ausgang Wohl und Wehe der Monarchie abhing, kam er als Triumphator zurück und traf seine Vorbereitungen wie in alter Zeit. »An Herrn Markus Freund dachte er nicht mehr«,[53] weil er ihn nicht mehr nötig hatte. Seine protestierende Sexualspannung hatte eben nachgelassen.

Gegen die Dame, die Frau des Angeklagten[54], konnte er sich wehren, seine alten Konstruktionen der Scheu vor Damen hielten stand. Dem Kinde fiel er zum Opfer.[55] – Der Dämon Weib hatte ihn wieder bezwungen, wie er es in der

---

48 *Erg. 1920:* Ahnt er den Weg zum Kinde?
49 Moral] *Änd. 1920:* Gemeinschaftsgefühl
50 *Erg. 1920:* deren Wächter er gewesen ist
51 *Änd. 1920:* drohende
52 *Anm. Adlers:* Adler, »Traum und Traumdeutung«, Österr. Ärztezeitschrift, April 1913. [Adler 1913j, Studienausgabe, Bd. 3] *Ausl. 1920* [gemeint sind affektauslösende Erinnerungsbilder zur Warnung und Sicherung]
53 [Berger 1911, S. 159]
54 die Frau des Angeklagten] *Ausl. 1920*
55 [Hier wird der Verdacht auf Kinderschändung in der Novelle angedeutet.]

Kindheit geahnt? – nein, zum Voraus konstruiert hatte. Nur eine Gegenwehr⁵⁶ blieb ihm, wollte er dem Zwange *[89]* der triumphierenden Frau entgehen: der Tod. – Diesen Weg ging er festen Schrittes und erfüllte so, nachdem die erste Bedingung seiner Halluzinationen – sich vor Kinderschändung zu schrecken – haltlos geworden, die zwei anderen: Er brachte den Staat um einen treuen Diener und ließ ein erschüttertes Rechtsbewusstsein im Volke zurück. Noch einmal hatte er, um zu siegen, auf den Kopf des Vaters gezielt – da musste er den seinen treffen.⁵⁷

---

56 eine Gegenwehr] *Änd. 1920:* ein Griff
57 um zu *bis* treffen] *Änd. 1920:* nach dem Kopfe des Vaters gezielt, der ihn für Liebeslust strafen wollte; da musste er sich treffen, wenn er den Feind besiegen wollte

9. Das Problem der Homosexualität (1917)

Editorische Hinweise
Erstveröffentlichung:
1917b: Schriften für angewandte Individualpsychologie, H. 7, 52 Seiten, Ernst Reinhardt, München
Neuauflagen:
1930d: unter dem Titel: »Das Problem der Homosexualität und sexueller Perversionen. Erotisches Training und erotischer Rückzug«. Beihefte der Internationalen Zeitschrift für Individualpsychologie, Bd. 1, Hirzel, Leipzig
Letztveröffentlichung:
1977 mit Titel und Text von 1930: Fischer Taschenbuch, Frankfurt a. M.

Der Abdruck der Fassung von 1917 erfolgt hier ohne Fallbeispiele.

Adler behandelt Homosexualität als gesellschaftliches und individuelles Phänomen und stellt verschiedene Verknüpfungen zwischen den gesellschaftlichen Bedingungen und der individuellen Disposition her. Es gebe darüber viele emotional geführte Kontroversen und viele Theorien, aber bisher keine überzeugende Erklärung für ihre Entstehung.

Für ihn ist Homosexualität eine Form von kompensatorischer Neurose oder Perversion, als Ergebnis eines frühzeitig entwickelten Lebensplans. Sie erweise sich als Furcht vor der Frau und als Revolte gegen die Einfügung in gesellschaftliche Normen. Homosexualität zeige die gesellschaftliche Distanz zwischen Mann und Frau an und trete daher in Zeiten steigender Frauenemanzipation verstärkt auf. Adler hält zwar die gesellschaftlich mehrheitliche Ablehnung von Homosexualität für unveränderbar – weil sie dem Fortbestand der »Gemeinschaft«, somit der »Gemeinschaftsidee« widersprechen würde –, lehnt aber die Bestrafung der Homosexualität ab.

Adlers pathologisierende und normative Sichtweise von Homosexualität spiegelt Positionen wider, wie sie damals mehrheitlich in den Wissenschaften und in der Öffentlichkeit vertreten wurden und heute kaum mehr so gesehen werden.

Die eher wenigen Änderungen von 1930 sind Ergänzungen, die in den Inhalt des Textes nicht eingreifen.

Das Problem der Homosexualität

I. Die Perversion als sexueller Ausdruck der Lebenslinie

Wie ein Gespenst, ein Schreckpopanz erhebt sich die Frage der Homosexualität in der Gesellschaft. Aller Verdammnis zum Trotz scheint die Zahl der Perversen in Zunahme begriffen zu sein. Der religiöse, der richterliche Bannfluch zeigen sich von geringem Einfluss. Die Homosexualität greift in den ländlichen Bezirken und in den großen Städten in gleicher Weise um sich. Kinder, Erwachsene, Greise, Männer wie Frauen sind des Übels gleichermaßen teilhaftig. Es beschäftigt den Pädagogen, den Soziologen, den Nervenarzt und den Juristen. Alle Kampfmittel sind ununterbrochen in Anwendung, ohne ein nennenswertes Resultat zu ergeben. Die härtesten Strafen, die mildeste Beurteilung, versöhnliche Haltung, Verschweigung zuletzt – alle Versuche bleiben ohne Einfluss auf die Verbreitung dieser Anomalie.

Auch die Fürsprecher fehlen nicht. Und die vielen Standpunkte, ein unübersehbares Heer von Theorien und Anschauungen, legen Zeugnis ab von dem bedeutenden Eindruck der einen Tatsache, dass *große Kreise der Bevölkerung ihrer Geschlechtsrolle untreu sind und andere, wenn auch längst begangene Wege gehen.* Eine Rückschlagserscheinung? Ein Atavismus?[1] Gute Tierbeobachter heben hervor, dass nur *domestizierte Tiere* homosexuelle Angriffe durchführen oder zulassen.[2]

Auch die Lehre von der *Degeneration* fördert kein brauchbares Ergebnis zutage. Denn die einzig wichtige Frage können ihre mit dieser Schablone forschenden Autoren nicht lösen. Weder sie noch etwa *Hirschfeld, Fließ, Freud* usw. können darüber Auskunft geben, *wer von den Dege[4]nerierten in die Bahn der Homosexualität gerät.* Wer von den vielen oder wenigen, die andersgeschlechtliche Keimstoffe gleichzeitig in sich tragen, gelangt zur Homosexualität? *Krafft-Ebings* »Konstitutionelle Disposition« und deren Fortsetzung: *Freuds* »Sexuelle Konstitution«, sind nichts mehr als theoretische Postulate eines voreingenommenen Systems. »Fixierende Erlebnisse« aber, die der Sexualrichtung des Kindes angeblich den Weg zeigen – wie sie von *Binet, Janet, Schrenck-Notzing, Bloch, Moll* und anderen als maßgebend hervorgehoben

---

1 [Eine häufig vertretene, mit der Bisexualität verknüpfte, evolutionäre Theorie der Homosexualität des amerikanischen Psychiaters *James Kiernan* {1888}, zit. n. Sulloway 1982, S. 407.]

2 *Anm. Adlers 1930:* Letzteres hat *Pfungst* bei einem dominierenden Affenmenschen beobachtet, den er, um die Probe darauf zu machen, verprügelte. [*Oskar Pfungst*, Psychologe, Doktorand von Prof. *Carl Stumpf*, Berlin, bekannt durch seine Studie zum denkendem Pferd »Der kluge Hans« (Pfungst 1907).]

werden – zeigen immer wieder auf die bereits vorhandene Perversionsneigung hin, wie ja gegnerische Theoretiker und die Kranken selbst die Anamnese mit den Worten beginnen lassen: »Schon in der frühen Kindheit zeigten sich bei folgendem Erlebnis die Spuren der angeborenen Perversion.«

Unsere Hochachtung vor den oben berührten Forschungen wird aber keineswegs gemindert, wenn wir nunmehr behaupten, dass die bisherigen Erkenntnisse vom Wesen der Perversion unfertig sind und deshalb nicht zulassen, einen festen Standpunkt gegenüber der sozialen Bedeutung der Perversion zu begründen. Und in der Tat findet man sowohl bei den Bekämpfern als auch bei den Fürsprechern der Homosexualität genügend geschulte Köpfe und genug kluge Argumente. Dieses unfertige Erkenntnisstadium aber zu übersehen, schiene uns ein grober Fehler. Als weitgehende Vorarbeiten und als wertvolle Materialiensammlung werden die Arbeiten *Krafft-Ebings, Molls, Hirschfelds, Blochs* und anderer stets ihren Rang behaupten, wenngleich sie nicht einmal imstande waren, die öffentliche Meinung oder gar die Gesetzgebung zu beeinflussen.[3]

Dies ist nun aber ein wichtiger Gesichtspunkt in der Lehre von der Perversion, *wie die öffentliche Meinung sich zu ihr stellt*. Es lässt sich nämlich mit Sicherheit behaupten, dass keine Theorie je imstande sein wird, die Gesellschaft oder die gesellschaftliche Moral zugunsten der Homosexualität zu beeinflussen. Das größte Zugeständnis, das zu erreichen wäre, bliebe das eine: Verschleierung und Nichtintervention. So weit ist auch gelegentlich der Hüter des Gesetzes gegangen, und die vielen niedergeschlagenen Prozesse, *[5]* die bei der Polizei hinterlegten, niemals verfolgten Listen der Homosexuellen zeugen von der milden Praxis. *Die Schranken der Gesellschaft* aber gegen die Gleichberechtigung der Perversion blieben unerschüttert *gegenüber jeder Theorie*, denn sie bauen sich auf aus den nötigen Sicherungen und gesellschaftlich erwachsenden Abneigungen der normal Empfindenden. Dass es sich bei diesen »*Sicherungen*« in der Hauptsache um gesellschaftlich notwendige handelt – nebenbei um den Schein der Überlegenheit über den Perversen – ist leicht einzusehen, muss aber hervorgehoben werden, da sich einer leicht zu der Anschauung versteigen könnte, eine Ablehnung der Homosexualität verrate den

---

3 Anm. *Adlers 1930*: Der Strafrechtsausschuss des deutschen Reichstages hat im Oktober 1929 nach längerer Debatte die generelle Strafbestimmung, betreffend den gleichgeschlechtlichen Verkehr unter Männern (§ 296 des Entwurfes), abgelehnt. Der § 296 entsprach, in engerer Fassung, dem § 175 des geltenden Strafgesetzbuches. »Alles in allem«, hat *Wilhelm Kahl* ausgeführt, »erweisen sich Strafrecht und Strafprozess als untaugliche oder nur ganz unvollkommen taugliche Mittel zur Bekämpfung eben dieses Lasters. Und darum, nach der allgemeinen gesunden Tendenz der Reform besser Verzicht auf das Strafrecht als einen mit Sicherheit vorauszusehenden Bankrott.« [*Wilhelm Kahl*: Ausschussvorsitzender.]

Kampf gegen die eigene homosexuelle Neigung. In der Tat wurde auf diesem Wege versucht, die Zahl der Homosexuellen noch um die zu vermehren, die einen gegensätzlichen Standpunkt zur Duldung der Perversion einnehmen.

Ebenso wenig stichhaltig erscheint das Urteil homosexueller Kreise, sobald sie sich bemühen, der Perversion eine Daseinsberechtigung, oft sogar eine besonders hohe Geltung zuzusprechen. Am ehesten dürften sich noch jene Beurteiler hören lassen, die auf das Aussterben der Homosexuellen infolge ihrer Perversion hinweisen. Aber die Annahme einer angeborenen Qualität – die wir zu den Fabeln rechnen – und die Nachweise etwaiger Heredität, die scheinbar beglaubigt ist, beeinträchtigen das Gewicht dieser Argumentation, insofern bei Mischfällen der heterosexuelle Einschlag die Beseitigung der Homosexualität durch natürliche Auslese hindern würde.

Auch der Hinweis auf den *griechischen Eros,* dessen Verträglichkeit mit einer hohen Kultur, ist durchaus nicht auf die Gegenwart glatt zu übertragen. Soweit wir Einblick gewinnen konnten, scheint die griechische Knabenliebe in einer Zeit aufgekommen zu sein, in der das Weib an Geltung und Einfluss rasch gewonnen hatte. Der Spott eines *Aristophanes* über das Frauenparlament[4] und über die Knabenliebe gehören wohl zusammen. In einer Zeit steigender Frauenemanzipation, die das weibliche Selbstbewusstsein hob, wurde naturgemäß der Mann leichter zum Zweifel an seine Vorzugsstellung gedrängt. *Aus seinem Gefühl der Unsicherheit* [6] *heraus erscheint ihm die Eroberung der Frau als ein gewagtes Unternehmen.* Der menschliche Geist hat in solchen Fällen eine Anzahl von Kunstgriffen bereit, um *die Fiktion der Sicherheit und der Überlegenheit herzustellen.* Er entwertet oder er idealisiert, er erhöht das Objekt und rückt die Entscheidung in die Ferne. Die männlich-protestierende Antwort des Mannes auf das wachsende Selbstbewusstsein der Frau drängt in erster Linie auf *Herabsetzung des Wertes der Frau.* Diese »Entwertung« liegt in der griechischen Knabenliebe und ihren seelischen Äußerungen – gegen die Frau gerichtet – deutlich zutage. Eine Verstärkung gewann diese gleichgeschlechtliche Richtung, da sie dem erwachsenen Mann gestattet, sich – in Griechenland! – als Mentor, als Beschützer und als geistigen Förderer des Epheben aufzuspielen. So konnten die männlichen Privilegien wenigstens dem Knaben gegenüber ungehindert weiter fortbestehen. Die »Furcht vor der Frau«[5], durch ihre Geltungsbestrebungen angefacht, zwang den Mann zu stärkeren Vorbereitungen im Sinne seiner Expansionstendenz und zu wesentlichen, vorsichtigen Ausbiegungen. War die Knabenliebe für den Mann ein Versuch,

---

4 [Komödie »Ekklesiazusen« von *Aristophanes* 393 v. Chr.]
5 *Anm. Adlers:* Siehe: *Adler,* »Über den nervösen Charakter«, Bergmann, Wiesbaden 1912 [(Adler 1912a)] – und »Heilen und Bilden«, Reinhardt, München 1914 [(Adler u. Furtmüller 1914a)]. – Ferner: »Zeitschrift für Individualpsychologie«, Reinhardt, München 1914.

zwischen sich und die Frau eine größere »*Distanz*« zu legen, so war sie – sozial gefasst – für den Jüngling *eine Vorbereitung zur heterosexuellen Liebe* und zur Kameradschaftlichkeit, die allerdings für unser Urteil von der richtigen Linie in ähnlicher Weise abwich wie etwa die Masturbation. Sicherlich kamen die meisten der Epheben wieder auf die Linie der Heterosexualität.

Die Homosexualität unserer Zeit zeigt wohl die gleichen psychischen Grundursachen und entpuppt sich demnach *als eine Erscheinung,* die sich auf der Flucht vor der Frau nahezu von selbst ergibt. Gegenüber dem griechischen Eros aber fehlen heute die regulierenden Schranken. Das griechische Volk war ein einheitlicherer Körper als je vielleicht ein anderes Staatengebilde. Die griechische Staatsidee über*[7]*gipfelte alle anderen Bestrebungen im Volke so sehr, dass auch Ausschreitungen und Missgriffe, wie sie sich in der Schwierigkeit der Entwicklung bemerkbar machten, durch sie wieder zugunsten der *Gemeinschaft* gelenkt wurden. So wandelte sich die volksschädigende Strömung der Homosexualität durch die Macht der Gemeinschaftsidee fast in eine erzieherische, volksfördernde Richtung. Dass diese versöhnenden Lichtseiten der modernen Homosexualität fehlen und fehlen müssen, dürfte kaum bezweifelt werden. Bestenfalls artet ein derartiges Verhältnis in unzweckmäßige Protektion aus; oder der Jüngling macht sich zum Quälgeist und Tyrannen des älteren Freundes. Oder die Gleichaltrigen verzehren sich in Eifersüchteleien und lächerlichem Zank. Um kurz zu sein: Die griechische Knabenliebe fand eine Zeit voll von gegenseitigem Wohlwollen der Bürger untereinander und der Gemeinsinn förderte aus ihr zutage, was sie an Werten geben konnte. Die Homosexualität unserer Tage erweist sich als unfruchtbares und unlösbares Notprodukt, das den schwach entwickelten Gemeinsinn weiter schädigt. Wir haben früher schon auf die Homosexualität als Ergebnis psychologischer Faktoren hingewiesen. Sie teilt mit diesen eine viel zu wenig gewürdigte Eigenschaft: Sie ist an sich vieldeutig und kann in ihrer Bedeutung nur *zeitlich und individuell* erfasst werden.

Das Gemeinsame an den Erscheinungen jeder sexuellen Perversion (Homosexualität, Sadismus, Masochismus, Masturbation, Fetischismus usw.) lässt sich nach den Ergebnissen der individualpsychologischen Schule (s. die oben zitierten Arbeiten) in folgenden Punkten zusammenfassen:

1. Jede Perversion ist der Ausdruck einer vergrößerten seelischen Distanz zwischen Mann und Frau.
2. Sie deutet gleichzeitig eine mehr oder weniger tiefgehende Revolte gegen die Einfügung in die normale Geschlechtsrolle an und äußert sich als ein planmäßiger, aber unbewusster Kunstgriff zur Erhöhung des eigenen gesunkenen Persönlichkeitsgefühls.
3. Niemals fehlt dabei die Tendenz der Entwertung des normal zu erwartenden Partners, sodass bei genauem Einblick *[8]* die Züge der Gehässigkeit

und des Kampfes gegen diesen als wesentlich für die Haltung des Perversen hervortreten.
4. Perversionsneigungen der Männer erweisen sich als kompensatorische Bestrebungen, die zur Behebung eines Gefühls der Minderwertigkeit gegenüber der überschätzten Macht der Frau eingeleitet und erprobt wurden. Perversionen der Frauen sind in gleicher Weise kompensatorische Versuche, das Gefühl der weiblichen Minderwertigkeit gegenüber dem als stärker empfundenen Manne wettzumachen.
5. Die Perversion erwächst regelmäßig aus einem Seelenleben, das durchweg Züge verstärkter Überempfindlichkeit, überstiegenen Ehrgeizes und Trotzes aufweist. Mängel tieferer Kameradschaftlichkeit, gegenseitigen Wohlwollens, der Gemeinschaftsbestrebungen treten stärker hervor, als man gemeinhin erwartet. Egozentrische Regungen, Misstrauen und Herrschsucht prävalieren. Die Neigung »mitzuspielen«, sowohl Männern als Frauen gegenüber, ist gering. Infolgedessen finden wir auch starke Begrenzung des gesellschaftlichen Interesses.

Wer so wie der Arzt in der Lage ist, die Schwingungen des gesellschaftlichen Organismus mitzuempfinden, kann sich der Tatsache nicht verschließen, dass die Beziehungen der Geschlechter durch mancherlei Schwierigkeiten erheblich beeinträchtigt sind. In der Statistik kommt diese Erschwerung in der Verspätung der Eheschließung, in der sinkenden Zahl der Ehen, in der steigenden der Ehescheidungen und in der Beschränkung der Kinderzahl zum Ausdruck. Die Klagen über diesen Sachverhalt sind bekannt. Ebenso eine Anzahl von Ursachen, die sich bei diesen Untersuchungen ergeben. Alle diesbezüglichen Erörterungen leiden aber an demselben Fehler, dass sie eine Endursache, in der Regel die erschwerte Lebensführung, anschuldigen.

Wir vermögen es nicht, die Wichtigkeit dieses Umstandes zu übersehen. Auch taucht, wie immer, sobald sich die Individualpsychologie einer Frage bemächtigt, die therapeutisch und generell wichtigere Frage auf: Welche Individuen sind es denn, die von derart allgemeinen Schwierigkeiten mit Sicherheit erdrückt werden? Sind es nicht gerade die Personen, die kraft *[9]* ihres übervorsichtigen, zweifelnden Charakters, im Mangel ihres Selbstvertrauens an ihrer Aktivität und an ihrer Lebensbereitschaft Schaden gelitten haben? Unter den ersten, die bereit sind, bei irgendeiner auftauchenden Schwierigkeit »das Spiel aufzugeben«, zu »desertieren«, sind immer jene Individuen, die von der Kindheit her ein Minderwertigkeitsgefühl in sich tragen. Denn sie haben den Glauben an sich verloren und bleiben bis auf Weiteres die *»nervös disponierten Menschen«*.

Man wird an dieser Anschauung zweierlei aussetzen: 1. dass jeder Mensch Akte der Vorsicht ausübt und – braucht; 2. dass man oft unter den Nervösen, das heißt für uns auch: unter den Homosexuellen, ein großes Selbstgefühl findet. Aber der erste Einwand beruhigt mich über den Umstand, dass das Ergebnis unserer Untersuchung nicht bei den Haaren herbeigezogen ist, sondern einer allgemein menschlichen Haltung entspricht, die im Falle der Nervosität bloß starrer, einseitiger, prinzipieller und übertrieben eingenommen wird. – Der zweite Einwand stützt sich auf eine mangelhafte Einsicht in das Wesen der Neurose, nimmt den Schein und die Folge für das ursprüngliche Wesen und verkennt einen der Kernpunkte der nervösen Dynamik: den *Heroismus des Schwächegefühls*.

Unser Ausflug ins Soziale beabsichtigt nachzuweisen, dass die Distanz der Geschlechter derzeit eine Neigung zum Wachsen zeigt. Wir fügen nichts Neues hinzu, wenn wir betonen, dass diese Erscheinung auch im Leben des Einzelnen, vor allem des nervös Disponierten, hervortritt, ja dass hier die einzelnen Summanden jener Massenerscheinung vor uns liegen.

Der nervös Disponierte, der vor jeder Veränderung seiner Situation die von mir hervorgehobene »zögernde Attitüde« aufweist, kann eine geradlinige Aktivität nicht einmal in gleichbleibenden Zeitläufen und Zuständen bewahren. Jede Erschwerung, sei sie scheinbar oder reell, ruft in ihm neue Angst, neues Zögern, neue Versuche zu Umwegen hervor. Und psychologisch gefasst, ist es kaum als ein Unterschied anzusehen, ob der Neurotiker, vor ein Heirats- oder Liebesproblem gestellt, mit Hinweisen auf die Schwierigkeit des Erwerbs, auf die Verantwortung bezüglich der Nachkommenschaft, auf die Untaug[10]lichkeit des anderen Geschlechts, auf seine eigene Minderwertigkeit antwortet oder ob er die Konstruktion eines Krankheitsbeweises, einer Hysterie, einer Zwangsneurose, einer Phobie, einer Perversion zwischen sich und den Partner schiebt. – Da er nach seinem unbewussten Lebensplan die Liebe und die Ehe *nur bedingungsweise* oder gar nicht anstreben kann, da er individuell vorbereitete Umwege arrangieren muss, *obliegt ihm die Aufgabe, die Distanz herzustellen, die ihn vor der gefürchteten Entscheidung sichert*. Wie der mit Höhenschwindel behaftete Wanderer, wie der Wasserscheue muss er den »Rest«, die »Distanz« schaffen, die ihn vor der vermeintlichen Niederlage behütet. Sowie sich der Nervöse dem gesellschaftlich durchschnittlichen, von ihm aber schon längst verworfenen Ziele nähert, schlägt sein Minderwertigkeitsgefühl durch und erzwingt ein Arrangement, aus dem sich ein Halt, ein Rückzug oder eine Umgehung ergeben.[6]

---

6 Anm. Adlers: Das wachsende Verständnis für die Kriegsneurose hat schlagend die Richtigkeit der individualpsychologischen Anschauung ergeben. Änd. 1930: In meiner 1917, während des Weltkrieges, erschienenen Studie »Das Problem der Homosexualität« [Adler 1917b] vermerkte ich an dieser Stelle, dass das wachsende Verständnis für die Kriegsneurose schlagend die Richtigkeit der individualpsychologischen Anschauung ergeben hat. Seither sind die grundlegenden Gedankengänge der Individualpsychologie ein Schatz der Allgemeinheit geworden.

Daraus geht hervor, dass die neurotische Disposition in schwierigen Zeitlagen und Situationen die große Zahl derer schafft, die nicht »mitspielen« wollen, sondern an Umwegen arbeiten, um ihr ehrgeiziges Persönlichkeitsideal zu retten. Auf diesem Umwege, der sich in einer seelisch gleichbleibenden Distanz um das normale, aber gefürchtete Ziel herumbewegt, ergibt sich die unbewusste, eben darum aber unkorrigierbare Nötigung, das Arrangement fertigzustellen, das erst die Distanz sichert. Umweg aber und Arrangement bedeuten für unser Thema den sichernden Aufbau *der Perversion, die aufgerichtet wird, um die Distanz vom geschlechtlichen Partner zu fixieren.*

So wird die Homosexualität ganz wie die Psychoneurose zu einem *Mittel des Abnormalen.*

Was in den bisher gültigen Theorien der Homosexualität entweder als angeborener Faktor oder als frühzeitige Fixierung durch ein sexuell betontes Ereignis erscheint, muss nach den [11] Befunden der Individualpsychologie als ein frühzeitig erfasster Weg nach einem in der Kindheit sich aufdrängenden *Lebensplan gelten.* Den Wachstumstendenzen des Kindes gleichgeordnet, entwickeln sich seelische Bestrebungen nach Macht und Geltung. Als orientierendes *Leitbild* wird von dem Kinde die stärkste Figur der Umgebung erfasst, in der Regel der Vater oder – die Mutter. An diesen misst das Kind sein eigenes Können und schätzt nach ihnen seine Erwartung der Zukunft ab. Bald im Trotz, bald in der Unterwerfung sucht es Raum zu seiner eigenen Entfaltung, nicht ohne dass die naturgemäße Distanz sein Minderwertigkeitsgefühl verschärft. *Der kompensatorische kindliche Lebensplan* ergibt sich aus mannigfachen Proben und Vorversuchen, die darauf ausgehen, diese Distanz und damit sein Schwächegefühl zu beseitigen. Mit den Mitteln einer kindlichen Erfahrung, in der niemals die naturgemäßen Spuren körperlicher und geistiger Schwäche des Kindes fehlen, niemals auch der Abdruck des Milieus, sucht es den Weg zu einer dereinstigen Überlegenheit. Die ununterbrochene Erprobung dieses individuellen Weges wird durch das richtunggebende Ziel der Überlegenheit, durch die Expansionstendenz des Kindes erzwungen. Ob es dereinst in der Bahn der Gehässigkeit, des Wohlwollens und der Liebe erobernd auftreten werde, baut sich in diesem Werdegang des kindlichen Seelenlebens auf. Alle Bereitschaften für die Schwierigkeiten des künftigen Lebens – wie sie das Kind versteht – werden in dieser Zeit geschaffen, die Haltung zum Leben und zur Gesellschaft geübt und die Perspektive zur Welt verfertigt. So erwachsen die individuell verschiedenen Haltungen: die direkte Aggression, der geradlinige Angriff, die einschmeichelnde oder die misstrauische Umgehung einer Person oder Frage, das Zaudern und Zögern vor Entscheidungen, die selbstständige Attitüde und die Hilfe heischende Gebärde. Aus eigenen Erlebnissen und in Nachahmung anderer Personen holt das Kind alle Kunstgriffe seiner Lebensführung und fügt sie als bleibende Formen in seine körperliche Haltung ein.

Alle Antworten, die ein Mensch auf die Fragen des Lebens gibt, sind wesentlich von einem Schema aus seiner Kindheit beeinflusst. Dazu braucht es nichts weiter, als dass es sich die Fragen *[12]* und Personen, die ihm später entgegentreten, nach den schematischen Figuren und Erlebnissen seiner Kindheit gewaltsam vorstellt.

Es ist durch die Forschungen der Individualpsychologie mit unzerstörbaren Beweisen belegt, dass ein Kind sich umso einseitiger entwickelt, dass seine Stellung zu den gesellschaftlichen Forderungen umso abnormaler sich gestaltet, je stärker sein Minderwertigkeitsgefühl angewachsen ist. Zumeist geben körperliche und geistige, aber kompensationsfähige Minderwertigkeiten den bedeutsamsten Anlass.[7] Fast ebenso stark wirken Erziehungsfehler, wenn sie dem Kinde seine Distanz zum Erwachsenen unüberbrückbar erscheinen lassen. Hierher gehört auch die Einfältigkeit der übertriebenen Autorität im Rahmen der Familie.[8] Nimmt der Vater zum Beispiel durch allzu strenge Erziehung den Mut zum Vorwärtsschreiten, sodass sich das Kind nie und nimmer Leistungen zutraut, wie es sie beim Vater beobachtet – dasselbe lässt sich unter anderen Umständen auch durch protzigen Hinweis auf die väterliche Überlegenheit erreichen –, so wird dieses Kind auch später vor Fragen des Lebens, die ihm der Vater gelöst zu haben scheint, zurückschrecken, ja es wird sich eine Lösung überhaupt nicht zutrauen. Bis es aus der Not eine Tugend machen wird und in heimlichem Trotz gegen das Übergewicht des Vaters dessen billige Erwartungen täuscht und zunichtemachte. So gelingt es ihm endlich doch, allerdings mit recht hohen Kosten, *über den väterlichen »Tyrannen« zu triumphieren.* – Es liegt nahe anzunehmen, dass dieser väterliche Typus besonders in schwierigen Zeiten überhandnimmt, wenn die Außenwelt dem Menschen fast jede Geltung verwehrt und ihn verlockt, seine Überlegenheit wenigstens im Rahmen der Familie hervortreten zu lassen.

Ganz ähnlich wird auch der Sohn einer starken, unnachgiebigen Mutter kein rechtes Vertrauen zu sich aufbringen, insbesondere Frauen gegenüber; er wird in gleicher Weise wie *[13]* der oben geschilderte entmutigte Jüngling der Konkurrenz des Mannes ausweichen und seine Stellung zur Frau als wenig aussichtsvoll, eher als feindselig empfinden.[9] Diese Empfindung aber bestimmt die Haltung des Mannes zur Frau so sehr, *dass der Erstere regelmäßig geneigt* sein wird, dem Liebes- und Eheproblem auszuweichen, zumindest aber

---

7 Anm. Adlers: Adler, »Studie über Minderwertigkeit von Organen«, Urban und Schwarzenberg, Leipzig, Wien 1907 [Adler 1907a]

8 *Anm. Adlers:* A. Schmied, »Väterliche Autorität und Homosexualität der Kinder«, Z. f. Psych.-Analyse 1913. Ausl. 1930 [vermutlich Alexander Schmid 1912]

9 *Anm. Adlers:* Erscheinungen von »moral insanity« sind auf der gleichen Basis häufig. [Die Diagnose »moralischer Schwachsinn«, »krankhafte Neigung zu verbrecherischen Handlungen«, war im 19. Jahrhundert verbreitet.]

strenge Bedingungen, prinzipielle Forderungen und neurotische Kunstgriffe (Krankheitsbeweise) als Sicherungen zu verwenden. Die stärkere Konkurrenz, der gehässige Kampf ums Dasein greift natürlich auch auf das weibliche Geschlecht über und schafft schwierigere Lebensbedingungen: Und so ist die herrschsüchtige Mutter, die den Gatten und die Kinder an die Wand drückt, meist das individuelle Produkt erschwerter Beziehungen der Geschlechter. In der Regel findet man, dass solche Frauen ihre harmonische Ausgestaltung in der »*Manngleichheit*« suchen, in einem »*verstärkten männlichen Protest gegen die Frauenrolle*«, der ihre Herrschsucht gewaltig steigert und ihre Liebesbeziehungen verunstaltet. Schon bei oberflächlicher Betrachtung ihres Lebens findet man Erscheinungen wie Dysmennorrhoe, Vaginismus, Frigidität, geringe Kinderzahl, zuweilen späte Heirat, einen schwächlichen Gatten und nervöse Erkrankungen, die häufig mit den Menses, mit Schwangerschaft und Geburt und mit der Menopause im Zusammenhang stehen.[10]

Den unverwischlichen Eindruck eines aktiven »Distanzverhaltens« gegenüber der Frau empfängt man aus der Betrachtung von drei gänzlich verschiedenen Gefühls- und Gedankeninhalten des Homosexuellen, die gleichzeitig in ihrem innersten Kern zusammenfallen. Die erste Gruppe, und wohl auch die wichtigste, seiner seelischen Phänomene betrifft seine gegenwärtige Haltung, die immer auch eine Direktive für die Zukunft in sich trägt. Es bedarf keine näheren Auseinandersetzung, um darüber Klarheit zu geben, dass der Perverse unserem Gesellschaftsleben ebenso wenig angepasst ist – und dies in allen Beziehungen [14] seines Lebens –, als er auch der Eignung entbehrt, die seine Geschlechtsrolle von ihm verlangt. Die Artung unserer sozialen Struktur ist eben eine allumfassende. Sie liegt den inneren Konflikten, den Widersprüchen und den Kämpfen der menschlichen Gesellschaft in gleicher Weise zugrunde wie ihrer Sexualbetätigung. Deshalb auch spitzt sich die Frage der Homosexualität ganz besonders zu, sobald wir sie am Volkswillen messen. Sie ist geradezu eine Leugnung desselben und zwar im entscheidenden Punkt. Denn der Volkswille trägt als lebendige Masse immer auch das Ideal einer ewigen Fortdauer in sich. Dies allein genügt, um die Heterosexualität als Norm zu erzwingen und jede Perversion, die Masturbation mit inbegriffen, als Verbrechen, als Verirrung, als Sünde empfinden zu lassen. Die Einheitlichkeit eines Kulturideals wehrt sich mit gerechten und ungerechten Mitteln, mit Gesetzen, Strafen und mit moralischer Verurteilung gegen auftauchende, gefährlich scheinende Widerstände und Widersprüche. Freilich ist auch zu bedenken, wie leicht sich die allgemeine Verurteilung überspitzen kann, sobald eine Kampfposition ge-

---

10 *Anm. Adlers: Adler,* »Die Frau als Erzieherin«. Archiv für Frauenkunde 1916. [Adler 1916; Studienausgabe, Bd. 4] *Anm. Adlers 1930: Adler,* »Liebesbeziehungen und deren Störungen«, Wien und Leipzig 1926 [Adler 1926a; Studienausgabe, Bd. 3]

schaffen ist, sobald das Richtschwert einer schwingt, der sich frei von Schuld und Fehle fühlt und dies dem andern beweisen will. Oder wenn einer in der Fiktion, er habe das Recht und die Allgemeinheit zu schützen, den rächenden Arm erhebt. Als weitere Gründe, die zur Vorsicht mahnen, wenn es sich um Strafen gegen die Homosexualität handelt, seien hervorgehoben, dass *die Perversion eine Gesamterkrankung der Individualität ist* und dass die Gefahr der Bestrafung gerade bei ihrer seelischen Eigenart als Aufreizung und als Verlockung empfunden werden kann, sehr selten aber als Abschreckung.

Denn der fertige Homosexuelle beruft sich immer auf seine ganze, historisch gleichmäßig entwickelte Individualität. Alle seine Kindheitserinnerungen scheinen ihm in seinem Standpunkt recht zu geben. Diese Einheit der Entwicklung war es auch, die den Autoren die falsche These einer angeborenen Homosexualität nahegebracht hatte. *Ich* und *Schrecker* haben auf die fälschende Tendenz der Kindheitserinnerungen zugunsten des Lebensplanes hingewiesen.[11] Demnach fällt ein Hauptbeweisstück für die »angeborene Homosexualität« gänzlich aus der Diskussion. [15]

Kurz: Wohin wir blicken, überall sehen wir ein aktives Eingreifen des Patienten in das Beweisverfahren, um die *Unverantwortlichkeit* bezüglich seines Verhaltens zu gewinnen. Der eben geschilderte erste Tatbestand ergibt aber eine aktive, feindliche Haltung zur Gesellschaft und lässt sich in die Formel fassen: Die Ziele des Homosexuellen stehen in Widerspruch zu den Voraussetzungen eines gesellschaftlichen Lebens, der Patient zeigt wenig Gemeinsinn und kaum jenes Wohlwollen für andere, mittels dessen das Band der Einigkeit unter den Menschen geknüpft werden kann; er sucht auch nicht die friedliche Einfügung und Harmonie, sondern seine vorsichtige, aber übertriebene Expansionstendenz führt ihn auf den Weg des fortwährenden feindlichen Messens und Kämpfens, in dessen Dienst er auch seinen Sexualtrieb stellt. Mit einem Wort: *Er hat sich nicht zum Mitspieler der Gesellschaft entwickelt.*

Der *zweite* Tatbestand, der unser Interesse fesselt, weil er uns das aktive Gestalten der Homosexualität weiter aufdeckt, ergibt sich aus den eigenartigen Wegweisern seelischer Art, aus schablonenhaften Antrieben und Mementos, die sich als Temperament, als Haltung und Aktivität eines Menschen äußern. Das »Prinzip« des Homosexuellen trägt den Charakter der Distanz zum Weibe und damit der Rückwärtsbewegung mit solch unheimlicher Starre in sich, dass es – zumal unbewusst und so jeder aktuellen Erwägung entzogen – wie eine automatische Bremse wirkt. Dies ist aber auch der Sinn und Zweck eines derartigen seelischen Mechanismus, dass er wie ein Angriffs- und Verteidigungsorgan von selbst in Aktion tritt, sobald es den Patienten nach vorwärts

---

11 [Verweist auf die tendenziöse Auswahl oder Verstärkung von Erinnerungen, als Kunstgriff. Vgl. Adler 1912a, besonders: Theoretischer Teil, III. Kapitel; vgl. Schrecker 1913/14.]

gelüstet. Man versteht nun diese künstliche Rolle voll Aktivität, die jederzeit der Richtung des »Nichtmitspielens« Vorschub leistet. An dieser Stelle finden wir bei der psychologischen Aufhellung der Homosexualität, wie jeder Perversion, regelmäßig warnende Stimmen bezüglich des anderen Geschlechts und anfeuernde, die in die Perversionsrichtung zeigen (»mangelnder Reiz der Frau«, »Schönheit des männlichen Körpers« usw.).

Der *dritte* Tatbestand weist gleichfalls auf die allerdings weniger deutliche Willkür hin, die der Stellungnahme des [16] Homosexuellen zugrunde liegt. Es ist seine *niedrige Selbsteinschätzung,* die ihm alle Initiative zum Mitleben raubt. Sein Minderwertigkeitsgefühl ist ihm oft im ganzen Umfang nicht bekannt; alle seine Handlungen und seine ganze Haltung lassen aber erkennen, dass es als Voraussetzung in ihm steckt und sich in der Perversion jederzeit breit macht. Ein Urteil über die Tragweite dieses Faktors kann der Arzt erst fällen, wenn er dieses tragische Geschick des Homosexuellen, seine Feigheit dem normalen Leben gegenüber, ganz erfasst hat, was manchmal Schwierigkeiten bietet, da es sich selbst dem Patienten zum größten Teile verschließt.

Zum Schluss will ich noch erwähnen, dass sich die Mischfälle von Homosexualität und Heterosexualität, die senile Form und die gelegentlich auftretende, wie sie in Pensionaten, in Gefängnissen oder auf langen Seefahrten zustande kommt, eigentlich nur mit unserer Auffassung verträgt, die den Beitrag des Willkürlichen in diesem Akte, der freilich durch den Anschein der Unverantwortlichkeit gemildert erscheint, ins richtige Licht setzt. Und auch in diesen Fällen findet sich die Erklärung in der gesteigerten Expansionstendenz, die sich des allzeit bereiten Sexualtriebs bedient.

II. Spezieller Teil und Kasuistik [16–45] [hier nicht übernommen]

III. Schlussbetrachtung [45]

Mit diesen Erläuterungen, die völlig im Einklang mit den Ergebnissen unserer Individualpsychologie und unserer Neurosenforschung stehen, glauben wir die Frage der Homosexualität hinreichend geklärt zu haben. Eine Zusammenfassung aller vorhandenen Züge und Beweggründe der Homosexualität aus [46] allen uns näher bekannt gewordenen Fällen ergibt folgende sichere Erkenntnisse:
1. Weder ein physio-pathologisches Substrat (weibliche Artung, endokrine Varianten, künstlicher oder angeborener Eunuchoidismus usw.) verpflichten ein Individuum, sexuelle Reize oder Befriedigungen beim gleichen Geschlecht zu holen. Dagegen liegt in solchen Fällen eine Verführung des Verstandes als logischer Irrtum nahe.

2. Die Anschauung von den zwingenden Ursachen der Homosexualität, von ihrem angeborenen Charakter und von ihrer Unabänderlichkeit ist als wissenschaftlicher Aberglaube leicht zu entlarven.
3. Das treibende und fixierende Moment ist die tendenziöse homosexuelle Perspektive, die sich als Sicherung bei Kindern voll Eigenliebe und voll krankhaften Ehrgeizes frühzeitig herausbilden kann, sofern sie einer Furcht vor dem Partner entspringt.
4. Die Homosexualität zeigt sich als einer der missratenen Kompensationsversuche bei Menschen mit deutlichem Minderwertigkeitsgefühl und entspricht in ihrer gestörten sozialen Aktivität vollkommen der Stellung des Patienten zum Problem der Gemeinschaft.
5. Sie ist demnach auch eine Revolte des vermeintlichen Schwächegefühls gegen Forderungen, die sich aus dem gesellschaftlichen Leben ohne Zwang ergeben und zielt auf einen fiktiven, subjektiv begründeten Triumph der eigenen Überlegenheit. Sieht man bei Betrachtung des Charakterbildes eines Homosexuellen (das Gleiche gilt für homosexuelle Frauen) von den eigentlichen sexuellen Erscheinungen ab, so findet man seine persönliche Haltung ebenfalls als Ausdruck einer Lebenslinie, die von einem Minderwertigkeitsgefühl aus durch einen Trick, durch eine Unart, durch eine revoltierende Geste zum fiktiven Gefühl einer Überlegenheit trachtet. Diese Revolte nimmt ihren Ursprung aus einer kämpferischen, feindseligen Stellung des Kindes innerhalb der Familie.
6. Die Ablehnung der Homosexualität liegt in den Gemeinschaftsgefühlen spontan begründet und wächst und vermindert sich mit der Stärke des sozialen Zusammenhangs. Der Homosexuelle wird demnach immer auf die Schwierigkeit der [47] gesellschaftlichen Achtung, der gesetzlichen Maßnahmen, des Vorwurfs der Sünde stoßen.
7. Einer Qualifizierung als Verbrechen müssen wir aus dem Grunde entgegentreten, weil der Homosexuelle durch allgemein menschliche Denkschwächen irregeleitet ist, weil seine Argumentation durch vielfachen wissenschaftlichen Aberglauben gefördert ist und weil er nicht bestraft werden kann für Akte der inneren Notwehr, die aus einer von ihm und von der Wissenschaft bisher verkannten Situation entspringen. Wie für manches andere Leiden wäre auch bei der Neurose der Homosexualität der staatliche Zwang zur Heilung zu fordern, wie Charlot Straßer mehrfach hervorgehoben hat.[12]

IV. Anhang [47–52] [hier nicht übernommen]

---

12 wie Charlot *bis* hat] *Ausl. 1930* – [vgl. (Strasser 1914, S. 43]

10. Dostojewski (1918)

Editorische Hinweise
Erstveröffentlichung:
1918c/1920a: Praxis und Theorie der Individualpsychologie, S. 195-202
Neuauflagen:
1924: Praxis und Theorie der Individualpsychologie, S. 208-215
1927: Praxis und Theorie der Individualpsychologie, S. 208-215
1930: Praxis und Theorie der Individualpsychologie, S. 199-206
Letztveröffentlichung:
1974a: Praxis und Theorie der Individualpsychologie, S. 281-290 (1918c/1974a)

Der Beitrag wird bei der Erstveröffentlichung angegeben als »Vortrag, gehalten in der großen Tonhalle in Zürich 1918«.

Vorausgegangen ist 1914 eine Rezension Adlers über Dostojewskis bis damals unbekannte autobiografische Erzählung »Petersburger Träume« (Adler 1914o), die, außer einem Vorspann, 1920 ganz übernommen wurde.

In einem nahezu literarischen, emphatischen Stil setzt Adler Dostojewskis Leben und psychologische Eigenschaften mit denen seiner Helden parallel, verwebt sie miteinander. Er zeichnet dabei ein Bild, als sei Dostojewski ein – übersteigerter – Vorläufer oder »Doppelgänger« der Individualpsychologie und verbindet dies am Ende mit Nietzsche.

Adler verknüpft die Psychologie des Dichters mit der Psychologie seiner Figuren. In seinen Helden und in seinem Leben würden sowohl die inneren Gegensätze als auch das stetige Überschreiten der Grenzen hervorstechen. In rastloser Suche nach Wahrheit führe er die inneren Gegensätze und Widersprüche in seinen Figuren zu einer geschlossenen Einheit. Dostojewski habe das Streben nach Macht und Überlegenheit, die Neigung des Menschen zur Despotie und das Streben nach einem Ziel, nach einer »Formel« des Lebens erkannt. Er habe seinen Ehrgeiz in der Nächstenliebe nutzbar gemacht für ein »fruchtbares Heldentum«. »Die Grenze des Machtrausches fand er in der Nächstenliebe.« So sieht Adler in Dostojewski den Künstler, den Ethiker und den Psychologen.

Dostojewski

Tief unter der Erde, in den Erzhöhlen Sibiriens, hofft Dimitrij Karamasow[1] sein Lied auf die ewige Harmonie zu singen. Der schuldig-unschuldige Vatermörder nimmt das Kreuz auf sich und findet das Heil in der ausgleichenden Harmonie.

»Fünfzehn Jahre lang war ich ein Idiot«, sagt Fürst Mischkin[2] in seiner liebenswürdigen, lächelnden Weise. Fürst Mischkin, der jeden Schnörkel einer Schrift deuten konnte, der seine eigenen Hintergedanken unbefangen aussprach und die Hintergedanken jedes anderen sofort erriet. Ein Gegensatz, wie wir ihn uns größer nicht denken können.

»Bin ich *Napoleon* oder bin ich eine Laus?«, brütet Raskolnikow[3] einen Monat lang in seinem Bette, um die *Grenze* zu überschreiten, die ihm durch sein bisheriges Leben, durch sein Gemeinschaftsgefühl und durch seine Lebenserfahrungen gesetzt war. Auch hier wieder der große Gegensatz, den wir staunend miterleben und mitmachen[4].

Nicht anders bei seinen anderen Helden und in seinem eigenen Leben. »Wie ein Feuerbrand wirbelte der junge *Dostojewski* im Hause seiner Eltern umher«, und wenn wir seine Briefe an seinen Vater und an seine Freunde lesen, so finden wir erheblich viel Demut, Unterwürfigkeit und Unterordnung unter sein oft trauriges Schicksal. Hunger, Qual, Elend waren ihm auf seinen Wegen genug verstreut. Er ist seinen Weg gegangen wie seine Pilger. Der junge Feuerbrand hatte das Kreuz auf sich genommen, wie der weise Sossima[5], wie der alles wissende Pilger im »Jüngling«. Schritt für Schritt, alle Erfahrungen sammelnd und in einem weiten Bogen den ganzen Lebenskreis umfassend, um wissend zu werden, das Leben auszutasten und nach Wahrheit zu suchen, *nach dem neuen Wort.*

Wer solche Gegensätze in sich birgt und solche Gegensätze zu überbrücken genötigt ist, der muss tief schürfen, um einen Ruhepunkt zu gewinnen. Ihm bleibt keine Mühe, keine Pein des Lebens erspart, er kann am kleinsten Wesen nicht vorübergehen, ohne es auf seine Formel zu prüfen. Alles in ihm drängt zu einer *einheitlichen* Auffassung des Lebens, damit er in seinem ewigen Schwanken, in dieser Zwiespältigkeit seiner Unrast Sicherheit und Ruhe finden kann.

Die Wahrheit, das war es, was sich ihm erschließen musste, wenn er zur

---

1   [Aus: »Die Brüder Karamasow«]
2   [Aus: »Der Idiot«]
3   [Aus: »Schuld und Sühne«]
4   und mitmachen] *Ausl. 1924*
5   [Aus: »Die Brüder Karamasow«]

Ruhe kommen sollte. Der Weg aber ist dornenvoll, bringt große Arbeit, große Mühe, ein gewaltiges Training des Geistes und der Gefühle. Kein Wunder, dass dieser rastlose Sucher der Natur dem wahren Leben, der Logik des Lebens, des Zusammenlebens erheblich *[196]* näher kam als andere, denen Stellung zu nehmen viel leichter geworden war.

Aus dürftigen Verhältnissen war er gekommen, und als er starb, da folgte im Geiste ganz Russland seinem Trauerzug. Er, der Schaffensfreudige, der Lebensmutige, der immer Trost für sich und seine Freunde wusste, er war der Arbeitsunfähigste unter allen, war mit der schrecklichen Krankheit der Epilepsie behaftet, die ihn für Tage, für Wochen oft an jedem Vorwärtsschreiten gehindert hat. Der Staatsverbrecher, der vier Jahre lang an seinen Beinen in Tobolsk[6] Ketten trug, der weitere vier Jahre als Sträfling in einem sibirischen Linienregiment Dienste versah, dieser edle unschuldige Dulder zieht aus seinem Kerker mit den Worten und dem Gefühl im Herzen: »Meine Strafe war gerecht, denn ich habe gegen die Regierung böse Absichten gehabt, aber es ist schade, dass ich jetzt für Theorien, für eine Sache leiden muss, die nicht mehr die meinen sind.«[7]

Auch der Gegensätze in seinem Vaterlande waren nicht wenige. Als *Dostojewski* in die Öffentlichkeit trat, gärte es gewaltig, und insbesondere die Frage der Bauernbefreiung regte alle Gemüter auf. *Dostojewski* trieb es immer zu den »Armen und Erniedrigten«, zu den Kindern, zu den Leidenden. Und seine Freunde wissen viel davon zu erzählen, wie er sich leicht mit jedem Bettler befreundete, der etwa als Patient zu einem seiner Freunde kam, wie er ihn in seine Stube zog, um ihn zu bewirten, ihn kennenzulernen. In der Katorga[8] war es seine stärkste Pein, dass ihn die anderen Sträflinge als den Edelmann mieden, und es war seine immerwährende Sehnsucht, den Sinn der Katorga, ihr inneres Gesetz für sich zu zergliedern, zu erkennen und die Grenzen zu gewinnen, innerhalb derer ihm Verständnis und Freundschaft mit den andern möglich würde. Er hat übrigens seine Verbannung dazu benützt – wie es ja großen Männern eigen ist –, auch in kleinen, in drückenden Verhältnissen sich Feingefühl für seine Umgebung zu gewinnen, seinen Scharfblick zu üben, um auf den Zusammenhang des Lebens zu achten[9], um für den Begriff Mensch eine seelische Unterlage zu finden, um in einem synthetischen Akt gegenüber den Gegensätzen, die ihn erschütterten und zu verwirren drohten, einen Halt zu erraffen.

Wonach es ihn drängte in dieser Unsicherheit seiner seelischen Widersprü-

---

6 [Tobolsk: westsibirische Stadt, Verbannungsort]
7 *Erg. 1924:* Ganz Russland aber leugnete seine Schuld und begann zu ahnen, dass ein Wort, ein Ding sein eigenes Gegenteil bedeuten kann.
8 [Katorga: Strafgefangenenlager in Sibirien]
9 um *bis* achten] *Änd. 1924:* um den Zusammenhang des Lebens zu finden

che – der bald Rebell, bald gehorsamer Knecht war, den es zu Abgründen zog, vor denen er erschauerte –, das war das Auffinden einer bündigen Wahrheit. Und da machte er kühn den Irrtum zu seinem Wegführer. Sein Grundsatz war schon lange, bevor er ihn ausgesprochen hatte, *durch die Lüge der Wahrheit näher zu kommen,* da wir ja die Wahrheit nie völlig erkennen können und immer mit der kleinsten Lüge rechnen müssen. So erwuchs er zum Feinde des »Westens«, dessen tiefster Kern sich ihm enthüllte *im Streben der europäischen Kultur, durch die Wahrheit zur Lüge zu kommen.* Seine Wahrheit konnte er nur finden durch Vereinigung der in ihm tobenden Gegensätze, die sich auch in seinen Schöpfungen immer wieder äußerten und ihn wie seine Helden zu zersplittern drohten. So empfing er die Weihe als Dichter und Prophet und ging hin, der *Eigenliebe* eine Grenze zu setzen. *Die Grenze des Machtrausches fand er in der Nächstenliebe.* Was ihn selbst ursprünglich getrieben hatte, war unverfälschtes Streben nach Macht, nach Herrschaft, und selbst in seinem Versuch, das Leben in eine einzige Formel zu bannen, steckt noch viel von diesem Drang nach [197] Überlegenheit. In allen Taten seiner Helden finden wir diesen Auftakt, der sie drängt[10], sich über alle andern zu erheben, Napoleonswerke zu verrichten, sich bis an die Grenze des Abgrunds zu bewegen, ja über ihn hinauszuhängen, auf die Gefahr hin, in die Tiefe zu stürzen und zu zerschmettern. Er selbst sagt von sich: »Ich bin in unerlaubter Weise ehrgeizig.« Aber es war ihm gelungen, seinen Ehrgeiz für die Gesamtheit nutzbar zu machen. Und also verfuhr er auch mit seinen Helden: *Er ließ sie alle wie toll die Grenze überschreiten, die sich ihm aus der Logik des Zusammenlebens erschlossen hatte. Er trieb sie mit dem Stachel des Ehrgeizes, der Eitelkeit und der Eigenliebe bis in die äußersten Sphären, hetzte ihnen dann aber den Chor der Eumeniden an den Hals und jagte sie zurück bis an die Grenze,* die ihm durch die menschliche Natur gegeben erschien, um sie dort in Harmonie ihre Hymne singen zu lassen. Es gibt bei *Dostojewski* kaum ein Bild, das so oft wiederkehrt wie *das Bild von der Grenze,* gelegentlich auch das Bild von der Wand. Von sich sagt er: »Ich liebe es unsinnig, bis an die Grenze des Realen vorzudringen, wo bereits das Fantastische beginnt.« Seine Anfälle schildert er so, dass ein Wonnegefühl ihn verlockt, bis an die äußerste Grenze des Lebensgefühls zu gelangen, wo er sich Gott nahe fühlt, so nahe, dass kaum ein Schritt mehr nötig wäre, um ihn vom Leben zu scheiden. Bei jedem seiner Helden kehrt dieses Bild wieder, und immer wieder mit tiefer Bedeutung. Wir vernehmen sein neues messianisches Wort: Die große *Synthese aus Heldentum und Nächstenliebe* ist gelungen. An dieser Grenze schien ihm das Los seiner Helden, ihr Schicksal zu enden. Dorthin lockte es ihn, dort ahnte er die köstlichste Erfüllung der Menschenwürde in der Mitmenschlichkeit, und diese Grenze zog er äußerst scharf, mit einer Schärfe, wie selten jemand vor ihm. Dieses sein Ziel

---

10 Änd. *1924:* jagt

ward für seine Gestaltungskraft und seine ethischen Standpunkte von ganz besonderer Bedeutung.

Immer wieder zog es ihn und seine Helden bis zur Peripherie des Erlebens, wo er dann tastend und zögernd die Verschmelzung mit der Allmenschheit in tiefer Demut vor Gott, Kaiser, Russland vollzieht. Dieses Gefühl, das ihn bannte – man könnte es das Grenzgefühl nennen, ein Grenzgefühl, das ihn Haltmachen heißt, das sich bei ihm bereits zum sichernden Schuldgefühl umwandelte – seine Freunde berichten oft darüber –, für das er aber keine Ursache weiß und das er eigenartig mit seinen epileptischen Anfällen in Zusammenhang brachte. Die Hand Gottes langte abwehrend herüber, wenn der Mensch in verstiegener Eitelkeit die Grenze des *Gemeinschaftsgefühls* überschreiten wollte, warnende Stimmen wurden laut und mahnten zur Einkehr.

Raskolnikow, der rüstig in Gedanken an seinem Mord arbeitet, der in dem Impuls, dass alles erlaubt sei, wenn man zu den auserlesenen Naturen gehöre, bereits an das scharf geschliffene Beil denkt, liegt *monatelang* im Bett, bevor er die Grenze überschreitet. Und als er dann, das Beil unter seinem Rock versteckt, die letzte Treppe hinaufsteigt, um den Mord zu vollführen, *spürt er Herzklopfen*. In diesem Herzklopfen spricht die Logik des menschlichen Lebens, drückt sich dieses feine Grenzgefühl *Dostojewskis* aus.

Es gibt eine Anzahl von Schöpfungen *Dostojewskis,* in denen nicht isoliertes Heldentum über die Linie der Nächstenliebe hinaustreibt, wo *[198]* umgekehrt sich der Mensch aus seiner Kleinheit erhebt, um in fruchtbarem Heldentum zu enden. Ich habe die Vorliebe des Dichters für das Kleine, Unbedeutende bereits erwähnt. Hier wird zum Helden der Mann im Keller, der Mann aus dem grauen Alltag, eine Dirne, ein Kind, die plötzlich alle riesenhaft zu wachsen beginnen, bis sie jene Grenze des allmenschlichen Heldentums erreichen, zu dem sie *Dostojewski* führen will.

Aus seinem ganzen Kindheitsleben war ihm der Begriff *des Erlaubten und Unerlaubten,* der Grenze, deutlich nahegebracht worden. Es war in seinem frühen Mannesalter nicht anders. Gehemmt war er durch seine Krankheit und wurde frühzeitig in seinem Elan geschädigt durch den Gang zur Hinrichtung und durch die Verbannung. In seiner Kindheit scheint ein strenger, pedantischer Vater bereits mit dem Mutwillen, mit der Ungebrochenheit seines Feuergeistes gerungen und den Sohn allzu scharf auf die Grenze verwiesen zu haben.

Ein kurzes Bruchstück »Petersburger Träume« stammt aus früher Zeit und lässt uns schon aus diesem Grunde eine deutliche Linienführung erwarten. Wenn etwas folgerichtig aus der Entwicklung einer Künstlerseele erfasst werden kann, so muss es die Linie betreffen, die von früheren Arbeiten, Entwürfen, Plänen zu den späteren Ausgestaltungen seiner Schöpferkraft führt. Da gilt es aber vor allem festzuhalten, dass sich die Bahn des Kunstschaffens abseits von dem Getümmel der Welt bewegt. Und wir können bei jedem Künstler eine Abbiegung, ein Halt! oder eine Umkehr voraussetzen, sobald die gesellschaftlich durchschnittlichen Erwartungen an ihn herantreten. Er, der sich aus dem Nichts, oder sagen wir aus seiner besorgten[11] Anschauung von den Dingen, eine Welt erschafft und uns anstatt einer Antwort im Sinne des praktischen Lebens die Verblüffung einer Kunstschöpfung zuteilwerden lässt, zeigt sich dem Leben abgeneigt und seinen Forderungen. »Nun, ich bin ja ein Fantast und Mystiker!«, belehrt uns *Dostojewski*.

Es wird sich ungefähr ein Bild seines Angriffs gewinnen lassen, sobald wir erfahren, *an welchem Punkte des Handels* Dostojewski *stehen bleibt*. In der obigen Skizze spricht er deutlich genug. »Als ich an die Newa herantrat, blieb ich einen Augenblick stehen und warf einen Blick den Fluss entlang, in die dunstige, frostig-trübe Ferne, wo der letzte Purpur der Dämmerung verglomm.« Es war, als er nach Hause eilte, um dort als Säkularmensch von *Schiller'schen* Heldinnen zu träumen. »Die wirkliche Amalie[12] aber habe ich ebenfalls nicht bemerkt; sie lebte ganz in meiner Nähe ...« Lieber wollte er trunken leiden und diese Leiden süßer empfinden als alle Genüsse der Welt, »denn hätte ich die Amalie geheiratet, ich wäre sicher unglücklich«. Ist es nicht die einfachste Sache der Welt? Man ist ein Dichter, träumt in der gehörigen Distanz vom Weltgetriebe, bleibt einen Augenblick stehen, findet die Süßigkeit geträumten Leides unübertrefflich und weiß, »wie die Wirklichkeit jede ideale Höhe vernichtet. Ich will doch auf den Mond reisen!« Das aber heißt: allein bleiben, sein Herz an nichts Irdisches hängen!

Und so wird des Dichters Erdenwallen zu einem Protest gegen die Wirklichkeit mit ihren Forderungen. Anders wie beim »Idiot«, anders wie bei jenem Kranken, in dem »weder Protest, noch Stimme war«. Vielmehr: Der wusste nur nicht, dass seine Übung im Ertragen *[199]* alles Elends ihn auszeichnen sollte. Nun, als man ihn durch Quälereien und Vorwürfe aus seiner Bahn drängte, da entdeckte er den Säkularmenschen in sich, den Umstürzler und Revolutionär *Garibaldi*. Da war es gesagt, was die anderen nie verstanden hatten: Die Demut und Unterwerfung bedeuten keinen Abschluss, sie sind immer die Revolte, denn sie deuten auf die zu überwindende Distanz. – *Tolstoi* wusste auch um dieses Geheimnis und hat es oft tauben Ohren gepredigt.

Aber es kann in der Zeitung stehen und niemand weiß etwas davon, wenn es sich um ein wirkliches Geheimnis handelt. Niemand wusste es, an wem sich Harpagon Solowjow[13] rächen wollte, der hungerte und im Elend starb und ein Vermögen von 170.000 Rubel in seinen schmutzigen Papieren verbarg. Wie mag er sich innerlich gefreut haben, wenn er sich traurig und hilflos seiner Katze, seiner Köchin, seiner Quartierfrau verschloss und alles schuldig blieb! Er hatte sie in der Hand, er zwang sie alle zum Betteln, sie alle, die nur

---

11 *Änd. 1924:* bevorzugten
12 [Anspielung auf Amalia von Edelreich aus Schillers »Die Räuber«]
13 [Aus: »Petersburger Träume«]

das Geld als Macht kannten und anbeteten. Freilich, ihm erwuchs daraus eine sonderbare Verpflichtung, eine methodische Vergewaltigung seines Lebens. Er musste selbst hungern und darben, um seinen Anschlag durchzuführen. »Er ist über alle Wünsche erhaben.« Wie? Dazu müsse man verrückt sein? Nun, Solowjow bringt auch dieses Opfer. Denn nun kann er in voller Unverantwortlichkeit seine Verachtung der Menschheit und ihrer eingebildeten Glücksgüter zeigen und er kann jeden, der ihm nahekommt, quälen. Alles hat er in seinen Händen, was ihm den Weg in die beste Gesellschaft ebnet. Da bleibt er einen Augenblick stehen, wirft seinen Zauberstab in die Schmutzkiste und fühlt sich groß und erhaben über alle Menschen.

Das scheint uns die stärkste Linie im Leben *Dostojewskis* zu sein, und alle seine großartigen Schöpfungen sollten ihm auf diesem Wege erstehen: Die Tat ist unnütz, verderblich oder verbrecherisch; *das Heil liegt nur in der Unterwerfung, wenn sie den heimlichen Genuss der Überlegenheit über andere verbürgt.*[14]

Von allen Biografen, die sich eifrig mit *Dostojewski* beschäftigten, wird eine seiner frühesten *Kindheitserinnerungen* berichtet und gedeutet, die er selbst in den »Memoiren aus dem Totenhause« erzählt. Zum besseren Verständnis trägt einiges aus der Stimmung bei, in der ihm diese Erinnerung aufstieg.

Als er bereits daran verzweifelt ist, den *Anschluss* an seine Kameraden im Gefangenenhaus zu finden, wirft er sich resigniert auf sein Lager und überdenkt seine ganze Kindheit, seine ganze Entwicklung und seinen ganzen Lebensinhalt. Da bleibt seine Aufmerksamkeit plötzlich an folgender Erinnerung haften: Er entfernte sich einst etwas zu weit vom Gute seines Vaters, ging querfeldein, als er plötzlich erschrocken stehen blieb, da er einen Ruf vernommen hatte: »Der Wolf kommt!« Rasch eilte er zurück in die schützende Nähe des Vaterhauses und erblickte auf dem vorliegenden Acker einen *Bauern,* zu dem er sich flüchtete. Weinend und ängstlich umklammerte er dessen Arm und berichtete ihm von dem Schrecken, der ihm widerfahren war. Der Bauer machte mit seinen Fingern *das Kreuz* über den Knaben, tröstete ihn und versprach, er werde ihn nicht vom Wolf fressen lassen. Diese Erinnerung wird vielfach so aufgefasst, als ob sie *Dostojewskis* Bund mit dem Bauerntum charakterisieren sollte, mit dem Bauerntum und der Religion des Bauerntums zugleich. *Es ist aber vielmehr der* [200] *Wolf, der hier infrage kommt, der Wolf, der ihn zu den Menschen zurücktreibt.* Dieses Erlebnis wurde als symbolische Darstellung seines ganzen Strebens festgehalten, weil in ihm die Richtungslinie seiner Aktivität lag. Was ihn erzittern machte vor dem isolierten Heldentum, glich dem Wolf aus seinem Erlebnis. Der trieb ihn zurück zu den Armen und Erniedrigten, dort versuchte er, im Zeichen des Kreuzes den Anschluss zu

---

14 [»Ein kurzes Bruchstück »Petersburger Träume« (S. 105) *bis* verbürgt« aus {Adler, 1914o, S. 63–64]

finden, dort wollte er helfen. Und er spricht diese Gesinnung aus, wenn er sagt: »Meine ganze Liebe gehört dem Volk, meine ganze Gesinnung ist die des Allmenschentums.«

Wenn wir noch hervorheben müssen, dass *Dostojewski* ein Russe und Gegner des »Westlertums« war, dass in ihm der panslawistische Gedanke feste Wurzel und Boden gefasst hatte, so steht dies auch durchaus nicht im Widerspruch mit dem Geist, der durch Irrtum zur Wahrheit reisen wollte.

In einer seiner größten Kundgebungen, in der Rede zu *Puschkins Gedächtnis,* versuchte er dennoch, den Panslawisten zugerechnet, die Synthese herzustellen zwischen den Westlern und den Russophilen. Das Ergebnis war am selben Abend ein glänzendes. Anhänger beider Parteien stürzten auf ihn zu, umarmten ihn und erklärten sich mit seinem Standpunkte einverstanden. Aber diese Einigkeit dauerte nicht lange. Es lag noch zu viel Schlaf auf den Lidern.

Wie *Dostojewski* die Sehnsucht seines Herzens, die Vollendung des Allmenschentums – eine Aufgabe, die er dem russischen Volk vor allen zuweist – intensiv verfolgt und in die Masse tragen will, so formt sich ihm das greifbare Symbol der Nächstenliebe, dann liegt ihm, der sich selbst und die andern erlösen wollte, der Begriff des Heilandes, des *russischen Christus,* allmenschlich und weltlicher Macht abgewandt, ganz nahe. Sein Glaubensbekenntnis war einfach: »Für mich ist Christus die schönste, die erhabenste Person in der ganzen Weltgeschichte.« Hier enthüllt uns Dostojewski in unheimlicher Schärfe sein leitendes Ziel. So hat er seine Anfälle der Epilepsie geschildert, wie er unter Wonnegefühl seinen Aufstieg bewerkstelligte, zur ewigen Harmonie gelangte und sich der Gottheit nahe fühlte. Sein Ziel war: jederzeit bei Christus zu sein, seine Wunden zu tragen und seine Aufgabe zu erfüllen. Dem isolierten Heldentum, das er schärfer als jeder andere als krankhaften Eigendünkel ansprach, der Eigenliebe im Gegensatz zum Gemeinsinn, der ihm aus der Logik des Zusammenlebens, aus der Nächstenliebe entgegenquoll, diesem Heldentum trat er entgegen: »Beuge dich, stolzer Mensch!« Dem Resignierten aber, der gleichfalls in seiner Eigenliebe verletzt nach Befriedigung derselben strebte, rief er zu: »Arbeite, müßiger Mensch!« Und wer ihn auf die menschliche Natur verwies und ihre scheinbar ewigen Gesetze, um ihn zu erschüttern, dem hielt er entgegen: »Die Biene und die Ameise, die kennen ihre Formel, der Mensch aber kennt seine Formel nicht!« Wir müssen aus dem ganzen Wesen *Dostojewskis* ergänzen: *Der Mensch muss seine Formel suchen und er findet sie in der Hilfsbereitschaft für andere, in der Hingabe an das Volk.*

So war *Dostojewski* ein Rätsellöser geworden und ein Gottsucher und hat seinen Gott stärker gefühlt als die anderen Halbschläfer und Träumer. »Ich bin kein Psychologe«, sagt er einmal, »ich bin ein Realist«, und trifft damit den Punkt, der ihn von allen Dichtern der Neuzeit und von allen Psychologen am schärfsten unterscheidet. Er *[201]* stand mit dem Urgrunde des gesellschaftlichen Lebens, mit der einzigen Realität, die wir nicht ganz kennen, aber zu ahnen vermögen, mit dem Gemeinschaftsgefühl, im innigen Zusammenhange. Und darum durfte er sich einen Realisten nennen.

Nun zur Frage, wodurch die Gestalten *Dostojewskis* auf uns eine so starke Wirkung ausüben. Die wesentliche Grundlage für ihre Wirksamkeit auf uns liegt *in ihrer geschlossenen Einheit.* Sie können einen Helden *Dostojewskis* an welchem Punkte immer fassen und untersuchen, sie finden das gesamte Rüstzeug seines Lebens und Strebens immer wieder beisammen. Wenn wir vergleichen wollten, müssten wir bis zur Musik gehen, wo wir Ähnliches finden, dass in einer Melodie im Laufe einer Harmonie sämtliche Strömungen, Bewegungen immer wieder zu finden sind. Ebenso bei *Dostojewskis* Gestalten. Raskolnikow ist derselbe, als er im Bette liegt und über seinen Mord nachbrütet, als er mit Herzklopfen die Stiege hinaufgeht, und er ist derselbe, als er den Trunkenbold unter den Rädern des Wagens hervorholt und mit seinen letzten Kopeken dessen darbende Familie unterstützt. Dies ist der Grund der einheitlichen Wirkung, und wir tragen unbewusst mit jedem Namen seiner Helden ein fest gefügtes, plastisches Bild in uns, als ob es aus unvergänglichem Erz gemeißelt wäre, nicht anders als die biblischen Gestalten, als die homerischen Helden und als die Helden der griechischen Tragödien, deren Namen nur zu erklingen brauchen, um uns den ganzen Komplex ihrer Wirkungen vor die Seele zu führen.

Noch liegt eine zweite Schwierigkeit für unser Verständnis der Wirkung *Dostojewskis* verborgen. Aber die Vorbedingungen zur Lösung dieser Schwierigkeit sind bereits gegeben. Es ist *die doppelte Bezogenheit jeder Figur auf zwei außerordentlich fixierte Punkte, die wir fühlen.* Jeder Held *Dostojewskis* bewegt sich mit Sicherheit im Raum, der einerseits abgegrenzt wird durch das isolierte Heldentum, wo der Held sich in einen Wolf verwandelt, andererseits durch die Linie, die *Dostojewski* als Nächstenliebe so scharf gezogen hat. Diese doppelte Bezogenheit gibt jeder seiner Figuren einen so sicheren Halt und einen so festen Standpunkt, dass sie unerschütterlich in unserem Gedächtnis und in unserem Gefühl ruhen.

Noch ein Wort über *Dostojewski* als Ethiker. Er war durch die Umstände gedrängt, durch die Gegensätze in seinem eigenen Wesen, die er vereinen musste, durch die großen Gegensätze in seiner Umgebung, die er zu überbrücken wagte, zu Formeln zu kommen, die sein tiefstes Sehnen nach einer aktiven Betätigung der Nächstenliebe umschlossen und förderten. So kam er auch zu jener Formel, die wir weit über den kategorischen Imperativ *Kants* stellen dürfen, »*dass jeder teilhaftig ist an der Schuld des andern*«. Wir fühlen heute mehr als je, wie tief diese Formel geht und wie innig sie mit den sichersten Realitäten des Lebens in Zusammenhang steht. Wir können diese Formel leugnen, sie wird immer wieder hervortauchen und uns Lügen strafen. Sie löst aber auch eine unglaublich stärkere Aktivität aus als etwa der Begriff der Nächstenliebe, der oftmals missverstanden oder in Eitelkeit geformt wird, oder als der kategorische Imperativ, der auch in der Isoliertheit des persönlichen Strebens seine Geltung behält. Wenn ich teilhaftig bin an jeder Schuld des Nächsten und an der Schuld aller, dann trage ich ewig eine Verpflichtung, die mich treibt, die mich haftbar macht, die mir zu zahlen gebietet. *[202]*

So steht *Dostojewski* als Künstler und als Ethiker groß und unerreicht vor unseren Augen.

Was er als Psychologe geleistet hat, ist heute noch unausgeschöpft. Wir wagen es zu behaupten, dass sein psychologisches Späherauge tiefer drang, weil er mit der Natur vertrauter war als Psychologie, die sich aus dem Begrifflichen gestaltet. Und wer Betrachtungen angestellt hat, wie es *Dostojewski* tat über die *Bedeutung des Lachens,* über die Möglichkeit, einen Menschen besser aus seinem Lachen zu erkennen wie aus seiner ganzen Lebenshaltung, wer so weit gekommen ist, dass er den Begriff der *zufälligen Familie*[15] findet, wo jedes Mitglied isoliert für sich lebt und in die Kinder die Tendenz zur weiteren Isolierung, zur Eigenliebe pflanzt, der hat mehr gesehen, als man heute noch von einem Psychologen verlangen und erwarten kann. Wer gesehen hat, wie *Dostojewski* in seinem »Schüler« schildert, dass der Knabe, unter seiner Decke eingehüllt, alle Fantasien ausströmen lässt in dem einen Begriff: *Macht!,* wer *die Entstehung von Gemütskrankheiten* im Leben zum Zwecke der Revolte so fein und treffend geschildert hat, wer in der menschlichen Seele die *Neigung zur Despotie* so erkannt hat wie *Dostojewski,* der darf heute noch als unser Lehrer gelten, als den ihn auch *Nietzsche* gefeiert hat. Sein Verständnis und seine Erörterungen *über den Traum* sind heute noch nicht überholt, und sein Begriff, dass niemand handelt und denkt, ohne dass ein *Ziel,* ein Finale vor seinen Augen steht, trifft mit den modernsten Leistungen der Seelenforscher zusammen.

So sind es die verschiedensten Gebiete, auf denen uns *Dostojewski* ein teurer und großer Lehrer geworden ist. Die Realität des Lebens macht es, dass sie auf uns wirkt wie ein Strahl, der das Auge des Schläfers trifft. Der Schlafende reibt sich die Augen, wendet sich um und weiß vom ganzen Vorgang nichts. *Dostojewski* hat wenig geschlafen und hat viele erweckt. Seine Gestalten, seine Ethik und seine Kunst führen uns tief in das Begreifen des menschlichen Zusammenlebens.

---

15 [Begriff aus: »Der Jüngling«]

11. Bolschewismus und Seelenkunde (1918)

Editorische Hinweise
Erstveröffentlichung:
1918(h) (ehemals 1919b): Der Friede. Wochenschrift für Politik, Volkswirtschaft und Literatur, Wien. Herausgegeben von Dr. Benno Karpeles; Leiter des literarischen Teils: Alfred Polgar, Bd. 2, Nr. 48/49 (Dezember), S. 525–529
Neuauflagen:
1918e: Internationale Rundschau, 4. Jg., H. 15/16 (31. Dezember), S. 597–600, Art. Institut Orell Füssli, Zürich
Letztveröffentlichung:
1982a: Alfred Adler: Psychotherapie und Erziehung. Ausgewählte Aufsätze, Bd. 1, S. 23–32. Frankfurt a. M., Fischer Taschenbuch (1919b/1982a)
Es wird die weitere Fassung aus Wien (»Der Friede«, 1918/1919b) zugrunde gelegt.

Im gleichen Monat hat Adler diesen Text an zwei verschiedenen Stellen am Ende des Krieges veröffentlicht. Es ist eine emphatische Schrift gegen den Krieg, gegen die Macht und Gewalt der Herrschenden im Kapitalismus, ein Aufruf zum Sozialismus und gegen den Bolschewismus. Es ist zugleich der Aufsatz, in dem Adler ausführlich das »Gemeinschaftsgefühl« oder den »Gemeinsinn« nach verschiedenen Seiten hin darstellt, in den politischen Kontext einführt und dem Machtstreben, das sich in Krieg und Gewalt äußert, entgegensetzt. Gleichwohl werde das Gemeinschaftsgefühl aber immer wieder im Dienst des Machtstrebens benützt und missbraucht, während Adler es hier aufs Engste mit Sozialismus verbindet. Die gewaltsame Durchsetzung dieser Idee im Bolschewismus mache sie zum Zerrbild. »Der Bolschewismus, das ist der Selbstmord des Gemeinsinns.«

In der erweiterten Wiener Version ist Adlers Darstellung von Macht(streben) und Gemeinschaft(sgefühl) vertieft und verallgemeinert und seine Kritik am Bolschewismus schärfer.

Die Zeitschrift »Der Friede« (ab Januar 1918) versteht sich als Protest gegen Krieg und Barbarei, beschäftigt sich politisch und literarisch mit Sozialismus, Kommunismus, Völkerbund, Erneuerung des Menschen, will »die Kontinuität des Kulturgedankens« für die Zukunft wiederherstellen (Präambel). In ihr kommen alle namhaften Wiener Intellektuellen, Literaten und Künstler der Zeit zu Wort.

Die Zeitschrift »Internationale Rundschau« erschien 1915–1918 in Zürich als ein internationales, überparteiliches Organ zur Verständigung und Versöhnung der Menschen der kriegführenden Nationen, damit nicht der »Friede zum bloßen Waffenstillstand« erniedrigt und »die Selbstzerfleischung Europas« nicht »zur dauernden Einrichtung« werde (1915, S. 1).

Bolschewismus und Seelenkunde

Die Mittel der Macht sind uns Deutschen entrissen. Wir haben der Herrschaft über andere Völker entsagt und sehen ohne Neid und Missgunst, wie die Tschechen, die Südslawen, die Ungarn, die Polen, die Ruthenen in ihrer staatlichen Kraft erstarken und zu einem neuen, selbstständigen Leben erwachen. Verflogen sind im Nu alle künstlich gezüchteten[1] Hassgefühle von gestern gegen die Ententegenossen, und wir bringen ihnen brüderliche Gesinnungen dar, auch wenn wir schmerzlich und bedauernd empfinden, dass manche Rauheit des Waffenstillstands, manche Verschärfung der Hungersnot zu vermeiden wäre. Uns Deutsche selbst beseelt und beseligt ein starkes Gefühl der Gemeinschaft, es greift über die Grenzen hinaus und setzt sich fort in ein hoffnungsfreudiges Allmenschheitsempfinden. Noch stören uns alte, misstrauische Regungen, noch fürchten wir Fremdherrschaft und die Machtgier der versunkenen Gewalten in unserem Lande. Aber wir fühlen uns bereit, um die Zusammengehörigkeit der Menschen zu werben und ihr jedes Opfer zu bringen. Uns Volk drückt nicht die Niederlage. Der Siegeslorbeer, der die Stirne des starken Feldherrn schmückt, weckt nicht unsere Pein. Wir waren lange Jahre die Betörten und sind jetzt wissend geworden. Hinter der Trübsal und hinter dem Elend der Gegenwart blinkt unserem unschuldigen Volke der Stern einer neuen Erkenntnis: *Nie waren wir elender als auf dem Gipfel unserer Macht! Das Streben nach Herrschaft ist ein verhängnisvolles Blendwerk und vergiftet das Zusammenleben der Menschen! Wer die Gemeinschaft will, muss dem Streben nach Macht entsagen!* [526]

Wir stehen näher zu dieser Wahrheit als die Sieger. Den jähen Absturz, der anderen droht, haben wir hinter uns. Vor allen anderen Völkern empfangen wir die neue Lehre des Heils, um sie den Menschen zu verkünden: dass die Menschheitsgeschichte mit ihrem Grauen und Jammer bisher nichts anderes war als eine fortlaufende Kette gescheiterten Strebens nach Macht. Ein tiefes Unglück wie das unseres Volkes muss hellsehend machen, sonst verfehlt es seinen einzigen sinnvollen Zweck. Aus seinem qualvollen Erleben gebiert uns das erneuerte[2] Deutschland die tiefste Idee aller Kultur in der endgültigen Verwerfung des Strebens nach Macht und in der endgültigen Erhebung des Gemeinsinns zur leitenden Idee. Der grausame Spuk des Turmbaus zu Babel hat noch einmal die Menschheit genarrt, nun mahnt das Elend zur Einkehr.

Das Volk war eigentlich immer auf der Spur des Weges zum Gemeinsinn. Jede geistige, jede religiöse Erhebung ging gegen das Streben zur Macht. Immer brach sich die Logik des menschlichen Zusammenlebens Bahn, um

---

1 künstlich gezüchteten] Ausl. 1918e
2 erneuerte] Änd.1918e: sozialistische

immer wieder in der Herrschsucht zu enden. Alle sozialen Gesetzesakte der Vergangenheit, die Tafeln *Moses'*, die Lehren Christi fielen immer wieder in die Hände machtgieriger Schichten und Gruppen, die das Heiligste zum Zwecke ihrer Herrschsucht missbrauchten. Die raffiniertesten Fälscherkunststücke, die abgefeimtesten Finten und Tücken wurden herbeigeholt, um die stets auftauchenden Regungen und Schöpfungen der Gemeinschaftsgefühle überzuleiten in die Bahnen von Machtbestrebungen und sie so wirkungslos zu machen für das allgemeine Wohl. Die Wahrheiten und Notwendigkeiten, geschöpft aus dem Zwang des menschlichen Zusammenlebens, wurden immer wieder umgebogen in die Unnatürlichkeit der Herrschgier. »Durch Wahrheit zur Lüge!«, dies war der tiefste Sinn der bisherigen Machtkultur, die derzeit vor ihrem entsetzlichen Zusammenbruch steht. So kam es zur verhängnisvollen Ausnützung des Gemeinschaftsgefühls durch das Streben zur Macht.

Wie aber soll man es erklären, dass der Machtkitzel einiger weniger so bereitwillige Diener und Anhänger fand? Nicht anders, als dass auch diesen die Herrschsucht im Blute saß! Dass auch sie aus innerer Überzeugung dort zu finden waren, wo die Macht lockte, weil auch sie erhofften, dass mit der Steigerung der Gewalt ihrer Gebieter auch ihre Erwartungen auf Machtzuwachs steigen würden. Die Jahre des Kapitalismus mit seiner entfesselten Gier nach Überwältigung des Anderen haben die Raublust in der menschlichen Seele maßlos angefacht. Kein Wunder, dass unser seelischer Apparat ganz im Banne des Strebens nach Macht steht. Die Wissenschaft, kurzsichtig und allzu leicht geneigt, die Rechtfertigungen für das Bestehende zu schaffen, erklärte, ähnlich wie die Vulgärpsychologie, Charakterzüge wie Herrschsucht, Streben nach Macht und Überlegenheit, persönlichen Ehrgeiz und Egoismus als angeborene und unabänderliche Eigenschaften der menschlichen Seele, protegierte sie dadurch und verhinderte ihren Abbau durch das Gemeinschaftsgefühl. Letzteres wurde vielmehr aus einem Zweck in ein Mittel verwandelt und kam in den Dienst des Nationalismus und des Imperialismus, die sich mit List und Tücke bei ihrer Herrschsucht und Machtgier der Wahrheit des Gemeinsinns bedienten.

Nur im Sozialismus blieb der Gemeinsinn als Forderung des ungehinderten menschlichen Zusammenlebens letztes Ziel und Ende. Alle die genialen sozialistischen Utopisten, die Systeme suchten oder fanden, stellten wie alle großen Reformatoren der Menschheit instinktiv die gegenseitige Förderung über den Kampf um die Macht. Und *Karl Marx* entdeckte im dunklen Getriebe des Seelenlebens den gemeinsamen Kampf des Proletariats gegen die Klassenherrschaft. Er hob ihn für ewig ins Bewusstsein seiner Träger und zeigte einen Weg zur letzten Auswirkung des Gemeinschaftsgefühls. Die Diktatur des Proletariats sollte der Ausdruck der Reife und seiner Stärke sein und sollte hinüberleiten zur allgemeinen Erlösung von den Klassengegensätzen und von ihrem Streben nach Macht.

Für viele Sozialisten[3] scheint nun der Bolschewismus in seinem wichtigsten Punkte, gewaltsame Durchsetzung des Sozialismus, ein selbstverständlicher Gedanke. Wir wollen zugeben: Es *scheint* der einfachste Weg, alles, was gut ist und Glück verheißend, oder auch nur, was im Sinne einer unaufhaltsamen Entwicklung liegt, mit den Mitteln der Macht zu erschaffen. Wo im Leben der Menschen oder in der Menschheitsgeschichte ist ein solches Vorhaben schon gelungen? So weit wir sehen, überall weckt die Anwendung selbst sanfter Gewalt den Gegenwillen, selbst dort, wo sichtlich das Wohl des Niedergezwungenen bezweckt wird. Das patriarchalische System, der aufgeklärte Absolutismus sind solche schreckende Spuren. Selbst seinen Gott vertrug kein Volk ohne Widerspruch. Führt einen Menschen oder ein Volk in den Machtbereich eines andern – sofort wird sich sein Widerstand regen, offen oder heimlich, und er wird nicht schwinden, bis alle Fesseln fallen. Der siegreiche Kampf des Proletariats gegen den Zwang des Kapitalismus zeigt deutlich diesen Entwicklungsgang, ja, die wachsende Macht der Arbeiterorganisation kann bei unvorsichtiger Handhabung ein geringeres oder stärkeres Widerstreben bei unsicheren Naturen auslösen. Wo Machtfragen ins Treffen kommen, stoßen sie, unbekümmert um die Vortrefflichkeit ihrer Absichten und Ziele, auf den Willen zur Macht des Einzelnen und wecken den Widerspruch.

Auch dieser Widerspruch bedient sich gerne des Hinweises auf abstrakte Ideale und auf Forderungen der Gemeinschaft, weil nur diese eine dauernde Resonanz im Massenbewusstsein finden. Unser seelisches Organ antwortet auf äußeren Zwang mit einem Gegenzwang, sucht seine Befriedigung nicht in Belohnungen des Gehorsams und der Fügsamkeit, sondern trachtet seine Machtmittel als die stärkeren zu erweisen. Der Kampf um die Macht hat also eine psychologische Seite, deren Darstellung uns heute als dringende Pflicht erscheint. Alle Glücksgüter der Welt, Lust und Lohn, sind nicht imstande, der Macht dauernde Stützen zu werben, auch wenn sie Ziele der gemeinschaftlichen Erhebung zu verfolgen scheint. Der Militarismus der Zentralmächte musste zusammenbrechen, weil er ununterbrochen die von ihm Geknechteten zum Widerstand reizte. Die Dauer der Zeit stritt gegen ihn. Am schärfsten und deutlichsten hat dieses Widerspiel von Machtbestrebungen bei einzelnen Personen und Gruppen die »Individualpsychologie« verständlich gemacht. Das Denken, Fühlen und Wollen des gegenwärtigen Menschen ist in erster Linie durch sein Streben nach persönlicher Über[527]legenheit geleitet, auch wenn er glaubt, höheren Idealen zu dienen. Gegen sein Verlangen nach Macht, aus der Unerträglichkeit eines kindlichen Schwächegefühls entsprungen, das als schützender Überbau die Unsicherheit des Kindes aufheben sollte[4], strei-

---

3   Sozialisten] *Ausl. 1918e*
4   aus der Unerträglichkeit *bis* aufheben sollte] *Änd. 1918e:* das aus dem Schwächegefühl der Kindheit emporwächst, um dieses Schwächegefühl erträglicher zu machen

tet die Erfahrung von der überragenden Notwendigkeit der Gemeinschaftsbestrebungen. Der gegenwärtige Stand unserer Kultur und unserer Einsicht erlaubt noch dem Machtprinzip, sich heimlich unter Ausnützung der Gemeinschaftsgefühle durchzusetzen. Ein offener, geradliniger Einbruch der Gewalt ist unbeliebt und derzeit schon unsicher, stößt höchstens noch auf die Sympathie hysterischer Naturen[5]. Oft geschieht deshalb[6] die Vergewaltigung unter Berufung auf Recht, Sitte, Freiheit, auf das Wohl des Unterdrückten, im Namen der Kultur. Die Resultate enttäuschen beide Teile. Es quillt kein Segen aus dem Gebrauch der Macht. Im Völkerleben schafft die Machtpolitik dem Mächtigen auch Anhänger, die eigentlich seine Gegner sind, die nur der Machtrausch anlockt. Und er findet Gegner, die seine Anhänger wären, wenn sie nicht dem automatischen Widerspruch verfallen wären. Der von der Macht Ausgeschlossene aber lauert auf die Revolte und ist jedem Argument zugänglich.

In die Elternliebe schleicht sich das Gift der Herrschsucht und sucht im Namen der Autorität und der Kindespflicht den Schein der Überlegenheit und Unfehlbarkeit festzuhalten. Da wird es zur Aufgabe der Kinder, über ihre Erzieher hinauszuwachsen, mit ihnen fertig zu werden. Nicht anders beim Lehrer. Auch die Liebe ist voll von diesen Tücken und fordert vom Partner zu weit gehende Ergebung. Das Machtbegehren des Mannes verlangt mit Berufung auf »die natürliche Bestimmung« die Unterwerfung der Frau; als Ergebnis zeigt sich, wenig erfreulich, die Zerstörung aller unbefangenen Beziehungen und Lahmlegung wertvoller Kräfte. Die lieblichen Spiele der Kinder verraten dem Seelenkenner ein einheitliches System von Befriedigungen der Herrschsucht.[7]

Dieselbe moderne Seelenkunde hat uns aber auch gezeigt, dass die Züge von Herrschsucht, Ehrgeiz und Machtbestreben über den anderen samt ihrer Fülle von hässlichen Begleiterscheinungen nicht angeboren und unabänderlich sind. Sie werden vielmehr dem Kinde frühzeitig eingeimpft; das Kind empfängt sie willenlos aus einer Atmosphäre, die vom Machtkitzel getränkt ist. In unserem Blute liegt noch die Sehnsucht nach dem Machtrausch und unsere Seelen sind Spielbälle der Herrschsucht. Eins kann uns retten: das Misstrauen gegen jede Vormacht. Unsere Stärke liegt in der Überzeugung, in der organisierenden Kraft, in der Weltanschauung, nicht in der Gewalt der Waffen und nicht in Ausnahmegesetzen. Mit solchen Mitteln haben auch schon andere, starke Kräfte vergeblich um ihren Bestand gekämpft.

Die Herrschaft der Bolschewiki ist wie die aller bisherigen Regierungen auf

---

5   stößt *bis* Naturen] *Ausl. 1918e*
6   deshalb] *Ausl. 1918e*
7   *Erg. 1918e:* Nervenärzte haben im Kriege namens der Wissenschaft Nervöse gefoltert und getötet.

den Besitz der Macht gegründet. Damit ist ihr Schicksal gesprochen.[8] Der Machtrausch hat sie verlockt. Nun kommt automatisch in den unvorbereiteten Seelen der Menschheit jener furchtbare Mechanismus in Bewegung, wo Vorstöße mit Gegenstößen der anderen Seite beantwortet werden, unbekümmert um das Ziel der Gemeinschaft, nur weil der beiderseitige Wille zur Macht bedrängt wird. Gründe, die billig wie Brombeeren sind, dienen zur Rechtfertigung von Aktion und Reaktion. Schön wird hässlich, hässlich schön![9] Gewiss, die Lügen über den Bolschewismus sind unerhört. Aber nicht einmal sie kann er abwehren, weil sie immer wieder aufs Neue im Kampf um die Macht erzeugt werden. Ganz Russland ist zerfallen. Schon schicken sich andere an, unter einer Flut von Sittensprüchen ihren Kampf gegen den Bolschewismus zu einer Eroberung und Unterwerfung Europas auszudehnen. Die Bolschewiken müssen mit neuen Verstärkungen ihrer Machtpositionen antworten. Wer noch nicht dem Machtrausch erlegen ist, halte sich an die Frage, ob je auf diesem Wege die Einigung der Menschheit, die Stärkung des Gemeinschaftsgefühls zu erwarten ist.

Wir sehen ehemalige Freunde, alte, wackere Weggenossen, in schwindliger Höhe. Verführt vom Machttrieb, wecken sie allenthalben das Verlangen nach Gewalt. Hier gibt es keinen Abbau, nur weitere Steigerungen, wie immer, wenn die Macht das entscheidende Wort sprechen soll. Wenn es ein Mittel gibt, sie zurückzurufen, dann kann es nur die Erinnerung sein an das Wunder der Gemeinschaftsgefühle, das wir zu wirken haben, das nie durch Anwendung der Macht gelingt.

Für uns andere aber ergeben sich Weg und Taktik aus unserem obersten Ziel: der Pflege und Verstärkung der Gemeinschaftsgefühle.[10]

Es ist der alte Unterschied zwischen Subjekt und Objekt. Niemand will Objekt sein. In der Kinder- und Menschheitserziehung scheitern alle Maßnahmen, die zwangsweise eingeführt werden. Selbst Reinlichkeitsgebote, sogar die Nahrungsaufnahme ruft den lebhaften Widerstand der Kinder hervor, wenn nur die elterliche Macht befiehlt oder wenn das Kind bereits den Kampf um die Herrschaft aufgenommen hat. Greift der Erzieher zu härteren Repressalien, so geht dem Objekt die menschliche Würde verloren und vergeblich bleibt alles weitere Bemühen um seine kulturelle Einfügung. Der Wolf im Menschen würde wach. Nicht anders wie unter zaristischem Druck flammte das trunkene Laster auf und breitete sich stumpfes Brüten über das Land. Wer noch Aktivität besäße, dessen Sinnen ginge auf List und Gewalt, um die Herrschaft des Tyrannen zu stürzen. Eine widerstrebende Menschherde in eine kunstvolle

---

8 *Erg. 1918e:* Wir wissen, dass diese Partei, wie die ihr Gleichgesinnten, Ziele verfolgt, die auch die unseren sind.
9 [*Shakespeare,* Macbeth, 1. Aufzug, 3. Szene]
10 [Ende von 1918e]

sozialistische Staatseinrichtung hineintreiben, heißt, aus Ungeduld ein kostbares Gefäß sprengen, heißt, sozialistischen Drill betreiben.

Jede Erziehung muss für ihre Bestrebungen zuerst die günstigste Aufnahmebereitschaft erzielen. Es ist das sicherste Ergebnis der individualpsychologischen Untersuchungen, dass diese Aufnahmebereitschaft bei Anwendung von Gewalt oder unter dem Druck einer unverdauten Autorität verloren geht. Dauernd haftet nur in der menschlichen Seele, was sie als Subjekt empfangen hat, was sie mit ihrem Willen aufnimmt. Das Verfahren des Bolschewismus zeigt alle Fehler einer schlechten, veralteten Methode. Selbst wenn es irgendwo gelänge, die Majorität zu vergewaltigen, hätte niemand Freude daran. Sozialismus ohne die entsprechende Weltanschauung wäre eine Puppe mit Gliedmaßen, aber ohne Seele, ohne Initiative, ohne Begabung. Gelingt dem Bolschewismus sein Werk, dann bleibt es wertlos. Misslingt es, dann hat er den Sozialismus kompromittiert und unschmackhaft gemacht. [528]

In jedem Lande steht der Sozialismus vor seiner Erfüllung. Dies geschah, wie *Marx* es vorausgesehen hatte, infolge des Drucks des Kapitalismus auf eine wachsende Klasse. Das Minderwertigkeitsgefühl des Proletariats im Daseinskampfe suchte nach einer Form zur Überwindung des Überwinders, wirkte als Stachel und ständiger Anreiz und fand die bessere Organisation und die besseren ökonomischen Methoden. Hat aber etwa das bessere Wissen um den ökonomischen Zusammenhang diese große Organisation geschaffen und gehalten? Ist der Sieg des Proletariats und damit der Sozialdemokratie aus diesem einzigen Grund sicher, weil seine ökonomische Überzeugung für die wachsende Industrialisierung einen besseren Ausweg weiß? Oder ist nicht vielmehr die einigende Grundlage und Voraussetzung seines Denkens, Fühlens und Wollens das verstärkte Rechtsbewusstsein des Zurückgesetzten, das nirgendwo anders wurzelt als in der immanenten Logik des menschlichen Zusammenlebens, in seinem unveräußerlichen Anteil an der menschlichen Gemeinschaft? Wer immer durch den Machtrausch anderer Unbill erfahren hat, Person oder Volk, »greift hinauf zu den ewigen Sternen«, entsinnt sich der Allmacht der Menschheitsgefühle. Ihnen gilt sein stärkster Appell, sie sind in ihrer ewigen Wahrheit die höchste Instanz.

Hier ist nicht von Ethik als einer wissenschaftlichen oder Kunstübung die Rede. Auch nicht von einer sittlichen Auffassung des Weltgeschehens. Sie alle sind nur kümmerliche Ausgestaltungen, Kulte, religiöse oder fantastische, immer historisch begrenzte Abstraktionen der *menschlichen Zusammengehörigkeit*, die wir täglich, stündlich als Wahrheit erfahren, die im Laufe des Lebens körperlich in uns eingegangen ist. Schamgefühl, Reue, Ekel, Angst sind ihre primitiven Sicherungen, die Geschlechtlichkeit ist ihr organisches Band, die Familie ihr meist missratenes lehrhaftes Organ. Sie hat uns die Liebe zu den Kindern eingepflanzt. In der Erziehung sucht sie die Vollstreckung und Erfüllung ihres selbst gegebenen Ziels. Auf Inzest und Perversion, diese sinnfälligen

Widersprüche gegen das Gemeinschaftsgefühl, hat sie automatisch ihren Bann gelegt. Recht, Sitte, Technik, Kunst und Wissenschaft stehen in ihrem Dienst und erfahren ihre Ausgestaltung durch sie. Sie leitet die menschliche Eingebung und gibt den Ansporn zu Fortschritt und Erfindungen in ihrem Sinne und nach ihrem Plan.

Wir können das Wirken der Gemeinschaftsgefühle in uns bekämpfen. Ersticken können wir es nicht. So kann sich die menschliche Seele wahnhaft der heilig erklärten Logik entschlagen. Im Selbstmord hebt trotzig Lebenskraft den Lebenstrieb auf. Und Logik wie Lebenstrieb sind Realitäten gleich der Gemeinschaft. Solche Verfehlungen sind Sünden wider die Natur, wider den heiligen Geist der Gemeinschaft. Es ist gar nicht so leicht, den Gemeinsinn in sich zu unterdrücken. Der Verbrecher braucht den Rausch der Sinne, vor oder nach der Tat, um sein Gemeinschaftsgefühl zu beschwichtigen. Verwahrloste Jugend schließt sich in Banden zusammen, um das Gefühl der Verantwortlichkeit mit andern zu teilen und so zu mildern. Raskolnikow[11] muss erst einen Monat lang im Bette liegen und meditieren, ob er ein *Napoleon* oder eine Laus sei. Und als er dann die Treppe hinaufsteigt, eine alte wertlose Wucherin zu töten, verspürt er Herzklopfen. Aus dieser Erregung seines Blutes spricht das Gemeingefühl. Der Krieg ist nicht die Fortsetzung der Politik mit anderen Mitteln, sondern das größte Massenverbrechen an der Zusammengehörigkeit der Menschen. Welche Summe von Lügen und künstlichen Aufstachelungen niedriger Leidenschaften, welche tausendfältige Vergewaltigung war nötig, um den entrüsteten Aufschrei der Menschheitsstimme zu unterdrücken? Der Sozialismus wurzelt zutiefst im Gemeinschaftsgefühl, er ist Urlaut der Menschheit, der Weltanschauung geworden ist, derzeit der reinste und praktikabelste Ausdruck des Gemeinsinns. Der Bolschewismus, das ist der Selbstmord des Gemeinsinns, Herkules, der nicht die Schlangen, sondern seine Mutter erwürgt. Welcher unnütze Aufwand an Geist, an Kraft, an Menschenblut! Muss wirklich das Selbstverständliche gesagt werden? *Wir wollen nicht die starre Form, wir wollen den Geist und das neue Wort des Sozialismus. Hier ist es: Ausbildung und Wirkung des Gemeinschaftsgefühls!*

In die Enge der Kinderstube brechen die Wellen des Machtstrebens der Gesellschaft ein. Die Herrschaftsgelüste von Eltern, Dienstverhältnisse im Hause, die Privilegien des kleinen Kindes lenken unwiderstehlich den Sinn des Kindes auf die Erringung von Macht und Vorherrschaft, lassen ihm nur diese Positionen als lockend erscheinen. Um einiges später erst fließen Gemeinschaftsgefühle in seine Seele, geraten aber zumeist unter die Herrschaft des bereits ausgebildeten Machtbegehrens. Man findet dann in feinerer Analyse alle Charakterzüge ausgebaut durch das Streben nach eigener Überlegenheit auf der unerschütterlichen Voraussetzung des Gemeinsinns. Tritt das Kind in

---

11 [aus *Dostojewskis* Roman »Schuld und Sühne«]

die Schule oder ins Leben, so bringt es aus der Familie bereits den oben mehrfach geschilderten, dem Gemeinsinn schädlichen Mechanismus mit. Das Ideal der eigenen Überlegenheit rechnet mit dem Gemeinsinn der andern. Denn das typische Ideal unserer Zeit ist noch immer der isolierte Held, für den die Mitmenschen Objekt sind. Diese psychische Struktur hat auch den Menschen den Weltkrieg mundgerecht gemacht, lässt sie in Bewunderung erschauern vor der haltlosen Größe eines siegreichen Feldherrn. Die Gemeinschaftsgefühle erfordern ein anderes Ideal, das des Heiligen, allerdings gereinigt von fantastischen, dem Zauberglauben entstammenden Schlacken. Weder die Schule noch das Leben sind späterhin imstande, das festgewurzelte, übertriebene Streben nach eigener Geltung auf Kosten anderer zu beseitigen. Es wäre eine grobe Täuschung, den Machtrausch nur für die Einzelpsyche gelten zu lassen. Auch die Masse wird durch das gleiche Ziel gelenkt, und dies wirkt umso verheerender, als in der Massenpsyche das Gefühl der persönlichen Verantwortlichkeit wesentlich verringert wird. Im Bolschewismus triumphiert noch einmal, vielleicht zum letzten Male, das Streben nach Gottähnlichkeit. Noch einmal unternimmt menschlicher Ehrgeiz den Versuch, was er selbst in seiner persönlichen Beschränktheit geträumt hat, dem Objekt der Menschheit als ewige Wahrheit aufzuzwingen. Und sammelt so Feinde und Freunde der Wahrheit gegen sich.

Unsere individualpsychologische Forschung und ihre obigen Ergebnisse dürfen heute mehr als je die Forderung erheben, gehört und geprüft zu werden. Soweit wir sehen, gibt es keinen Aussichtspunkt, der reiner und klarer das Bild der seelischen Verirrungen unserer Zeit enthüllte, als den vom Standpunkt der Individualpsychologie gewonnenen, einer Wissenschaft, die bereits vor dem Kriege als *[529]* das Ziel einer künftigen Lebensführung proklamierte: verstärkten Wirklichkeitssinn, Verantwortlichkeit und Ersatz der latenten Gehässigkeit durch gegenseitiges Wohlwollen.

Was mit diesen – oder ähnlichen – Forderungen erzielt werden kann und soll, ist nicht schwer zu erraten. Wir brauchen die bewusste Vorbereitung und Förderung eines gewaltigen Gemeinschaftsgefühls und den völligen Abbruch der Gier und Macht beim Einzelnen und bei den Völkern. Die bolschewistische Richtung ist auch in diesem Sinne ein Hindernis und ein tragischer Irrtum.

12. Die andere Seite. Eine massenpsychologische Studie über die Schuld des Volkes (1919)

Editorische Hinweise
Erstveröffentlichung:
1919a: Verlag von Leopold Heidrich, Wien, Broschüre, 16 Seiten
Neuauflage:
1994: Faksimile-Nachdruck, broschiert, mit einem Vorwort von Almuth Bruder-Bezzel. Berlin.

»Die andere Seite« ist eine flammende Anklage gegen die Kriegstreiber des Ersten Weltkriegs und eine Analyse der politisch-psychologisch unterdrückten Lage der Bevölkerung in Österreich, um daraus zu erklären, weshalb die Bevölkerung in weiten Teilen der Propaganda für den Krieg gefolgt ist, sich für den Krieg begeisterte und sich zum Kriegsdienst bereitfand. Die dahinterstehende allgemeinere Frage, wie es dazu kommt, dass der Machtkitzel Weniger so bereitwillige Diener und Anhänger findet, hatte er bereits 1918 im Aufsatz »Bolschewismus« (1919b) gestellt. Sie wird hier konkretisiert.

Die Herrschenden hätten das Volk zum »Gehorsam gegen die Oberen« dressiert, es sei getäuscht und betrogen und in Angst vor dem Feind versetzt worden, was Adler an einzelnen Situationen aufzeigt. So habe das Volk versucht, sich aus dieser Erniedrigung dadurch zu befreien, dass es sich selbst als Held und Verteidiger des Vaterlandes feierte. Diese »Massenneurose« sei somit der Ausdruck einer falschen Scham und eines Größenwahns, um dem Gefühl der Ohnmacht zu entgehen. »Im Rausch des wiedergefundenen Selbstgefühls [...] wichen sie scheu vor der Erkenntnis aus, nur armselige Opfer fremder Machtgelüste zu sein.«

Mit dem Titel »Die andere Seite« greift Adler sicher auf den gleichnamigen »fantastischen« Roman des österreichischen Zeichners Alfred Kubin (1909/2009) zurück, der 1909 erschienen und nach dem Ersten Weltkrieg ein großer Erfolg wurde. Dieser schildert die Schreckensvision des Traumstaats Perle, der schließlich auf infernalische Weise in einem apokalyptischen Szenario untergeht.

Die andere Seite. Eine massenpsychologische Studie über die Schuld des Volkes

Wenn man in der Hauptstadt des verflossenen Habsburgerreiches um 12 Uhr mittags seine Schritte zur Hofburg lenkte, rauschten einem die verwegenen Klänge der österreichischen Militärmärsche entgegen. Eine Menge Volkes begleitete da die aufziehende Burgwache. Bürger und Plebs, Mädchen und

Männer und Kinder gingen mit stolzen Gebärden und taktfest bis in den Hof der alten Burg mit und blickten gespannt auf die Ablösung der Wachmannschaft. Und wenn der Tambour den Stab erhob, da erhoben sie nicht nur die Köpfe, sondern auch ihre Herzen pochten im Marschtempo mit.

Täglich war diesem Volke in den Schulen die Verehrung des Herrscherhauses ins Gehirn gehämmert worden. Alle Lieder seiner Kindheit schmeichelten ihm in wundervollen Tönen das Lob der Gesamtmonarchie in die Ohren. Gefälschte Geschichtswerke prahlten mit dem kriegerischen Ruhm des Gesamtvaterlandes und seiner erzherzoglichen und aristokratischen Heerführer und verführten die Seelen der Knaben, im Kriegsmord und in den Schlachten mystische Wonnen zu suchen.

Von den Kanzeln predigten unablässig Tausende von beredten Zungen Knechtseligkeit und Sklavengehorsam. Jeder Lehrstuhl weihte den gelehrigen Schüler in die Kunst des Bücklings ein.

In den Friedensgesellschaften gähnte die Langeweile; kein Kopf, kein volkstümlicher Hauch fachte eine gegensätzliche Bewegung an. *[2]*

Zeitungen und Zeitschriften, Politiker und Parteien buhlten um die Gunst der Herrschenden. Die Kunst suchte Staatsanstellungen oder spähte nach dem Einlass ins Hofburgtheater.

Wer in die Politik verschlagen wurde, endete in einer Parteianstellung. Und die Parteien selbst hielten sich ministrabel, auch wo sie regierungsfeindlich auftraten. Traten oft regierungsfeindlich auf, um ministrabel zu werden. Beziehungen und Hofgängerei rundeten jede oppositionelle Gebärde ab. Organisation wurde so Lahmlegung des revolutionären Elans, und kraftvolle Persönlichkeiten erschienen neben glatten Politikern als dickstirnig oder verströmten ihr Feuer endlich in den Räumen der Parteibüros.

Jahrzehntelang währte diese Dressur eines weichen Volkes und erzog es zur Selbstunsicherheit und zum Gehorsam gegen die Oberen.

Da kam der Krieg und niemand wusste woher. Nach allen Regeln erprobter Kriegskunst warfen sie dem Volk ein undurchsichtiges Tuch über den Kopf. Wieder rauschte das militärische Blech auf, gemietete Banden zogen durch die Straßen, halbidiotische Klopffechter[1] hielten eingeblasene Stachelreden, in denen viel vom eigenen Adel und von der Niedertracht der anderen die Rede war, ebenso von einem ganz kurzen Krieg und von einem glänzenden Sieg. Das Volk glaubte durch den dichten Schleier ein Licht zu sehen, fühlte vorerst aber nur seine Ohnmacht.

Da setzte der Generalstab mit seinen Lügennachrichten ein. Vergiftete Brunnen tauchten auf, gesprengte Brücken mitten im Hinterland, in Martern gestorbene treue Grenzbewohner. Die Vergewaltigungen, Brandschatzungen, Kreuzigungen, die Verbrennungen, die schamlosen Hinter*[3]*listen, die Ver-

---

1 [spitzfindige Wortstreiter]

wendung verbotener Mordwaffen, alle zu Lasten der Feinde, nahmen kein Ende. Dann setzte die Hatz auf Spione ein.

In jedem Tramwayabteil, an den Türen der Eisenbahnwaggons, in jedem Pissoir hingen die Warnungen vor Spionen. Fortwährend hörte man von Verhaftungen und von Verrat. Das Volk verlor vollends den Kopf, keiner traute dem andern. Wer noch gerne ein freies Wort gesprochen hätte, hielt es zurück, aus Furcht, auf einen Spion oder auf einen Angeber zu stoßen.

Die Zensur spannte ein eisernes Netz über Stadt und Land. Gerüchte über Todesurteile im Felde wegen harmloser kritischer Bemerkungen in Briefen für die Heimat machten das Briefeschreiben zu einer ängstlichen Angelegenheit.

Überall hörte man von Todesurteilen und Verhaftungen, jedes kritische Wort, auch in der besten Absicht gesprochen, schien oder war von unabsehbaren Folgen bedroht. Weigerungen im Dienst oder Widerspruch gegen Befehle zogen die schwersten Ahndungen nach sich. Die Fälle von sofortiger Tötung wegen geringer Grade von Widersetzlichkeit mehrten sich und hielten fortgesetzt die Bevölkerung in Aufregung.

Vergebens blickte das Volk nach Rettung aus. Die Stadt erhoffte sie vom Lande, das sich meist begnügte, die Nahrungsmittel zurückzuhalten, um so das Ende des wider Erwarten langwierig gewordenen Krieges zu beschleunigen; das Land rechnete mit Aufständen in der Stadt. Journalisten und was Österreich-Ungarn an Schriftstellern bot, suchten, meist vergeblich, hirnrissige Pläne und Begeisterung für den Krieg und für die Heerführer in die Menge zu tragen. Die Feinde des Krieges unter ihnen und [4] in den Volksparteien traten schwächlich auf, waren auch durch die gewaltsame Schließung des Parlaments[2] in ihrer Wirksamkeit unterbunden. Bald gaben sie das Rennen auf und hielten sich in den Schranken der Zensur, bezogen vielfach ihr Lager im Kriegspressequartier und Kriegsarchiv oder flüchteten ins Ausland. Auch von den nichtdeutschen Nationen, die sich national bedrängt fühlten, war so wenig Widerstand zu erwarten, dass selbst kriegsgegnerische Abgeordnete dem *Grafen Stürgkh*[3] vorwarfen, er habe durch die Schließung des Parlaments die sicher zu erwartende Kriegsbegeisterung der slawischen Nationen unterbunden. Am stärksten rechnete das Volk auf den Widerstand der Tschechen, die den Zeitpunkt ihres Losschlagens leider auf viereinhalb Jahre nach Ausbruch des Krieges verlegt hatten und selbst in den Tagen von Brest-Litowsk[4] nicht unruhig wurden, als die Arbeiter des jetzigen Deutsch-Österreich unabhängig von ihren Führern der Sache ein Ende machen wollten.

Ununterbrochen rollten Züge mit Menschenmaterial auf das Schlachtfeld. Die ihnen zuwinkten, sie aufmunternd grüßten, taten dies, wie man

---

2 [Der Reichsrat war bereits seit März 1914 ausgeschaltet.]
3 [Ministerpräsident]
4 [Friede mit Sowjetrussland, 3. März 1918]

Todgeweihte durch Zuspruch zu trösten sucht. Und die aus den Pferdewagen grüßten und dankten, hatten nicht zum Wenigsten aus Stolz ihre Fassung und ihren Übermut bewahrt. Aus den Inschriften und Zeichnungen an den Eisenbahnwaggons, die zu Beginn des Krieges den gesunkenen Mut der Masse aufstacheln sollten, grinste die Muse des Generalstabs. Nicht anders aus den täglichen Heeresberichten und Kriegsschilderungen der Tageszeitungen.

Wer durch Beziehungen, Bestechung oder durch mehr oder weniger fadenscheinige Gründe dem Kriegselend ausweichen konnte, scheute keine Opfer. Viele Instanzen, vom Feldwebel aufwärts, erlagen solchen konzentrischen Angriffen. *[5]*

Auch Ärzte und vornehme Damen, die als Pflegeschwestern eingekleidet waren, standen vielfach offen im Ruf, abwechselnd mit Milde und Strenge ihres Amtes zu pflegen. Andererseits stand dem Militarismus ein Heer von Ärzten, erprobten Karrieristen willig zur Verfügung, die sich wie die Maschinengewehre hinter den »kriegslustigen« Menschen aufstellten. Sie blieben im Lande, nährten sich redlich und waren nur für Beförderungen, Orden und für ein freundliches Lächeln der Oberen zu haben. Von den Furien des Größenwahns besessen, den sie für Patriotismus und Kriegsbegeisterung hielten, entdeckten viele von ihnen Foltern und Martern vergangener Jahrhunderte, um durch ein »Minimum von Annehmlichkeit« zusammenbrechende Mitmenschen aufzupeitschen und in den Tod zu jagen. Nicht nur die Front, auch das Hinterland drohte mit Tod und Verderben.

Immer wiederholte Musterungen spien immer neue Menschenleiber an die Mündung der Kanonen. Mit Hohn und Spott wurden Einwendungen gegen die Diensttauglichkeit angehört. Bald gab es kein Leiden, das in den Augen eigens ausgewählter Generäle und schnauzbärtiger Oberste galt, keinen Einwand ehrlicher Musterungsärzte, der jenen stichhaltig schien. Das Volk sah die vielen gemusterten Krüppel und schauderte. Ein stiller, unermüdlicher, erbitterter Kampf spielte sich zwischen dem Volke und den Musterungskommissionen, der Masse und den Ärzten ab. Man musterte die Prüfungskommissionen, suchte strenge zu vermeiden und drängte sich zu den milden. Man überlief die Ärzte, um sich ein wirkungsvolles Attest und so eine mildere Beurteilung zu verschaffen, und man konnte akademisch gebildeten Personen als Offiziersburschen, Großkaufleuten und Fabrikanten gelegentlich als Handlangern in einem mili*[6]*tärischen Warenmagazin begegnen. Groß angelegte Enthebungsaktionen förderten die Befreiung kapitalkräftiger oder protegierter Männer. Die maßgebenden Ämter konnten sich nicht vor den zahllosen Beeinflussungen retten. Sie hatten oft als schwerste Aufgabe das Hervorholen solcher Protektionskinder aus dem Stacheldraht ihrer »Beziehungen« vor sich. Es galt als Schande, ohne Beziehungen zu sein und sich den militärbehördlichen Verfügungen ohne Kampf zu unterwerfen, eine Schande, die so recht nur für den armen Teufel von Volk paßte. Der hinwiederum merkte gar bald den Spaß und suchte auf jede Weise dem Frontdienst zu entschlüpfen, zu welchem Zwecke ihm wirkliche, eingebildete oder simulierte Leiden verhelfen mussten. Dabei stieß man wieder auf die fest gefügte Front der Ärzte, die zum Teil in einem unerschütterlichen Militärkoller, andernteils aus Furcht vor Abkommandierungen die Front mit Gesunden und Kranken speisten und dabei die sträflichsten Mittel nicht scheuten. Aber bis zum Schluss des Krieges gab es Menschen, die sich den schrecklichsten Hungerkuren unterwarfen, um sich ungeeignet zu machen, andere, von Haus aus weniger geeignet, verfielen in monatelang dauernden Schlaf, stellten sich stumm oder taub, und Tausende büßten ihre Gehfähigkeit ein oder verfielen in ein krampfhaftes Zittern und erklärten so dem Verstehenden ihre Abneigung gegen den Krieg. Scharfsichtigen Beobachtern entging es auch nicht, dass bei der Auswahl die eigene Nation tunlichst geschont, die fremde härter angefasst wurde, wie man auch stets vonseiten der Obrigkeit bestrebt war, die Nationen derart durcheinanderzuwerfen, dass die Entscheidung über ihre Dienstfähigkeit fremden Offizieren und Ärzten anheimgegeben war. Rings um das arme, verzweifelnde Volk starrten die Schrecken des Todes, [7] des Gefängnisses, der Nervenabteilungen, nirgends erstand ein Retter für die Menge, und ihre stumme Qual blieb ungehört in dem Lärm der bezahlten und bestochenen Korybanten[5]. Dann kam der Hunger und die endlos langen Reihen verzweifelnder Weiber und Kinder, die tage- und nächtelang in Regen und Schnee vor den beutelüsternen Kaufmannsläden standen. Was konnte der Wille dieser Sklavenherde gelten, wenn es um Krieg oder Frieden ging!

Diesem stets religiösen Volke ging aller Glauben verloren. Wer in dieser Menschen Seele zu lesen verstand, sah ihre erschütternde Verzweiflung und ihre bange Hoffnungslosigkeit. Die Tat *Friedrich Adlers*[6] weckte allenthalben stille Begeisterung. Die wich wieder stummer Resignation, als alles ruhig blieb. Nur im Dunkel der Nacht konnte man gelegentlich rebellisches Flüstern hören und am Ende des vierten Kriegsjahres tönte der Name *Wilsons*[7] wie ein verhaltener Hilferuf von allen Lippen.

Immer fester würgten Generalstab und Kriegsgewinner. Der Hass des Volkes stieg ins Ungemessene und hat bis in unsere Tage nichts von seiner Schärfe verloren. Am deutlichsten drückte sich gleich zu Beginn des Krieges die Unlust zum Waffenhandwerk in Massendesertion und Überläufertum aus, die eine ständige Sorge der Heerführer ausmachten. Umsonst war da der so beliebte patriotische Bauchaufschwung, umsonst die weltlichen und geist-

---

5 [Einpeitscher]
6 [Der Sohn des sozialdemokratischen Führers Victor Adler erschoss am 21. Oktober 1916 den Ministerpräsidenten Graf Stürgkh.]
7 [Amerikanischer Präsident, verkündet am 8. Januar 1918 ein 14-Punkte-Programm zum Frieden.]

lichen Beschwörungsformeln in allen Zungen der Monarchie. Schon beim ersten Rückzug aus Russland ließen sich so viele in die Hände des Feindes fallen, dass zur Abschreckung ein von Mund zu Mund geflüsterter Befehl herausgekommen sein soll, von den Zurückbleibenden aus jedem Regiment zwei Mann zu erschießen. Die Feldpolizei hielt die Nachlese. Sonst half man sich mit Maschinen[8]gewehren im Rücken der Truppen, wenn es irgendwo an Kampfeifer gebrach. Täglich wurde von Gräueltaten berichtet, die der Feind an Gefangenen verübte, aber die Zahl der vom Feinde Gefangenen wuchs. Wer darf sich wundern, dass die Mehrzahl von ihnen Slawen und Italiener waren? Sie konnten mit dem Feinde sprechen, auf Spuren brüderlichen Entgegenkommens hoffen oder auf die freundliche Gesinnung der Entente. Was aber erwartete die Deutschen, die Ungarn? Ist es wirklich bemerkenswert, dass sie standhafter geblieben waren?

In den höchsten und niedrigsten Stellen saßen Slawen genug, die ihrem Dienst mit Lust und Liebe oblagen. Ein tschechischer Regimentsarzt beantwortete die Frage nach den Kranken bei der Truppe: »Unsere Medikamente sind Kolbenstöße!« Ein tschechischer Stabsarzt verhinderte eine Kommandierung eines andern Tschechen durch den Hinweis, dass dieser »Sokol«[8] wäre, demnach politisch unzuverlässig. Der Druck der zahlreichen slawischen Vorgesetzten machte sich in gleichem Maße fühlbar wie der der andern. Für den Vorurteilslosen gab es keine Unterschiede in der Ablehnung des Krieges, höchstens die Methoden waren andere. Auch Gehässigkeiten unter den Soldaten aus nationalen Gründen kamen selten zum Vorschein. Alle fühlten das gleiche Leid, alle grüßten sich stumm als Gefangene des Krieges, den sie nicht verschuldet hatten. Trüben Blickes suchte jeder das rettende Gestade, während im trüben Gewässer die Galeere träge dahinschwamm. Irrsinnige Schreie durchschnitten die Luft. Einem hatte ein Gott – der öfters, als man glaubt, mit den Wahnsinnigen ist – das Wort eingegeben, das er unermüdlich Ärzten und Wärtern entgegenrief: »Lasst mich! Ich muss die Menschheit erlösen! Denn ich habe [9] auf dem Monte Santo den Kelch des Leidens getrunken!« Feige Scham hielt die Gesunden noch ab, in seinen Ruf einzustimmen. An der Front und in der Etappe fand man alle Nationen der Monarchie friedlich und einträchtig im Warenhandel vertieft.

Dies ist das wahre Seelenbild eines Volkes, dem man vor der Mitwelt und vor der Geschichte die Schuld an dem grässlichen Verbrechen aufbürden will. Wie kam es aber, dass keiner der musternden Offiziere und Ärzte an den Willen zum Krieg geglaubt hat? Dass im Gegenteil jeder von ihnen unerschütterlich die heftigste Ablehnung des Kriegsdienstes annahm und feststellte, dass sogar Ärzte zu den rohesten Zwangsmitteln griffen, weil sie in jedem Kranken einen Drückeberger vermuteten? Dass eine Unzahl von Befehlen die Aufmerksam-

---

8 [Tschechisch-nationalistische Turnverbände]

keit auf das Ausreißertum lenkte, dass die Militärgerichte immer nur auf Abschreckung hinzielten?

Eingepfercht zwischen unfassbaren Gewalten blieb diesem verhetzten, versklavten, schmählich missbrauchten Volke nur jenes Mittel des Widerstandes übrig, das sich immer in ähnlichen Fällen einer zersplitterten, von Misstrauen erfüllten Masse aufdrängt: die geheime passive Resistenz. An ihr krankte die ganze Armee. Die Ablieferungen aus Stadt, Ländern und Landgemeinden geschahen saumselig. Ausrüstung, Marschformation und Reorganisation, Transporte und Abtransport der genesenen Soldaten geschahen mit größter Unpünktlichkeit. Über Verschleuderung und Vergeudung der Nahrungsmittel, über den Mangel der rechtzeitigen Nachschübe hörte man stets die verwunderlichsten Dinge. Zu allen offenen Leistungen des Widerstandes fehlte diesem Volk, dem eine Decke übers Haupt gezogen war, das einigende Band des gegenseitigen Vertrauens, ein starkes, geschultes Gemeinschafts[10]gefühl. Da keine der vielen Nationen der ehemaligen Monarchie ein solches besaß, kam es bei keiner Nation zu einheitlichen, offenen Revolten, mit Ausnahme des Januaraufstandes der deutsch-österreichischen Arbeiterschaft[9], der nicht durch die Schuld dieser entschlossenen Masse in nichts zerrann.

Als der Zusammenbruch kam, da jubelte das Volk im Vollgefühl seiner wieder errungenen Freiheit. Wie ein Sieger schritt es durch die Straßen Wiens. Sein wahrer Feind, der Generalstab, das Ausbeutertum und die herrschenden Klassen, war unterlegen. Und nun rollt die Woge immer weiter nach links. Das Volk hat seine Niederlage im Juli 1914 erlitten. Seine Kriegskontribution war hart und grausam gewesen, seine Sklaverei hatte viereinhalb Jahre gedauert. Nun war es frei!

Frei? Schon melden sich andere Bedrücker. Ein zweiter, ein dritter Sieger steht bereit, um Volk durch Volk zu unterjochen. Dem Kenner der Höhen und Tiefen menschlicher Tragikomödie ist es eine dankbare Aufgabe, der vielen Schergen zu gedenken, die heute in den nicht-deutschen Ländern der ehemaligen Monarchie im Festkleid des Siegers einherschreiten und vor kurzer Zeit noch den ehemaligen Machthabern dieses zerfallenen Staates allseitige Dienste zur Hebung der Kriegslust geleistet haben. Um nur ein Beispiel zu erwähnen: Die meisten der berüchtigten elektrischen Folterungen mit dem Starkstrom dürfte, – allerdings unter »wissenschaftlicher« Patronanz – ein polnischer Militärarzt am Kerbholz haben. Als einst eine verwunderte Anfrage aus dem Felde kam, warum ein Mann mit Glotzaugenkrankheit und Lungentuberkulose auf Geheiß eines slawischen Kommandanten ins Feld geschickt worden sei, und dies trotz ausdrücklicher Feststellung seines Leidens, musste auf Befehl die Auskunft gegeben werden, [11] »weil sich solche Fälle erfahrungsgemäß an der Front leichter erholten«.

---

9 [Januar 1918]

Nun haben die Machthaber der Zentralmächte vor den Ententeregierungen kapitulieren müssen. Jetzt hätte das tief geknechtete, schändlich missbrauchte Volk aufatmen können. Nun hätten alle zur Rechenschaft gezogen werden müssen, die ein unwissendes, in zwölf Stämme zerrissenes, führerloses Volk in den Krieg getrieben haben. Regierungen und ihre Handlanger, Verführer des Volkes, Quälgeister der eigenen, fremder Nationen und der Gefangenen, Kriegsgewinner und Volksausbeuter, durch Ehren und Titel und Geld bestochene und sadistische Richter, Ärzte, militärische Vorgesetzte hätten vor der entweihten Menschheit Rechenschaft abzulegen, Schadenersatz zu leisten und am Aufbau zerstörter Stätten teilzunehmen. Nicht anders die Kriegsdichter, Zeitungsschreiber und Schriftsteller, die nie die Meinung des Volkes, das sie nicht gekannt haben, vertraten, sondern den Generalstab, sofern sie nicht aus Wahnwitz, sondern aus selbstsüchtigen Gründen handelten, um ihr Geschäft zu machen, um enthoben zu werden oder um im Kriegspressequartier und Kriegsarchiv Unterschlupf zu finden. Auch der Seelsorger und jener Männer der »Wissenschaft« wäre nicht zu vergessen, die bis in die letzten Wochen durch ihre Stimmen den Leidensschrei der Völker übertönten und den Siegfrieden begehrten. Weg mit aller falschen Scham! Wer dieses in seiner Menschenwürde tief verletzte, geknebelte Volk gesehen und verstanden hat, das zur Schlachtbank getrieben wurde, der wird nicht müde werden, in die Welt hinauszuschreien: Dieses Volk war unmündig und wurde mit allen Mitteln der List und Gewalt in Unmündigkeit gehalten! Es kannte keine Mittel der Gegenwehr, es besaß keine Führer, deren Stimme es [12] hätte lauschen können! Seine Niederlage vollzog sich schon bei Beginn des Krieges und es hat seinen eigenen Machthabern eine Kriegskontribution gezahlt, wie sie nie erhört war: Das teuerste Blut ist verströmt, Hunger und Krankheit grinst aus den Gesichtern, die Seelen der Kinder sind heillos vergiftet, brach liegen Landwirtschaft und Industrie.

Jetzt, wo das Volk mündig werden soll, wo nur ein gewaltiger Strom erwachender Gemeinschaftsgefühle Rettung bringen kann, wo die wieder erweckte Menschenwürde nach Bestrafung der wirklich Schuldigen schreit, um das Vertrauen zur Menschheit wieder zu gewinnen, bedroht uns die Regierung der Entente mit neuer Knechtschaft, foltert weiter das eben gefolterte Volk.

»Ist es aber auch wirklich so, dass euch Österreicher die Regierung vollständig unterdrückt hat? Und ihr konntet euch wirklich nicht rühren? O, so erlaubt, dass wir euch auch ein wenig unterdrücken!« In diesem Lichte muss uns heute das Verhalten der westlichen Machthaber erscheinen.

»Aber die Kriegsfreiwilligen!«, wird man mir einwenden. Nun will ich zeigen, dass gerade an diesem Punkte sich die Beweisführung zu unseren Gunsten neigt. Ich glaube, ich habe alle Abarten von ihnen gesehen und geprüft. Als ich bald nach Kriegsbeginn zugunsten älterer, freiwillig eingerückter Ärzte vorsprach, um ihre massenhafte Versetzung zu verhindern, da antwortete man mir hohnlachend: »Glauben Sie, wir wissen nicht, dass die nur freiwillig eingerückt sind, weil sie gehofft haben, auf diese Weise einer Versetzung zu entgehen?« Ich konnte nur erwidern, dass die nicht eingerückten Ärzte die gleiche Hoffnung hatten. Die meisten der freiwillig Eingerückten, Mannschaft wie Offiziere, hatten schon bei ihrer Meldung *[13]* einen Posten oder eine Truppengattung im Auge und hatten auch anfänglich nicht zu unterschätzende Vorteile. In ihrer Not suchten sie das kleinere von zwei Übeln.

Daneben gab es freilich eine kleinere Gruppe von Abenteuerlustigen, die in ihrem Unverstand mit einem ganz kurzen, fröhlichen Krieg gerechnet hatten und sich an die Front meldeten. Größer war die Zahl der Entgleisten, die diesen Weg wählten, um den Unannehmlichkeiten ihres Heims, ihres Berufes und anderer drängender Fragen zu entgehen. Da rückten Söhne an, die in Hader mit ihren Eltern lebten, die an die Front gingen, wie man einen Selbstmord verübt. Dann wieder Ehegatten, die in der Wut gegen ein verfehltes Leben handelten.

»Fünfmal bin ich freiwillig an die Front gegangen und fünfmal hat man mich zur Beobachtung meines Geisteszustandes zurückgeschickt«, klagte mir ein Rittmeister mit zwei Schädelschüssen, der ehemals aktiv zu Beginn des Krieges aus Amerika eingerückt war, wo er ein wüstes Leben geführt hatte.

Die meisten von ihnen aber, und auch der größte Teil aller, die Schwung und Haltung bewahrten, waren nichts anderes als *Opfer einer falschen Scham*. Wer nur nach Hurra- und Hochrufen, nach prahlerischen Reden und übermütigen Liedchen urteilen wollte oder nach dem Drang sogar, sich auszuzeichnen, wie er zu Beginn des Krieges nicht selten zu sehen war, der verstände sich schlecht auf die Menschen. Eingepfercht, die Decke über dem Kopf – so hörten wir alle den unerbittlichen Ruf zum Sterben. Nirgends war ein Ausweg, nichts konnte Rettung vor der Kugel des Profossen[10] gewähren. Da taten sie, was in solcher Lage wenigstens die bedrückte Seele erleichtert: Sie machten aus der Not eine Tugend! In *[14]* dem Chaos, das sich vor ihnen auftat, griffen sie nach dem Ruf, der vom Generalstab ausging, und noch widerstrebend taumelten sie bereits in die Richtung, wohin der Befehl sie wies. Und mit einem Male war ihnen, als ob sie selbst den Ruf ausgestoßen hätten. Da wurde es lichter in ihrer Seele. Sie hatten den ersehnten Ausweg gefunden. Nun waren es nicht mehr gepeitschte Hunde, die man gegen ihren Willen dem Kugelregen preisgab, nein, Helden waren sie, Verteidiger des Vaterlandes und ihrer Ehre! Sie selbst hatten ja den Ruf ausgestoßen und so zogen sie als Verfechter des Rechtes in den heiligen Kampf. Was den Einzelnen noch immer verhindert hätte, das Blut von Brüdern zu vergießen, die heilige Scheu vor Menschenmord, schwand dahin im Rausche des wiedergefundenen Selbstgefühls und im Gefühl der Unverantwortlichkeit, das sich bei Massenbewegungen einstellt. In dieser seelischen Befreiung vom Gefühl tiefster menschlicher Erniedrigung und Entwürdigung, in

---

10 [Verwalter der Militärgerichtsbarkeit]

diesem krampfhaften Versuch, sich selbst wieder zu finden, wichen sie scheu
der Erkenntnis aus, nur armselige Opfer fremder Machtgelüste zu sein und
träumten lieber von selbst gewollten und selbst gesuchten Heldentaten. Zu Anfang des Jahres 1917 gelang es mir, diesen seelischen Vorgang einem kleinen
Kreis der Öffentlichkeit zu enthüllen. Ich schrieb damals in der »Internationalen Rundschau« ungefähr Folgendes: Wer uns, nur mit anderen Worten, sagt,
was wir auch aus dem Militärreglement entnehmen können, hat abzutreten.
Denn er kann uns nie etwas Neues über den Krieg sagen. Er hat den Gott des
Generalstabs geschluckt und der spricht nun aus ihm.[11] Nicht aus Sympathie
aber oder aus kriegerischen Gelüsten hat er sich so verwandelt. Sondern als
er sich versklavt, *[15]* besudelt am Boden krümmte und in seiner Herzensnot
jede Richtung verloren hatte, als er sich in tiefster Schande aller Freiheit und
Menschenrechte beraubt sah, da griff er, um nur irgendeinen Halt zu gewinnen, nach der Losung des übermächtigen Unterdrückers und tat so, als ob er
die Parole zum Krieg ausgegeben hätte. Nun hatte er wenigstens einen Halt
und war der Schande und des Gefühls seiner Erbärmlichkeit ledig.

In der Armee und bei den Ärzten erfreuten sich die Kriegsfreiwilligen nicht
lange an ihrem Nimbus. Man fand bald die widerwilligsten Soldaten unter
ihnen. Man erwartete bald nicht mehr Vorzüge bei ihnen zu entdecken, da
man allzu oft vernahm, wie sie bei Urlauben, Einteilungen, Dienstverwendungen und Krankheitserklärungen auf ihr freiwilliges Einrücken pochten.
So geschickt wie der kleine, schwarzhaarige Kriegsfreiwillige traf es freilich
nicht jeder, der nach einigen Tagen seines Frontdienstes eine Zitterneurose
simulierte, und, um einen Urlaub zu erhalten, sich sofort wieder ins Feld meldete. Während sein Befund beraten wurde, sprang er auf den Tisch, tanzte
der Kommission vor der Nase herum und beteuerte ununterbrochen, dass
er zu Kriegsbeginn freiwillig eingerückt sei. Der Befund lautete auf längeren
Urlaub und Verwendung im Hinterland wegen auffälligen Benehmens. Dass
es auch Edelmenschen unter ihnen gab, zeigte ein anderer Mann, der nach
einer geheilten Schusswunde vor seiner neuerlichen Einrückung einen Urlaub
erhalten sollte. Er wies den Urlaubsschein zurück mit den Worten: »Jetzt ist
nicht die Zeit für einen solchen Schwindel. Es geht mir wirklich nicht um den
Krieg, den hätten wir alle schon satt. Aber ich bringe es nicht über mich, meine
Freunde und Kameraden allein im Felde zu lassen.« *[16]*

---

11 [Das Zitat stammt vom Juli 1918 (Adler 1918g), S. 362 und lautet: »Ein Psychiater über
die Kriegspsychose. Das tiefste Geheimnis des Weltkrieges: dass fast die meisten mit
Überzeugung und Begeisterung vertreten, was sie andernfalls unter dem Zwang des
Militär-Reglements vertreten müssten. Sie haben ›die Gottheit in ihren Willen aufgenommen‹, um dem Gefühl der Ohnmacht nicht zu erliegen. Ihre Strafe ist: Sie können
uns nie etwas Neues sagen, immer nur das, was uns auch das Militär-Reglement sagt.
Folglich können sie abtreten. A. A.«]

Über die Schuld dieses Volkes könnte nur urteilen, wer in seiner Mitte geweilt hat. Wie ungleich milder sind zum Beispiel diese Kriegsfreiwilligen zu beurteilen als etwa ein Gelehrter, der noch sechs Wochen vor dem Zusammenbruch mit Eifer einen Siegfrieden verlangte, »weil wir sonst der Tuberkulose nicht Herr werden könnten«.

Nein! Wer in seiner Mitte geweilt hat, wird dieses Volk von jeder Schuld am Kriege freisprechen. Es war unmündig, hatte keine Richtungslinien und keine Führer. Es wurde zur Schlachtbank gezerrt, gestoßen, getrieben. Keiner sagte ihm die Wahrheit. Seine Schriftsteller und Zeitungsschreiber standen im Banne oder im Solde der Militärmacht. Aus der Schande seiner Entehrung versuchte es sich unter die Fahne seines Bedrückers zu retten. Aus Schamgefühl über die frühere und gegenwärtige Entehrung schweigt es noch heute. Wenn Menschen Sklavendienste leisten sollen, wenn sie hungern, fronden, zahlen und büßen sollen, dann halte man sich an alle, die das Höllenwerk ersannen, vollbrachten und an ihm mit Vorbedacht teilgenommen haben. Dem Volke aber soll Abbitte geleistet werden. Wenden wir uns zur Beratung, wie ihm sein Schaden vergütet werden kann.

13. Die individuelle Psychologie der Prostitution (1920)

Editorische Hinweise
Erstveröffentlichung:
1920c: Praxis und Theorie der Individualpsychologie, S. 228–236
Neuauflagen:
1924: Praxis und Theorie der Individualpsychologie, S. 241–249
1927: Praxis und Theorie der Individualpsychologie, S. 241–249
1930: Praxis und Theorie der Individualpsychologie, S. 230–237
Letztveröffentlichung:
1974a: Praxis und Theorie der Individualpsychologie, S. 314–325

Adler hinterfragt zunächst die widersprüchliche Situation, dass die Gesellschaft Prostitution hervorbringt und zugleich ächtet, und unterzieht die verschiedenen Haltungen des »Publikums« von Prostitution einer Kritik. Der gesellschaftliche Hintergrund von Prostitution liege in der ungleichwertigen Beziehung zwischen Mann und Frau (»Gift einer übermännlichen Weltanschauung«) und im gesellschaftlichen Ideal des Warenmarktes. Vor diesem Hintergrund untersucht er psychologisch die drei Gruppen von Betreibern der Prostitution: die Prostitutionsbedürftigen, die Zuhälter und die Prostituierten.

Von Seiten der Prostituierten sei Prostitution weder nur aus der Not zu erklären noch aus übermäßiger Sinnlichkeit. Die Frau suche in der Prostitution einen Ausweg, weil sie sich den Männern gegenüber unterlegen fühle und daher die weibliche Rolle ablehne. Sie betreibe ihre Arbeit nach den Gesichtspunkten des Marktes als Beruf.

Die individuelle Psychologie der Prostitution

1. Voraussetzungen und Standpunkte des kritischen Beurteilers

Man kann im Leben geradeso wie in der forschenden Wissenschaft unausgesetzt die Erfahrung machen, dass die Diskussion der einfachsten und ebenso der wichtigsten Fragen oft zwecklos zerfließt, aus keinem anderen Grunde als dem, dass die Betrachtung, Auswahl und Anordnung der betontesten Gründe und Gegengründe von einem vorgefassten, aber meist ungeprüften Standpunkte aus erfolgen. Es ist dann oft weniger der Scharfsinn des Gegners als seine anders gerichtete Aufmerksamkeit, mittels derer es ihm gelingt, Einwände zu erheben oder zu entkräften, Material und Statistiken herbeizuschaffen oder zu werten oder neue Gesichtspunkte ins Treffen zu führen. Man mag sich noch so viel Unbefangenheit zusprechen oder bewahren wollen, erst die bewusste und kritische *Betonung des persönlichen Standpunktes*, die Herleitung jeder Bewertung eines Für und Wider aus dieser Perspektive gibt uns die wissenschaftliche Eignung zur Untersuchung und Diskussion, wie sie uns auch die Möglichkeit einer systematischen Entwicklung unserer Voraussetzungen bietet. Unterbleibt diese Klarlegung, dann dreht sich der forschende Geist derart im Kreise, dass er zum Schlusse sicher zu erkennen glaubt, was er anfangs bloß vermutend bei seiner Untersuchung *vorausgesetzt* hatte. Wie sich zu diesem Beginnen alle Hilfsmittel tendenziös verwenden lassen, ist bezüglich der *Statistik* oft treffend hervorgehoben worden[1].

Um unser Gebiet zuvor gehörig abzugrenzen, wollen wir hervorheben, dass wir unter *Prostituierten solche Personen meist weiblichen Geschlechts verstehen, die den Geschlechtsverkehr zum Zwecke ihres Erwerbs zulassen*. Vom Standpunkt einer gesellschaftlichen Zusammengehörigkeit der Menschen betrachtet, zeigt sich der Beruf der Prostitution als eine Erwerbseinrichtung, die darauf gestützt ist, *dass sie anstelle von mannigfachen und großen Verantwortlichkeiten einer sexuellen Vereinigung nach Analogie eines Handelsgeschäftes ein Geldäquivalent fordert.*

Aus dieser Auffassung ergibt sich unverkennbar die weiter festzuhaltende Voraussetzung: dass die menschliche Gesellschaft, für vorläufig unabsehbare Zeiten, den Verkehr der Geschlechter in bestimmte Formen gebracht und mit solchen Verantwortlichkeiten ausgestattet hat, die zum Bestand eben dieser Gesellschaft als tauglich und nötig befunden und erprobt wurden. Manches davon, die Dauer der Zusammengehörigkeit *[229]* und die Werbung im Liebesleben, scheinen feststehende Formen. Betonen wir noch den freiwillig übernommenen Zwang zur Kameradschaftlichkeit, zur Begründung eines Familienlebens und die Forderung der beiderseitigen Würdigkeit, so verstehen wir leicht, wie sich alle diese gleichzeitig mit dem Geschlechtsverkehr eintretenden Folgerungen als die selbstverständlichen Forderungen eben dieser Gesellschaft ergeben, die mit diesen Methoden ihren Bestand zu sichern sucht.

Diese Betrachtung steht auch in vollem Einklang mit historischen, juristischen und soziologischen Überlegungen. Noch mehr: Sie ist auch die einzige Auffassung, die uns *das ethische Problem* der Prostitution restlos erfassen lässt, die alte, bisher ungelöste Frage, woher es komme, *dass die Gesellschaft eine Erscheinung, die sie selbst zutage fördert und toleriert, dennoch dauernd als schandhaft brandmarkt oder gar unter Strafe stellt.* Und wir verstehen auf Grundlage unserer Betrachtung, *dass die menschliche Gesellschaft in der Prostitution ein Aftergebilde geschaffen hat, einen Notausgang, einen Ausweg in der Not eintretender Schwierigkeiten, zu dem sich zahlreiche Volksgenossen ver-*

---

1 *Erg. 1930:* gilt aber auch für manche, in ihren Mitteln nicht wählerische psychologische Richtung

urteilt sehen, den aber eben diese Gesellschaft aus ihren anders gerichteten Zielen heraus mit dem Banne der Moral belegen muss.

2. Publikum und Prostitution

Entsprechend dieser sozialen Struktur – Kompromissbildung im schlechtesten Sinne des Wortes, da zwei gegensätzliche Tendenzen gesellschaftlichen Charakters der Prostitution Form und Gestalt verleihen: Verdammung und Förderung – wird sich die Psychologie des öffentlichen *Dirnentums als einer Massenerscheinung* in den Köpfen ganz eigenartig widerspiegeln, und die Haltung einzelner Personen zu dieser Frage wird wesentlich bedingt sein durch ihre Stellungnahme zu der Vorfrage: wie weit sie immanente Forderungen unseres gegenwärtigen gesellschaftlichen Lebens bejahen oder verneinen. Die Stellung eines Menschen zur Prostitutionsfrage wird uns besser über seine Haltung zu den Forderungen der Gemeinsamkeit belehren, wird ein klareres Abbild seiner sozialen Einfügung geben, als er es in der Regel selber könnte. So wird der satte, zufriedene Bürger im Allgemeinen das Gesellschaftsideal der *legitimen Ehe, gemildert durch die Prostitution,* als »selbstverständliche« Voraussetzung seiner Weltanschauung einverleibt haben. Wer konservativen Anschauungen huldigt, auf die Erhaltung der Zelle des Staates, der Familie, bedacht ist, zumal wer die Stärkung und Vergrößerung der Volkszahl anstrebt, wird folgerichtig die Nachteile der Prostitution ins Auge fassen. Anderseits kann die Tendenz, die einer Auflösung der Familie zustrebt, Wesen und Bedeutung der Prostitution milder betrachten, möglicherweise ihre Kultivierung fordern.

Sind schon diese Typen kaum je scharf abzusondern und dogmatisch zu erfassen, so entschwindet uns der soziale Zusammenhang umso leichter, je weniger scharf sie ihre eigene Stellung zum Gesellschaftsproblem bewusst hervorheben. Ja wir werden bei derartigen Untersuchungen zumeist genötigt sein, uns unabhängig von den persönlichen Aussagen der in Betracht kommenden Personen ihre Haltung zur Gemeinsamkeit zu berechnen. Diese Notwendigkeit besteht vielleicht in noch viel höherem Maße bezüglich *[230]* der *Haltung zum anderen Geschlecht,* aus der sich die Stellung zum Problem der Prostitution unmittelbar ergibt.

Unsere bisherige Untersuchung über die fälschenden Voraussetzungen aller Beurteiler der Prostitution zeigt uns demnach im Großen und Ganzen drei Gruppen von Vorurteilen, die im weiteren Verfolg der Standpunkte zu wertlosen, unfruchtbaren oder schädlichen Stellungnahmen führen, sobald man daran geht, praktische Folgerungen aus ihnen abzuleiten.

Die erste Gruppe umfasst im Allgemeinen jene Autoren, Beurteiler und Laien, die, weltabgewandt und menschenfeindlich, bereits aufgehört haben, ernstlich an einem Fortschritt der Kultur mitzuarbeiten. Entsprechend ihrem Standpunkt dem Leben gegenüber, den sie logisch nie erfasst haben, der vielmehr in ihrer gefühlsmäßigen Haltung zum Ausdruck kommt, können sie in der Prostitution wieder nur den Beweis von der Verwerflichkeit alles Bestehenden erblicken, und ihre persönliche Stellung wird in dem sogenannten »notwendigen Übel« immer mehr das Übel hervorheben, wobei meist mit angeborenen Mängeln der menschlichen Natur gerechnet und in feindseliger Weise die Zwecklosigkeit alles menschlichen Bemühens hervorgehoben wird. Oder die Unfruchtbarkeit dieses abergläubischen Standpunktes wird durch heftige, in sittliche, moralische oder religiöse Kritik gekleidete Verdammung abgelöst. Richten wir aber unseren Blick auf die von uns behauptete Anschauung, dass die Stellung eines jeden in der Frage der Prostitution – *als einer integrierenden* – abhängig sei von der Lösung der Vorfrage, seiner Stellung zur Gesellschaft, so werden wir finden, dass all sein Pathos nur seinem voreingenommenen Standpunkt dient und dass alles Moralisieren bisher nicht imstande war, die Prostitution zu beseitigen. Auch Zwangsmaßregeln konnten dies nicht. Wir verstehen aber die bisherige Nutzlosigkeit aller Gegenbestrebungen, wenn wir einsehen, dass die menschliche Gesellschaft *gerade eine solche Form der Prostitution* nötig hat und aus sich erzeugt, bei der die einen fördernden Einfluss ausüben und die andern hemmen oder verurteilen. Diesem Kompromissstandpunkt entsprechen auch die hierher gehörigen gesetzlichen Maßnahmen und die durchschnittliche gesellschaftliche Moral.

Man mag aber das Wesen der Prostitution noch so unbefangen betrachten, so wird man immer finden, dass es nur menschlichen Zuständen entspringen kann, die keinen Widerspruch dabei empfinden, das Weib als Mittel zur Geschlechtslust, als Objekt, als Sache des Mannes zu betrachten. Mit anderen Worten: die Tatsache der Prostitution ist nur in einer Gesellschaft möglich, die sich als Ziel schlechthin die Bedürfnisbefriedigung des Mannes gesetzt hat. Daher ist es auch begreiflich, dass von Seiten der Feministen und Frauenrechtler die Prostitution als eine Beleidigung der Frau empfunden und bekämpft wird. Auch diesem Standpunkt, der uns nicht unsympathisch anmutet, ist jene unbewusste Voraussetzung eigen, von der oben die Rede war: die Absicht der Revolte, des Umsturzes der bestehenden Gesellschaftsordnung mit ihren männlichen Privilegien.

Die untrennbare Verknüpfung zweier Menschheitsfragen endlich – Prostitution und Geschlechtskrankheit – macht es aus, dass auch von Seiten der Hygieniker, Volksfreunden und Nationalisten starke Angriffe gegen das Bestehen der Prostitution zu erwarten sind. Insbesondere sehen wir derartige Bestrebungen hervortreten, wenn es sich um kleine, gefährdete Nationen handelt, die noch so viel Kraft aufbringen, den *[231]* Geburtenüberschuss als Gewähr ihres Bestandes zu sichern. Prüft man auch diese Kreise auf ihr Verhältnis zu den bestehenden Verhältnissen, so wird man auch bei ihnen, wenn auch in gemäßigtem Grade, Tendenzen als richtunggebend vorfinden, die einer oft radikalen Umänderung des gesellschaftlichen Lebens zustreben.

Fragt man nach der Gesellschaftsschicht, die sich mit dem Bestand der Prostitution ganz einverstanden erklärt, so werden wir sie selbstverständlich in jenen Kreisen finden, die den gegenwärtigen Stand der menschlichen Kultur als tauglich und unabänderlich auffassen. Es ist das jene große, kompakte Schicht, die man in romantischem Aufschwung als die Durchschnittsphilister zu bezeichnen pflegt. Da sie den größeren Teil der Stadt- und Landbewohner ausmachen, so geht auch ihre Anschauungsweise auf ihre Behörden und Verwaltungskörper über, die mit der Prostitution dann wieder als mit einer unabänderlichen Einrichtung rechnen und höchstens mit halbem Eifer den Kampf gegen die Geschlechtskrankheiten führen. Zu ihnen stößt noch eine größere Anzahl von Ärzten und Vätern, die aber auch in der Hoffnung, stärkere Emotionen ihrer Schutzbefohlenen verhüten zu können, in einer Art sexualfetischistischer Überzeugung dem regelmäßigen Geschlechtsverkehr der Jugend, das heißt dem Besuch bei Prostituierten, das Wort reden.

Auch diesen Gruppen von Bekennern mangelt die Verachtung der Prostitution nicht. Ja sie bringen es sogar fertig, die unmenschliche Missachtung der Person einer Prostituierten mit deren Empfehlung zum Geschlechtsverkehr zu verbinden. Sie widerspiegeln derart am getreuesten die Psychologie einer Kultur, die der entwürdigten Prostitution als einer Ergänzung ihres Systems – erschwerte Fortpflanzung der Gesellschaft – nicht entraten kann.

Immerhin gibt es eine Anzahl von Typen, deren seelisches Gefüge die Prostitution als ein Bedürfnis empfindet. Wir können dabei ganz absehen von den oben genannten Ärzten und von gewissen Vätern, die schwerere Konflikte ihrer Schutzempfohlenen auszuschalten glauben, indem sie die Jünglinge *auf die Linie des geringsten Widerstandes* verweisen. Ebenso fruchtlos wie deren Absichten erscheinen uns die Versuche der dem Knabenalter Entsprossenen, die Vorrechte ihrer gärenden Mannheit mühelos an Prostituierten erweisen zu wollen. Aber in ihrem seelischen Gefüge schwingen bereits jene Saiten, deren Töne wir deutlicher vernehmen *bei drei Gruppen von Menschen,* deren Beziehung zur Prostitution so innig ist, dass wir das psychologische Problem der Prostitution nur dann erst verstehen, wenn wir die Individualpsychologie dieser Personen begriffen haben.

3. Der Kreis der Prostitution

Diese drei Kategorien von Personen, die wir nun betrachten wollen, sind:

1. Prostitutionsbedürftige

Hierher gehört die ungeheuere Masse eines bestimmten nervösen Typus der Menschheit, deren genaue Schilderung in des Autors »Über den nervösen Charakter«[2] und vor allem auch in »The Homosexual Problem« [232][3] zu finden ist. Eine schematische Schilderung mag an dieser Stelle erfolgen.

Die äußere Haltung dieser Personen erscheint oft ganz unähnlich. Man findet unter ihnen Männer, die zu Jähzornausbrüchen und tyrannischer Herrschsucht geneigt sind und sich mit großer Unduldsamkeit und Überempfindlichkeit gegen den Anschluss an die Gesellschaft bis zu einem gewissen Grade bewaffnet haben. Dabei eignet ihnen eine auffallende Vorsicht. Sie wählen in der Regel gesicherte Berufe, fallen durch ihr grenzenloses Misstrauen auf und sind nie wirkliche Freunde gewesen. Hervorragend sind ihr krankhafter Ehrgeiz und Neid, zuweilen fühlen sie sich zur Übernahme von öffentlichen Ämtern gedrängt, erfüllen aber ihre Aufgaben meist mit einem großen Aufwand von Hinterlist, Prestigepolitik und Intrigen. Manchmal gelangen sie – wie durch einen Irrtum – zur Gründung einer Ehe; dann behandeln sie Frau und Kinder mit rücksichtsloser Strenge, nörgeln ewig, sind immer unzufrieden und finden oft wieder den Weg zur Dirne zurück. Oder sie behandeln ihre Frauen wie Dirnen. *Jeder Schwierigkeit gehen sie ängstlich aus dem Weg oder trachten, sie auf listige Weise zu umgehen.* Sie haben ihr ganzes Leben und Streben auf billige Triumphe gesetzt und lassen sich durch eine Anzahl von Prinzipien leiten, die immer den Anderen ins Unrecht setzen. Immer anklagend, immer richtend, grenzen sie bereits an jenen erstgeschilderten Typus, der aber konsequenter mit der menschlichen Gesellschaft auch die Prostitution verwirft. Auch ihre Unzufriedenheit erstreckt sich auf die Frau, die sie durchaus für eine niedrige Art von Menschen halten. Und so wird auch ihnen *das Weib zum Mittel* wie den strengen Antifeministen, und sie bedienen sich desselben dort, wo seine Widerstandslosigkeit den *Aberglauben von der männlichen Überlegenheit* restlos zu erweisen scheint. Dieser Typus von Menschen ist es, der das Bedürfnis nach der Prostitution schafft und unterhält. Man wird bei ihm auch die seiner Linie entsprechende Überzeugung von der Alleinherrschaft des Sexualtriebs im menschlichen Seelenleben finden, oft höchst bizarr und wissenschaftlich verkleidet, während die wahre, ihm unbekannte Triebfeder seiner Weltanschauung, die Voraussetzung seines Denkens und Handelns, sein

---

2 [Adler 1912a]   *Anm. Adlers 1919:* In englischer Sprache erschienen 1917.
3 [Adler 1914i]   *Anm. Adlers:* Deutsch: »Das Problem der Homosexualität«, Reinhardt, München 1918 [Adler 1917b; in diesem Band S. 88–100], 2. Auflage in Vorbereitung.

männlicher Paroxysmus[4] nur die großen Schwierigkeiten des Lebens umschleicht, um billige Triumphe über Willenlose oder willenlos gemachte Objekte zu ernten. Als Grenznachbarn dieses Typus erkennen wir ferner gewisse Keuschheitsfanatiker, die aus *Furcht vor der Frau* schwere, oft unerfüllbare Bedingungen des Geschlechtsverkehrs stellen, dadurch aber gleichfalls allen wirklichen Schwierigkeiten aus dem Wege gehen. Als einen scharf umrissenen Typus der Bekenner zur Prostitution kann ich noch nennen: Söhne aus guten Familien, die man in oberflächlicher Weise oft als zur »moral insanity«[5] gehörig bezeichnet und als unheilbar nimmt, die nach unserer Erfahrung aber, ähnlich wie oben geschildert, den Anforderungen des Lebens infolge ihrer Selbstunsicherheit aus dem Wege gehen und lieber eine moralische Verurteilung auf sich nehmen, als dass sie sich – bei ihrem latenten empfindlichen Ehrgeiz – einer vermutlichen Niederlage im Verlaufe ehrlichen Strebens aussetzen. Wie wesensverwandt diese Personen den öffentlichen Dirnen sind, zu denen *[233]* sie sich getrieben fühlen, wird später noch weiter ersichtlich werden. Desgleichen wird man den starken Zug zur Dirne beobachten können bei Personen, die leicht dem Alkohol verfallen, weil auch sie, wie die ganze hier abgehandelte Gruppe, dem billigen Kompromiss im Leben geneigt sind, gerne nach Vorwänden für ihre Verhinderungen suchen und Meister sind in der Kunst, ernste Verantwortungen von sich abzuweisen. Auch Männer mit Verbrechensneigung weisen oft den gleichen Hang zur Prostitution auf: Wir finden auch *ihre Verbrechensneigung begründet in ihrer Vorliebe, schwierigeren Lösungsversuchen von erheblichen Widerständen bei entsprechender individueller Eigenart durch Bruch eines gesellschaftlichen Übereinkommens aus dem Wege zu gehen.* Besonders innig ist auch der Zusammenhang gewisser Formen von Neurose und Psychose mit der Prostitution: Dazu ist gleichfalls zu bemerken, dass auch diesen Personen, wie aus ihrem Leiden ersichtlich, *Minderwertigkeitsgefühl, mangelndes Selbstbewusstsein, krankhafter Geltungstrieb, Neigung zur Unverantwortlichkeit und die Vorliebe für seelische Kunstgriffe und Praktiken anhaften,* die, wie die bezahlte Eroberung einer Frau, ihrem Selbstgefühl schmeicheln. Seelisch verwandt sind ihnen auch jene Gestalten, die Ehegefährtinnen niedriger Kultur oder selbst Dirnen suchen, um so zugleich ihre Furcht vor der Frau zum Schweigen zu bringen und ein zaghaftes Herrschergelüst dauernd zu befriedigen.

Gewiss greift der Strom der Besucher der Prostitution über die Grenzen dieses scharf umrissenen Typus hinaus. Man möge aber bedenken, dass gelegentliche oder vorübergehende Positionen auch Menschen anderer Art in ähnliche Beziehungen zu bringen vermögen, wo dann ein gesteigertes Min-

---

4 [Anfall, Krampf]
5 [»Moralischer Schwachsinn«, krankhafte Neigung zu verbrecherischen Handlungen, war als Diagnose im 19. Jahrhundert verbreitet.]

derwertigkeitsgefühl nach rascher, müheloser Befriedigung hascht. Ebenso kann auch ein ungeeignetes Mädchen gelegentlich dem Stande der Prostitution anheimfallen. Das Bestreben, andere gesellschaftliche Beziehungen anzuknüpfen, wird sich in diesen Fällen deutlich genug offenbaren. Nicht aber diese, sondern die große unerschöpfliche Zahl der »Prostitutionsbedürftigen« sind die Grundpfeiler des Dirnentums als einer Institution.

2. Zuhälter

Man dürfte mit uns übereinstimmen, wenn wir die seelische Grundstimmung des Zuhältertums dahin verstehen, dass auch bei diesen Personen ein *mangelhaftes Gemeinsamkeitsgefühl, eine Neigung zu billigen Erfolgen, die Erfassung der Frau als Mittel zum Zweck und der Hang zu mühelosen Befriedigungen von Herrschaftsgelüsten* den Zusammenhang mit der Prostitution als Massenerscheinung immer wieder herstellen. Die mächtige Förderung des Dirnentums, die von dieser Schicht ausgeht, ist nicht hoch genug einzuschätzen. Der Zuhälter hat die Funktion eines Schrittmachers, und er oder der Mädchenhändler lenken die angehende Dirne in die Bahn der öffentlichen Prostitution, helfen geheimen Neigungen nach, nehmen den letzten Rest von Verantwortlichkeitsgefühl von solchen Mädchen, die auf sich selbst gestellt noch schwanken und zaudern könnten. Die seelische Verwandtschaft mit den »Prostitutionsbedürftigen« ist unverkennbar. Die Linie ihrer Persönlichkeit ist auf mühelosen Erwerb gerichtet, die Distanz zum Verbrechertypus ist meist verschwindend klein, der Hang zum Alkoholismus und zur Brutalität sind Paroxysmen eines empfindlichen Schwächegefühls, kompensierende [234] Akte eines ungestillten Geltungstriebs. Die Stellung des Zuhälters zur menschlichen Gesellschaft enthält sichtbar eine kritische, kämpferische, revoltierende Note, und seine aufdringlich hervortretende Stellung als Retter und Beschützer der Dirne geben einen beredten Hinweis auf seine Großmannssucht. Strafen der Gerichte trägt er wie ein Duellant die Wunden, auch findet er Belohnung und tröstliche Genugtuung dafür in der gesteigerten Achtung und Bewunderung seiner gleich gestimmten Kreise. So hat auch er sich eine subjektive Welt errichtet oder gefunden, die seinem krankhaften Geltungstrieb fern von der rauen Wirklichkeit in fiktiver Weise Rechnung trägt. Man wird uns nicht missverstehen, wenn wir auch hier die Verwandtschaft mit dem »nervösen Charakter« hervorheben. Schließlich wirft diese Untersuchung auch ein helles Licht auf die seelische Verfassung jener Personen, die, vor Schwierigkeiten ihres Lebens gestellt, einen Notausgang suchen, indem sie die Hingabe ihrer Gattin an andere als Preis für die eigene Förderung bezahlen.

3. Prostituierte

Die gebräuchlichen Anschauungen über die Triebfedern zur Prostituierung haben wenig psychologisch brauchbares Material zutage gefördert. Es ist eine unhaltbare Anschauung, dass Not und Elend als ausschlaggebend anzusehen sind. Denn vor allem gibt uns diese Annahme keinerlei Rechenschaft bezüglich der *Auswahl* jener armen Mädchen, die der Prostitution anheimfallen *können*. Oder will man behaupten, dass dies nur von einem Mehr oder Weniger an Entbehrungen abhängig sei? Dann unterschätzt man – ich will nicht gerade von Moral und Charakter sprechen – aber doch wohl die Abneigung gegen jene soziale Erniedrigung, die gemeiniglich mit dem Begriff der Dirne verbunden wird. Was bei solchem Fehlurteil vorschweben mag, sind ganz andere betrübende Erscheinungen sozialer Art, die häufige Tatsache etwa, dass Mädchen unter dem Drucke großer Sorgen oder Elends das »Gut« ihrer Weiblichkeit dauernd oder vorübergehend an den Erstbesten verkaufen, ohne nach ihrer Neigung zu fragen oder gegen alle Neigung auch. Das unterscheidende Merkmal liegt in der *kontinuierlichen »Erwerbsbeflissenheit«*, die so weit geht, dass selbst reich gewordene Prostituierte ihrem Beruf mit der Emsigkeit des Gewerbetreibenden immer weiter nachgehen. Was hält diese Personen mit so eiserner Gewalt bei ihrem Berufe? *Ist es nicht die gleiche Befriedigung, mit der auch der Geschäftsmann seinen Aufgaben obliegt?* Ist es nicht das gleiche *Geltungsbedürfnis*, die gleiche *»Expansionstendenz«*, die wir bei allen Menschen, besonders stark aber bei allen jenen wiederfinden, die wir als »nervöse Charaktere« zu bezeichnen pflegen? Im vorhergehenden Teil dieser Arbeit haben wir jene krampfhaften Versuche geschildert, durch die gewisse Personen zu Prostitutionsbedürftigen oder zu Zuhältern werden – und haben diese *trügerischen Exaltationen* als Auswege, als erborgten Schein von Kraft erkannt. In diesen unsozialen Erscheinungen spiegeln sich Furcht gegenüber den normalen Forderungen der Gesellschaft, die folgerichtig abgewiesen werden, mangelhaftes Selbstvertrauen zugleich in die eigene Leistungsfähigkeit gegenüber den Erwartungen des gesellschaftlichen Lebens und ein Kunstgriff: aus der Sexualbeziehung auf leichte, widerstandslose Weise die Empfindung, den subjektiven Eindruck einer Erhöhung der eigenen Persönlichkeit zu gewinnen. Dass letztere Selbstbereicherung auf dem *erhöhten Schein einer vollendeten* [235] *Männlichkeit* beruht, wurde bereits angedeutet. Wie, wenn die gleichen seelischen Triebfedern in der psychischen Struktur der Prostituierten sich fänden? Wenn sie es wären, die erst ein Mädchen zur Prostitution tauglich machten und ihr den Weg wiesen?

Bevor wir an die Untersuchung dieser Fragen und anderer Beantwortungen gehen, wollen wir noch eine andere, weitverbreitete Anschauung über die seelische Konstitution der Prostituierten erwähnen und ihre Unhaltbarkeit aufdecken. Es ist gewiss verzeihlich, wenn kenntnislose Laien die Prostituierte, deren Gewerbe sie verurteilen müssen, sofern sie ihrer gesellschaftlichen Verpflichtung treu bleiben wollen, als einen Abgrund von Sinnlichkeit, als ein stets entflammtes Wesen ansehen. Gelehrte Untersucher können nur im Leichtsinn oder von Blindheit geschlagen zu einer derartigen Anschauung gelangen. Da sich diese Ansicht aber recht häufig in wissenschaftlichen Abhandlungen findet, zuweilen mit *Lombrosos*[6] *unrettbarer Behauptung vom angeborenen Dirnencharakter* verbrämt, so müssen wir hervorheben, dass der Dirne bei der Ausübung ihres Berufes jede sinnliche Regung fehlt. Anders freilich, wenn sie ein Liebesverhältnis eingeht oder ihrem Zuhälter gegenüber oder im homosexuellen Verkehr, dem sie auffallend häufig huldigt.[7] Man kann sagen, dass nur in letzteren Beziehungen ihre Sexualität zur Geltung kommt, oft genug in Form einer Perversion, die uns schon auf die Abneigung der Prostituierten gegen die weibliche Rolle hinweist. In ihrem Berufe spielt sie nur für den gerngläubigen Partner ein weibliches Wesen, für ihre eigene Empfindung aber steht sie *fern der weiblichen Rolle,* ist bloß Verkäufer und bleibt frigid. Und während der Prostitutionsbedürftige seine männliche Überlegenheit über ein Weib zu fühlen glaubt, wird sie sich nur ihrer Werbekraft und ihrer Forderung, demnach ihres *Wertbesitzes* inne und degradiert den Mann zum abhängigen Mittel ihres Unterhaltes. So gelangen beide auf dem Wege einer Fiktion zum täuschenden Empfinden ihres persönlichen Vorrangs.

Mit dieser Feststellung sind wir dem Kernpunkt der oben aufgeworfenen Fragen näher gerückt. Der verwegene Kunstgriff, den Sexualverkehr in ein Geldäquivalent umzuwerten, charakterisiert das Wesen der Prostitution ebenso wie das der beiden andern geschilderten Gruppen. Und wie bei den der Prostitution zugehörigen Männern bewirkt die Fiktion eines befriedigenden Triumphes, einer immer neu gewonnenen Geltung das Verbleiben und die Standhaftigkeit dieser Einrichtung, so wie sie die hauptsächlichste Verlockung aller Beteiligten zur Prostitution bildet.

Die Fähigkeit aber, eine unveräußerliche Funktion der Frau, ihres Körpers und ihrer Seele in Geld umzurechnen, kann nur der erringen, in dessen Seelenleben die *Voraussetzung von der Minderwertigkeit der Frau* fest verankert ist. Dies zeigt sich auch in den dazu zugehörigen Umgangsformen und es zeigt sich in dem Werdegang jeder Prostituierten. In meist frühzeitiger Verderbnis empfinden sich diese Mädchen als *Opfer des »überlegenen« Mannes,* der geachteter Angreifer bleibt, während das Mädchen verurteilt wird. Was Wunder, dass da das weibliche Harren auf dem Manne als Schwäche, als der Feind, als fatale Düpierung veranschlagt wird, und im gleichen Sinne der Versuch, *es dem Manne gleichzutun,* werbend wie er aufzutreten, sich weiblicher Haltung und Sittsamkeit zu entschlagen, *[236]* umso mehr dem ungeübten Verstande einleuchtet, je mehr die weitere Vertiefung der Frauenrolle, Heirat

---

6 [Cesare Lombroso: italienischer Psychiater, bekannt durch seine Degenerationstheorie]
7 [Über den Zusammenhang von Prostitution und weiblicher Homosexualität vgl. Adler (1908f), Studienausgabe, Bd. 1, S. 48–50.]

und Mutterschaft, die Erwartungen der Gesellschaft ungangbar werden, durch die Vorgeschichte sowohl als durch das Gefühl der Nichtigkeit gegenüber dem Manne. Sich *in der Prostitution einen Ausweg* und jene Geltung zu verschaffen, die ihr anderswo verwehrt ist, kennzeichnet regelmäßig die Laufbahn der Prostituierten, den sie meist nach fruchtlosen oder fruchtlos scheinenden Versuchen – aus ihrer Stellung als Dienstmädchen, Gouvernante oder Arbeiterin geworfen – einschlägt. Immer aber schwebt ihr dabei die *Schablone des »aktiven« Mannes,* nicht die der »passiven« Frau vor.

Einschneidende Bedeutung gewinnt bei diesem Entwicklungsprozess das allgemein verbreitete *Gift einer übermännlichen Weltanschauung.* Es durchdringt schon das Familienheim der späteren Dirne, gewährt dem Vater die tyrannische Alleinherrschaft und macht die Frau und Mutter zum schreckenden Vorbild einer künftigen Frauenrolle. Es erhebt die Brüder zu einem beneideten Rang, macht dem Mädchen seine Weiblichkeit zum Makel und Vorwurf. Der Glaube an die eigene Kraft versinkt, und der noch oft unreife Verführer findet ein widerstandsloses, feiges Geschöpf, das in der Furcht des Mannes herangewachsen ist oder das voll verhaltener Wut über sein weibliches Schicksal, gar oft auch aus den gleichen Gründen, in einer Revolte gegen Verhaltungsmaßregeln der Eltern seine normale Entwicklung nicht finden kann, von der es die gelungene Verführung noch weiter abdrängt. Auch die weiteren Folgen der Verführung sind beachtenswert: Die Schlussfolgerungen werden nicht im Sinne einer Korrektur gezogen, sondern es vertiefen sich Minderwertigkeitsgefühl, Unglaube an die eigene Kraft und der Abscheu vor der weiblichen Rolle. Nun ergibt sich der breite Pfad des Dirnentums in einem Rausch der Aktivität, *als Revolte gegen die Forderungen der Gesellschaft,* als Ausweg gegenüber schwerer erreichbaren Zielen, der der werbenden und erwerbenden Männlichkeit näher zu liegen scheint, der Geltung verspricht und von dem Gefühle völliger Nichtigkeit erlöst. Uns andern scheint die Rechnung nicht zu stimmen. Man frage aber die Dirnen und ihre Zuhälter!

4. Prostitution und Gesellschaft

So schließt sich der Kreis. Hier die menschliche Gesellschaft, die heute noch nicht imstande ist, ihre eigenen Forderungen strenger zu gestalten, deren Erfüllung zu ermöglichen. Dazu die Menschen, die vor den Feindseligkeiten des Lebens erschrecken und Auswege billiger Art suchen. Eine Kultur ferner, die immer mehr ihre Ideale mit dem Gedankenkreis des Warenmarktes, des Handels in Einklang bringt. Und ihre Opfer, die aus der Not eine Tugend zu machen suchen, dabei die Lücke des normalen Gesellschaftslebens stopfen, um dabei geduldet und verachtet zugleich unterzugehen[8].

---

8 *Erg. 1930:* ausgerottet zu werden.

14. Danton, Marat, Robespierre. Eine Charakterstudie (1923)

Editorische Hinweise
Erstveröffentlichung:
1923b: Arbeiter-Zeitung. Morgenblatt. Zentralorgan der österreichischen Sozialdemokratie. Wien. Nr. 352 (25. Dezember), S. 17–18

Im Sinn einer Pathografie skizziert Adler die Lebenswege und Persönlichkeitszüge dieser drei französischen jakobinischen Revolutionsführer. Im Aufstand des Volkes gegen Hunger und Knechtschaft kämen die Ehrgeizigsten, Fähigsten und Verwegensten an die Spitze der Bewegung. Marat wird als der Ehrlichste und Sympathischste gezeichnet, der in verzweifelter Wut sich selbst zum Opfer für das Ziel gemacht habe, während Danton und Robespierre vorwiegend als ehrgeizig und verräterisch beschrieben werden. Sie bekämpften sich gegenseitig und wurden alle drei 1793/94 umgebracht.

Die – warnende – Auseinandersetzung mit der Französischen Revolution ist natürlich vor dem Hintergrund der damaligen revolutionären Zeit zu sehen.

Danton, Marat, Robespierre. Eine Charakterstudie

Die wirtschaftliche Entwicklung Frankreichs vor Ausbruch der Französischen Revolution hatte ein Chaos geschaffen, das zu fortwährenden Bedrohungen der bisherigen Machthaber, Königtum, Adel und Geistlichkeit, führte. Der Glanz und der Luxus des Hofes und des Adels, denen sich die Kirche als Bundesgenosse anschloss, lasteten mit ungeheurer Wucht auf dem Volke. Das Wachstum der Städte, die technische Entwicklung der Manufaktur, das rasche Entstehen eines industriellen Proletariats sprengten die engen Fesseln zünftlerischer Einrichtungen und Gewohnheiten. Das leibeigene Bauerntum ächzte unter der Ausbeutung seiner Grundherren. Eine Unmasse von Bettlern und Landstreichern überzog Land und Stadt.

Unaufhörliche Streifzüge von Polizei und Militär wurden gegen Landstreicher und hungernde, revoltierende Bauern unternommen. Die Strafen waren barbarisch und umfassten alle Arten grausamer Tortur. Aber als sich auch das Volk von Paris gegen Hunger und Knechtschaft erhob, als Bürger, Soldaten und Arbeiter in Aufruhr gerieten, brach das morsche Königtum zusammen.

Der weitere blutige Verlauf der Revolution, die die ganze Welt erschütterte, ist bekannt, wenn auch manche Einzelheit ein bis heute noch undurchdringliches Dunkel umhüllt. »Eine Gegenrevolution steht ebenso wenig still als eine Revolution.« Die Stellungnahme des Volkes gegen *Ludwig XVI.* rief fast das ganze übrige Europa unter die Waffen. Die emigrierenden französischen Adeligen schürten vom Ausland her gegen ihr Vaterland. Auch das Innere Frankreichs wurde vom Bürgerkrieg verheert. Im Heere, in der Nationalversammlung, in den Gefängnissen, überall lauerte der Verrat oder wurde Verrat gewittert. Insbesondere die allnächtlich versammelten Klubs, voran der Jakobinerklub, konnten in ihren erhitzten Gemütern nie an eine Niederlage ohne Verrat glauben.

Die Heere Frankreichs, Volksheer gegen Söldner, blieben an allen Grenzen siegreich. Das organisatorische Genie *Carnots*[1] suchte und fand ständig genügend Reserven, Waffen und Proviant. Nachdem eine ganze Anzahl von Heerführern abgenutzt war, kam die Reihe an *Napoleon,* dem schließlich das durch Hunger und Parteikämpfe zermürbte Land widerstandslos in die Hände fiel.

Blicken wir auf die Ursprünge der Revolution zurück – ein Volk in Fesseln und Not, das sich dehnen und strecken will –, so finden wir in der Masse jene Bewegungslinie, die auch bei einzelnen Personen mehr oder minder scharf hervortritt. *Voltaire,* insbesondere *Rousseau* und andere sind von ihr erfasst, wenn sie mit stechender Ironie oder mit philosophischer Gründlichkeit den Aufputz einer todgeweihten Kultur zerfetzen oder der vorausgeahnten Bewegung die Stichworte geben. Als die Enge drückender wurde, wurde die »echte Not« jedermanns Sache. Auch die stärkeren Köpfe gerieten ins Hintertreffen, fanden keinen Platz und wurden Opfer der versagenden staatlichen und wirtschaftlichen Organisation. Aber in ihrer Kraft, in ihrem Trotz, in ihrem Ehrgeiz waren sie zur Demut und zum Dulden nicht geschaffen. Der Ausschluss der Fähigsten in einem staatlichen System der Protektion und des Stellenschachers reizt deren Wut und Verwegenheit. Sie gelangen leichter an die Spitze einer Bewegung, verstehen besser die Stimme der Zeit, können ihr Ausdruck geben und wissen um Mittel und Wege. Da ihnen die mangelhafte Gesellschaftsorganisation den Platz versagt, gibt sie ihnen Zeit zum Pläneschmieden und Anhängerwerben.

»In einer Revolution hängt alles von einer ersten Weigerung oder von einem ersten Kampfe ab. Soll eine Neuerung friedlich sein, so darf sie nicht bestritten werden, sonst gerät das Volk in Bewegung, alles kommt zum Kampf, die Verwegenen siegen.«

Da ist *Marat,* der ehemals in England ein berühmter Arzt war, gelehrte Abhandlungen schrieb, stets in wissenschaftliche Fehden verwickelt war, dessen Bedeutung von *Goethe* gewürdigt wurde[2] – und als er nach Frankreich kam,

---

1 [Lazare Carnot, Militärführer, gilt als »Organisator des Sieges«]
2 [Goethe (1810) lobte Marats Beitrag zur Farbenlehre: Découvertes de M. Marat, ... sur le feu, l'électricité et la lumière, Paris 1779]

finden wir ihn als Arzt im Marstall eines Grafen. Hungernd, frierend, in verwahrloster Kleidung, stets auf der Flucht vor polizeilichen Verfolgungen, die er sich durch seine flammenden Artikel im »Ami du Peuple«³ zuzog, riss er das Volk immer weiter auf die Pfade der Revolution, die er wie sein Kind vor Fehlern bewahren wollte. Ihm galt nur der Arme, Elende etwas, in jedem besser gekleideten Menschen sah er seinen und des Volkes Feind. Nichts begehrte, nichts gewann er für sich. Als er starb, vom Dolch der *Charlotte Corday*⁴ getroffen, war er arm wie eine Kirchenmaus. Seine leitende Idee war der Sieg des armen Volkes über die Reichen und Mächtigen. Wer eine Klage über Bedrückung, Ungerechtigkeit, verletztes Recht hatte, desgleichen aber auch wer Angaben machen konnte über Volksverrat, fand stets warme Aufnahme bei ihm. Sein unbändiger Hass gegen die Herrschenden, gegen Wucherer und Brotversteuerer kannte keine Grenzen. Als er daran dachte, *Robespierre* zum Diktator zu machen, ging er von seinem Plane ab, als er *Robespierres* Eitelkeit durchschaute. Wie viel von den Grausamkeiten der Revolution auf seine Rechnung fällt, ist unmöglich zu sagen. Seine Schwester und seine Freundin, an denen er in inniger Liebe hing, betonten immer wieder seine menschliche Güte.

Er kämpfte wie einer, der am Sieg der Revolution verzweifelt, der aber bereit ist, alles aufzubieten, um sie zu retten. »*Marat* ist ehrlich überzeugt, aber er merkt nicht, dass der größte Teil seiner Anhänger aus Verbrechern besteht«, heißt es in einem schlichten Soldatenbrief. In der Zeit seiner eifrigsten Tätigkeit verwendete er von den 24 Stunden des Tages nur zwei für den Schlaf, eine für die Mahlzeit und für die häuslichen Sorgen, vier, um die mündlichen Klagen einer Menge Unglücklicher und Unterdrückter anzuhören. Ferner las er eine große Anzahl von Briefen, beantwortete sie, hörte Anklagen an, versicherte sich ihrer Wahrheit, schrieb sein Blatt und besorgte den Druck eines großen Werkes.

Eine zehrende Krankheit vernichtete seine Lebenskraft. Als der Dolchstoß ihn traf, war er bereits ein Sterbender.

Er war immer nur ein Schreiber, kein Redner. Niemals lauschte man wie bei *Danton* und *Robespierre*, wenn er sprach.

Er war Arzt, hat wohl um sein Leiden gewusst, war kaum im Zweifel, dass seine Lebensweise ihn aufreibe. – Da ist wohl die Annahme gerechtfertigt, dass er sein Leben verloren gab, dass er sich selbst zum Opfer brachte für ein Ziel, das er klarer als alle anderen erkannte, dessen Gefährdung er besser sah als *Danton* und *Robespierre*.

Danton, zu Beginn der Revolution beschäftigungsloser, aber ehrgeiziger Advokat, war vielleicht der wortgewaltigste Redner der Revolution, hatte eine feine Witterung für beginnende Bewegungen, die er trefflich zu schüren

---

3 [Zeitung von Marat ab September 1789]
4 [Am 13.7.1793; Corday wurde dafür am 19.7.1793 auf dem Schafott geköpft.]

verstand. Er verlor nie den Zusammenhang mit den intelligenten und wohlhabenden Kreisen, suchte sich ihnen auch nützlich zu machen und rettete heimlich manches Haupt vor der Guillotine. Schon in der Schule zeigten sich sein unbezähmter Ehrgeiz und die Sucht, überall dabei zu sein. Zum Krönungstag des Königs brannte er aus der Schule durch, um dieses Fest nicht zu versäumen. Auch der Bastillensturm und der Angriff auf die Tuilerien dürften ihn am Platze gefunden haben. Mutig entschlossen, schlagfertig erschien er allen, hat aber wohl den Fortschritt der Revolution mit seinem eigenen Vorteil zu verbinden gewusst. Als er die höchste Spitze erklommen hatte, zog er sich, scheinbar gesättigt, auf sein Landgut zurück, kehrte aber wieder, um seine politische Tätigkeit fortzusetzen. Er verstrickte sich aber in die Netze *Robespierres,* diente ihm zuerst als Sturmbock gegen die radikaleren, religionsfeindlichen Hébertisten[5] und erlag dann einem Angriff *Robespierres,* der ihn auf die Guillotine brachte.[6]

Seine Spannkraft ließ nach, als er sich aus der Niedrigkeit eines armen Advokaten bis zur Höhe eines Justizministers aufgeschwungen hatte. Gierig nach Glücksgütern aller Art, entfremdete er sich dem armen Volke, das ihn emporgehoben hatte, und suchte die Revolution mit der wohlhabenden Klasse zu versöhnen.

Robespierre hielt sich mehr im Hintergrund. Sein Aufstieg war viel langsamer als der der beiden anderen, sein Tempo ein zögerndes. Oft stand sein maßloser Ehrgeiz drohend vor ihm und hielt ihn ab, den Hades zu überschreiten. Bei den Stürmen der Revolution war er nirgends zu sehen. Bei den heftigsten Angriffen auf ihn forderte er Zeit zur Vorbereitung seiner Antwort. [18] Kam er dann zu Wort, so brachen seine Gegner zusammen vor der Wucht seiner wohlvorbereiteten Rede.

Immer erschien er in tadelloser Kleidung, das Gesicht geschminkt. An den Wänden seiner Wohnung hing eine große Anzahl seiner Portraits. Er umgab sich nur mit ganz ergebenen Personen, die ihn schwärmerisch verehrten und seinen Plänen dienten.

In der Schule war er stets Vorzugsschüler gewesen, aus seinen Universitätsjahren stammt eine preisgekrönte Schrift. Sein Lebenswandel war rein, sittlich, im höchsten Grade uneigennützig. Aber in allen seinen Tugenden steckte sein Ehrgeiz, der Fehler und Laster nie geduldet hätte. Musterschüler, der er war, führte er die Revolution wie eine Preisaufgabe, bei der er zum Schluss gekrönt werden sollte. Seine Taktik gegenüber seinen politischen Gegnern ist wenig elastisch, fast immer die gleiche: Er manövriert in geschickter Weise, um einen seiner Gegner durch den andern aufreiben zu lassen. Als er mit den

---

5 [Radikale linke Fraktion unter Jacques Hébert; Hébert wurde im März 1794 durch Robespierre hingerichtet.]
6 [Dantons Tod: 5. April 1794]

Seinen allein dem letzten Gegner gegenüberstand, versagte seine Schlagfertigkeit vollkommen. Auch er starb auf der Guillotine[7], wie *Danton* ihm auf seinem Todesgang prophezeit hatte.

Das Ziel, das er der Revolution setzte, geriet ins Fantastische. Tugendhaftigkeit und die Verehrung des göttlichen Wesens, dessen Züge er nach seiner eigenen Person zugeschnitten hatte, sollten das hungernde, von Panik erfasste, mutlos gewordene Volk retten. Dabei ließ er die Guillotine arbeiten, als ob er eine Fleißaufgabe zu absolvieren hätte. Das Volk aber griff bereits nach anderen Händen, die es retten sollten, als der Riese *Robespierre* vom Piedestal fiel.

---

7 [Am 28. Juli 1794]

15. Die Ehe als Gemeinschaftsaufgabe (1925)

Editorische Hinweise
Erstveröffentlichung:
1925b: In: Hermann Graf Keyserling (Hg.): Das Ehe-Buch. Eine neue Sinngebung im Zusammenklang der Stimmen führender Zeitgenossen. Celle (Kampmann), S. 308–315
Letztveröffentlichung:
1982: Psychotherapie und Erziehung, S. 84–91 (1925b/1982a)

Dieser Aufsatz ist einer von mehreren Beiträgen, die Adler in dieser Zeit über die Ehe schreibt; er steht in den 1920er Jahren inmitten einer Flut von Aufklärungsbüchern zu Ehe und Sexualität.

Wie viele der Schriften Adlers in dieser und in späterer Zeit ist auch dieser Beitrag vom Pathos des Weltanschaulichen oder gar Metaphysischen getragen, in dessen Zentrum der Begriff der Gemeinschaft steht, der durch Evolution und Kosmos seine Bedeutung bekomme.

Ehe wird in ihrer idealen Form als eine gemeinsame Aufgabe der Partner, als ideale Gemeinschaft gesehen und in die Forderungen der Gemeinschaft eingebettet. Dies zu verwirklichen setze die Fähigkeit voraus, »Mitmensch« zu sein, am Glück des Anderen teilzunehmen.

Der Herausgeber dieses Buches, Hermann Graf Keyserling, baltischer Adeliger, gehörte zu den geistigen Berühmtheiten der Weimarer Republik. Als lebensphilosophischer »Weisheitslehrer« hatte er 1920 in Darmstadt die »Gesellschaft für freie Philosophie«, die »Schule der Weisheit« als »Lebensschule« gegründet. In diesem Buch kommen eine Reihe von namhaften Autoren zu Wort, unter anderen Ricarda Huch, C. G. Jung, Ernst Kretschmer, Thomas Mann; die beiden Letzteren waren Unterstützer und Förderer von Keyserling. Adler hatte bereits 1924 in Keyserlings Zeitschrift »Der Leuchter« über den Sinn des Lebens geschrieben (Adler 1924g).

Die Ehe als Gemeinschaftsaufgabe

Man wird einer Erscheinung des sozialen Lebens und der Persönlichkeit erst gerecht, wenn man sie in ihrem Zusammenhang belässt und dort betrachtet und wenn man ihren Stellenwert innerhalb einer fortschreitenden Entwicklung im Fluss der Ewigkeit nicht ganz vergisst. Kurzlebige individuelle Intelligenz versucht freilich immer wieder, in einen engeren, kurzfristigen Interessenkreis zu bannen, um rasche Vorteile einzuheimsen, was sich ewigen

Normen nur fügt. Wir können uns bei dieser Betrachtung nicht an Worte oder althergebrachte, heilige Begriffe binden. Was uns alle meistert und zwingt, ist schließlich immer wieder das unerschütterliche Bezugssystem Mensch – Erde, das uns ewig mit einer Aufgabe belastet, dessen eherne Gesetzmäßigkeiten als unerbittliche Winke in jedem menschlichen Erlebnis auftauchen, bald als Belohnung, bald als Strafe. Ein Mensch wird in kurzsichtiger Verblendung ermordet – und die Welt gerät aus ihren Fugen. Tausende von Jahren zittert die Erregung nach, sobald das Sehnen der Menschheit nach Harmonie mit dem All in einem Erlebnis und dessen Wirkung Gestalt gewinnt. Wir andern ahnen nur das Wunder, Gefühle und Stimmungen überwältigen uns, bis einer kommt wie der vor dem Mord schauernde *Shakespeare,* der uns zeigt, dass geschändeter Sinn des Lebens sich rächt und rächen muss.

Wer Bäume pflanzt, bedenkt wohl Boden und Klima und lässt sich nicht durch Eigensinn und Eitelkeiten führen. Im Übrigen ist es recht bedeutungslos, was er bei seiner Leistung denkt oder fühlt oder will. Nur der Einklang seiner Tat mit Notwendigkeiten der Entwicklung kann ihn rechtfertigen. Er schafft für die Allgemeinheit und für die Nachkommen, auch wenn er nur sein eigenes Wohl dabei im Auge hat, sogar wenn er gegen die Gemeinschaft und gegen die Zukunft zu handeln gewillt ist. *[309]*

Kann sich jemand einer Leistung, einer Tat entsinnen, die aus anderem Grunde schön, groß, edel genannt wäre, als weil sie der Gesellschaft, der zukünftigen Entwicklung der Menschheit förderlich war? Trägt nicht jeder das Maß für solche Wertung in sich? Gibt es einen vollsinnigen Menschen, der nicht zu entscheiden wüsste zwischen Gut und Böse?

Der Standpunkt einer Betrachtung aller menschlichen Beziehungen und Einrichtungen ist demnach gegeben. Wert und »Richtigkeit« sind in erster Linie bedingt und abhängig von der Eignung für die Gesamtheit. Wenn da manches für das Denken kontrovers ist – ein Widerspruch mit der Logik der Tatsachen wird sich immer fühlbar machen. Er macht sich auch geltend, wenn niemand den Zusammenhang überblickt. Die Behändigkeit, mit der wir Menschen Anschuldigungen erheben, erspart uns meist die Mühe der Erforschung des Zusammenhangs. Auch dass Irrtum und Folgen immer weit auseinander liegen, erschwert die Einsicht und lässt fruchtbare Erfahrungen für das Individuum und für die Nachkommen kaum zu. Das tausendfältige Erleben der Vielen scheint sich einheitlicher Betrachtung schwer zu fügen. So rollt das Leben von Generationen ab, ohne haltbare Traditionen zu schaffen. Und jeder Einzelne setzt noch seinen Stolz darein, seine eigenen dürftigen Erkenntnisse oft in schrullenhafter Weise zum Ausbau tragender, lebenswichtiger Beziehungen zu verwenden, nicht achtend, dass er tausendfältige Irrtümer wiederholt und Zielen nachjagt, die eigenes und fremdes Lebensglück zerstören.

Dreifach verknüpft ist das Schicksal des Erdenmenschen. Sein Leib und seine Seele haften an der Mutter Erde, an kosmischen und tellurischen Bedingungen, sind an ihnen herangebildet und suchen mit ewig erneuter Stärke Ausgleich und Anpassung, lebendige Harmonie mit den Gesetzmäßigkeiten der Natur. Kultur und Hygiene des Körpers und des Geistes entstammen diesem Zwang. Alle Schönheit bezieht aus ihm seine lockende Kraft.

Im Begriff »Mensch« ist der »Mitmensch« unabänderlich eingeschlossen. Alle Vorbedingungen seiner körperlichen und geistigen Entwicklung liegen in der Gemeinschaft und sind nach ihren Bedürfnissen geschaffen und großgezogen. Sprache, Verstand, Kultur, Ethik, Religion, Nationalität, Staatlichkeit sind soziale Gebilde und wirken sich im Einzelnen aus als ein Deposit der Allgemeinheit. *[310]*

In allen diesen Lebensformen liegt ein wirkender Abglanz des Erdendaseins, stark und unerschütterlich wie im Zwang zur Gemeinschaft. – Nicht frei von diesen Voraussetzungen kann sich das Menschenschicksal entfalten. Die dritte Schranke bildet die Zweigeschlechtlichkeit. Aber das Suchen der Geschlechter, vielleicht vor Äonen vorwiegend triebhaft gestaltet, trachtet nach einer Form, die den Widerspruch mit den obigen Bedingungen vermeidet. In der harmonischen Ausgestaltung der Erotik liegt ebenso viel Triebhaftes als Gemeinschaftsgefühl. Und in der beglückenden Ekstase der Liebenden entfaltet sich gleicherweise beglückende Schöpferkraft, willig tributerfüllend und irdisches Leben bejahend. – Betrachtet man das Liebesleben der Menschen von dieser Aussichtswarte, so sieht man es von Gesetzmäßigkeiten erfüllt, die nicht von ungefähr kommen, die auch nicht ohne große Bedenken zu umgehen sind. Die Logik der Tatsachen ist grausam, viel grausamer als wir Menschen. Wir wären gerne geneigt, durch die Finger zu schauen. Und wir machen uns nicht zum Anwalt härtester Vergeltungen, wenn wir auf die Unerbittlichkeit waltender Kräfte hinweisen. Nur zu warnen ist unsere Aufgabe, schwerwiegende Folgen zu mildern, der Gegenwart und künftigen Geschlechtern Geschehnisse in Zusammenhang zu zeigen, die sonst nicht als Abfolgen, vielmehr als zusammenhanglose, fatale Ereignisse gebucht werden.

Unser gegenwärtiges Dasein zeigt uns den Durchgangspunkt zu einer zukünftigen Entwicklung des Menschengeschlechtes. Diese Tatsache drückt so sehr auf unseren Lebensprozess, dass sich, ohne dass wir es merken müssen, unsere Liebesbeziehungen sub specie aeternitatis abspielen. Der oft übergroße Wert, den wir der Schönheit zusprechen, gilt für die Zukunft der Gesundheit und vermehrter Anpassung. Die Treue und Aufrichtigkeit, die wir verlangen, das Ineinandergreifen zweier Seelen, das wir anstreben, entstammt der treibenden Sehnsucht nach stärkerem Gemeinschaftsgefühl. Desgleichen der Wunsch nach Kindern, deren Zugehörigkeit das Ideal einer Gemeinschaft widerspiegelt, die uns zugleich ein Unterpfand der Ewigkeit bedeuten. Treue und Wahrhaftigkeit, vor allem Zuverlässigkeit, Grundpfeiler menschlicher Gemeinschaft, deuten wohl auch auf die Zukunft menschlicher Gesittung und auf Ziele der Erziehung von Kindern. *[311]*

Dass in der Liebes- und Ehesituation alle diese Forderungen zusammentreffen, sich dort verdichten und zu bindenden Gesetzmäßigkeiten werden, ist nur aus dem unlösbaren Zusammenhang historischer und organischer Entwicklung verstandesgemäß zu erfassen. Ebenso, dass jede willkürliche oder irrtümliche Abweichung im ganzen Bezugssystem des Lebens nachzittert und die günstigen Entwicklungstendenzen schädigt. Schädliche Erbfaktoren wirken sich aus, ob nun die Wissenschaft Klarheit geschaffen hat oder nicht. Inzest verfällt dem Banne des Gemeinschaftsgefühls, weil er ebenso wie Blutsverwandtenehen zur Isolierung und nicht zur gemeinschaftsfördernden Blutvermischung führt, und weil leichter als sonst durch eine doppelseitige organische Belastung die Erbmasse in ungünstigem Sinne beeinflusst werden kann. Auch der mutig und hoffnungsvoll in die Zukunft gerichtete Blick, unumgänglich, um allen Schwierigkeiten einer Familiengründung entgegenzutreten, die Verknüpftheit mit der Gesellschaft, Vorbedingung, um nicht in Isolierung und mutlos seine Kräfte bloß im engen Rahmen einer Familie unfruchtbar auszugeben, scheinen stets bei Verwandtenehen zu fehlen. Und die andern, oben erwähnten Wesenszüge leiten wohl leicht und unmerklich den Partner, die Kinder in die gleiche Richtung, während ihr Mangel eine misstrauische, ewig unsichere Stimmung schafft, eine Familienluft, in der nur kämpferische, feindselige Tendenzen gedeihen.

Es ist nur eine andere Seite derselben seelischen Dynamik, die wir zu finden erwarten, wenn wir am Maße des richtigen Mitmenschen messen. Sein ewig unerschütterliches Grundgesetz auf dieser armen, rauen Erdkruste heißt: Geben! Alle profane und heilige Weisheit führt zu dem gleichen Schluss. So ist mit Recht in der Liebe und Ehe mitbeschlossen: mehr an den Andern zu denken als an sich, so zu leben, dass man dem Andern das Leben erleichtert und verschönert! Wie viele – oder wie wenige – es treffen, ist hier nicht zu untersuchen. Sicher ist, dass es zu viele Nehmende und Erwartende in unserer Gesellschaft gibt gegenüber den Gebenden. Zu sehr scheint die Menschheit in die Liebes- und Eheformel verfangen: Weil ich dich liebe, so musst du mir folgen!

Was den Menschen derzeit noch an Mitmenschlichkeit fehlt, äußert sich auch in der Spannung der Geschlechter. Das Streben nach persönlicher Überlegenheit, erwachsen aus einem tiefsitzenden, meist unerkannten Minderwertigkeitsgefühl, treibt Mann und Frau *[312]* zumeist, den Schein ihrer Macht in demonstrativer Weise zu überspannen. Meist benehmen sich Eheleute so, als ob sie fürchteten, man könnte es gewahr werden, dass sie die Schwächeren seien. Trotz, Eigensinn, Negativismus und oft auch erotische Ablehnung, polygamische Neigungen und Untreue, auch nervöse Erkrankungen kommen der Eigenliebe zu Hilfe, um den Standpunkt des eigenen Machtdünkels verfechten zu können. Der Mann hat durch eine längst fällige allgemeine Tradition einen kleinen Vorsprung, den er eigensüchtig, aber zum eigenen Schaden festzuhalten trachtet. Wer unseren Standpunkt teilt, für den ist er der Herr der Familie gewesen. Er sieht die Ehe als eine Zweisamkeit, in der beide Teile eine gemeinsame Aufgabe gemeinsam zu lösen suchen, nicht entlang irgendwelcher Eigenmächtigkeiten, sondern nach all den Gesetzmäßigkeiten, die ihrem Problem innewohnen. Die organische und historische Entwicklung der Menschheit zur monogamischen Ehebereitschaft ist, besonders wenn man die einzigartigen Möglichkeiten einer Erfüllung wertvollster erotischer Erwartungen ins Auge fasst, Bürgschaft genug, dass jeder imstande wäre, diese Aufgabe zu lösen. – Gemeint ist immer die Ehe als Schöpfung des Gemeinschaftsgefühls, als gesellschaftliche Form des Liebeslebens, als Hort und Vorschule der Kinder in ihrer Entwicklung zum Mitmenschen. Abseits von diesem Wege liegen konventionelle Ehen, Geld- oder Spekulationsheiraten, deren Verlauf sich immer auf Rutschterrain abspielt. Denn auch den Kindern muss die Ehe der Eltern vorbildlich sein, sonst tragen sie, oft trotz besseren Wissens und trotz guter Vornahme, die schlechte Tradition in ihr neues Heim hinüber. Herrschsucht oder Härte des Vaters kann Mädchen so sehr erschrecken, dass sie künftig jeden Zug des Gatten misstrauisch belauern und missdeuten, kann sie auch mit so hoch gespannter Sehnsucht nach Wärme erfüllen, die hienieden unerfüllbar bleiben muss, kann sie untauglich zur Ehe machen oder zur Erziehung der Kinder, weil sie den Glauben an sich verloren haben. Söhne harter Mütter fliehen die Frau und sind einer Gemeinschaft schwerer zugänglich. Dies liegt an einer bisher mangelhaft erkannten Funktion der Mutter: das Verständnis für grenzenlose Verlässlichkeit dem Kinde aufgehen zu lassen und Vorbild edler Weiblichkeit zu sein. Muttersöhnchen wieder können nicht geben. Sie suchen statt Gemeinsamkeit mütterliche Wärme, die einzig im Loben nur in der kindlichen Situation *[313]* ihren richtigen Platz hat. Die Wahl von älteren, mütterlichen Gattinnen hat meist in diesem Irrtum ihren Grund.

Polygamische Neigungen, Perversionen und Vorliebe für sittlich tief stehende Personen und Prostituierte erklären sich immer aus ihrer Tendenz zur Ausschaltung und Entwertung des passenderen Partners, also aus der Furcht, vor dem andern Geschlecht nicht zu bestehen. Wie sehr dabei der Sinn und die Aufgabe der Liebe und Ehe verfehlt ist, kann man aus dem Überhandnehmen der Geschlechtskrankheiten ersehen. Was immer ihr Ursprung gewesen sein mag, ihre Ausbreitung verdanken sie einzig dem Missbrauch und den Irrwegen der Erotik. Es gibt nur ein Heilmittel, nur einen Schutz vor diesen Seuchen: gegenseitige Liebe.

Die Verknüpfung der Ehe mit den wichtigsten gesellschaftlichen Notwendigkeiten lässt uns verstehen, dass sie nicht, wie wohl die meisten meinen, eine Privatangelegenheit bedeutet. Das ganze Volk, die ganze Menschheit ist daran beteiligt. Und jeder, der eine Ehe schließt, erfüllt dabei, auch wenn er nichts davon weiß, ein Mandat der Gesamtheit. Zu den bedeutsamsten Vorbedingungen einer Eheschließung gehört deshalb ein Beruf und Erwerb, an dem beide beteiligt sein können, und der der Familie den Lebensunterhalt sichert. Auch der Beruf ist Forderung der Gesellschaft, Beteiligung an der Produktion. Der Beitrag zur Erhaltung der Menschheit ist gleichfalls nicht Privatangelegenheit und muss durch die Ehe gefördert werden. Auch die Leistung der Hausfrau, derzeit mit Unrecht tiefer gewertet, kann vollgültige Werte schaffen, wenn sie durch gute Handhabung oder künstlerische Ausgestaltung der Arbeitsfähigkeit des Mannes Vorschub leistet. Berufung auf ökonomische Schwierigkeiten zwecks Ablehnung der Ehe ist oft ein Vorwand der Schwachmütigen.

Es ist ein weit verbreiteter Aberglaube, dass die Ehe auch Übel, Verwahrlosung, Krankheiten heilen könne. Liebe und Ehe sind keine Medikamente. Man schafft meist nur neuen Schaden, ohne den alten zu beheben. Der gleiche Unfug herrscht in der Anschauung von der Heilwirkung der Schwangerschaft. Die Lösung der Ehefrage soll, wie die aller andern Lebensfragen, aus Stärke, nicht aus Schwäche geschehen.

Auch davon droht der Ehe Unheil, wenn Menschen heiraten, die sich dabei als Opfer fühlen. Es kann nicht ausbleiben, dass sie es *[314]* den Andern fühlen lassen und ihn stetig um sein Glücksgefühl betrügen. Mängel in den ehelichen Beziehungen, Vernachlässigungen, Frigidität, Untreue sind die häufigen Folgen. Die Zielsetzung der Ehe, am Glück des Andern teilzunehmen, wird so oft gleich anfangs zerstört. Denn die Ehe ist kein ausgebautes Land, dem man sich nähert, kein Fatum, dem man entgegengeht, sondern Aufgabe der Gegenwart und Zukunft, eine schöpferische Leistung in rasch verfließender Zeit, eine Aufgabe, in das Nichts der Zukunft gesellschaftliche Werte zu bauen. Man wird in ihr immer nur finden, was man in sie hineingeschaffen hat.

Wir haben bisher wesentliche Hauptbedingungen genannt, die einer festen, dauerhaften Ehe zugrunde liegen müssen. Wir fürchten, dass im Gedränge des Alltags manche dieser Notwendigkeiten dem Gedächtnis allzu leicht entschwinden könnten. Es scheint uns wünschenswert, nach einer kürzeren Formel zu suchen, die trotz ihrer Kürze alle Aufgaben der Ehe in sich schließt. Ob diese Formel nicht hieße: ein richtiger Mitmensch zu sein?

Der Entschluss zur Ehe sollte wohl ganz dem Streben nach Mitmenschlichkeit entspringen. Aber dieser Entschluss und die Ehe decken sich noch nicht mit diesem Streben. Erst wenn sie in diesem Sinne erfolgen, sind sie imstande, ihre Aufgaben in der Richtung auf allgemeine Nützlichkeit zu lösen. Der Mitmensch als Sinn des Lebens muss also vorausgehen und die Ehe bedeutet dann einen weiteren Schritt der Vollkommenheit entgegen.

Wie immer man den Mitmenschen denken mag, immer wird man auf Parolen und Maximen und Imperative stoßen, die wenigstens besagen: sich nützlich machen – mehr an den Andern als an sich denken – andern das Leben erleichtern und verschönern. – Es sind auch die Imperative der Ehe. So schrumpft unsere Frage nach der »Ehe als Aufgabe« zusammen in die Frage: Wie wird man ein Mitmensch?

Über die körperliche Eignung als einer Selbstverständlichkeit können wir hinwegsehen. Das Gleiche gilt von der geistigen Reife. Sie fehlen so selten, dass sie aus der Rechnung ausscheiden können. Anders die seelische Reife. Es ist um sie in der menschlichen Gesellschaft trotz aller Bemühungen schlecht bestellt. Die individualpsychologische Forschung hat die Gründe hierfür ausgiebig dargetan. Die meisten Menschen beginnen mit einem falschen Start. *[315]* Ein allzu großes Minderwertigkeitsgefühl drängt sie zu egoistischen, demonstrativen Ausdrucksformen, in denen sie ihr Herrsein-Wollen zu finden glauben. Oder sie ergeben sich einem tatenlosen Pessimismus, unter dessen Druck sie sich wie unter einer Bremswirkung bewegen. Hochmut aus Schwächegefühl oder Mutlosigkeit aus Ehrgeiz kennzeichnen ihren Weg. Sie sind bestenfalls für ein Einzelleben, nie aber für ein Leben zu zweit oder in der Gesellschaft richtig vorbereitet. Wer in ihre Nähe gerät, wird zum Objekt auserkoren. Sie müssen in der Ehe scheitern, weil ihnen die seelischen Organe für Gemeinsamkeit fehlen.

Die Ehe als Aufgabe zielt aber auf Einordnung in die Forderungen der Gemeinschaft, des Berufes und der Erotik.

16. Erörterungen zum Paragraph 144 (1925)

Editorische Hinweise
Erstveröffentlichung:
1925i/a.: Die Mutter. Halbmonatsschrift für alle Fragen der Schwangerschaft, Säuglingshygiene und Kindererziehung. Wien. Herausgegeben von Gina Kaus. 1. Jg., Nr. 10 (15. April), S. 2–3

Neuveröffentlichungen:
1925i/b.: Internationale Zeitschrift für Individualpsychologie. 3. Jg., H. 6 (Dezember), S. 338–340
1926y: Nachwort in: Hilferding, Margarete. Geburtenregelung. In der Reihe: Richtige Lebensführung. Volkstümliche Aufsätze zur Erziehung des Menschen nach den Grundsätzen der Individualpsychologie. Herausgegeben von Sophie Lazarsfeld. S. 21–24 Wien, Leipzig: Moritz Perles

Der Beitrag wird in »Die Mutter« als »nach einem Vortrag im ›Internationalen Verein für Individualpsychologie‹« bezeichnet, referiert von der Herausgeberin der Zeitschrift, Gina Kaus, wie dies in der Internationalen Zeitschrift für Individualpsychologie angegeben ist. Die individualpsychologisch orientierte Zeitschrift »Die Mutter« erschien erstmals im Dezember 1924, stellte aber ihr Erscheinen bei nachlassendem Erfolg vermutlich 1926 wieder ein. Das Heft 6 der »Internationale Zeitschrift für Individualpsychologie« war Frauenfragen und dem Geschlechterverhältnis gewidmet.

Adler nimmt hier zu dem damals heftig umstrittenen Thema der Abtreibung Stellung und zeigt eine deutlich liberale Haltung. Das entsprach der Haltung der österreichischen Sozialdemokratie, die 1926 in ihrem »Linzer Programm« für Straffreiheit bei Abtreibung plädierte. Nach Abwägung verschiedener »objektiver« und »neurotischer« Argumente gegen ein Kind, die er insgesamt zurückweist, plädiert er gegen den »Mutterschaftszwang« und für die Legalisierung der Abtreibung, und zwar im Interesse des Kindes. An eine automatisch sich einstellende »Mutterliebe« oder an den Verfall der »Moral« durch die Möglichkeit der Abtreibung glaubt er nicht.

Die beiden Herausgeberinnen, Gina Kaus und Sophie Lazarsfeld, und die Autorin Margarete Hilferding sind Frauen um Adler, die sich besonders mit Frauenthemen, mit dem Geschlechterverhältnis, Sexualität, Erziehung und Ehe beschäftigten.

Erörterungen zum Paragraph 144

Wie in den meisten Fragen zeigt es sich auch bei Überprüfung des Mutterschaftszwanges, dass erst bei individualpsychologischer Betrachtung alle Seiten des Problems in richtiger Beleuchtung gesehen und in ihrer wahren Bedeutung erkannt werden können.

Jene Einwände, die im Allgemeinen von den Bekämpfern des § 144 gemacht werden, erscheinen dem Psychologen nicht immer als die stichhaltigsten. Von der medizinischen Notwendigkeit, die sich öfters ergibt, die Schwangerschaft zu unterbrechen, will ich hier nicht sprechen. Man darf wohl annehmen, dass jeder Arzt, der nicht durch eine prinzipielle Voreingenommenheit gebunden ist, in Fällen, wo das Leben der Mutter bedroht ist, den Standpunkt einnehmen wird, dass der rettende Eingriff unbedingt durchzuführen ist. Die Grenze der Gefahr richtig einzuschätzen, ist dann nur mehr Sache seiner diagnostischen Sicherheit.

Andere Einwände, die gegen die Austragung einer Schwangerschaft sprechen, sind oft solche, die erst durch die pessimistische Auffassung der in Frage stehenden Personen ihren anscheinend zwingenden Charakter bekommen. In den meisten einzelnen Fällen, die wir objektiv überprüfen, werden wir finden, dass die Situation sich auch anders, mutiger, ansehen ließe und dass dann die zwingenden Gründe für eine Abtreibung wegfallen.

Es wird uns oft gesagt, dass eine Familie mit zwei Kindern ganz gut mit ihren Einkünften leben könne, beim dritten oder vierten aber von einer bedenklichen Einbuße der Lebensführung aller bedroht werde. Nun sehen wir anderseits aber oft genug, dass gerade die Ankunft neuer Kinder den Eltern frische Impulse zu verstärkter Tätigkeit, neue Ideen für Einnahmsquellen eingaben und dass anstelle der gefürchteten Verarmung im Gegenteil ein Aufschwung der ganzen Familie erfolgte. Selbstredend können die besonderen Arbeitsschwierigkeiten und Wohnungsnöte unserer Zeit in einzelnen Fällen diese Sachlage erschweren.

In anderen Fällen, wo etwa ein junges Mädchen durch eine uneheliche Mutterschaft in Gefahr gerät, ihre soziale Stellung zu verlieren, in unlösbaren Gegensatz zu ihren Eltern zu treten, wird man häufig zu einer anderen Lösung als der Schwangerschaftsunterbrechung kommen können. Wir haben schon oft erfahren, dass Mädchen, die ihrer Entbindung mit Verzweiflung entgegensahen, später den größten Wert ihres Lebens in dem Kinde erblicken und die schwierige Frage ihrer unehelichen Mutterschaft ausgezeichnet zu lösen verstanden, dass sie dadurch erst auf einen fruchtbaren Berufsweg gedrängt wurden, der ihnen Selbstständigkeit und Unabhängigkeit von einer drückenden Umgebung sicherte. Wie wir auch oft sehen, dass solche Mädchen, denen es gelang, die unerwünschte Schwangerschaft loszuwerden, es später bitter beklagten und einsahen, dass es gangbare Wege gegeben hätte, um eine Mutterschaft, die ihnen Trost und Freude gebracht hätte, zu ermöglichen. Eine mutige Stellungnahme der unehelichen Mutter wird auch den Partner eher ermutigen und zur Schließung einer Ehe veranlassen. Aber auch hier gibt es natürlich Fälle, vor allem deshalb, weil wir ja nicht die gesamte Umgebung des Mädchens, ihre Eltern usw. beeinflussen können, wo auch wir keinen anderen Ausweg zur Errettung der mütterlichen Existenz sehen als die Unterbrechung der Schwangerschaft.

Wir sehen also, dass die gewichtigsten für eine Abtreibung angeführten Gründe objektiv nicht stichhaltig sind; sondern es liegt der Fall meist so, dass die schwangere Frau das werdende Kind nicht will. Sie will es nicht, weil sie in der allgemeinen Mutlosigkeit des weiblichen Geschlechtes fürchtet, in ihrem Leben Schiffbruch zu leiden. Ein Kind bedeutet ja viel mehr als die Verantwortung für einen hungrigen kleinen Mund. Es bedeutet vor allem eine große Verstärkung des Bandes zu dem Vater des Kindes. Es bedeutet ein Aufgeben des schrankenlosen Egoismus, der zentralen Stellung, die manche Frau in ihrer Umgebung einzunehmen gewohnt ist. Es bedeutet auch für viele Frauen, die sich überhaupt im Kampfe mit der Überlegenheit des männlichen Geschlechtes befinden, das Schwangerwerden und Gebären eine Niederlage gegenüber dem Manne, das Zutagetreten der Benachteiligung des Weibes durch die Natur im Gebiete der Sexualität.

Aber nur selten will eine Frau sich diese Ablehnung der Mutterschaft eingestehen, weil sie weiß, dass dies ein Eingeständnis von Egoismus und Feigheit wäre. So sehen wir oft genug Frauen, die sich in einer Situation befinden, für Kindersegen durchaus geeignet, die verheiratet und in guten Verhältnissen sind, ein kunstvolles Arrangement schaffen, durch welches sie sich dieser herantretenden Aufgabe dennoch zu entziehen wissen. Wir sehen Frauen ihr Hauswesen mit so peinlicher, »übertriebener« Sorgfalt bewachen, jeder kleinsten Unregelmäßigkeit, jedem Durchbruch der gewohnten Ordnung derartige Bedeutung beilegen, dass ihre ganze Umgebung unwillkürlich den Gedanken fasst: »Welches Glück, dass diese Frau keine Kinder hat!« Ebenso sehen wir die Mutter eines Kindes manchmal mit solcher Überängstlichkeit jeden Atemzug des Kindes bewachen, dass wir wiederum zu dem Ausruf veranlasst werden: »Welches Glück, dass diese Frau nur ein Kind hat!« Und wir werden immer wieder als Wurzel zahlreicher nervöser Leiden die Furcht vor dem Kinde finden.[1]

Soll man nun eine solche Frau, die sich mit solcher Kraft ablehnend gegen ein Kind verhält, zwingen, gegen ihren Willen zu gebären? Für den Gesetzgeber mag das Problem mit der Geburt des Kindes enden. Wir aber wissen,

---

1 [Zur »Ablehnung der Mutterschaft« siehe sehr ähnlich Adler 1912: »Zur Erziehung der Eltern« (Adler 1912f; Studienausgabe, Bd. 1, S. 230 f.)]

dass es damit eigentlich erst beginnt, dass eine solche Frau sich mit der unerwünschten Tatsache ihrer Mutterschaft keineswegs ohne Protest abfindet. Was für eine Mutter wird sie ihrem Kinde sein?

Wie kann sie eine so schwere, ihr gegen ihren Willen aufgezwungene Aufgabe erfüllen? Man behauptet gerne, dass mit der Geburt des Kindes die Mutterliebe sich fast mit der Unbedingtheit einer chemischen Reaktion einstellt. Der Psychologe aber weiß, dass dies durchaus nicht immer der Fall ist, dass genug Frauen ihre Kinder auf hundertfältige Weise fühlen lassen, dass sie unerwünscht zur Welt gekommen sind, und dass auch das Bewusstsein, ein ungewolltes Kind zu sein, das Leben vieler Menschen vergiftet, die Wurzel zu schwerer seelischer Zerrüttung legt, oft das Grundübel ist, dem die verwahrlosten Kinder entspringen und alle jene »Psychopathen«, die den Fluch einer liebeleeren Jugend ihr Leben lang nicht los werden. Schon im Interesse dieser Kinder – denn vor allem im Hinblick auf *[3]die Kinder beurteilen wir diese Frage* – bin ich dafür, jeder Frau deutlich zu sagen: »Du brauchst keine Kinder zu bekommen, wenn du nicht willst!«

Und ich habe es schon oft gesehen, dass dieselbe Frau, die sich mit hundert Vorwänden gegen die Mutterschaft sträubte, kaum dass sie sich im Besitze der Freiheit sah, über den Ausgang ihrer Schwangerschaft zu entscheiden, das eben noch heftig abgelehnte Kind nun plötzlich selbst wollte. Wir dürfen nie vergessen, wie tief in jeder Frau der Protest gegen die Ungleichheit mit dem Manne ist. Und den Zwang eines doch von Männern geschaffenen Gesetzes, durch das sie der freien Entscheidung über ihr Schicksal beraubt wird, muss von jeder Frau als Entwürdigung empfunden werden. Innerhalb dieses Gesetzes spielt die Frau weniger die Rolle einer Person als vielmehr die einer Funktion im Interesse der Nachkommenschaft.

Gegenüber diesem Argument: *dass nur eine Frau, die das Kind will, ihm eine gute Mutter sein kann,* treten alle anderen zurück.

Es wird von mancher Seite gerne behauptet, dass die Abschaffung des Mutterschaftszwanges die ohnedies genug im Argen liegende Moral noch weiter verschlimmern würde. Der Tiefstand der Moral hat aber so viele andere, tiefer gehende Gründe – vor allem unsere ganze, so wenig auf das Gemeinschaftsgefühl und so sehr auf persönlichen Ehrgeiz gerichtete Erziehung – dass es ein Unding ist, gerade an dieser Stelle den sittlichen Hebel ansetzen zu wollen, wo ein Teil der Menschheit vor allen anderen so schwer getroffen wird. Wir werden uns wohl alle in die große Verantwortung für das sittliche Zusammenleben der Menschen teilen müssen, anstatt die schwerste Last auf die schwächsten Schultern abzuwälzen.[2]

---

2   *Erg. 1925 (i–b):* Es wäre ein wahrer Segen für die Menschheit, *Eheberatungsstellen zu schaffen,* an denen Individualpsychologen wirken und über alle einschlägigen Fragen Auskunft erteilen. *Ausl. 1926*

17. Diskussionsbemerkungen zum Vortrage des Prof. Max Adler im Verein für Individualpsychologie (1925)

Editorische Hinweise
Erstveröffentlichung:
1925g: Internationale Zeitschrift für Individualpsychologie, 3. Jg., H. 5 (September), S. 221–223

Den Diskussionsbemerkungen geht ein längerer Vortragstext von Max Adler in der Wiener Sektion des Internationalen Vereins für Individualpsychologie voraus (Erkenntniskritische Bemerkungen zur Individualpsychologie, S. 209–221).

Das ganze Heft 5 der Zeitschrift ist ausschließlich dem Verhältnis der Individualpsychologie zu soziologischen, erkenntniskritischen und philosophischen Fragestellungen gewidmet.

Der kantianische Philosoph Max Adler gehörte zu den geistigen Größen des Austromarxismus, galt auch als Theoretiker der sozialistischen Erziehung (»Neue Menschen«) und hatte als solcher Verbindung zu dem marxistischen Flügel der Individualpsychologen.

Adler weist die Aufforderung Max Adlers, die Individualpsychologie als wissenschaftliche psychologische Theorie erkenntniskritisch zu prüfen und zu begründen, deutlich zurück. Er verteidigt das Gemeinschaftsgefühl als allgemeines Gesetz, das der Allgemeinheit dient, auch wenn es als moralisch und spießig erscheinen mag. Möglicherweise hat Adler hier die von Max Adler angebotene philosophisch-ethisch fundierte Unterstützung gerade des Gemeinschaftsgefühls missverstanden. Er scheint sich geschulmeistert zu fühlen, reagiert ärgerlich und greift auch weitere Übereinstimmungen nicht auf. Adler bestätigt zwar Marx' Leistung, relativiert aber dessen Bedeutung für ihn.

Vor dem Hintergrund der damaligen Kämpfe der Ärzte um die Frage der »Laienbehandlung« ist zu sehen, dass er darin Max Adler folgt, dass zwischen der Behandlung durch den Arzt und durch Erzieher streng getrennt werde müsse.

Zum besseren Verständnis sei eine Kurzzusammenfassung des Beitrags von Max Adler vorangestellt:

Max Adler stimmt den Grundlagen der Individualpsychologie voll zu, worunter er die Kompensation des Minderwertigkeitsgefühls, die Loslösung von der Physiologie, das Verstehen statt Erklären, die Zielstrebigkeit und die Einordnung psychischen Lebens in den Gemeinschaftsgeist versteht. In der »sozialen Individualpsychologie« zeige sich Adlers »marxistische Denkweise« und es gebe Übereinstimmungen zwischen Marx' und Adlers theoretischen Grundlagen.

Max Adler problematisiert aber eingehend, dass das für die Individualpsychologie »konstitutive« Gemeinschaftsgefühl als »Bezogenheit des individuellen psychischen Lebens auf seine vergesellschaftete Form« (S. 220) in der Individualpsychologie nicht wissenschaftlich-erkenntnistheoretisch begründet sei. Adlers Begründungen für das Gemeinschaftsgefühl als Trieb (physiologisch), als Logik (des menschlichen Zusammenlebens), als Ethik, stünden nebeneinander und schlössen einander aus (S. 214). Dadurch erscheine das Adler'sche Gemeinschaftsgefühl dann als »die biedere Denkweise des guten Bürgers«, das »die starken Individualitäten innerlich brechen« wolle (S. 215). Ohne »erkenntniskritische Erwägung« gerate es zu einem bloß politischen Glaubensbekenntnis oder werde zum Utilitarismus (S. 216). Adler setze sich sonst ungerechtfertigten Vorwürfen aus, dass der im »Gemeinschaftsgefühl« enthaltene ethische Anspruch subjektiv und wissenschaftsfremd sei.

Demgegenüber aber sei das Gemeinschaftsgefühl mit Kants Erkenntniskritik und Marx' Sozialwissenschaft sehr wohl wissenschaftlich begründbar. Zum einen sei Bewusstsein immer die »Bezogenheit des Einzelichs auf eine unbestimmte Vielheit«; »aller Bewusstseinsinhalt« und »alle Erfahrung« seien »von vornherein gar nichts Individuelles«, sondern »wirhaft«. Der »Einzelmensch ist in seinem Ichbewusstsein bereits Gesellschaft«. Max Adler nennt das das sozialapriorische »Transzendental-Soziale des Bewusstseins« (S. 217). Zum anderen sei alles Bewusstsein ein »richtungsbestimmtes«, »polargespanntes Geschehen«. Diese »Polarität des Bewusstseins« sei der »Ausdruck für die Grunddialektik des Bewusstseinsprozesses: dass es seinem Wesen nach Vergesellschaftung, seiner Erscheinungsform nach Verichhaftung« sei (S. 219). Schließlich sei auch die Ethik (des Gemeinschaftsgefühls) wissenschaftlich begründet, als »Gesetzlichkeit des vergesellschafteten Wollens«. Im konkreten Leben verwandeln sich die Erkenntnisse dieses vergesellschafteten Wollens in Forderungen im Namen der Gemeinschaft. Die ethische Forderung des Gemeinschaftsgefühls sei somit »der unmittelbare Erlebnisausdruck für die Bezogenheit des individuellen psychischen Lebens auf seine vergesellschaftete Form; in ihr wird bloß der soziale Charakter aller Psychologie offenbar« (S. 220).

Diskussionsbemerkungen zum Vortrage des Prof. Max Adler im Verein für Individualpsychologie

Wir, die wir hier versammelt sind, dürfen anlässlich des Vortrages Professor Max Adlers wohl sagen: So sehr es unseren Mut hebt, dass unsere Grundanschauungen von Erkenntniskritik und Soziologie gebilligt werden, so scheint es uns, dass der Vortragende, vom alles beherrschenden Thron der Philosophie herab, urteilend, den Stand unserer Erkenntnisse, die Wissenschaftlichkeit unserer Anschauungen nicht ganz richtig eingeschätzt hat. Es war bisher nicht unsere Absicht, auch nicht unsere Aufgabe, die Stellung der Individualpsychologie innerhalb der Geisteswissenschaften und ihr Verhältnis zur Philosophie festzustellen, wenngleich wir diese Zukunftsforderung als wünschenswert, förderlich und ungefährlich betrachtet haben. W. Stern in Hamburg, Alois Fischer in München, Alexander Neuer und Cäsar Russo[1] in Wien haben dankenswerte Versuche in dieser Richtung getan. Die allgemeine Billigung und Reinwaschung, die uns der Herr Vortragende angedeihen lässt, darf uns mit Befriedigung erfüllen. Nur die begleitenden Mahnungen, seine vermeintlich notwendigen Warnungen, die Zensuren, die er uns erteilt, bevor er sein zustimmendes Bekenntnis ausspricht, scheinen mir zu streng.

Vergleichen wir mit dem vorgetragenen Standpunkt den hier in Betracht kommenden Grundgedanken der Individualpsychologie, der ihre ganze Lehre durchzieht, die Feststellung des *angeborenen* Gemeinschaftsgefühls, weisen wir, um kurz zu sein, auf die immer wieder betonten sozialen Bedeutungen aller seelischen Erscheinungen, normaler wie pathologischer, hin, erinnern wir uns an den Ausgangspunkt aller unserer Betrachtungen menschlicher Ausdrucksformen: »im Begriffe ›Mensch‹ ist der ›Mitmensch‹ enthalten«[2] – so ist es nicht allzu gewagt, wenn wir behaupten: Die Ausführungen *Max Adlers* haben uns höchstens in unserem Verständnis darüber gefördert, dass auch vom erkenntnistheoretischen Standpunkt gegen unsere Lehre nichts eingewendet werden kann. Wir freuen uns, wenn unsere Kritiker mit uns übereinstimmen. Wir müssten es aber ablehnen, statt [222] Individualpsychologie – Erkenntnistheorie zu betreiben. Erkenntniskritisch betrachtet könnten wir recht oder unrecht haben. Der Vortragende gibt uns recht. Wer will, kann an einer knappen Schilderung aus dem Vorwort zur ›Praxis und Theorie der Individualpsychologie‹, ersehen, ob gewisse Bedenken des Herrn Vortragenden nicht übertrieben waren, oder ob wir die ernsten Mahnungen wirklich nötig hatten. An dieser Stelle heißt es: »Schwieriger dürfte es uns fallen, den *allgemeinen* Beitrag zur Bewegungslinie menschlichen Strebens des Gemeinschaftsgefühls klarzumachen. Denn hier stoßen wir gegen das Gewissen des Einzelnen. Viel leichter verträgt er den Nachweis, dass er wie alle andern nach Glanz und Überlegenheit strebt, als die unsterbliche Wahrheit, auch ihn umschlinge das Band der menschlichen Zusammengehörigkeit, und er verschleire es listig vor sich und den andern. Seine Körperlichkeit verweist ihn auf den Zusammenschluss, Sprache, Moral, Ästhetik und Vernunft *zielen auf Allgemeingültigkeit, setzen sie voraus,* Liebe, Arbeit, Mitmenschlichkeit sind die realen Forderungen des menschlichen Zusammenlebens. Gegen diese unzerstörbaren Wirklichkeiten

---

1 [zu William Stern, Psychologe, gab es Kontakte und theoretische Übereinstimmungen u. a.: Person als zielgerichtete Einheit, s. Stern (1918); A. Fischer: Pädagogischer Psychologe; vgl. A. Neuer (1914, 1925); C. Russo (1924)]
2 [Vgl. Adler 1925b, in diesem Band S. 149]

stürmt und tobt das Streben nach persönlicher Macht oder sucht sie listig zu umschleichen. In diesem unablässigen Kampf aber zeigt sich die Anerkennung des Gemeinschaftsgefühls.« Und: »Was Führer der Menschheit als das Wirken Gottes, des Schicksals, der Idee, der ökonomischen Grundlage erfasst hatten, zeigt uns die Individualpsychologie als die machtlüsterne Ausgestaltung eines formalen Gesetzes: *der immanenten Logik des menschlichen Zusammenlebens*« [Adler 1920a, Vorwort, S. V].

Genug davon! Wir haben ursprünglich aus den Fehlschlägen menschlicher Schicksale als ursächlich die Abirrung vom Gemeinschaftsgefühl erwiesen. Wir halten die Formel des moralischen Spießers: Ehrlich währt am längsten!, wir halten das: Geben ist seliger denn nehmen! – so schmerzlich das auch klingen mag – vom Standpunkt der individualpsychologischen Einsicht, aus Gründen der Menschenkenntnis und der immanenten Logik des menschlichen Zusammenlebens für richtig, aber wir haben dabei nie zu Argumenten der landläufigen Moral gegriffen, weil wir wissenschaftliche Untersuchungen zu pflegen hatten. Ja, unser ganzes Wirken wäre überflüssig, wenn wir unseren Schülern nicht mehr zu bieten gehabt hätten als die ihnen längst bekannten Sprüche der Moral. Wir vertreten vielmehr den Standpunkt, dass, was dauernd und ewig ist an der menschlichen Moral, individualpsychologisch erhärtet, befestigt und begreiflich gemacht werden kann und oft auch muss. Und wir heben immer wieder hervor, dass es keine wertvolle Leistung gibt, die aus einem anderen Grunde wertvoll wäre, als weil sie für die Allgemeinheit nützlich ist. Der Vorwurf des Utilitarismus lässt uns deshalb kalt. Denn der scheinbare und vorübergehende Vorteil des Einzelnen zerfließt vor der individualpsychologischen Zusammenhangsbetrachtung, seitdem wir zeigen konnten, dass ihn die neurotischen Qualen begleiten, das Selbstwertgefühl erniedrigen (*Weinmann*)[3] und freudiges Zusammenleben verhindern.

Dieser Sinn, Hebung des seelischen Niveaus, und diese Lehre – sich nützlich machen – steckt in jeder großen Leistung. Die Individualpsychologie versucht sie, die oft unverstandenen, aber oft gefühlsmäßigen und treibenden Kräfte – die unbewussten, würde *Freud* sagen – offenkundig und wirksamer zu machen. Mit dieser Aufgabe setzt sie sich aber auch zum Ziel, nicht einer Gelehrtenkaste neue Waffen zu schmieden, sondern der Allgemeinheit zu dienen. Will sie den mitmenschlichen Kontakt verstärken, dann muss sie Allgemeingut werden. Will sie die Neurose aus der Welt schaffen und das Selbstbewusstsein des Einzelnen und der Gesellschaft heben, dann muss sie ihr ganzes Wissen und Können der Allgemeinheit ausliefern. Sie schafft dem Arzt ein neues, ungeheures Betätigungsfeld, sie muss sich aber auch dem Erzieher, den Eltern, der Schule dienstbar erweisen, darf ihnen auch nicht Stückwerk liefern, ebenso wenig wie den Patienten, sondern muss trachten, ein volles Verständnis zu

---

3 [Siehe Weinmann Vortrag 1925, veröffentlicht Weimann (1926)]

erzielen. Die Abgrenzung des ärztlichen Eingreifens ist nicht *[223]* schwer zu treffen. Er wird immer bei nervösen Schädigungen die erste Rolle spielen, wird sich aber meist, wenn nur erzieherische Fragen in Betracht kommen, auf dem individualpsychologisch gebildeten Pädagogen verlassen müssen, der wieder strenge das ärztliche Gebiet dem Arzte vorbehalten wird. Keinesfalls aber ist es angängig, dem Erzieher, den Eltern, dem Patienten eine geringere Erkenntnis gewähren zu wollen als dem Arzte oder dem Philosophen.

Das Studium von *Marx* halte ich für äußerst wertvoll. Vielleicht wie keines der anderen Werke ist seines geeignet, den Blick für Zusammenhänge zu schärfen. Und ich stimme mit dem Vortragenden überein, dass seine Gedanken aus stärkstem Gemeinschaftsgefühl entsprungen sind und zu stärkstem Gemeinschaftsgefühl führen können. Ich muss aber darüber hinausgehen und betonen, dass die wissenschaftliche Leistung *Marx'* in vieler Hinsicht, wenn auch auf anderem Gebiete, eine wundervolle Zusammenhangsbetrachtung ergibt, die deshalb der individualpsychologischen nahe steht, weil sie wie letztere Stellungnahme und Endziel betrachtet und den Sinn der äußeren Erscheinungen danach abschätzt. Freilich sollen wir darüber nicht vergessen, dass diese Leistungen sich auch anderwärts finden, besonders in Dichterwerken und in den Religionen.

Dass *Max Adler* schon seit Langem die Bedeutung sozialer Tendenzen in den menschlichen Ausdrucksformen erkannt und beschrieben hat, ist uns eine angenehme und wertvolle Bereicherung der Entwicklungsgeschichte der Individualpsychologie. Wir sehen uns danach, alle unsere Vorfahren kennenzulernen und ihren Beitrag nach Gebühr zu würdigen. Wir betrachten als die wichtigste Aufgabe den Zusammenschluss aller gleich strebenden Kräfte. Über die Störenfriede und Wiederstrebenden mag die Zukunft das Urteil sprechen.

18. Salvaging Mankind by Psychology (Rettung der Menschheit durch Psychologie) (1925)

Editorische Hinweise
Erstveröffentlichung:
1925h: Internationale Zeitschrift für Individualpsychologie, 3. Jg., H. 6 (Dezember),
S. 332–335 (in engl. Sprache). »From an interview in ›The New York Times‹ by
Eugene Bagger (20. September 1925)
Letztveröffentlichung:
1982: Psychotherapie und Erziehung. Ausgewählte Aufsätze. Band I: 1919–1929,
S. 92–98. Übersetzt von Heinz L. Ansbacher

Ausgehend von einer kulturkritischen Einschätzung der Entwicklung der Menschheit propagiert Adler die Notwendigkeit einer »neuen Erziehung« nach den Prinzipien der Individualpsychologie.

Minderwertigkeitsgefühl (oder Minderwertigkeitskomplex) und Gemeinschaftsgefühl seien die beiden Grundprinzipien, die die Probleme der Einzelnen und der Massen verständlich machten. Aus ökonomischer und kriegerischer Unterdrückung, die das Minderwertigkeitsgefühl der Bevölkerung steigerten, würden Massenbewegungen zur Befreiung von unerträglichen Umständen entstehen, die aber selbst zu Hass und Krieg führten. Die Sehnsüchte der Massen verkörperten sich in einem Führer, dessen Fähigkeiten Adler hier in einem positiven Licht zeichnet. Die Individualpsychologie müsse und könne durch ihre Erziehung dazu beitragen, das Minderwertigkeitsgefühl der Einzelnen und des Kollektivs zu heilen, die Überbewertung der Männlichkeit abzubauen und die Begeisterung für gemeine Wohlfahrt herzustellen.

Rettung der Menschheit durch Psychologie[1]

Was kann die Individualpsychologie tun, um den Zusammenbruch unserer Zivilisation zu verhindern, der uns, wie einige der wichtigsten Denker unserer Zeit meinen, als Folge der Überentwicklung der wissenschaftlichen Technik auf Kosten der Moral droht?

Es besteht Einigkeit darüber, dass die Herrschaft des Menschen über die Naturkräfte weit über seine moralische Fähigkeit hinausgeht, sie zu beherrschen; ebenso ist man sich einig, dass darin die größte Gefahr für unsere Zivilisation liegt. Der letzte Krieg hat uns mit der Aussicht auf die wissenschaftlich er-

---
1 [Übersetzt von Sonja Schuhmacher, Almuth Bruder-Bezzel]

mögliche Auslöschung konfrontiert. Wenn die Welt – unsere Welt – gerettet werden soll, dann ist es offensichtlich dringend notwendig, den Menschen auf ein Niveau anzuheben, auf dem er nicht wie ein Kind, das mit einer geladenen Pistole spielt, unaufhörlich riskiert, sich selbst durch den Missbrauch seiner Macht zu zerstören. Es ist schwer zu sehen, woher eine solche Erziehung kommen soll, jedenfalls nicht von jener neuen Psychologie, die den Anspruch erhebt, Ordnung in das Chaos der im menschlichen Unterbewusstsein blindlings ringenden Kräfte zu schaffen.[2]

Die Individualpsychologie macht geltend, dass der wichtigste Schlüssel zum Verständnis sowohl von persönlichen als auch von kollektiven Problemen im sogenannten Minderwertigkeitsgefühl (sense of inferiority) oder Minderwertigkeitskomplex (inferiority complex) und seinen Folgen liegt. Dass dies zutrifft, wird heute von allen Richtungen der Psychologie und Psychiatrie anerkannt. Aus unserer Sicht stellt jede historische Tatsache, jede Phase in der Evolution der Kultur einen zuweilen erfolgreichen, zuweilen vergeblichen Versuch dar, das Minderwertigkeitsgefühl einer Person oder einer Gruppe zu beseitigen. Häufig laufen die Versuche von Personen und Gruppen in dieser Richtung parallel. *[333]*

Der Individualpsychologie zufolge ist jede historische Entwicklung vom zweiten Grundprinzip, dem Gemeinschaftsgefühl (sense of solidarity) durchdrungen, das jeder menschlichen Gesellschaft innewohnt. Der Grad, bis zu dem dieses Gemeinschaftsgefühl bei einem Menschen entwickelt ist, liefert einen Maßstab nicht nur für seine Wünsche, sondern noch mehr für seine Taten. Dasselbe gilt für Gruppen.

Die Geschichte beurteilt menschliches Handeln nach dem Grad menschlicher Solidarität, die sich darin ausdrückt. Ohne Ausnahme werden jene Taten und Ereignisse als groß und wertvoll angesehen, die vom Sinn des Gemeinschaftsgefühls erfüllt sind, die das Wohlergehen aller befördern. Mangel an Gemeinschaftsgefühl, der immer einem gesteigerten Minderwertigkeitsgefühl geschuldet ist, treibt das Individuum in die Neurose oder in das Verbrechen und Gruppen oder Nationen an den Abgrund der Selbstvernichtung.

Die Motive, die eine Masse bewegen, liegen stets im Dunkeln und werden von den durch die Massenströmung ergriffenen Personen immer als Lösung ihrer individuellen Bedürfnisse und Schwächen wahrgenommen und gedeutet. Natürlich wird dieser Prozess durch den Umstand unterstützt, dass das Verhältnis vieler Menschen zum Leben einheitlich ist und dass der Druck des Minderwertigkeitskomplexes einer Gruppe auf die Individuen von jedem Einzelnen irgendwie gefühlt wird, wenn auch in unterschiedlicher Weise und bezüglich unterschiedlicher persönlicher Probleme. In einem kleinen Essay mit dem Titel »Die andere Seite: eine massenpsychologische Studie über die

---

2 [Mit »neuer Psychologie« ist wohl die Freud'sche Psychologie gemeint.]

Schuld des Volkes«³ habe ich gezeigt, wie die imperialistischen Tendenzen der großen Finanzmächte Druck auf die Völker anderer Länder ausübten. Dieser Druck manifestierte sich im Leben der Einzelnen in den Schwierigkeiten, den Lebensunterhalt zu verdienen, in schlechten Lohnverhältnissen, in unzureichenden Bildungs- und Kultureinrichtungen, im Unwillen junger Menschen zu heiraten, in der Weigerung von Eheleuten, Kinder zu bekommen, in einer freudlosen Existenz, in permanenter Reizbarkeit und Nervosität und so weiter.

All diese Faktoren erhöhen das Minderwertigkeitsgefühl, erzeugen Überempfindlichkeit und motivieren das Individuum, »Lösungen« zu suchen. Jeder Eingriff von außen erscheint einem Menschen in diesem Geisteszustand als Bedrohung seiner Sicherheit und treibt ihn zu aktiver oder passiver Selbstverteidigung. Die jungen Männer, die den österreichischen Thronfolger ermordeten, waren Leute, die mit sich selbst nicht im Reinen waren. Die Massen, die daraufhin Krieg als Lösung propagierten, und die noch größeren Massen, die Krieg als Lösung akzeptierten, bestanden ebenfalls aus Menschen, die mit sich selbst im Unreinen waren.

Hassmotive zeigen sich am deutlichsten in den Wirtschaftskrisen unserer Zeit. Der Klassenkampf wird von Massen ausgetragen, die aus Individuen bestehen, deren Sehnsucht nach einer innerlich und äußerlich ausgewogenen Lebensweise enttäuscht worden ist. Auf der anderen Seite produzieren solche Massenbewegungen wiederum zerstörerische Motive in den Individuen.

Massenbewegungen schreiten immer resolut und mit festem Schritt auf ihre destruktiven Ziele zu, denn Zerstörung bedeutet für die Massen eine Befreiung aus unerträglich empfundenen Situationen und erscheint daher als Vorbedingung für deren Besserung.

Das Streben der Massen nach Macht ist ebenso wie das von Individuen der Ausdruck des Gefühls der Minderwertigkeit und Unzulänglichkeit. Deshalb können Massenbewegungen nur aus der Perspektive der Individualpsychologie richtig verstanden werden, die zeigt, wie dieses Aufwärtsstreben, das die ganze Menschheit durchdringt, seinen Ursprung im Individuum hat. In seinem Kampf um größere Sicherheit ist der Mensch immer irgendwie im Recht, wenn auch seine Methoden unangemessen sind.

So drückt sich in der Mode des »Bubi-Kopfs« der Wunsch der Frau aus, einen äußerlichen Unterschied zwischen sich und dem Mann zu eliminieren; sie hat ihren Ursprung im sogenannten »männlichen Protest« der Frauen, in der Tendenz der Frauen, mit dem Mann gleichrangig zu sein und sich gleichrangig zu fühlen. Die einzelne Frau mag persönliche Gründe anführen, warum sie sich die Haare abschneiden lässt; vielleicht sagt sie sich, dass kurzes Haar weniger Arbeit macht oder ihr besser steht, dass »jeder es tut« oder dass sie

---

3   [1919a, in diesem Band S. 120 ff.]

einfach ihren Mann necken möchte; unterbewusst folgt sie so oder so der Linie des männlichen Protests.

Wenn die Lebenstendenzen eines Individuums vollständig oder fast vollständig mit der Richtung der Massenbewegung zusammenfallen, wenn die Sehnsucht der Massen durch ihn verkörpert wird, wenn er seine Stimme und seinen Arm dem dumpfen und dunklen Streben *[334]* seines Volkes oder seiner Gruppe leihen kann, dann ist er ein auserwählter Führer der Menschen. Alle großen Leistungen der Menschheit entspringen dem sozialen Genie von Individuen. Die Fragen einer Epoche verlangen nach einer Antwort und finden sie in einem Individuum. In ihm wird das Ringen der Menschheit um Erlösung erneut durchgefochten, nur mit größerer Klarheit und Intensität als in anderen Menschen. Der Kern seines Wesens ist dieser Kampf, und deshalb kann er sich nicht in die überkommenen Formen des Lebens fügen. Sie engen ihn ein, und er versucht, sie zu sprengen. Um sich an die Existenz anzupassen, muss er sie neu organisieren. Erfolg ist ihm jedoch nur beschieden, wenn sein Bestreben mit einer Massenströmung übereinstimmt und dazu dient, die Gruppe zu fördern und emporzuheben. Die Macht des individuellen Anführers, des »großen Mannes« wird begrenzt durch die Bereitschaft (preparation) und Fähigkeit der Massen, sich ihm anzuschließen.

Was sind die persönlichen Voraussetzungen für solche Führung? Die allererste ist ein stark entwickeltes Gemeinschaftsgefühl. Eine optimistischer Eindruck und ausreichendes Selbstvertrauen sind ebenfalls unentbehrlich. Der Führer muss die Fähigkeit zu schnellem Handeln besitzen – er darf kein Träumer oder Zaungasts sein. Im Umgang mit Menschen muss er ungezwungen sein und Takt besitzen, damit er die Zustimmung der anderen nicht aufs Spiel setzt. Seine Vorbereitung, seine Ausbildung muss überdurchschnittlich sein. Er muss, mit einem Wort, ein wirklicher Mensch sein, der Mut und das nötige Rüstzeug besitzt. In ihm ist lebendig, wovon andere Menschen träumen.

All diese Erfordernisse sind das Ergebnis der Erziehung im Elternhaus, in der Schule und im Leben. Heute ist die Kindererziehung mit vielen Fehlern belastet. Die Individualpsychologie weist auf die Schwächen der heutigen Erziehung hin und bietet eine bessere Vorbereitung für den Lebenskampf. Für die Erziehung von normalen ebenso wie von vernachlässigten oder nervösen Kindern empfiehlt sie Maßnahmen, die das Gemeinschaftsgefühl stärken, dem Minderwertigkeitsgefühl entgegenarbeiten und es zu einer Quelle von Fleiß und Anstrengung machen, von Mut und Verbesserung der gesamten geistigen und körperlichen Ausstattung.

Kann die Individualpsychologie aus jedem Kind einen Führer machen? Selbstverständlich nicht. Abgesehen von anderen Gesichtspunkten behaupten wir nicht, eine unfehlbare Trainingsmethode zu besitzen. Aber wir behaupten allerdings, dass wir die Zahl derer erhöhen können, die zur Führerschaft geeignet sind, dass wir bessere Ausgangsbedingungen für alle im Wettstreit des

Lebens schaffen können, dass wir den Verfall der Menschen verhindern können, der unweigerlich das Niveau aller Errungenschaften verringern würde. Die Individualpsychologie beansprucht, die Maßstäbe individueller Tüchtigkeit und Leistungsfähigkeit, und damit auch die von Gruppen, zu steigern. Wir können bereits auf eine lange Reihe von Erfolgen bei der Rettung vernachlässigter, nervöser oder unterentwickelter Kinder in der Schule verweisen, wie auch auf die der Wiederhinführung einer großen Zahl von Neurotikern zu einer normalen Routine und Lebensfreude. Die Anwendung unserer Erziehungsgrundsätze auf breiter Ebene würde innerhalb weniger Jahre einen deutlich wahrnehmbaren Unterschied in den Ergebnissen liefern.

Die meisten Methoden, die heute angewandt werden, um drängende Probleme im Leben von Völkern oder Gruppen zu lösen, sind überholt und unzureichend. Sie beruhen weitgehend darauf, nationalistische oder religiöse Leidenschaften anzufachen, und führen zu Unterdrückung, Verfolgung und Krieg. Eine Erziehung, die auf den Prinzipien der Individualpsychologie basiert, würde diese Truggebilde des Egoismus und der Torheit beseitigen und durch eine allgemeine Begeisterung für die allgemeine Wohlfahrt ersetzen. Die Individualpsychologie könnte alle latenten Kräfte, die Gruppen innewohnen, zum Guten bündeln, wie sie es bereits mit den latenten Kräften der Individuen tut. Krieg, Nationalhass und Klassenkampf, diese größten Feinde der Menschheit, wurzeln in dem Verlangen von Gruppen, dem erdrückenden Gefühl ihrer Minderwertigkeit zu entfliehen oder es zu kompensieren. Die Individualpsychologie, die Individuen von den üblen Folgen dieses Minderwertigkeitsgefühls heilen kann, könnte zu einem höchst wirksamen Instrument entwickelt werden, um Nationen und Gruppen von der Gefahr ihrer kollektiven Minderwertigkeitskomplexe zu befreien.

Was ich über die Hass- und die Eifersuchtsgefühle gesagt habe, die Nationen und Gruppen gegeneinander aufbringen, gilt auch für den erbitterten Kampf der Geschlechter, [335] ein Kampf, der Liebe und Ehe vergiftet und aus der Geringschätzung von Frauen immer wieder neu entsteht. Das idealisierte Bild überschätzter Männlichkeit erlegt dem Jungen ebenso wie dem erwachsenen Mann die Verpflichtung auf, der Frau überlegen zu scheinen, wenn nicht zu sein, und das führt ihn dazu, sich selbst zu misstrauen, übertriebene Forderungen und Erwartungen an das Leben zu stellen, und steigert sein Gefühl von Unsicherheit. Andererseits hat das kleine Mädchen das Gefühl, dass sie geringer geschätzt wird als ein Junge, und das peitscht sie zu übertriebenen Anstrengungen auf, ihre Unzulänglichkeit auszugleichen und nach allen Seiten gegen echte oder vermeintliche Geringschätzung zu kämpfen, oder sich mit ihrer angeblichen Minderwertigkeit abzufinden.

In einer solchen geistigen Atmosphäre ist es unmöglich, befriedigende Lösungen für die Probleme von Liebe und Ehe zu finden. Überdies bleiben die Leistungen von Frauen oft hinter dem Niveau ihren eigenen Möglichkeiten zurück, weil Frauen dazu neigen, sich unter dem Druck von Tradition und Vorurteil selbst zu unterschätzen.

Leider sind diese Traditionen und Vorurteile so tief in beiden Geschlechtern verwurzelt, dass es mindestens zwei Generationen brauchen wird, bis sie endgültig beseitigt sein werden. Auch auf diesem Gebiet hat sich die Individualpsychologie als äußerst wirksam erwiesen, eine Verbesserung herbeizuführen.

19. Berufseignung und Berufsneigung (1926)

Editorische Hinweise
Erstveröffentlichung:
1926w: Jugend und Beruf. Monatsschrift zur Förderung der Berufsberatung und beruflichen Ausbildung Jugendlicher auf jugendpsychologischer, sozialpädagogischer und volkswirtschaftlicher Grundlage. Herausgegeben von Dr. Richard Liebenberg, Direktor des Landesberufsamts Berlin. 1. Jg., H. 3 (März), Berlin. S. 89–92

Der Beitrag stellt Überlegungen für öffentliche Berufsberatung und berufliche Auslese an. Adler gibt entsprechend seiner entwicklungspsychologischen und pädagogischen Vorstellungen für die Berufswahl der Berufsneigung vor der Berufseignung das entscheidende Gewicht. Die Neigung sei ein Hinweis auf die (kompensatorische) »Aktionslinie« des Jugendlichen, die bei entsprechender Förderung auch zu einem beruflichen Erfolg führe. Skeptisch ist er gegen Ausleseverfahren wie Tests. Mangelhafte Ergebnisse bei solchen Prüfungen seien nur Zeichen eines mangelhaften Trainings, die nichts über »Begabung« und nichts für die Zukunft aussagten. Die daraus erfolgenden Zurückweisungen würden nur zur Entmutigung führen. Adler ist ohnehin, von gravierenden Fällen abgesehen, der Überzeugung, dass »alle durchschnittlichen menschlichen Leistungen von jedermann zu bewältigen sind«.

Berufseignung und Berufsneigung

In der Berufsberatung ist die Berufseignung entschieden der weitere und der übergeordnete Begriff. Die Erfordernisse der Produktion, die Interessen des Unternehmers, aber auch die Wohlfahrt des Beratenen verlangen von dem Untersucher eine klare Feststellung, an welchem Platze sich der Untersuchte zu seinem Besten, zum Besten des Arbeitgebers und der Gesamtheit bewähren könnte.

Der Gang der Untersuchung wird aber zumeist bestimmt durch die Aussage des Prüflings über seine *Neigung*. Sobald sie klar ausgesprochen wird, ist die Methode der Untersuchung durch sie in erster Linie eingeengt und bestimmt, denn nun spricht der Arzt sein Urteil, ob keine Gegengründe vorliegen. Die Prüfungen und Tests werden dem genannten Beruf entsprechend gewählt. Die Kenntnis des Arbeitsmarktes und der Konjunktur werden herangezogen. Je nach dem Ausfall des Resultats aller diesbezüglichen Erwägungen, die noch durch die Abschätzung der Schulerfolge, des Urteils der Schule, des Wunsches der Eltern ergänzt werden, geht die Beratung vor sich, wird die ursprüngliche Berufswahl gebilligt oder verworfen.

Im ersteren Falle schließt sich die Stellenvermittlung, ein Ratschlag nach dieser Richtung an oder sollte sich anschließen. Im zweiten Falle schaltet die Berufsneigung des Prüflings aus, und der Prüfer hat nun die Aufgabe, einen geeigneten Beruf ausfindig zu machen. Gelingt es ihm, aus den Resultaten obiger Untersuchungen und deren Erweiterung ziemlich einheitlich einen geeigneteren Beruf zu erschließen und die Billigung des Prüflings dafür zu gewinnen, so ist für diesen Fall seine Aufgabe gelöst. Dass er bei dieser Umstellung mit pädagogischem Takt vorzugehen hat, wenn er den Prüfling für seine Meinung gewinnen will, braucht nicht näher erörtert zu werden.

Wenn wir gezwungen sind, der Berufsneigung zu widersprechen, so scheint uns der maßgebendste Gegengrund, soweit es sich um vollsinnige Prüflinge handelt, das ärztliche Veto zu sein, ein abträgliches Ergebnis der ärztlichen Untersuchung. In vieler Beziehung stehen wir bei solchen ärztlichen Feststellungen auf sicherem Boden. Zuweilen wird es besser sein oder genügen, Vorsichtsmaßregeln oder einen Aufschub des Berufsantritts zu empfehlen, um der Neigung des Bewerbers nicht entgegenzutreten. Auch besonders günstige äußere Umstände können manchmal zur Erwägung kommen. So erleichterte Arbeitsbedingungen, eine Anstellung beim Vater oder bei Verwandten und Bekannten. Ebenso wird man zuweilen an eine günstigere, spezielle Teilarbeit innerhalb des gewählten Berufes denken müssen. *[90]*

Freilich, sobald wir eine Schädigung durch den Beruf, sei es des Arbeitnehmers oder des Publikums, erwarten müssen, werden wir auch trotz einer Neigung widersprechen. Es gibt aber eine Reihe von Schädigungen, die bereits während der Berufswahl und bei der Prüfung vorliegen, die als starker Widerspruch erscheinen, die vielleicht sogar eine Verschlimmerung erwarten lassen, die aber mit großer Vorsicht zu behandeln sind. Ich weiß nicht, wie weit die folgenden Bedenken für die landläufige Praxis zu verwerten sind. Aber immerhin könnten sie Fingerzeige abgeben, um einer weiteren Forschung Raum zu schaffen. Denn es liegt den hierher gehörigen Beobachtungen eine weitreichende Gesetzmäßigkeit zugrunde, die nicht zu verkennen ist. Sie ist leider nur an prominenten Fällen leicht nachzuweisen, in höheren Berufssphären, die künstlerische Qualität besitzen oder ihr nahestehen. Dort aber zeigt sich mit unabweislicher Klarheit, dass körperliche oder seelische Mängel durch frühzeitiges und andauerndes Training, durch gute Schulung und Ermutigung zu einer Überwindung der Schwierigkeiten führen können, zu feineren Leistungen und Technizismen. Ich habe bereits im Jahre 1907 in meiner ›Studie über Minderwertigkeit von Organen‹ [Adler 1907a] und seither öfters auf diese Tatsache hingewiesen und hervorgehoben, dass *wirklich große Leistungen immer nur im Kampfe mit inneren oder äußeren Schwierigkeiten zustande kommen.* Welcher Berufsberater hätte zum Beispiel dem stotternden, schwächlichen

Demosthenes den Beruf eines Redners zugebilligt? Wer, der die angeborene Otosklerose *Beethovens* erkannt hätte, ihren unheilvollen Ausgang vorausgesehen hätte, konnte sich entschließen, ihm den Musikerberuf anzuraten? Es gibt kurzsichtige, schielende, astigmatische, farbenschwache Maler, die Außerordentliches geleistet haben. *Napoleon* wird uns von seinem Leichenbeschauer als feminin, fettleibig, mit zarter Haut geschildert. Wir würden wahrscheinlich andere Typen für das Kriegshandwerk geeignet gefunden haben. Sollten wir nicht daraus den Schluss ziehen, dass körperliche und seelische Schwierigkeiten, sogar wenn sie auch noch zur Zeit der Berufsberatung Anlass zu mangelhaften Resultaten geben, überwunden werden könnten, wenn wir den Prüflingen auf den rechten Weg helfen?

Sehen wir vorerst von den Beratungsstellen großer Unternehmungen ab, wo jeder Bewerber eine Prüfung ablegen muss, so glaube ich sagen zu können, dass in den übrigen öffentlichen Beratungsstellen kaum je dieser Typus erscheint, der in der Überwindung seiner Mängel begriffen ist. Wir dürfen aber annehmen, dass unter den vielen einer Prüfung nicht standhaltenden Bewerbern eine große Anzahl zu finden ist, die nach einiger ehrlicher Anstrengung ihre Prüfung besser bestehen könnten. Wie steht es dann mit ihrer Eignung?

Es kann mit Fug und Recht behauptet werden, dass die Begabungsprüfungen in großen Unternehmungen im Allgemeinen mehr der Rücksicht auf den Unternehmer als den Prüflingen und der Gesellschaft dienen. Die erfolgreichen Bewerber sind den andern in ihrer Vorbereitung und Ausbildung voran und ersparen dem Unternehmer, Zeit, Mühe und Geld auf sie zu verwenden. Sieht man näher zu, so findet man, dass sie zumeist jener Gruppe angehören, die immer schon ihre Prüfungen in der Schule und im Leben besser bestanden haben. Gewöhnlich deckt sich das Urteil der Berufsprüfung mit dem der Schule. Meist zeichnen sie sich durch Mut, Entschlossenheit, Initiative und Ausdauer vor den andern aus. Sie blicken sicher in die Zukunft, glauben an ihre Fähigkeiten und sind nicht leicht aus der Fassung zu bringen. Die Einflüsse der Familie waren günstigere, sie standen immer schon auf der Sonnenseite des Lebens und kamen rascher zur Selbstständigkeit als die andern. Sie werden auch später Fragen der Freundschaft, Kameradschaft, Geselligkeit, politischer Stellungnahme, der Liebe und Ehe leichter und besser lösen. Auch in Zeiten der Not werden sie schneller einen Ausweg finden und werden Umschichtungen in einen andern Beruf mit geringeren Beschwerden ertragen. Oft auch gehören sie zu den Kindern, die schon längst mit ihrer Berufswahl fertig sind. Dadurch aber haben sie einen ungeheuren Vorsprung, da sie sich zumindest seelisch, oft aber auch körperlich lange schon für ihren Beruf vorbereitet haben. Da sie frühzeitig ein festes Ziel vor Augen haben, oft auch günstige, äußere Umstände vorfinden, erscheinen sie stets als die »Begabten«.

Die Entwicklung des kindlichen Seelenlebens geschieht unter teleologischen Einwirkungen. In die seelische Dynamik greift *[91]* immer das Ziel des

Kindes, seine leitende Idee, gestaltend und richtunggebend ein. Die Fiktion eines abschließenden Finales ist die Antwort auf das kindliche Minderwertigkeitsgefühl. In diese formale kompensatorische Bestrebung, eingeleitet, um höheren Selbstwert zu gewinnen, trägt sich in unserer Kultur der Beruf und sein Erfolg als inhaltliche Erfüllung frühzeitig ein. In den »kindlichen Berufswahlphantasien« (s. Kramer in ›Heilen und Bilden‹, Verlag Bergmann, München, 2. Aufl. [Kramer 1914]), tritt das Tasten und Suchen deutlich hervor. Damit aber auch das beginnende Training. Ein kleines Mädchen schafft an ihren Puppenkleidern, die Mutter fördert das Kind durch teilnehmenden Zuspruch. Das Kind geht in seinen Bemühungen immer weiter, und langsam ringt sich die Überzeugung durch, das Kind sei zur Schneiderin begabt. Fehlt diese Förderung, empfängt es am Beginn seiner Beschäftigung keine Steigerung seines Selbstwertgefühls, so wird es meist seiner Aufmerksamkeit, Konzentration, Auffassung und seines Gedächtnisses nicht sicher sein, weil diese Funktionen ganz unter dem Einfluss eines begehrten Zieles stehen. Man sieht bereits an dieser Stelle unserer Betrachtungen, dass es gar nicht darauf ankommt, was das Kind etwa an Fähigkeiten mitbringt, sondern *was es aus dem angeborenem Material macht.*

Unter Umständen setzt sich das Kind über die Gleichgültigkeit und über die Missachtung hinweg, mit denen man seinen ersten Versuchen begegnet. Ja, das geringe Vertrauen, das man ihm entgegenbringt, kann es zu besonderen Kraftleistungen aufstacheln. Aus der Überwindung solcher Schwierigkeiten wachsen oft stahlharte Naturen hervor, an Widerstände gewöhnt und immer darauf aus, mit ihnen fertig zu werden. Nur schade, dass wir im Einzelnen den Grad von Widerständen nicht kennen, der in diesen Fällen eingeschaltet werden sollte, wie wir überhaupt bei der Züchtung hochwertiger Kräfte eines Katechismus der Erziehung entbehren müssen. Dagegen lässt sich mancher Fehler vermeiden, sobald körperliche Hindernisse im Spiele sind. Ich will dies am Beispiel der Linkshändigkeit zu erweisen trachten. Ich und Dr. *Alice Friedmann* (s. Referat im Heft 6 des 3. Jahrgangs der Internationalen Zeitschrift für Individualpsychologie)[1] haben festgestellt, dass es eine ganz beträchtliche Anzahl von unerkannten Linkshändern gibt, deren Entwicklung charakteristische Merkmale zeigt. Was uns an dieser Stelle interessiert, ist das häufige Vorkommnis von Ungeschicklichkeiten in der Kindheit solcher Linkshänder, die einer rechtshändigen Kultur genügen sollen. So fällt ihnen meist auch das Schreiben, eine der fundamentalsten Errungenschaften des kindlichen Lebens, ungleich schwerer als den Rechtshändern. Je nach dem Grade der Ermutigung und der Schonung, die ihnen dabei zuteilwird, werden sie besser oder

---

1 [A. Friedmann (1925, 1926): Autoreferat und Vortragstext ihres Vortrags auf dem 2. Internationalen Kongress für Individualpsychologie in Berlin, September 1925. Ein Beitrag von Adler zu diesem Thema findet sich da nicht.]

schlechter über ihren Mangel hinwegkommen. Die Überwinder werden bald ihre rechtshändigen Kameraden im Schreiben und Zeichnen überflügeln. Die Entmutigten erwerben ein vertieftes Gefühl der Minderwertigkeit und werden nicht bloß in diesen Gegenständen, sondern in allen Beziehungen des Lebens, auch in Berufsfragen, einer Bewährung aus dem Wege zu gehen trachten.

Wenn wir die hierher gehörigen, korrigierbaren seelischen und körperlichen Schwierigkeiten der Kindheit zusammenfassen und ihre Ausgänge betrachten, so kommen wir zu dem sicher vielen paradox klingenden Schlusse: dass diese verkürzten Kinder eine Chance mehr für bessere Berufseignung besitzen, die freilich auch ausgenützt werden muss. Wir erinnern uns an das Dichterwort: »Wer überwindet, der gewinnt!«[2]

Es liegt sehr nahe anzunehmen, dass wir bei der Berufsberatung auf ähnliche Prozesse, unausgegoren, in ihrer Entwicklung stockend, stoßen. Oft dürfte der Gang zur Berufsberatung aus einer Sehnsucht entspringen, mit Hilfe eines wohlwollenden Freundes Ermunterung in Anbetracht eines schwankenden Zieles zu erfahren, weniger und seltener einer Unkenntnis oder Ratlosigkeit. Der Berufsberater bekommt niemals ein unbeschriebenes Blatt zur Hand. Die Eingrabungen zu erkennen, die Anläufe wahrzunehmen, die Ursachen der stets vorhandenen Entmutigung zu entziffern und zu beseitigen ist seine schönste Aufgabe. Er wird sie nur als Psychologe lösen können.

Wem diese Gedankengänge einleuchten, der wird verstehen, dass vor allem die stets zahlreichen Zurückstellungen bei Prüfungen in den großen Unternehmungen die Betroffenen auch bei humanster Behandlung mit unbarmherziger Wucht treffen. Sind es doch meist diejenigen Be[92]werber, denen man oft oder immer schon die Eignung abgesprochen hat. Nun bricht ihnen die wichtigste Brücke zu ihrer Zukunft ein. Sie sind immer schon im Schatten gestanden. Die Familienerziehung hatte es verabsäumt, sie richtig für die Schule vorzubereiten. Dafür trifft sie ungerechterweise die Strafe in der Schule. Das System der schlechten Noten und Strafen tobt sich an ihnen aus. Ihre Vorbereitung für das Leben wird dabei nicht besser. Wenn sie die Schule verlassen, ist ihr Selbstvertrauen schon stark gesunken. Ein Weg öffnet sich ihnen noch, der Allgemeinheit nützlich zu werden: der Beruf. Da ertappt man sie wieder bei ihren mangelhaften Vorbereitungen und stellt sie zurück. Es wäre kein Wunder, wenn sie die neuerliche Ablehnung wie eine Bestätigung ihrer pessimistischen Ausblicke hinnähmen.

Ich brauche nicht auseinanderzusetzen, was not tut. Nur eines will ich betonen, dass die *Berufsneigung und -eignung in der Schule zu fördern ist,* dass die Schule die einzige Instanz bildet, die seelische Entwicklungsstörungen beheben könnte, und dass die Schulreform am richtigen Wege ist, wenn sie statt der Autorität den verstehenden Psychologen und Erzieher fordert.

---

2 [Goethes Faust, 1. Teil, Spaziergang]

Mit meinen Ausführungen steht eine wichtige Frage im Zusammenhang, deren Lösung der nächsten Zeit vorbehalten bleibt. Es ist im höchsten Grade wahrscheinlich, dass, abgesehen von Fällen mit unverbesserlichen Mängeln und schadendrohenden Gebrechen, alle durchschnittlichen menschlichen Leistungen von jedermann zu bewältigen sind. Auffällig und schlagend erscheint diese Tatsache bei einzelnen Menschen, die in mehreren Sätteln reiten können. Dieser Umstand vermindert den Wert der Psychotechnik nicht, zeigt ihn vielmehr auch auf einem andern Gebiet, indem sie Mängel nachweist, die in der Schule noch zu beseitigen wären. Die gelungene Berufsberatung zeigt nur die mehr oder weniger gelungene Vorbereitung des Prüflings. Sie kann aber keinen Entscheid für die Zukunft des Bewerbers bringen, noch weniger infrage stellen, dass einer seine Vorbereitungen ergänzt und namhaft verbessert. Zumindestens diese Möglichkeit müsste den abgewiesenen Bewerbern ermutigend in Aussicht gestellt werden.

Ich übergehe alle Vorschläge, die aus diesen Betrachtungen entspringen, und will zum Schlusse die Rolle feststellen, die der Berufsneigung von unserem Gesichtspunkt aus zukommt. Sie zeigt uns, wenn nicht grobe Irrtümer des Arbeitnehmers vorliegen, die in die Zukunft deutende Aktionslinie, zu der sich der Prüfling entschlossen hat. Damit zeigt er uns seine Einfühlung, die Art seiner Anpassung an die Allgemeinheit und den Weg, wie er sich zur Geltung zu bringen glaubt, um sein Selbstgefühl zu heben. Wir dürfen vermuten, dass er in der Richtung auf den gewählten Beruf die bessere seelische und körperliche Vorbereitung, das bessere Training aufzuweisen hat, und dass er hofft, dort durchzudringen. Das Berufsrollenbewusstsein wird umso stärker, auch ergiebiger sein, je älter seine Wahl ist. Und wir dürfen auch annehmen, dass er bis zur Prüfung durch keinerlei Tatsachen in seiner Wahl erschüttert ist. Die Berufsneigung wird demnach in vielen Fällen mit der Berufseignung zusammenfallen.

Das Gewicht der Berufsneigung ist also bei der Beratung ein außerordentlich hohes. Es wird aber noch verstärkt durch den bedeutsamen Umstand, dass die Berufsneigung dem Bewerber die ganze Last der Verantwortung für seine künftige Arbeit zuschiebt. Lässt er sich von seiner Wahl abbringen, schenkt er dem Rate des Prüfers Gehör, so kann es leicht geschehen, dass er wohl alle möglichen Vorteile von der neuen Berufswahl erwartet, aber selbst weniger beiträgt, weil er sich in der Verantwortung mit dem andern zu teilen sucht. Wie sich diese abträgliche Stimmungslage gerade bei schwachmütigen Menschen auswirkt, und wie gerne diese danach greifen, einen andern haftbar zu machen, sieht man nicht allzu selten, sehr oft bei Nervösen, die fortwährend einen Berufswechsel vornehmen, sobald sie einmal damit angefangen haben.

Irgendwelche Berufseignung wird sich bei jedermann herausstellen. Es gibt aber genug Menschen, die offen gestehen oder erkennen lassen, dass ihnen alle Neigung zu jedwedem Beruf mangelt. Daneben findet man solche, die nur unter gewissen Bedingungen, zuweilen unter unerfüllbaren, etwas leisten wollen. Sie sind vor der Berufsfindung einer individualpsychologischen Behandlung zuzuführen.

20. On Mussolini (Über Mussolini) (1926)

Editorische Hinweise
Erstveröffentlichung:
1926z: Interview mit George Seldes. New York World (26. Dezember), S. 3
Neuveröffentlichung:
1927w: stark gekürzte Übersetzung, in: Der Mensch im Alltag. Herausgegeben von Viktor Frankl und Leopold Beck. Wien, 2. Jg., H. 2 (Februar), S. 2

Der amerikanische Text in einer größeren Zeitung ist die aufbereitete Fassung eines Gesprächs mit Adler über Mussolini. Wörtliche Zitate und feuilletonistische Zusätze (mit Zwischenüberschriften), sind nicht immer scharf voneinander zu trennen. Die deutsche Fassung 1927 ist bis zur Unkenntlichkeit gekürzt.

Adler beschäftigt sich mit revolutionären oder diktatorischen Führern und Bewegungen und zeigt daran, besonders an Mussolini, deren kompensatorisches Streben nach Macht auf. Dieses sieht er hier als Ausdruck von Komplexen (Minderwertigkeits- und Überlegenheitskomplex), die, im Unterschied zur normalen Kompensation, eine fehlgeschlagene Entwicklung anzeigten.

Am Beispiel des italienischen Faschismus zeigt er das Zusammenwirken des Strebens des Einzelnen und des Strebens der Masse: Dem Kompensationsbedürfnis Mussolinis entspreche das Kompensationsbedürfnis des gedemütigten Volkes, das durch die Demütigung für (auch reaktionäre) Bewegungen offen sei, die die Befreiung von den »Ketten des Untergeordnetseins« versprächen.

Angesichts dessen, dass knapp zwei Monate vor diesem Interview Mussolini gewaltsame Strafexpeditionen durchführte (»Bartholomäusnacht des Faschismus«, 31.10.1926) und damit seine Diktatur festigte, ist Adlers Kritik an ihm eher gemäßigt. Auffällig ist eine Distanzierung von sozialistischen Bewegungen und die Gleichsetzung revolutionärer und reaktionärer Bewegungen.

Diese Tendenzen werden in der damaligen sehr gekürzten Übersetzung nicht deutlich. Die Zeitschrift »Der Mensch im Alltag« ist eine kurzzeitig 1927 in Wien erschienene individualpsychologische Zeitschrift, die auf breite Bevölkerungskreise einwirken sollte.

Über Mussolini

Mussolinis Kampf um die Macht ist angetrieben von seinem Groll über die Minderwertigkeit, die er als Kind fühlen musste. Analyse des italienischen Diktators.[1]

Vorspann des Interviewers George Seldes: [1. Spalte]

Ein starker Minderwertigkeitskomplex ist der verborgene psychologische Stachel unter dem Schwarzhemd des Diktators Mussolini.

Der Caesar-Nero-Napoleon-Robespierre-Lenin von heute war ein Kind, das von Armut bedrückt war und zugleich aufgestachelt von einem Rebellen-Vater, der seinen Kampf gegen die Welt beim Hämmern von Hufeisen kämpfte. Unfähig, einen Ausgleich im Sozialismus zu finden, wurde der junge Benito durch sein Minderwertigkeitsgefühl dem anderen Extrem zugetrieben – dem harten, egoistischen, gewaltsamen Überlegenheitskomplex.

Je intensiver das Minderwertigkeitsgefühl eines Kindes ist, desto größer der Kampf und desto zügelloser das Überlegenheitsgefühl, das dieses im weiteren Leben kompensiert. Der Verbrecher, der Diktator, alle Arten von Egomanen, Kaiser und Gangsterbosse, haben in den Augen des Psychiaters ein und dasselbe Verhaltensmuster.

Dies sind einige der Gedanken, wenn auch nicht die exakten wissenschaftlichen Formulierungen von Dr. Alfred Adler vom Pädagogischen Institut in Wien, dem Gründer der Schule der Individualpsychologie, allgemein bekannt als der »Vater des Minderwertigkeitskomplexes«, der nun in Amerika weilt, um Erfahrungen mit Psychotherapeuten, Psychologen und Erziehern auszutauschen.

Dr. Adler erklärte mir die einfache grundlegende Idee, auf der die Individualpsychologie beruht. Er wehrt sich gegen den Begriff, für den er in der ganzen Welt bekannt ist, den des »Minderwertigkeitskomplexes«. Es ist, als sei dieses sein Kind durch die vielen Übersetzungen verändert zu seinem Vater zurückgekehrt.

Alfred Adler, Antworten im Interview

Minderwertigkeit muss nicht ein Komplex sein. Ich habe ursprünglich über das »Minderwertigkeitsgefühl« geschrieben. Dieses Minderwertigkeitsgefühl ist das normale Empfinden eines jeden Kindes. Erst wenn es dem normalen Lebenslauf nicht gelingt, dieses Gefühl zu überwinden, entsteht ein Minderwertigkeitskomplex.

---

1 [Übersetzt von Almuth Bruder-Bezzel]

Der Kampf gegen (aus) Minderwertigkeit beginnt in der Kindheit

Minderwertigkeit ist ein natürliches Gefühl, dessen man sich nicht zu schämen braucht, wenn man es sich eingesteht oder dagegen kämpft. Wir alle haben es, Sie und ich und Coolidge[2] und Tunney[3] und der Milchmann und Mussolini. Es entwickelt sich vom Tage der Geburt an und verfestigt sich in den ersten drei oder vier Lebensjahren. Das Kind ist hilflos in diesem Stadium, es hängt völlig von Vater und Mutter ab. Es ist ein bloßes Etwas, ein Wesen ohne jeden Ausdruck von Individualität. Nichts kann diese Entwicklung der Minderwertigkeit bei jedem Menschen aufheben.

Aber im Alter von drei bis vier Jahren setzt der Kampf ein. Manche Menschen finden den Ausgleich (recompense) früher, manche später, manche nie. Viel hängt in diesen wichtigsten Jahren von Vater und Mutter ab, speziell von der Mutter, weil das gesamte Verhaltensmuster einer Person vor dem Alter von vier Jahren geprägt wird.

Es ist überaus wichtig, dass die Mutter nicht überbehütend ist, denn das kann das Minderwertigkeitsgefühl verstärken. Sie sollte auch nicht übermäßig hart sein, denn das kann zu einer heftigen Überlegenheitsreaktion führen.

Die goldene Mitte liegt zwischen den Extremen des zu Guten und des zu Grausamen. Starke Unterdrückung, harte Mütter und Väter, Grausamkeit, bringen gestörte Überlegenheitsäußerungen hervor. Sie sind verantwortlich für Banditen und Rowdys, Gangster und kaltblütige Mörder. Verwöhnung von Kindern kann zu Minderwertigkeitskomplexen oder zu Perversion führen.

Man kann die Psychologie von Nationen in gleicher Weise studieren wie die von Individuen. Die reaktionären Bewegungen in so vielen Ländern Europas seit dem Krieg[4], das Auftreten von Diktatoren und ihre Erfolge, die starken nationalistischen Bewegungen, die von Proklamationen der Überlegenheit begleitet sind, beobachten wir in den Ländern, die entweder im Krieg zusammengebrochen sind oder unter einem intensiven Minderwertigkeitsgefühl leiden.

Italien und *Mussolini,* die Nation und das Individuum, gerieten gleichzeitig, synchron in Bewegung. *Mussolinis* Vater war ein Schmied, welcher mit gleicher Kraft die Gesellschaft behämmerte wie Pferdehufe. Er war Sozialist, Syndikalist oder irgendeine Art von Rebell. *Mussolini* hatte eine zärtliche Mutter, geistig dem Vater und dem Landvolk überlegen. Durch sie erhielt er eine in gewisser Weise bessere Erziehung als die meisten Jungen des Dorfes und so entwickelte er sich zum Redner. Der Vater pflanzte den rebellischen Geist in die unvermeidlichen Minderwertigkeitsgefühle des Kindes. *Benito Mussolini* litt als Jugendlicher unter den Schlägen einer ganzen Reihe von Missgeschi-

---

2 [Amerikan. Präsident 1923–1926]
3 [Schwergewichtsboxer 1926–1928]
4 [Gemeint ist der Erste Weltkrieg]

cken, entdeckte aber als junger Mann in der sozialistischen Bewegung eine Befreiung aus seinem Gefängnis des Minderwertigkeitsgefühls.

Ich stimme mit H. G. *Wells*[5] darin überein, dass Sozialismus ein Ausdruck des Minderwertigkeitskomplexes der notorisch Zukurzgekommenen ist. Sicher haben die Niedergedrückten und Beladenen, die Unglücklichen und Habenichtse ein stärkeres Minderwertigkeitsgefühl, und gewiss ist ihr Streben entschiedener und sehr häufig ist ihre Reaktion, die Kompensation, die Äußerungen des Gefühls der Überlegenheit, heftiger.

Das gepeitschte, hungernde, ungeliebte Kind aus dem Slum wird ein Bankräuber, sein unbewusster Kampf mit seinen Gefühlen der Erniedrigung und Demütigung *[2. Spalte]* lenkt ihn dazu hin. Der Bandit sieht sich selbst als romantischen Helden, kühn und tapfer – und er kann sogar aufs Schaffott gehen mit einem tapferen Lied auf den Lippen –, das ist alles Teil desselben Verhaltensmusters, entstanden aus Unterdrückung und Grausamkeit in den ersten Jahren der Kindheit, den Jahren der Intensivierung der Minderwertigkeit, das das ganze Leben nicht überwunden werden wird.

Schläge auf Ketten, die nicht existieren

Durch Gewalt wird Mussolini Diktator, und er regiert mit dem Mittel der Gewalt, er stachelt das gedemütigte Volk dazu an, die unsichtbaren schrecklichen Ketten der Minderwertigkeit abzuschütteln, sich tapfer zu fühlen und erfolgreich, voller Stolz, in der Gemeinschaft der Völker respektiert, als Eroberer und Herrscher, allen anderen überlegen.

Je intensiver das Minderwertigkeitsgefühl, desto stärker das Überlegenheitsstreben. Das ist die Gleichung. *Mussolinis* Ich schreit sie heraus und desgleichen die Geschichte des modernen Italien. Sie ist verantwortlich für diesen Mann und für dieses Volk in unseren Tagen, für seine Haltung zum Frieden in der Welt, die Bombardierung von Korfu, die Herausforderung anderer Nationen, hauptsächlich der schwächeren, das Säbelrasseln, wodurch die Mobilisierung von Truppen auf der französischen Seite der Grenze hervorgerufen worden ist, sie ist verantwortlich für die Bedrohung Englands in Malta, Zypern und Gibraltar, sie ist verantwortlich dafür, dass die historische Phrase des Kaisers: »Unsere Zukunft liegt im Meer«[6], im Rom unserer Tage *[3. Spalte]* für den Versuch wiederholt worden ist, italienische Kultur wie in einem heiligen Kreuzzug in Tirol zu verbreiten, und für die gewaltsame Unterdrückung jeder individualistischen Bewegung, die gegen den Faschismus opponiert oder Liberalismus,

---

5 [Engl. Schriftsteller fantastischer Romane und sozialistischer Soziologe]
6 [Gemeint ist die Flottenpolitik Wilhelms I. vor dem Ersten Weltkrieg.]

und persönliche Freiheit fordert oder in anderer Weise von den Gesetzen des Diktators abweicht.

Man sieht die gleiche Show in Griechenland, in Ungarn, in der Türkei, in verschiedenen Balkanländern, in Spanien und Portugal und natürlich in jenem besten Beispiel gewaltsamer Reaktion auf lange Unterdrückung, dem Sowjetrussland.

Menschen und Nationen können das Gefühl der Unterlegenheit nicht ertragen. Daraus entwickelt sich das Streben nach Macht. *Robespierre, Marat,*[7] *Mussolini* suchten den Ausgleich für ihre Unterlegenheit. *Mussolini* hatte keinen Platz in der Welt. Die Sozialistische Partei von Italien *[4. Spalte]* hat ihn im November 1914 gebrochen, als sie ihn mit der Begründung ausschloss, er sei vom Ausland bestochen worden, um sich an dem Versuch zu beteiligen, Italien aus dem Dreibund herauszulösen.[8] So suchte er nach einem anderen Ausweg für sein Machtstreben.

Nach dem Krieg war Europa voll von entwerteten Herren. Vor der Revolution war Frankreich[9] in derselben Lage. Die Menschen, die in einer solchen Situation nach der Macht greifen, sind nicht notwendiger Weise groß, aber die anderen sind zu klein. Der schlaue Mann, der Redner, der Organisator hat leichtes Spiel, wenn die Führer der anderen Parteien diskreditiert und geschwächt sind. Italien dürstete nach Genugtuung, es war bedürftig nach Macht, sehnte sich nach Anerkennung. Mussolini versprach alles.

In Russland konnte kein bloßer Reformer dieses unterdrückte Volk befriedigt haben. Das Chaos des russischen allgemeinen Lebens wurde von Extremisten ausgenützt, die sich für Übermenschen hielten. Aus ökonomischer Sicht bestand große Ähnlichkeit mit der Lage in Ungarn, Deutschland, Griechenland oder der Türkei, wo die Massen sich nach finanzieller Stabilität und Unterstützung und nach einer besseren Zeit sehnten und wo Diktatoren oder Möchte-gern-Diktatoren mit dem Versprechen auftraten, diese zu erfüllen.

Man sagt, dass zusätzlich zu *d'Annunzios* schwarzhemdigen Arditti[10] auch *Mussolini* von den Söhnen von Feudalherren finanziert und unterstützt wurde, von Tausenden von Mitgliedern der italienischen oberen Klasse, von Tausenden von Offizieren, die nach dem Krieg nichts zu tun hatten und von Gruppen

---

7 [Robespierre, Marat: beides französische Revolutionäre, vgl. Adlers Beitrag in diesem Band S. 142–146]

8 [Militärischer Dreibund zwischen Deutschland, Österreich, Italien. Die Sozialisten hatten Neutralität zum Ersten Weltkrieg beschlossen, Mussolini plädierte für Kriegseintritt an der Seite der Entente.]

9 [Gemeint ist die große Französische Revolution 1789]

10 [Arditti, Freischärler, mit denen d'Annunzio 1919 die Stadt Fiume besetzte, der dort bis 1920 seine Herrschaft ausübte. D'Annunzio: Schriftsteller und Politiker, Leitfigur des italienischen Faschismus.]

von Personen, die man im Allgemeinen nicht damit assoziiert, dass sie eine Revolution machten. Das ist leicht zu verstehen. Das Streben nach Überlegenheit ist auch in diesen Klassen zu finden, es treibt sie zum Handeln. *Mussolini* bot ihnen einen Platz in einer großen Bewegung – während seine Opponenten den Fehler machten, denen, die nichts zu tun hatten, nichts anzubieten.

Die Reichen und die Einflussreichen unterstützten *Napoleon,* der in einer vergleichbaren Periode der Geschichte auftrat, war bald umgeben von einer Garde von reichen, hohen, einflussreichen Männern, die keinen Platz in der Revolution innegehabt hatten. Es ist eine Notwendigkeit jeder revolutionären Bewegung, Plätze für wichtige Personen zu finden, die ihren eigenen Platz nicht finden können und ihnen etwas zu tun zu geben. Wird Sowjetrussland heute von Arbeitern und Bauern regiert? Machen die Arbeiter und Bauern dort die Revolution? Männer und Frauen der verhassten Bourgeoisie machten die Revolution und stehen nun sogar an der Spitze der meisten Ressorts des bolschewistischen Staats. Sogar zaristische Offiziere kommandieren Regimenter. Man sieht in Amerika reiche Männer, die sich den sozialistischen oder anderen radikalen Bewegungen anschließen. Für mich sind das Leute, die ihrem Umfeld entfremdet sind. Es können Männer und Frauen der höheren Schichten sein, aber sie haben ein Minderwertigkeitsgefühl, denn die Aktivitäten der höheren Schicht interessieren sie nicht und verachten sie. Ihr Streben nach Überlegenheit ist nicht das nach Reichtum oder sozialem Status oder Anerkennung durch die Leute ihres Umfelds. *Robespierre* war solch eine Person und *Krassin*[11] ist wahrscheinlich auch eine solche.

Das Verhaltensmuster von Menschen kann an ihrer Beziehung zu drei Dingen untersucht werden: zur Gesellschaft, zur Arbeit und zur Sexualität. Das Gefühl der Minderwertigkeit beeinflusst die Beziehung des Menschen zur Gesellschaft, zur Arbeit und zur Sexualität. Aber das ist kein Komplex, man muss deshalb nicht den Fachmann konsultieren, solange der Mensch nicht sagt: »Ich kann nicht arbeiten, ich kann nicht lieben, ich habe keine Freunde.«

Mussolinis Verhaltensmuster sind in zwei Punkten klar sichtbar – hinsichtlich der Beziehung zur Gesellschaft und zur Arbeit. Was man über seinen Überlegenheitskomplex in Sachen Sexualität tuschelt, dazu habe ich im Augenblick nichts zu sagen.

Wir sollten jedes Zeichen von Fehlschlag beim Versuch Italiens, ökonomischen Erfolg zu erringen, gut beobachten, denn in diesem Moment kann Desillusionierung einsetzen und damit eine Rückkehr zur Verzagtheit der Minderwertigkeit und Gewalt.

---

11 [Bolschewik der frühen Jahre, dann Volkskommissar]

21. Tolstoi und unsere Zeit (1928)

Editorische Hinweise
Erstveröffentlichung:
1928: Wiener Allgemeine Zeitung (11. September), S. 5
In der Rubrik »Das literarische Leben« und unter der Überschrift »Tolstoi und unsere Zeit« hat die Zeitung anlässlich des 100. Geburtstages Tolstois »einigen bedeutenden Zeitgenossen« die Frage gestellt, was ihnen und unserer Zeit Tolstois Werk bedeutet. Geantwortet haben neben Adler: Prof. Rudolf Beer, Wilhelm Börner, Ossip Dymow, Prof. Josef Halban, Hofrat Franz Herterich, Heinrich Eduard Jakob, Prof. Theodor Lessing, Rosa Mayreder, Jakob Wassermann und Fritz Wittels.

Tolstoi und unsere Zeit

Wegbereiter und Genius. Deshalb Zerstörer, Feind der Gegenwart – gleichzeitig das gelobte Land aus der Ferne sehend und zeigend. Stark, überstark im Ausschalten des Unwesentlichen, Vergänglichen, Stürzenden; zielbewusst im Gefühl vollendeter Menschlichkeit. Sein Ausgangspunkt: lastendes Gefühl der Unvollkommenheit; sein Ziel: die Glorie des Gemeinschaftsgefühls im Namen Christi; sein Weg in die Unsterblichkeit: erlösendes Erkennen menschlicher Irrtümer und ihrer Folgen. Sieht selbst im Bösen noch die Würde der Menschheit. Sucht in heiliger Besessenheit den Punkt, von dem aus das Verbrechen dieser Welt aus den Angeln zu heben ist. Stört auf ewig das gute Gewissen der Blinden.

22. Zur Massenpsychologie (1934)

Editorische Hinweise
Erstveröffentlichung:
1934i: Internationale Zeitschrift für Individualpsychologie. 12. Jg., H. 3, S. 133–141
Neuauflage:
1983: Alfred Adler: Psychotherapie und Erziehung, Band 3, S. 57–69 (1934i/1983a)

Die Begriffe »Masse« und »Massenpsychologie« werden hier unscharf und unterschiedlich verwendet: als Sozialpsychologie kollektiver kultureller Erscheinungen (wie Sprache, praktische Vernunft, soziale Gefühle, Ge- und Verbote, Ethik etc.) oder als psychische Struktur der gesellschaftlich durchschnittlichen Einzelnen (»Massenpsyche«) oder auch als Psychologie der Massenbewegungen.

Die Einzelpsyche ist in ihrer Struktur und ihrer Entstehung für Adler Modell für die Ausprägung der Massenpsyche im Sinne des Sozialcharakters. In der Massenpsyche gebe es ebenso wie in der Einzelpsyche einen Lebensstil, der aus den sozialen Strukturen heraus entwickelt wurde, eine Ausprägung von Gemeinschaftsgefühl und ein Streben nach Überwindung. Allerdings kämen in ihr und in Massenbewegungen der Lebensstil der aktiveren Gruppe, derer, die »materiell oder numerisch das Übergewicht haben«, zur Geltung (im Sinne von hegemonialer Kultur). Das Streben nach Überwindung gehe häufig in die falsche Richtung, suche seinen Wert durch Unterwerfung anderer zu erhöhen, wie im Krieg, im Geschlechterkampf oder der Hexenverfolgung.

Die Massenpsyche mit gering ausgeprägtem Gemeinschaftsgefühl (der »Verwöhnten«) erwarte alles von den anderen, »meist von einem Führer, der für sie denkt«. Sie »lässt sich gerne betrügen durch Redensarten, Phrasen« und folgt ihm begeistert, »selbst wenn der Common Sense dagegen spricht«.

»Gut« und wertvoll seien Massenbewegungen, wenn sie mit den »ehernen Tatsachen« der Evolution im Einklang stünden, dem Wohl der Allgemeinheit in der Gegenwart und sub specie aeternitatis dienten – wobei Adler einräumt, dass dies im Konkreten strittig sein kann.

Zur Massenpsychologie

Was Massenpsychologie ist, oder dass es eine Massenpsychologie gibt, darüber sind sich alle einig. Jeder spricht davon, und jeder verwendet diesen Begriff. Wir sind aber arg daran, sobald wir sagen sollen, wie Massenpsyche zustande kommt, welchen Wert und welche Bedeutung sie für den Fortschritt der Menschheit hat, oder welche aufbauenden oder zerstörenden Kräfte ihr innewohnen. Fast in allen neueren Werken taucht ein und derselbe Name auf, des Autors Le Bon[1], sobald von Massenpsyche die Rede ist. Ich glaube ihm trotz seiner Verdienste um die Förderung dieses Problems nicht unrecht zu tun, wenn ich hervorhebe, dass auch er über die Feststellung nicht hinauskommt, Massenpsyche sei mehr als die Summe der Sinngestaltung der Einzelnen, und dass eine Massenbewegung sowohl gute wie schlechte Ziele verfolgen kann. Auch die Betonung, dass der Masse nie das Verantwortungsgefühl innewohnen kann, wie es den Einzelnen mehr oder weniger nie verlässt, auch diese Betonung muss ihm gutgeschrieben werden. Die Rolle des Führers in Massenbewegungen ist in allen Arbeiten über Massenbewegung stark hervorgehoben. Den schüchternen Versuch Freuds[2], die Unterordnung der Masse unter den Führer als libidinös zu erklären, sie der Liebe des Kindes zum Vater gleichzustellen, können wir übergehen.

Den großen Geschichtsschreibern wie *Plutarch, Livius* und anderen bis *Gibbon*[3] und über ihn hinaus verdanken wir ein ungeheures Material, das noch der psychologischen Interpretation wartet. Sehen wir aber von den großen geschichtlichen, meist revolutionären und kriegerischen Massenbewegungen ab, wie sie sich so häufig als Resultate geänderter ökonomischer Bedingungen, des Mangels der Futterplätze und mangelhafter Organisation der Massen herausstellen, so bleiben noch eine ganze Menge von Tatsachen übrig, die nur als Massenaktion zu verstehen sind. So zum Beispiel das Wunderwerk der Sprache, die nur als Massenprodukt, hervorgerufen durch einheitliches Zusammenwirken der Massenteile in ihrem Entstehen und in ihrer Ausbildung, zu verstehen ist. Das Gleiche gilt von der Allgemeingültigkeit der praktischen Vernunft die wir bezeichnend als *Common Sense* benennen. Jeder ist in seinem Denken daran gebunden, so zu denken und zu verstehen, als ob er darin die Gesamtheit vertreten würde. Auch der Common Sense wie die Sprache ist nicht unbeweglich. Er ergänzt sich, verbessert sich, breitet sich aus, aber in allem Fortschritt beider steckt Massenbewegung und Anerkennung durch die Masse. Die Individualpsychologie spricht als unwiderleglich aus, dass hinter all diesen Leistungen das Wirken des Gemeinschaftsgefühls, heute in seiner Größe oder in seiner Dürftigkeit ein Geschenk der Evolution, *[134]* zu finden ist, und dessen Gebrauch durch den Einzelnen. So ist auch die Verhütung von Gefahren und des Todes vor dem natürlichen Ablauf des Lebens zum großen Teil der Sorge der Allgemeinheit anheimgestellt. Auch das Gefühl des Mit-

---

1 [Le Bon, französ. 1895, dt. »Psychologie der Massen« 1908, 2008]
2 [Freud 1921]
3 [Gibbon: brit. Historiker, bekannt durch seine Analyse der Spätantike, besonders des Untergangs des Römischen Reichs]

leides und der Mitfreude, die Achtung und Anerkennung gegenüber wertvollen Leistungen, der Schönheit in der Kunst und im Leben lässt erkennen, dass die Menschenmasse mit freilich unvollendeter Einheitlichkeit von einem gemeinsamen Streben geleitet ist, dem Wohl der Menschheit und ihrer Zukunft ihren Tribut zu zollen. So ist auch die Fortpflanzung der Menschheit ein heimlich, aber sicher wirkendes Gebot, dem sich der Einzelne, mitwirkend oder wenigstens seine Bedeutung anerkennend, unterstellt. Würden doch religiöse Gebote wie das »Vermehret Euch wie der Sand am Meere« nicht entstanden sein, noch weniger anerkannt oder gar in ihrer Ablehnung weitgehend unter Strafsanktion gestellt worden sein, wenn nicht die Notwendigkeit einer solchen Vermehrung dem Lebensprozess aller entsprochen hätte. Auch das Verbot der engeren oder weiteren Blutsverwandtenehe lässt sich entgegen allen anderen Annahmen nur durch den Zwang der Massenpsyche erklären, die auf eine weitgehende Blutmischung über die Familie hinaus Einfluss nehmen musste, um alle gemeinsam der Förderung und Einreihung in den Strom der Evolution teilhaftig zu machen zum Vorteil der Allgemeinheit, die so nicht stecken bleibt, verhaftet in der Begrenztheit familiärer und Stammeseigenheiten. Im Allgemeinen waren alle Heiligungen von Geboten und Verboten, sowie bis heute alle Strafeinrichtungen, alle Wertschätzungen, alle Feststellungen von »Gut und Böse« dem Diktat der Massenpsyche anheimgegeben, ebenso wie alle religiösen und ethischen Vorschriften, die alle dem Fortschritt und der Wohlfahrt der Menschheit dienen sollten.

Dass die Massenpsyche bis auf den heutigen Tag nicht imstande war, alle Fragen der Menschheit zu einer glatten Lösung zu bringen, ist leicht verständlich. Dass sie oft über das wünschenswerte Ziel hinausschoss, ist uns bekannt. Dass sie ebenso wie die Psyche des Einzelnen in falsche und allgemein schädliche Richtungen laufen kann, liegt an dem Mangel des menschlichen Verstehens vom Sinn des Lebens im Strom der fördernden Evolution. Um nur ein Beispiel anzuführen neben den unzähligen Kriegen, die die Menschheit immer wieder in die Wüste führten, so war die Hexenverfolgung, nicht gar zu weit entfernt von unserer Zeit, eine Massenbewegung, die fast die ganze Menschheit ergriffen hatte. Mehr als eine Million gänzlich unschuldiger Mädchen und Frauen erlitten nach unsäglichen Qualen den Feuertod aus mannigfachen schäbigen Ursachen, unter denen sicherlich die schwer wiegendste war, die Niederhaltung der Frau, wie sie seit alten Zeiten massenpsychologisch bestand, in einem wütenden Aufbruch zugunsten des männlichen Prinzips zu verschärfen.

Die Frage ist, wann ist eine Massenbewegung gerechtfertigt, und wann ist sie schädlich? Wann ist sie Schulung der Menschheit zu höheren Zielen, und wann hindert sie den Aufstieg der Menschheit? Wann ist sie im Strom der Evolution, und wann schlägt sie die Menschheit zurück auf ein niederes Niveau? *[135]*

Es muss zugegeben werden, dass diese Fragen manchmal strittig sein können. Ein ganz genaues Programm zur Beurteilung von politischen, religiösen und andern geistigen Strömungen hat niemand zur Hand. Vielleicht muss man auch in Rechnung setzen, dass die Menschheit, auf diese arme Erdkruste gesetzt, vorübergehend zu fehlerhaften Umwegen genötigt ist, unter dem Druck einer drängenden Not. Aber einiges kann doch zur Klärung der Frage gesagt werden, ohne dass ein gerechtfertigter Widerspruch erhoben werden könnte.

Würden wir uns über den Sinn des Lebens, unabhängig davon, was der Einzelne darüber meint, einigen können, so wäre viel gewonnen. Jeder verstünde wenigstens, dass er körperlich und seelisch die Kosten bezahlen müsste, sobald er sich in größerem Widerspruch mit den ehernen Tatsachen befindet, die der Zwang des ewig sich erneuernden Lebens, der menschlichen Evolution setzt. Ich habe mit aller Bescheidenheit in zwei Büchern versucht, dieser Aufgabe näher zu kommen. Das eine Buch trägt den Titel »What Life should mean to you« [Adler 1931b/1979b], das andere, tiefer greifend, nennt sich »Über den Sinn des Lebens«, ist bis jetzt nur im Deutschen veröffentlicht [Adler 1933b; Studienausgabe, Bd. 6] und setzt sich mit den Fehlschlägen und ihren Folgen auseinander, wie sie notwendigerweise bei abwegigen Versuchen, gegen den Sinn des Lebens vorzugehen, eintreten müssen.

Aus diesen nahezu typischen Schädigungen des Einzelnen und der Masse lässt sich lernen, lässt sich auf eine unwiderstehliche Kraft schließen, die das Schicksal der Menschheit lenkt. Bleiben wir auf rein wissenschaftlichem Gebiet, bei aller Bewunderung der intuitiven Kraft der Masse, richtige Lebensregeln zu finden, die nahezu Ewigkeitswert haben, so richtet sich der Gedanke auf den Beginn des Lebens der Menschheit und des Einzelnen. In beiden Fällen finden wir, dass in der kraftvollen Anfangsstruktur eine Fähigkeit gegeben ist, sich zu einer aktiven Anpassung an den Sinn des Lebens zu entwickeln, sich durchzusetzen gegenüber der »gegenständlichen« Außenwelt, sie vorteilhaft zu überwinden. Damit ist dem Leben des Einzelnen und der Gesamtheit ein weltenfernes Ziel gesetzt. Dass dem ursprünglichen menschlichen Leben, wie immer es entstanden sein mag, die Möglichkeit innewohnte, auszudauern und auf eine höhere Stufe der Weltbeherrschung zu gelangen, zeigt der heutige Bestand der Menschheit. In der Keimzelle des gegenwärtigen Menschen aber ruht bereits die hoch qualifizierte, evolutionär erworbene Fähigkeit, den errungenen Grad der besseren Fähigkeit zum Aufstieg festzuhalten und auszubauen. Viel lebendes Material ging endgültig verloren bei diesem Aufstieg. Immer jenes, das in einer fehlerhaften Richtung strebte. Was heute besteht, hat Aussicht auf weiteren Aufstieg, auf günstigere Überwindung der »gegenständlichen« Außenwelt.

Masse und Einzelmensch tragen in sich diesen Zwang zur Evolution und die Fähigkeit dazu seit Bestehen des Lebens. Der Einzelmensch hat dank des Geschenkes der Evolution, in seiner Denkkraft, die Möglichkeit einer Auswahl der Richtung seiner Entwicklung. Freilich ist die Wahlzeit auf die ersten drei oder vier Jahre seines Lebens beschränkt, in denen sein Lebensstil, seine Gangart, seine Lebensrichtung so weit dauernd festgelegt wer*[136]* den, dass sie nur durch spätere durchdringende Einsicht in etwaige Fehlerhaftigkeit geändert werden können. In der Massenpsyche kommen die Vorzüge und Nachteile der Einzelpsychen zutage, die in den vorhandenen Generationen materiell oder numerisch das Übergewicht haben. Die Einzelpsychen summieren sich nicht nach Maßgabe ihrer speziellen, individuellen Qualitäten, sondern in Hinblick auf Stellungnahme zum Strom der Evolution, bald gleichlaufend mit ihm, bald ihm widerstrebend, je nach den Vorzügen oder Nachteilen im Lebensstil der vorhandenen Generationen.

Und wieder taucht die Frage auf nach der günstigsten Richtung.

Als ich nach langen Forschungen und Überlegungen feststellte, dass der Lebensstil, in der frühen Kindheit erworben, in einer sozialen Anpassung an die soziale Struktur der näheren Umgebung mit verhältnismäßig unzulänglichen Mitteln, mittels der schöpferischen Kraft des Kindes, unter dem evolutionären Zwang zur Überwindung entsteht, war ich um einen Schritt der Lösung näher gekommen. Ich erkannte, dass sich unser ganzer Lebensprozess in jener Richtung abspielt, in der uns, jedem Einzelnen anders, die richtige Lösung unserer sozial gegebenen Beziehung zu den Aufgaben der Gemeinschaft zu liegen scheint. Mit andern Worten: Die Meinung, welchen Weg wir einschlagen sollen, um unsre Fähigkeiten so weit auszugestalten, dass wir in den uns von der Gemeinschaft gestellten Fragen keine Niederlagen erleiden. Mit andern Worten: dass wir uns nicht »wertlos«, im Gefühl der Minderwertigkeit, ausgestoßen aus dem Strom der Evolution empfinden oder erkennen wollen.

So durchdringt die soziale Struktur unseres Lebens die durch die Evolution uns aufgezwungene Entwicklung und stellt uns mit dem in der Kindheit erworbenen Grad unseres Mittuns, größer oder kleiner geraten, den sozialen Problemen des Lebens, der Beziehung zu andern, der Arbeit, der Liebe gegenüber. Diese kindliche Stellungnahme wird stark durch die soziale Atmosphäre der Umgebung beeinflusst, die die sozialen Aufgaben des Lebens, oft tragisch verzerrt, dem Kind näher bringt. Es ist meist keine leichte Aufgabe für das Kind, seine Lebensrichtung dem Strom der Evolution näher zu bringen, der den Zwang zur Gemeinschaft als den einzigen Weg zur Erhaltung und zur Förderung der Menschheit in uns gelegt hat. Aktivität und Gemeinschaftsgefühl, damit verbunden die soziale Struktur aller menschlichen Ausdrucksformen, tausendfach verschieden in Qualität und Quantität sind die schöpferischen Leistungen des Kindes, selbstständig und nicht nach kausalen Relationen geschaffen von ihm.

Aktivität in der Richtung des Gemeinschaftsgefühls ist daher die siegreiche Forderung der menschlichen Evolution. So wie die Umgebung des Kindes mehr oder weniger den Grad der Mitmenschlichkeit widerspiegelt, der aus der menschlichen Gemeinschaft auf sie einwirkt, sie beeinflusst, so wirkt sich der Grad der Kooperation innerhalb der Umgebung des Kindes in einer vom Kinde bestimmten Richtung aus, bestimmt nicht seine Lebensrichtung, verleitet es aber, sie in der ihm, nicht andern, günstigst scheinenden Richtung auszubauen.

Was wir demnach »gut«, »böse«, »wertvoll« nennen, bestimmt sich nach der Nähe zum Strom der Evolution, wird vom Volke intuitiv zumeist *[137]* richtig erfasst und kann nach den obigen Ausführungen der praktischen Vernunft und dem Common Sense unterstellt werden. Dieses intuitive Erfassen der Masse, in fast gleichmäßiger Weise zu beobachten, zeigt uns abermals die Massenpsyche als produktive Kraft. Es liegt in ihrer Auswirkung nicht bloß eine Feststellung für die Gegenwart, sondern weit darüber hinaus eine Feststellung sub specie aeternitatis, dass etwas gut, böse, wertvoll sei bis in alle Ewigkeit. Auch der historische Materialismus mit seiner Behauptung des menschlichen Geschehens entsrechend der Art und Weise, wie eine Masse aufgrund der ökonomischen Bedingungen ihren Lebensunterhalt erwirbt, hätte nur dann für eine ferne Zukunft Geltung, wenn alle möglichen Fehlschläge von Massenbewegungen sich selbst nach Opfern und unerhörten Qualen aufgelöst und revidiert haben würden. *Für jede Gegenwart aber* werden die ökonomischen Verhältnisse von jedem Einzelnen und von den Massen *je nach ihrem vorher erworbenen Lebensstil* reflektiert und beantwortet. Mag sein, dass die starke Betonung der Richtigkeit der materialistischen Geschichtsauffassung trotz aller Leugnungen den Elan ihrer Anhänger stark herabsetzt. Es kann heute nach den unwiderlegbaren Beweisen der Individualpsychologie nicht mehr übersehen werden, dass Menschen zum Beispiel, die in der Kindheit ihren Lebensstil in Anpassung an Verwöhnung aufgebaut haben, später im Leben alle Situationen, auch die ökonomischen, so auffassen werden, dass sie sich unter allen Umständen eine durch andere geschaffene, erleichterte Situation herbeiwünschen. Gleichgültig welcher Strömung immer sie sich anschließen, einer religiösen oder politischen oder kulturellen, erwarten sie alles von den anderen, meist von einem Führer, der für sie denkt, schafft, die Verantwortung übernimmt und ihnen gestattet, sich an ihn anzulehnen. Zeigt er ihnen die Möglichkeit günstigerer Positionen, wenn auch gegen das Ziel der Höherzüchtung der Menschheit gerichtet, so werden sie ihm begeistert folgen, selbst wenn der Common Sense dagegen spricht.

Ich habe, um ein anderes Beispiel zu zeigen, nachgewiesen, dass sich jedes erstgeborene Kind an seine eigenartige Situation anpasst, die keinem andern Kind derselben Familie zukommt. Es ist eine Zeit lang ein einziges Kind und wird nach einer Weile meist von einem andern Kind aus seiner Einzigkeit entthront. Was immer später im Leben solcher Erstgeborenen sich ereignet, sie folgen stets »dem Gesetze, nach dem sie angetreten« sind. Wo immer sie stehen, werden sie immer mehr als die andern die Macht zu schätzen wissen und immer mehr die Entthronung fürchten. Selbst das Wohl der Allgemeinheit wird ihnen abhängig erscheinen von der Macht des Einzelnen. Dass daraus Weltanschauungen entspringen, unterliegt keinem Zweifel, ebenso wenig, dass sie auf mehr oder weniger Gleichgerichtete anziehend wirken und zu Massenströmungen Anlass geben können. Auch die Entwicklung der Kunst unterliegt solchen und anderen Strömungen, da der Künstler sein Stück auf der Bühne des Lebens und für die Bühne des Lebens spielen muss.

Im ganzen Ablauf der menschlichen Entwicklung, die unter Opfer der Widerstrebenden nach aufwärts und zum Wohl der Allgemeinheit führt, geht die Strömung über unhaltbare Lebenshaltungen hinweg zum [138] aktiven Ausgleich, körperlich und geistig, mit den kosmischen Einflüssen. Das für jeden Einzelnen darin zu erwerbende Wertgefühl steht im Einklang mit den Meinungen vom Sinn des Lebens, das jeder, ohne es verstanden oder überprüft zu haben, in naiver Weise aus der ersten Kindheitsperiode weiterspinnt. Diese stets individuelle Meinung vom »Sinn des Lebens« liegt allem Wertstreben zugrunde, dem der Einzelne und die Masse unaufhaltbar folgen müssen. Wie einer sich wertvoll vorkommt, dies bestimmt seine Entscheidungen und Stellungnahmen in jeder Frage seines Lebens. Es bestimmt auch seine Stellungnahme zu Massenbewegungen und Massenanschauungen. Man kann da deutlich beobachten, wie der Einzelne zur Masse steht und wie die Massenanschauung auf den Einzelnen einwirkt. Ich habe nachgewiesen, wie leicht ein weniger aktives, verwöhntes Kind, mit geringem Gemeinschaftsgefühl und einem geringen Grad der Fähigkeit zur Mitarbeit ausgestattet, vor den Fragen des Lebens, die Mitarbeit erfordern (Gemeinschaft, Beruf, Liebe) erschrickt. Die Schockwirkungen gestalten seine Neurose. Da waren es lange Zeit die Symptome der Hysterie, die das Staunen der gelehrten Welt und der Laien hervorriefen. Allmählich kamen diese Formen in Verruf. Hysterie galt geradezu als Schimpfwort. Und als sich gar, wenn auch ungerechtfertigter Weise, die Meinung verbreitete, dass die hysterischen Symptome Ausbrüche sexueller Gereiztheit seien, da verschwanden sie fast ganz von der Bildfläche der ärztlichen Klinik und wurden durch andere Formen von Nervosität ersetzt.

Die Massenpsychologie muss sicherlich unter dem gleichen Gesichtspunkt gesehen werden wie die Psychologie des Einzelnen, denn in ihr fließen die Sehnsüchte der Einzelnen zusammen. In erster Linie ist deshalb das durch die Wucht der Evolution geforderte Streben nach Überwindung einer Minussituation ins Auge zu fassen. Dies vorausgesetzt, kommen wir zu dem durch die Erfahrung fest begründeten Urteil, dass wie beim Einzelnen so auch bei der Masse das Streben nach Überwindung eine Unzahl von Fehlschlägen aufweisen kann. Es ist anzunehmen, dass es im Sinne der Evolution der Menschheit, gleich einer mathematischen Aufgabe, nur einen einzigen richtigen Weg gibt zur idealen Lösung der kosmisch und sozial gegebenen Aufgaben des Lebens. Leider ist niemand im Besitze der lösenden Formel. Es scheint aber, dass sich bisher die individualpsychologische Weltanschauung dieser Formel näher befindet als andere. Vielleicht wirkt folgendes Beispiel überzeugend: Die Entwicklung unsres gesellschaftlichen Lebens geht seit 2000 Jahren in die Richtung der Gleichberechtigung der Geschlechter. Die Unterordnung der Frau war durch die Erfindung des Krieges gegeben, infolge der Höherschätzung körperlicher Kraft und Ausdauer. Die daraus entspringende Massenbewegung und Weltanschauung war durchaus zuungunsten der Frau, dauert bis heute an wegen der Unfähigkeit der Menschheit, den Kriegen ein Ende zu setzen, wirkt sich stärker aus in kriegslüsternen Ländern unter allerhand unhaltbaren Forderungen wie der, dass des vollen Rechtes nur teilhaftig sein soll, wer Waffen tragen kann. Die Höherentwicklung der Technik, der Wissenschaft, sicher auch der Liebe *[139]* förderte aber unaufhörlich den Aufschwung der Frau und ihre Teilnahme am öffentlichen Leben. Diese beiden Gegenströmungen verursachten viel Unheil im persönlichen und sozialen Leben der menschlichen Gesellschaft. Und stets, wenn die Rechte der Frau stärker zum Ausdruck kamen, stellte sich ihnen die privilegierte männliche Weltanschauung in den Weg. Unter den blutigen und verwerflichsten Versuchen, die Frau in ihre untergeordnete Stellung zurückzuwerfen, stehen die 300 Jahre der Hexenverbrennung, die mehr als einer Million unschuldiger Frauen unter den schrecklichsten Qualen das Leben kostete, die erste Stelle ein. Dem Verstehenden nicht überraschend und wie ein Wegweiser in unsre Zeit, schwenkten die Universitäten mit ihren Professoren am sichersten ein und lieferten »gelehrte Beweise« für die Hexenkünste der Frauen. Es klingt natürlich kindisch, heute zu betonen, dass uns bei richtigerem Verständnis der unausweichlichen Entwicklungslinie der Menschheit diese unerhört schreckliche Periode, die 300 Jahre währte, erspart geblieben wäre, das heißt: bei stärkerer Entwicklung des Gemeinschaftsgefühls. Aber eines sollte der Menschheit in Betrachtung dieser und anderer Schändlichkeiten klar werden: dass uns *nur die Erziehung des Kindes zur Mitmenschlichkeit* über Fehlschläge der Masse hinweghelfen kann, dass sie nur vermieden werden können, wenn die Schulung des Kindes es dem Strom der Evolution näher bringt, näher zur Wohlfahrt und zur Höherentwicklung der gesamten Menschheit. Denn sonst bleiben Massenbewegungen und Massenpsyche stets darein verwickelt, sich zusammenzufinden zur Befriedigung verfehlter, persönlicher, aus einem fehlerhaften Lebensstil entsprungener Gelüste.

Aber auch alle diese in Tausenden von Opfern verfallenen Massenbewegungen entsprachen einer Massenpsyche, die dem Einzelnen und der Masse ein höheres Wertgefühl vorspiegelte, sie dem Gefühl der Wertlosigkeit zu entreißen schien und regelmäßig ihr Wertgefühl aus der Wertlosigkeit anderer bezog, zu der sie diese andern verdammen wollte. Es ist in der Massenpsyche das gleiche öde Spiel wie beim Einzelnen, wenn er fehlgeht und wenn seine Fähigkeit zur Kooperation in der Kindheit nicht entwickelt wurde. Er sucht sein Wertgefühl immer abseits vom Wohl der Allgemeinheit und betrügt sich und lässt sich gerne betrügen durch Redensarten, Phrasen und Gleichnissen, abseits vom Common Sense auf den Wegen einer »privaten Intelligenz«.

In den großen und kleinen religiösen Strömungen pochte immer unbeirrbar, wie in den großen Leistungen der Philosophie, der Wissenschaft, der Kunst und staatsmännischer Weisheit das Herz der Menschheit, deutlich vernehmbar nur jenen, deren Sinn auf die Hebung des Menschengeschlechtes gerichtet war. Sie alle, ob sie zur Wahrheit durchdringen wollten oder das Denken, das Fühlen, das Sehen und Hören der Menschheit zu veredeln suchten, tragen in ihrem letzten idealen Ziel tief eingeprägt wissend oder unwissend, die erhabenste Ausprägung menschlicher Größe, das »Liebe deinen Nächsten«. Ob es der Einzelne ist, von dieser Erhabenheit erfasst, eine Gruppe, ein Volk, eine Nation, ein Staat, sie alle umschließt und eint der tragende Gedanke: ihren Wert und ihr Wertgefühl zu suchen in ihren Beiträgen zum Wohl der gesamten Mensch[140]heit. Kein Leiden, keine Unterdrückung konnte sie aus dieser Welt verbannen, die ausschließlich die ihre ist. Denn sie haben den unsterblichen Geist ihrer Ahnen in sich aufgenommen und tragen ihn weiter in die Unsterblichkeit. Nur sie allein, als Einzelne und als Masse, besitzen den Aufschwung zu weiteren Taten und Gedanken, der die Menschheit nach oben führt. Denn sie allein fühlen sich richtig eingebettet in das große Geschehen der Evolution und verlieren nicht den Mut zum Bekenntnis und zur Tat, sich aller Errungenschaften zu freuen und vor Schwierigkeiten nicht zurückzuschrecken.

Da nun Massenbewegungen immer dem Lebensstil entspringen, von ihm aufgenommen werden, der in einer oder zwei Generationen vorwiegt, so ist es für den Forscher auf dem Gebiete der Massenpsychologie unumgänglich, sich mit den Tatsachen vertraut zu machen, die dem Aufbau des Lebensstils zugrunde liegen. Heredität und Eindrücke der Umwelt sind nur die Bausteine, die das Kind benützt, um aus ihnen seine Persönlichkeit zu formen, die bis ans Lebensende anhält und nur geändert werden kann, wenn das Individuum den Irrtum im Gebrauch seiner Heredität und in der Verwendung seiner Umwelteinflüsse völlig erkennt. Diese Erkenntnis ist auch nötig, wenn eine Massenbewegung fehlgegangen ist. Nur dass sie dann sich ändert oder zum Stillstand kommt, sobald durchdringt, was bei Fehlschlägen durchdringen muss, dass auf dem falschen Weg ein Wertgefühl nicht zu erlangen ist, oder, was dasselbe bedeutet, dass eine Erlösung aus dem Gefühle der Wertlosigkeit nur auf einem andern Weg zu erlangen ist. Wer also unrichtige Massenbewegungen zum Stillstand bringen will, muss imstande sein, klar nachzuweisen, dass das Gefühl der Wertlosigkeit nur auf einem andern Weg behoben werden kann.

Das ideale Ziel der Evolution ist – Idee, und kann nur auf spekulativem Wege erfasst werden. Um wirksam im Leben zu werden, muss es ins Irdische übersetzt, je nach den Zeitumständen konkret gefasst werden. Dies geschieht regelmäßig im frühesten Kindesalter, in der plastischsten Zeit der Entwicklung, in der das Kind eine einheitliche Lösung sucht in aktiver Anpassung an seine Erlebnisse und in deren individueller Ausgestaltung. Seine Lösungsversuche gehen auch weiterhin in dieselbe Richtung.

Es ist viel Unberechenbares in der Auswahl des Kindes, wie es aus Erlebnissen zu Zielrichtungen gelangt. Immerhin gibt uns die Erfahrung Fingerzeige und Möglichkeiten zu einer Berechnung statistischer Wahrscheinlichkeiten. Deshalb können wir gewisse Eindrücke in der Kindheit als maßgebend, nicht als »ursächlich« für den Aufbau seines Lebensstiles erkennen, weil wir ihre Spuren und Folgen bis ins späte Alter verfolgen können. Wenn zum Beispiel ein Kind frühzeitig Ungerechtigkeiten in seiner Umgebung erfährt, fühlt und erkennt, die wie eine unfreundliche Einladung ins Leben erscheinen, so kann es sich der Feindlichkeit des Lebens bewusst werden, vielleicht ohne es in Worte noch kleiden zu können. Seine Unsicherheit kann steigen, und es wird in dieser Unsicherheit zu dem bestehenden Faktum Ungerechtigkeit Stellung nehmen müssen. Welche Stellung das Kind dazu einnimmt, sich lieber selbst der Position *[141]* des Ungerechten zu bemächtigen oder gegen Ungerechtigkeiten sich aufzulehnen – und dazwischen liegen hundert verschiedene Möglichkeiten –, kann nicht vorausgesagt werden, sondern nur später erkannt werden. Nur wenn das Kind bereits zum Gemeinschaftsgefühl erwacht ist, kann man mit Sicherheit erwarten, dass es Ungerechtigkeiten als wertlos und drückend erfassen wird, wo immer es sie später beobachten kann. In der Masse kommt immer der Lebensstil der vereinigten Einzelnen zum Ausdruck, bald in Auflehnung dagegen, bald in Duldung und Verübung.

Ebenso ist es sicher, dass Kinder, die in früher Zeit den Krieg erlebt haben – spätere Einführungen in die Kriegsgeschichte in welcher Haltung immer ändern nichts mehr an seiner Haltung –, auf dieses Faktum in der Weise reagieren werden, je nachdem ihr menschlicher Kontakt und ihr Gemeinschaftsgefühl besser oder schlechter entwickelt ist. Allen denen, die sich auf dem Weg menschlicher Kooperation befinden, wird der Krieg als abscheulich und unmenschlich erscheinen. Wächst eine Generation oder ein Teil derselben ohne genügendes Gemeinschaftsgefühl heran, sodass ihnen ihr persönliches Interesse mehr am Herzen liegt als das allgemeine Wohl, dann kann ihnen der Krieg als gerechtfertigtes Mittel erscheinen, persönliche und eigennützige Interessen zu befriedigen.

Wenn man große Zeitläufe überblickt, so kommt man zu dem Schlusse, dass alle Massenbewegungen nur dann dauernden Erfolg haben konnten, wenn sie im Sinne der Evolution abliefen. Andererseits kamen sie immer in Widerspruch mit den von der Evolution geschaffenen Tatsachen. Weitere Kämpfe, Niederlagen und Vernichtung bewiesen ihre Unhaltbarkeit im Strome der Zeit.

Unsere individualpsychologischen Erfahrungen lassen demnach die Folgerung zu, dass in jeder Generation der ungefähr gleiche Lebensstil der aktiveren Gruppe als Massenpsyche zum Vorschein kommt. Dies gilt für alle Strömungen des sozialen Lebens, für Kunst ebenso wohl als für Politik und Weltanschauung. Dieser Lebensstil ist in den ersten drei Jahren der Kindheit völlig entwickelt und kann nur auf wissenschaftliche Art gebessert werden. In der Massenpsyche einer Generation spiegeln sich die Eindrücke des sozialen Lebens in der Kindheit in positivem oder negativem Sinne. Das Ausmaß des kultivierten, gesteigerten oder beschränkten Gemeinschaftsgefühls gibt den Ausschlag für die Richtung der Massenbewegung. Der weniger aktive Teil der Generation wird entweder überrannt oder geht als Mitläufer mit, bis eine andere Massenbewegung ihn aufnimmt. Das Urteil, bestätigend oder verdammend, spricht die unüberwindliche Macht der menschlichen Evolution, die, soweit menschliche Einsicht widerspruchslos zeigt, zur Erhaltung der Menschheit, zur Erfüllung des Sinnes des Lebens rücksichtslos das Wohl der Allgemeinheit verlangt.

23. Ist Fortschritt der Menschheit möglich? wahrscheinlich? unmöglich? sicher? (1937)

Editorische Hinweise
Erstveröffentlichung:
1937g: Internationale Zeitschrift für Individualpsychologie, 15. Jg., H. 1 (Januar), S. 1–4
Neuauflage:
1983: Psychotherapie und Erziehung, Bd. 3, S. 163–167 (1937g/1983a)

Adler hält einen Fortschritt der Menschheit im Sinn einer Höherentwicklung und Erweiterung der Wohlfahrt für gewiss. Das prinzipiell angeborene, wenn auch noch nicht hinreichend entwickelte Gemeinschaftsgefühl, das lebendig werde durch die schöpferische Kraft, biete dafür die Gewähr. Jeder positive Beitrag komme der Gesamtheit zugute, auch strebe die Kompensation zu einer wachsenden Kultur, und schließlich trage auch die Endlichkeit des Menschen und das Auftauchen einer neuen Generation zu neuen Lösungsmöglichkeiten bei. Adler benennt als Grundlagen der Individualpsychologie: die Einheit der Person, die schöpferische Kraft und das Gemeinschaftsgefühl.

Ist Fortschritt der Menschheit möglich? wahrscheinlich? unmöglich? sicher?

Heute mehr als je bewegt diese Frage jedermann. Aber selbst in der Idee, was Fortschritt ist, herrscht durchaus keine Einigkeit. Dies kommt wohl daher, dass man sich wenig um Zusammenhänge kümmert, vielmehr aus seiner meist zu engen, persönlichen Perspektive alle Fragen, auch wissenschaftliche, betrachtet. So auch in der Frage des Fortschrittes. Jeder ordnet alle Erfahrungen und Fragen seiner ihm meist selbst unbekannten Konzeption unter und lebt und stirbt für seine Schlussfolgerungen. Es ist amüsant und traurig zugleich zu sehen, wie auch Wissenschaftler, besonders Philosophen, Soziologen und Psychologen in dieser Falle stecken, nur um sich dort mühsam zu wenden und zu drehen.

Auch die Individualpsychologie macht keine Ausnahme. Auch diese Wissenschaft hat ihre Voraussetzungen, ihre Konzeption des Lebens, ihren Lebensstil. Aber die Individualpsychologie weiß es. Und wenn sie die einzelnen Menschen oder eine Massenbewegung meint und wertet, so kommt ihr wie ein Segen zuhilfe, dass sie als erste psychologische Schule mit der Annahme von inneren Kräften (Instinkten, Trieben, Unbewusstem etc.) als irrationalem Material gebrochen hat. Individualpsychologie hat als Voraussetzung, gegen die kein Gegengrund zu finden ist, die *Einheit der Persönlichkeit* festgestellt und findet ihr sicheres, rationales Feld in der Art, wie sich das immer verschiedene Individuum zu den wechselnden Fragen des Lebens verhält. Ausschlaggebend für sein Verhalten ist seine *Meinung* von sich selbst, seine Meinung von der ihm aufgegebenen Außenwelt und ein in der Struktur des Lebens verankertes Streben nach erfolgreicher Lösung. Auch was Erfolg ist, bleibt der Meinung des Individuums vorbehalten.

Als Maßstab für die spezielle Variante von Mensch und Masse gilt uns die Richtung nach der steigenden Entwicklung und Wohlfahrt der Menschheit, das heißt der Grad und die Art des Gemeinschaftsgefühls, das nötig ist, zu diesem Ziel der allgemeinen Wohlfahrt und Höherentwicklung zu kommen. Als gewichtigsten Grund für diese Annahme haben wir festgestellt, dass das Individuum nur auf Fragen stößt, die nur zu lösen sind, wenn es genügendes Gemeinschaftsgefühl seit der Kindheit besitzt oder erworben hat. Denn alle Lebensfragen münden in die drei: Nächstenliebe, Werk, geschlechtliche Liebe. Da man bei allen Menschen einen, meist zu geringen, Grad von Gemeinschaftsgefühl antrifft, aus[2]genommen bei Idioten, aber selbst bei Tieren, so ist die Annahme gerechtfertigt, dass das im Leben bewiesene Gemeinschaftsgefühl als Möglichkeit in der Keimzelle wurzelt, aber, wie alle angeborenen Möglichkeiten menschlicher Art, zu seiner Entfaltung kommt entsprechend dem *einheitlichen* Lebensstil, der dem Kinde aus seiner *schöpferischen* Kraft erwächst, das heißt daraus, wie es die Welt ansieht und was ihm als Erfolg *erscheint*.

Diese Grundlegung einer Psychologie hat den unschätzbaren Vorteil, dass sie die Sicherheit des Beobachters wesentlich unterstützt. Er ist nun nicht mehr allein darin sicher, dass er seine Voraussetzungen genau kennt und jederzeit kontrollieren kann, sondern insbesondere dadurch vor Fehlschlüssen geschützt, dass er den jeweiligen Grad des Gemeinschaftsgefühls in allen Ausdrucksbewegungen, Charakteren und Symptomen finden muss, um vor Fehlern in seiner Schätzung bewahrt zu bleiben. Diesen unschätzbaren Vorteil verdankt er der grundlegenden Auffassung von der Einheit der Persönlichkeit im Denken, Fühlen, Wollen und Handeln.

Daraus ergibt sich nun eine weitere wichtige Schlussfolgerung. Der menschliche Fortschritt nämlich hängt von der höheren Entwicklung des Gemeinschaftsgefühls ab und ist unabwendbar, solange die Menschheit besteht. So trüb auch Zeiten sein mögen, für eine Fernsicht besteht die Gewissheit einer Höherentwicklung des Einzelnen und der Masse unter dem unausgesetzten Druck des wachsenden Gemeinschaftsgefühls. Äußerungen wie die: »Warum soll ich meinen Nächsten lieben?« oder »Nach uns die Sintflut«, zeigen noch den Tiefstand des Gemeinschaftsgefühls. Wie aber die Evolution sich auswirkt und wie sie zum Erfolg des Gemeinschaftsgefühls, also des Gerechten führt, soll in ganz kurzen Ausblicken gezeigt werden. Gilt diese Betrachtung auch nur für die Länge der Zeit, so drückt sie doch der Individualpsychologie den Stempel einer fröhlichen, optimistischen Wissenschaft auf.

Anekdotenhaft scheint der erste Ausblick.

Ein Multimillionär, der eine böse Jugend in Armut und Elend verbracht hatte, dachte daran, seine Nachkommen vor ähnlichen Entbehrungen zu schützen. Ich las diese Geschichte in einem amerikanischen Artikel, habe aber leider den Namen des Autors vergessen. Ich gestehe, dass der folgende Ausblick mich außerordentlich stark berührt hat: Der reiche Mann ging zu einem Rechtsanwalt, um mit ihm die Sache zu besprechen und gab ihm die Höhe seines großen Vermögens an. Der Anwalt fragte ihn, bis zu welcher Generation der Mann seine Nachkommen in seinem Testament bedenken wolle. Der reiche Mann antwortete, etwa bis zur zehnten Generation. Der Anwalt nahm seine Feder und begann zu rechnen. Als er zu Ende war, wandte er sich an seinen Klienten und sagte: »Gewiss, Ihr Vermögen ist so groß, dass es vollkommen ausreicht, Ihre Nachkommen bis ins zehnte Geschlecht genügend zu versorgen. Aber, wissen Sie, wenn Sie einen Ihrer Nachkommen in der zehnten Generation in dieser Weise beschützen, so beschützen Sie Kinder, auf die mehr als 12.000 Personen Ihrer Generation das gleiche erbliche Anrecht haben wie Sie.« [3]

Aus dieser Betrachtung folgt doch, wenn wir unseren Blick weiten bis zu 100 und mehr Generationen, dass alles, was Menschen beigetragen haben, auch etwa nur im scheinbaren Interesse ihrer eigenen Familie, unwiderruflich der Gesamtheit der Menschheit zugute kommt. Dieser »Ausgleichsprozess« kann wohl zeitweise gebremst werden mangels nützlicher Beiträge, nicht aber aufgehalten werden.

Eine weitere Betrachtung aus meinem demnächst auf Englisch erscheinenden Buche ›Social interest – a challenge to mankind‹ (Verlag Lane, London)[1], erschienen bisher in sechs Sprachen, zeigt in kurzem folgenden Ausblick, der obigen ergänzt. Ich werfe dort die Frage auf: Was finden wir vor, wenn wir in diese Welt geboren werden? Die Antwort lautet: alle die vorläufig nützlichen Beiträge, die unsere Vorfahren geleistet haben, Menschen in ihrer körperlichen und seelischen Ausgestaltung, soziale Einrichtungen, Kunst, Wissenschaft, ausdauernde Traditionen, gesellschaftliche Beziehungen, Werte, Schulung etc. Wir empfangen sie und bauen darauf auf, fördernd, verbessernd, verändernd, immer im Sinne einer weiteren Dauerhaftigkeit. Das ist das Erbe unserer Vorfahren, das uns zur Verwaltung anheimfällt, ihr Beitrag, in dem ihr Geist unsterblich weiterlebt, wenn die körperliche Hülle gefallen ist. Was geschah nun mit dem Erdenwallen von Menschen, die nichts beigetragen haben oder

---

1 [Adler 1938, engl. Übersetzung von Adlers »Sinn des Lebens«, 1933b/2008, Studienausgabe, Bd. 6]

die hemmend in den Entwicklungsprozess eingegriffen haben? Die Antwort lautet: Sie sind verschwunden. Nichts von ihrem Leben kann mehr gefunden werden. Da scheint doch ein undurchbrechbares Gesetz zu walten, das sich gegen alle wendet, die nichts für spätere Generationen an Beiträgen liefern. Ihre Erdenspur verliert sich auf immer. [Vgl. Adler 1933b/2008b, S. 162]

Der Kenner kann nicht übersehen, dass dieser Gedankengang, gegen den sich wohl kaum ein Gegengrund erheben lässt, in engstem Zusammenhang steht mit meinen Aufdeckungen, dass sich das Leben des Einzelnen wie der Masse als ein »Kompensationsprozess« darstellt, der gefühlte oder vermeintliche »Minderwertigkeiten« körperlich und seelisch zu überbrücken trachtet (s. ›Studie über Minderwertigkeit von Organen‹ und ihre seelische Kompensation) [Adler 1907a]. Der eine Zielpunkt dieses Kompensationsstrebens ist die stetig wachsende Kultur der Menschheit, die in sich alle nützlichen und nutzbaren Beiträge der Generationen sammelt und weitergibt.

Die dem Leben der Menschheit innewohnende Kraft des Gemeinschaftsgefühls, die als vererbte Anlage zum großen Teil menschliches Wesen bedingt und nur Schwachsinnigen abgeht, wird lebendig und schaffend durch die schöpferische Kraft des Kindes. Derzeit nicht stark genug, menschliche Schwierigkeit zugunsten der ganzen menschlichen Familie zu lösen, ist das vorhandene Gemeinschaftsgefühl doch so mächtig, dass Individuen und Massen sich doch darauf berufen müssen. Menschliches Urteil kann nur so weit gehen, zu betrachten, ob die Linie der geplanten Bewegung in das Wohl der Allgemeinheit schließlich einmündet. Politische Strömungen, Verwendung der Fortschritte der Wissenschaft und Technik, Gesetzgebung und gesellschaftliche Normen sind von dieser Beurteilung nicht ausgeschlossen. Berufungen auf das Wohl der Gemein[4]schaft haben dauernd nur Kraft, wenn sie ihren Einklang mit dem Wohl der Allgemeinheit bestätigen können.

Ein dritter Ausblick hat einen viel ernsteren Hintergrund, leitet aber zu dem gleichen Ergebnis, zu dem den Menschen aufgezwungenen Fortschritt. Es ist die Endlichkeit des individuellen Lebens, die in den Fortschritt der Menschheit mündet. So tragisch uns verblühtes und rasch verblühendes Leben berührt, die Verjüngung in der nächsten Generation, bereichert durch die frühere, erzwingt neuerlich Beiträge und Fortschritt, wirft neue Probleme auf und trifft sie, für die keine Heredität herangereift ist, weil sie sie nie getroffen hat. Immer wieder aufs Neue steht die schöpferische Kraft des Kindes und des Erwachsenen unter immer neuen Anspannungen, bis neue Lösungen geschaffen sind und unbrauchbar gewordene beseitigt. Jede neue Generation ringt aufs Neue mit alten und neuen Aufgaben und ist, als Ganzes gegen die Außenwelt gestellt, gezwungen, mit wachsenden Sinnen und wachsendem Verstehen körperlich und seelisch sein Gleichgewicht zu erhalten (*Cannon*)[2]. Dieses Gleichgewicht

---

2 [Walter Cannons Konzept der Homöostase in »Wisdom of the Body« (1932)]

kann nur gewonnen werden, wenn die Summe der Energien der Einzelnen, gefördert durch das Wachstum eines rationalen Weltbildes, *erfolgreich* die Außenwelt und ihre Aufgaben einer Lösung näher bringt. In der Ganzheitsbeziehung Mensch – Kosmos herrscht bis zum Untergang der menschlichen Familie der Fortschritt. »Die Umwelt formt den Menschen, aber der Mensch formt die Umwelt« (*Pestalozzi*)[3]. In der Beschränktheit unserer Sinne und unseres Verständnisses von den letzten Dingen spricht rationale Wissenschaft das letzte Wort. Hier hat die Individualpsychologie mit ihrer Betonung der Ganzheit und des Gemeinschaftsgefühls ein starkes Wort zu sprechen.

---

3 [Das Zitat bei Pestalozzi heißt: »Soviel sahe ich bald, die Umstände machen den Menschen, aber ich sahe eben sobald, der Mensch macht die Umstände, er hat eine Kraft in sich selbst, selbige vielfältig nach seinem Willen zu lenken« (Pestalozzi 1938, S. 57).]

24. Psychiatric aspects regarding individual and social disorganization (Psychiatrische Gesichtspunkte individueller und sozialer Störungen) (1937)

Editorische Hinweise
Erstveröffentlichung:
1937: The American Journal of Sociology, Vol. 42, Number 6 (May), 773–780
Letztveröffentlichung:
1983: Psychotherapie und Erziehung. Ausgewählte Aufsätze, Bd. 3, S. 178–186.
Übersetzt von Heinz L. Ansbacher

Dieser Aufsatz ist einer der letzten von Adler, im gleichen Monat seines Todes veröffentlicht. Mit der Unterzeichnung »Long Island College of Medicine« kennzeichnet er seine Zugehörigkeit zu diesem College in New York, an dem er seit 1932 einen Lehrstuhl und eine Lehrklinik innegehabt hatte (vgl. Hoffman 1997, S. 334 ff.).

Wie im vorherigen Aufsatz »Fortschritt« (1937) beschäftigt Adler auch hier die Frage, ob und wodurch Fortschritt der Menschheit möglich sei. Das für alle Menschen grundlegende Streben nach einer erfolgreichen Bewältigung der Probleme führe nur bei einem ausgebildeten Gemeinschaftsgefühl zum Fortschritt. Alle Probleme und Fehlentwicklungen verwiesen auf ein mangelndes Gemeinschaftsgefühl; individuelle Störungen seien somit soziale Störungen. Adler sieht zwei Wege, um diese Fehlentwicklungen zu verringern: Es müssten einerseits die Lasten des Lebens, der soziale Druck vermindert werden, andererseits müsste das Gemeinschaftsgefühl durch Institutionen, zum Beispiel Schulen, gehoben werden.

Im Einzelnen gibt es hier interessante Ausführungen zur Ganzheit des Individuums, zum Stellenwert der verschiedenen Faktoren (»Bausteine«) in der Entwicklung, zur zentralen Bedeutung des vom Kind frühzeitig schöpferisch geschaffenen Lebensstils und zur Kritik an Verdinglichung. Überraschend äußert er sich kritisch zur Vereinfachung durch den gesunden Menschenverstand (Common Sense) und stellt diesem seine konstruktivistischen Überlegungen entgegen.

Psychiatrische Gesichtspunkte individueller und sozialer Störungen[1]

Zusammenfassung

Jede Störung der Persönlichkeit ist ein Zeichen von mangelhafter Ausbildung des Gemeinschaftsgefühls (social interest).[2] Die Individualpsychologie betrachtet das Individuum als eine Ganzheit, die sich in ihrem besonderen »Lebensstil« als eine Einheit ausdrückt, die in Beziehung steht zu den Problemen des sozialen Kontakts, des Berufs und der Liebe und Ehe. Menschliches Leben äußert sich in seiner Bewegung und Richtung hin zu einer erfolgreichen Lösung der äußeren und inneren Anforderungen. Der »Stil des Lebens« ist beim Kind bereits in frühem Alter vollständig ausgebildet. Störungen (failures)[3] heben diesen Stil nicht auf. Das einmal vorhandene Ausmaß von Gemeinschaftsgefühl, Fähigkeit, Kooperation und Mitwirkung verringert sich nie. Es gibt zwei Wege, die Möglichkeit von Fehlentwicklungen beim Individuum zu vermindern: zum einen durch Erleichterung der Lasten und Konfrontationen des Einzelnen und der Massen; zum anderen durch Schaffung einer neuen Institution für die Erhöhung des Gemeinschaftsgefühls in der Kindheit. Unser Ziel sollte sein, Schulen zum Zentrum des sozialen Fortschritts zu machen.

Bei der Beurteilung der verschiedenen Denkrichtungen ist es wahrscheinlich das Ratsamste, deren Anschauungen oder Philosophien herauszufinden. Es kann die Sicht eines Kämpfers, eines freundlichen Mitmenschen oder eines enttäuschten Habgierigen, eines tiefen und starken religiösen Gefühls, einer moralischen Meinung oder eines wissenschaftlichen Urteils über die unausweichliche Evolution der Menschheit sein.

Die Individualpsychologie bevorzugt den letzten Standpunkt in ihren kritischen Ansichten. Indem sie von dieser besonderen Tatsache und von deren exklusiven Tendenzen ausgeht, ist die Individualpsychologie daher in der Lage, all ihre Schlussfolgerungen zu begründen.

Reduziert man alle Fehlentwicklungen auf kurze wohlbekannte Klassifizierungen, die deshalb wohlbekannt sind, weil der gesunde Menschenverstand die Zusammenstellung vereinfacht hat, dann können wir von Problemkindern, Neurotikern und Psychotikern, Selbstmördern, Kriminellen, sexuell Perversen, Trinkern, Drogenabhängigen und Prostituierten sprechen. [774] Wir beurteilen sie als Fehlentwicklung, weil sie nicht den Erwartungen des Gemein-

---

1 [Übersetzt von Sonja Schuhmacher, Almuth Bruder-Bezzel]
2 [Social interest wird fast durchgängig mit »Gemeinschaftsgefühl« übersetzt.]
3 [Failure wird mit Fehlentwicklung, Fehlschläge, Fehler, Störung übersetzt.]

schaftsgefühls entsprechen. Ihr abweichendes Verhalten tritt auf, wenn sie vor einem Lebensproblem stehen, für dessen Lösung mehr Gemeinschaftsgefühl erforderlich ist, als sie erworben haben. Da sie nicht darauf vorbereitet sind, glauben sie oder sind sie überzeugt, blockiert zu werden. Aber die dem Leben inhärente und verletzbare Struktur des Strebens nach erfolgreicher Leistung erlaubt keinen Stillstand. Entweder behalten die Folgen der Erschütterung die Oberhand oder ein gewisses Ausmaß an fortgesetzter Aktivität führt zu einer antisozialen Lösung.

Die gefährlichen Klippen auf dem Weg von Menschen, deren Gemeinschaftsgefühl frustriert wurde, sind die folgenden drei Bereiche: sozialer Kontakt; Beruf; Liebe und Ehe.

Das Verhalten gegenüber anderen ist das Problem von Individuen, die in Gemeinschaft mit anderen leben. Ungeachtet vieler Spielarten hängt die richtige Lösung von einem ausreichenden Maß an Gemeinschaftsgefühl ab. Dieses Maß an Gemeinschaftsgefühl ist die Haupteigenschaft jeder Person, und dieses ist in allen ihren Handlungen involviert.

Weil wir auf einer dürftigen Erdkruste leben, bedeutet die Beziehung zwischen Mensch und Kosmos Arbeit in Form von Arbeitsteilung. Im Hinblick auf die Rettung der Menschheit bedeutet dies: Wie kann man nützlich sein? Abweichungen von Personen, denen es an Gemeinschaftsgefühl mangelt, sind Kriminalität, Faulheit und Mangel an Vorbereitung. Dieses Problem kann, wie das erste, so schwierig werden, dass der Durchschnittsmensch es nicht erträgt.

Das Problem von Liebe und Ehe kann nur von zwei Menschen auf der Grundlage der Gleichheit in gegenseitiger Hingabe mit einer endgültigen Entscheidung füreinander gelöst werden. Wenn sie nicht im Gemeinschaftsgefühl vorbereitet wurden, scheitern sie. Dann befinden sie sich im geheimen oder offenen Widerstand und machen diese für zwei Menschen bestimmte Aufgabe zur Angelegenheit von einem. Perversionen sind Zeichen eines andauernden Verharrens in der primären Phase der Sexualfunktion; Defizite sind Zeichen einer unvollkommenen sekundären Phase.[4] Jede Liebesbeziehung oder Ehe spiegelt das Wohl der zukünftigen Generation. Bei denen, die darin scheitern, fehlt es stets an dem Interesse an dieser.

Jede persönliche Störung ist ein Zeichen von mangelhafter Ausbildung des Gemeinschaftsgefühls

---

4 [Primäre Phase: frühes kindliches sexuelles Empfinden durch Selbstbefriedigung; sekundäre Phase: reife sexuelle Liebe zwischen zwei Personen. Vgl. Adler 1945b/1983a, S. 173–177. Die Einteilung geht zurück auf die Zwei-Stadien-Theorie von Max Dessoir, vgl. Adler 2007a, Studienausgabe, Bd. 1, S. 235.]

Die Individualpsychologie betrachtet das Individuum als Ganzheit, die ihren besonderen »Lebensstil« als Einheit zum Ausdruck bringt, die mit den oben genannten äußeren Problemen in Beziehung steht. Diese Einheit zu analysieren bedeutet, *[775]* das Ganze in Einzelteile auseinander zu brechen und diesen Teilen künstliche Namen zu geben. Diese werden dann wie eine Definition aus dem Lehrbuch aufgefasst und aus der spezifischen Perspektive des Beobachters wahrgenommen. Dies geschieht mit allen innerpsychischen Inhalten, wie Wahrnehmung, Sinneseindruck, Gefühl, Emotion, Instinkte, Triebe, Bewusstsein und Unbewusstes und Reflexe. Dasselbe kann man im Umgang mit ererbten Fähigkeiten und Einflüssen der Umwelt beobachten. Die Statistik kann nur eine gewisse Wahrscheinlichkeit liefern, ohne Rücksicht auf die vielfältigen Spielarten. Das einzeln betrachtete Individuum kann aber nicht nach dem Maßstab der Wahrscheinlichkeit beurteilt werden. Erfahrungen, die der Beobachtete mitteilt, werden nicht in ihrer Mehrdeutigkeit wahrgenommen, sondern durch die Interpretation des Beobachters gefiltert. Diese bedauerliche Tatsache führt das beobachtete Individuum wie den Beobachter in die Irre, wenn beide in der Sprache des gesunden Menschenverstands interpretieren, der nicht immer die Grundlage der Bedeutung der Erfahrungen und ihrer Konsequenzen darstellt. Der Lebensstil scheint die große Macht zu sein, der die Erfahrungen und deren Konsequenzen schafft und ihnen Wert verleiht. Er ist sicher grundlegender für den Aufbau einer Persönlichkeit als Vererbung und Umwelt. Sogar bei solchen Krankheiten wie Psychosen und endokrinen Funktionsstörungen ist der »Lebensstil« entscheidend.

Alle menschlichen Fähigkeiten sind ererbt, wenngleich in unterschiedlichem Maß. Von dieser Behauptung müssen wir schwachsinnige Personen ausschließen, also kranke Personen, die an einer hochgradigen Behinderung der Hirnfunktionen und der endokrinen Drüsen leiden. Alle ererbten Möglichkeiten und alle Einflüsse des Körpers, alle Umwelteinflüsse, einschließlich der Einwirkung der Erziehung werden von einem lebenden und strebenden Wesen wahrgenommen, assimiliert, verdaut und beantwortet, das eine, aus seiner Sicht, erfolgreiche Leistung anstrebt. Die Subjektivität des Individuums, sein besonderer »Lebensstil« und seine Vorstellung vom Leben formen und gestalten alle diese Einflüsse. Das individuelle Leben sammelt alle diese Einflüsse und benutzt sie als herausfordernde Bausteine für eine Gesamtheit, die im Verhältnis zu äußeren Problemen ein angestrebtes Ziel zu erreichen sucht. Diese Herausforderungen sind ebenso wie die Meinung des Kindes vom Leben und von sich selbst Schöpfungen dieses später zumeist vergessenen Kindes, unabhängig von den Tatsachen des gesunden Menschenverstands und unabhängig von dessen Interpretation.

Diese Bausteine dürfen keineswegs als statisch betrachtet werden und sind nicht vom Leben zu trennen. Sie existieren nicht als Entitäten, aber das Leben selbst wird in seinen unterschiedlichen *[776]* Qualitäten vom Beobachter so erlebt, als ob es in solche unterschiedliche Teile zerfiele, welche dadurch künstlich zu Entitäten gemacht werden, dass man ihnen mehr oder weniger passende Namen gibt. Unglücklicherweise werden sie, indem man sie analysiert, durch einen vorgegebenen Maßstab des Common Sense wahrgenommen oder, schlimmer noch, aus der einseitigen und voreingenommenen Perspektive des Beobachters. Diese Bausteine des Lebens besitzen Bedeutung und Richtung, aber diese Qualitäten werden ihnen erst durch den »Lebensstil« verliehen, der als die eigentliche bewegende Einheit betrachtet werden muss. Andernfalls, wären die Bausteine ohne distinkte Qualität, Richtung oder Ziel, wäre das Leben eine unlösbare Aufgabe. Alle Wissenschaftler haben das mehr oder weniger empfunden und haben diese künstlichen Begriffe ins Leben gerufen, indem sie sie mit ihrem eigenen Atem beseelt und daraus Egos, Dämonen, das Unbewusste oder sogar Geister gemacht haben. So erscheinen sie manchmal als rational, manchmal als irrational, aber sehr selten als vollständige Teile jenes Ganzen, durch das sie geprägt und geformt sind. Als Erfinder des »Minderwertigkeitskomplexes« habe ich diesen nie für einen Geist gehalten, denn ich weiß, dass er nie im Bewussten oder im Unbewussten des Patienten existierte, sondern nur in meinem eigenen Bewusstsein; daher habe ich ihn eher als Veranschaulichung benutzt, damit der Patient seine Einstellung im richtigen Zusammenhang sehen kann.

Ich weiß nicht mehr über das menschliche Leben als andere, aber ich kann sehen, dass es sich in der Bewegung und in der Richtung auf eine erfolgreiche Lösung äußerer und innerer Konfrontationen ausdrückt. Die Richtung, in der alle menschlichen Qualitäten verwendet werden, ist durch das subjektiv erwartete Ziel einer perfekten Leistung und durch den Grad an Gemeinschaftsgefühl charakterisiert. Wie in der Physik können wir eine Bewegung nicht messen, ohne sie auf einen anderen Raum zu beziehen. In der Individualpsychologie ist dieser andere Raum die gesellschaftliche Organisation der Menschheit und ihre vermutlich ewigen Anforderungen. Ebenso sind der Struktur dieses strebenden individuellen Lebens verschiedene Grade und Variationen von Aktivität inhärent.

Der springende Punkt ist nun, dass die Ausrichtung auf eine erfolgreiche Leistung die Schöpfung des Kindes in einem frühen Alter ist. Nach dem dritten oder vierten Lebensjahr eines Kindes können wir herausfinden, wie es die Bausteine zur Schaffung seines »Lebensstils« verwendet hat, und es stellt sich die Frage: Was ist die beste Ausrichtung für eine erfolgreiche Leistung? Was ist wirklich Erfolg? Wir können nicht erwarten, dass ein Kind in diesem Alter aus seinem engen Kreis seiner Familie heraus eine befriedigende Antwort findet; oder wenigstens nicht oft. Wenn wir die gewählte Richtung der Individuen prüfen, finden wir *[777]* tausend unterschiedliche Lösungen. Welche Richtung auch immer gewählt wird, hinter ihr steht ein Konzept des Lebens und ein Lebensstil, die Schöpfung des vergessenen Kindes, seine unabhängige Schöpfung, die vergessen wird, solange man nur die Bausteine betrachtet. Wer deren inneren Inhalte allein für ausreichend hält, die Persönlichkeit zu verstehen, übersieht die nahezu unbegrenzten Möglichkeiten der schöpferischen Kraft des Kindes und neigt zu Pseudoproblemen wie Ambivalenz, Desintegration und so weiter.

Wie bereits betont, haben all die Probleme des Lebens eine starke soziale Bedeutung. Der Mensch muss für eine richtige, normale, lohnende und erfolgreiche Lösung vorbereitet sein. Das heißt, er braucht ein ausreichendes Maß an Gemeinschaftsgefühl. Deshalb muss der Baustein, den wir »angeborene Möglichkeit des Gemeinschaftsgefühls« nennen, zum Leben erweckt und wirksam gemacht werden. Eine solche Geisteshaltung und Einstellung verleiht dem Individuum mehr als nur ein Gespür von Gemeinschaftsgefühl; es verhält sich als Teil der gesamten Menschheit; es fühlt sich in einem Lebenskonzept zu Hause, das der realen Welt so nah wie möglich kommt; es besitzt Mut und gesunden Menschenverstand, soziale Funktionen, die bei allen Fehlentwicklungen blockiert sind. Es ist bereit, die Vorteile unseres gesellschaftlichen Lebens anzuerkennen und ist ein guter Verlierer, wenn es auf Nachteile stößt. Es ist und will Herr seines Schicksals sein, und achtet zugleich auf das Wohlergehen anderer.

Der »Lebensstil« eines Individuums wird in der frühen Kindheit ausgebildet und ändert sich nicht, solange das Individuum die unvermeidlichen Abweichungen im Hinblick auf die unerbittlichen Anforderungen der sozialen Probleme nicht begreift. Ich bezweifle nicht, dass manche Menschen aufgrund von Erfahrung ihren irrtümlichen Stil stärker der sozialen Norm annähern, aber immer nur, wenn ihr gesunder Menschenverstand (eine soziale Funktion) sich um Verbesserung bemüht. Andernfalls haben sich die Fehler, die wir beobachten, nicht im Geringsten geändert.

Ein interessantes Phänomen ist, dass Fehlentwicklungen niemals den Rahmen des Lebensstils verlassen, dass dessen Ausmaß an Gemeinschaftsgefühl, an Fähigkeit zur Kooperation und zur Mitwirkung niemals völlig verschwinden. Ich weiß, dass diese Behauptung großes Erstaunen auslösen wird, aber wenn wir verstanden haben, dass der »exogene Faktor« einen konstanten Mangel an Gemeinschaftsgefühl hervorbringt und dass das Individuum im günstigen Fall nicht auf die Probe gestellt wird, dann können wir erkennen, dass wir immer [778] das »potenzielle Versagen« vergessen haben, das in einer Herausforderungssituation tatsächlich zum Fehlschlag werden kann.

Es gibt zwei Wege, auf denen die Wahrscheinlichkeit von Fehlentwicklungen im Leben von Menschen vermindert werden kann. Der erste Weg liegt auf der Hand und erscheint näher liegend, wenn man das Bewusstsein unserer Generation berücksichtigt. Dieser Weg besteht darin, die Belastungen und die Konfrontationen, die auf dem Einzelnen und den Massen liegen, zu verringern. Dies scheint umso überzeugender, als das komplizierte, mit übergroßen

Anstrengungen verbundene Leben unserer Zeit unmittelbar an die Substanz geht und häufig zu Recht als zu hart und ungerecht empfunden wird. Arbeitslosigkeit, Kriegsdrohung, Unsicherheit des Alters und der Zukunft unserer Kinder und so weiter rufen unaufhörlich Probleme des Fortschritts oder des Rückschritts hervor, je nachdem welche Wünsche und Hoffnungen auf Erlösung die Individuen und die Massen haben. Übergroßer sozialer Druck in den sozialen Beziehungen, im Beruf oder Liebesprobleme werden vom Einzelnen wie von den Massen stets wie Unheil und Seuche bekämpft werden. Aber dem Ausmaß des Drucks, das empfunden wird und dem Widerstand entgegengesetzt wird, steht das Ausmaß der Bereitschaft und der Vorbereitung entgegen, Schwierigkeiten anzupacken und mit ihnen fertig zu werden. Je besser das Individuum sozial angepasst ist und daher mit Mut ausgerüstet, umso größer werden seine Anstrengungen sein, zu kooperieren und zum Wohl der Gemeinschaft beizutragen, indem es sich selbst entwickelt und so sein Bestes gibt. Der Wert und die Bedeutung einer Massenbewegung werden auch von der sozialen Bereitschaft der Menschen bestimmt und können nur an ihrem Beitrag zum Wohl der Menschheit ermessen werden. Wenn das Leben und die Evolution der Menschheit in ihrem Endergebnis wirklich Kooperation und Mitwirkung bedeuten, dann werden alle persönlichen Bemühungen und alle Massenbewegungen so lange zum Scheitern verurteilt sein, solange sie nicht auf das Wohl der Menschheit gerichtet sind.

Es besteht kein Zweifel, dass die heutige Generation nicht über das rechte Maß an Gemeinschaftsgefühl verfügt, was auch einen Mangel an Mut und gesundem Menschenverstand zur Folge hat. Die Fehler bei der Lösung von – vor allem sozialen – Problemen können sowohl bei aktivem unsozialem Streben als auch bei passivem unsozialem Rückzug auftreten. Sie werden als Fehler bezeichnet, weil sie die Grenzen der Toleranz des Gemeinschaftsgefühls der Gemeinschaft sprengen. Das besser angepasste Individuum oder die besser angepasste Gruppe sind in diesem Kampf benachteiligt. Ihr Gefühl, im Recht zu sein, lässt sie ruhig schlafen. Das unsoziale oder antisoziale Individuum oder die antisoziale Gruppe ist immer wach und rege bei der Planung von Angriffen. Die faulen, trägen und unentschlossenen Menschen, [779] die nur wie ein Wurm im Apfel leben wollen, werden eine leichte Beute für die aktivere antisoziale Gruppe. Der unausweichliche Fortschritt der Menschheit stellt schließlich den Sieg des Gemeinschaftsgefühls wieder her, aber manchmal erst nach langer Zeit im Vergleich zur Lebensspanne eines Menschen. Vom Gemeinschaftsgefühl bestimmte Individuen und Gruppen sollten sich dieser anhaltenden Gefahr für die Menschheit und die Demokratie bewusst sein.

Der zweite Weg, um die Wahrscheinlichkeit von Fehlentwicklungen zu verringern, unterschätzt nicht die dringende Notwendigkeit, alle Arten von unnötig gesteigerten Belastungen abzubauen, aber befasst sich vor allem mit zwei Fragen: Wer kann für sich und für andere die richtige Richtung für das Wohl der Menschheitsfamilie finden, wenn nicht das sozial angepasste Individuum? Und welche Richtung würde eine Massenbewegung nehmen, wenn die dahinter stehende Kraft nicht zur Weiterentwicklung der Menschheit führte?

Der zweite Weg zielt auf eine neue Institution in der Geschichte der Menschheit, und zwar auf eine Institution zur Steigerung des Gemeinschaftsgefühls während der Kindheit. Wie bereits erklärt, nimmt das Gemeinschaftsgefühl nach drei bis vier Lebensjahren nicht mehr zu und bleibt in derselben Qualität und Quantität ein Leben lang erhalten, solange das Individuum den Fehler in seinem Lebenskonzept nicht begreift. Alle bisher gemachten Anstrengungen erscheinen unzureichend. Medizinische Betreuung, gesetzliche Bestimmung, Erziehung und sogar religiöse Unterweisung haben nicht die erwünschten Ergebnisse gebracht. Der Grund für diesen Misserfolg liegt in den seit ihrer Kindheit fixierten falschen Vorstellungen der Individuen, die von ihnen selbst unentdeckt blieben, ebenso von ihren Erziehern und von ihren Mitmenschen. Die Behandlung oder Heilung erfolgt nach schon eingetretenen Fehlentwicklungen und wird individuell angewandt. Wie ich in wissenschaftlicher Weise zu belegen versucht habe, sind alle Fehlentwicklungen und mangelhaften Leistungen von Individuen oder Massen derartige Fehlentwicklungen aus einem Mangel an Gemeinschaftsgefühl. Zu einer Verbesserung kann es nur kommen, wenn ihr Gemeinschaftsgefühl anwächst – eine Aussage, die mit den Ergebnissen aller sozial interessierten Psychologen, Psychiater und Soziologen übereinstimmt.

Aber die besten Ergebnisse wissenschaftlicher Arbeit sind nutzlos, solange sie nicht umgesetzt werden, solange noch keine Methode gefunden worden ist, sie anzuwenden. Diese Methode ist unserer Ansicht nach eine Institution für die Verbesserung des Gemeinschaftsgefühls. Natürlich würde der erste Gedanke derer, die dem zustimmen, sein, die Eltern zu unterweisen. Das wäre allerdings ein zu langer Weg und er [780] würde sehr viel mehr Experten erfordern, als wir finden könnten. Aber in den Kindergärten und Schulen könnten wir die Kinder für ein größeres Gemeinschaftsgefühl stärken, denen es daran mangelt. Diese Aufgabe kann nicht ohne die Unterstützung von Lehrern und Erziehern bewältigt werden, die auf diesem Gebiet ausgebildet und von sorgfältig ausgewählten Experten unterrichtet wurden. Die Schulen würden dann zum Zentrum des sozialen Fortschritts der nächsten Generation werden, die nicht nur in der Lage wäre, ein sozial besser angepasstes Leben zu führen, sondern auch mit den sich stellenden Problemen besser umgehen könnte als wir. Und auf der Suche nach einem Weg des Fortschritts würde sie stets eine Richtung zum Wohl der Menschheit finden.

Es ist vollkommen gerechtfertigt, die Frage aufzuwerfen, was jetzt für die gegenwärtige Generation im Zusammenhang mit dem oben skizzierten Plan getan werden könnte. Wenn wir an die gewaltige Armee von Lehrern denken, die für die Erziehung zum Gemeinschaftsgefühl qualifiziert wären, an ihren unausweichlichen Einfluss auf die Eltern und Familien der Kinder, auf die Verbreitung eines neuen Geistes in allen anderen Wohlfahrtseinrichtungen und Behörden, in allen religiösen und politischen Bewegungen, dann kann kein Zweifel daran bestehen, dass unsere Zeit ebenfalls davon erheblich profitieren würde.

Ich kenne alle Einwände, die man erheben kann. Ich habe sie gründlich überprüft und gefunden, dass sie leicht zu widerlegen sind. Ich glaube, es ist unverzichtbar, eine solche konzentrierte Anstrengung zu unternehmen, wenn die Menschheit eine höhere Stufe erreichen soll. Die beste Lösung, die ich finden konnte, um die unnötigen Übel der Individuen und der Menschheit zu verringern, wäre diese Institution, die darauf abzielt, die Schulen zum Zentrum des sozialen Fortschritts zu machen.

25. Selbstmord (1937)

Editorische Hinweise
Erstveröffentlichung:
1937h: Internationale Zeitschrift für Individualpsychologie, 15. Jg., H. 2, S. 49–52
Neuauflage:
1983a: Alfred Adler: Psychotherapie und Erziehung, Bd. 3, S. 168–172

Dieser Aufsatz ist unmittelbar nach dem Tod von Adler (28. Mai 1937) erschienen, seine Entstehungszeit scheint nicht sehr lange zurückzuliegen.
Zum Thema Selbstmord hatte sich Adler bisher eigens im Beitrag »Über den Selbstmord, insbesondere den Schülerselbstmord« (1910b/2007a; Studienausgabe, Bd. 1, S. 114–121), sonst nur in einzelnen Bemerkungen geäußert. Der Beitrag skizziert Vorkommen von Selbstmord, die Persönlichkeit des Selbstmörders und Möglichkeiten der Prophylaxe.
Selbstmord entsteht für Adler aus dem Zusammentreffen von inneren Ursachen und äußeren Anlässen, die auf einen unvollkommenen Lebensstil und an die Grenze des Gemeinschaftsgefühls treffen. Der potenzielle Selbstmörder zeige gesteigerte Empfindlichkeit, Verletzlichkeit und Ehrgeiz, beschuldige sich selbst und wirke durch seine Klagen auf andere indirekt ein. Der Selbstmord verlasse »die Linie des Gemeinschaftsgefühls«, aber im Selbstmord sei immer auch der Andere enthalten. »Der Andere fehlt wohl nie.«

Selbstmord

Ein nahezu unbegreifliches Mysterium umgibt für den nüchternen Betrachter die häufige Tatsache des Selbstmordes. Soweit er nicht persönlich durch eine solche Tat eines Nahestehenden betroffen ist, hilft er sich gewöhnlich
5 mit einer oberflächlichen Erklärung, die ihm gelegentlich den Selbstmord als begreiflich, meist als unbegreiflich erscheinen lässt. Häufige Erklärungsversuche knüpfen sich an die häufige Tatsache des Selbstmordes unter seelisch Erkrankten, besonders auch Melancholikern, denen allen der Selbstmord als Ausweg aus ihrer Bedrängnis erscheint, auch wenn sie ihn aus besonderen
10 Gründen in Worten und Redensarten abzulehnen scheinen. Der ungefähr normale Mensch ist geneigt, den Selbstmord als eine durchaus krankhafte Erscheinung anzusehen.
Es gibt aber auch Situationen, in denen auch der ungefähr normale Mensch den Selbstmord als einzigen Ausweg aus einer allzu bedrängten und darin un-
15 abänderlichen Situation ansieht. Aus Qualen ohne Ende, aus unmenschlich

grausamen Angriffen, aus Furcht vor Entdeckung schmählicher oder verbrecherischer Handlungen, aus dem Leiden unheilbarer, überaus schmerzhafter Krankheiten etc. Auffällig genug, dass die Zahl der Selbstmorde aus solchen Anlässen nicht groß ist.

Sieht man von den Selbstmorden psychisch Erkrankter ab, über die ich später sprechen will, so gibt die Tatsache zu denken, dass Geldverluste und untilgbare Schulden als sogenannte Ursachen in erster Linie stehen, denen Liebesenttäuschung und unglückliche Liebe folgen. Eine beträchtliche Zahl unter den Ursachen machen dann noch dauernde unverschuldete oder verschuldete Arbeitslosigkeit aus und Vorwürfe gerechter oder ungerechter Art.

Ein weiteres Rätsel gibt einem auch das gelegentlich epidemieartige Auftreten des Selbstmordes auf und das nicht nur sagenhafte Erscheinen von Selbstmordepidemien.

Das im Schwinden begriffene Harakiri der Japaner verdient ebenfalls eine individualpsychologische Interpretation.

Relativ häufig findet sich die Zeit des Selbstmordes oder Selbstmordversuches bei Frauen und Mädchen in die Zeit der Menstruation versetzt.

Auch die Tatsache des Ansteigens der Selbstmordzahl, die nach dem 50. Lebensjahr auffällig größer wird, muss einer Erklärung zugänglich sein.

Weniger bedeutsam erscheint uns das starke Befremden und Unverständnis näherer und entfernterer Kreise des Selbstmörders über die »Unerklärlichkeit« des Vorfalles, da im Allgemeinen Menschenkenntnis und *[50]* vorbeugendes Reflektieren bei den Menschen nicht ohne Weiteres angenommen werden können.

Kein Wunder, dass sich berufene und unberufene Kreise oft der Sache anzunehmen bestrebt sind, um eine Verminderung des Selbstmordes herbeizuführen. Soweit wir sehen können, kann von irgendwelchen Erfolgen bisher nicht die Rede sein, da sich an solche Selbstmörderfürsorgevereine nur jene Individuen um Hilfe wenden, die noch mit einiger Hoffnung in die Zukunft sehen. Aus der ungeänderten Zahl, aus der in unserer Zeit vielleicht noch vergrößerten Zahl der Selbstmörder soll dieser Bestrebung durchaus kein Vorwurf gemacht werden.

Angesichts der schweren Angriffe der gehäuften Selbstmorde auf das (nicht allzu große) Gemeinschaftsgefühl der Menschheit ist eine umfassende Erforschung dieser rätselhaften Erscheinung dringend nötig. Die Individualpsychologie – die von inneren, endogenen Ursachen nur den aus Heredität und Umwelteinflüssen in eigener schöpferischer Kraft, mit unvollkommener, menschlich eingeschränkter Einsicht gefestigten Lebensstil ins Auge fasst, die unvollkommene Konzeption des Lebens – muss stets den exogenen, äußeren Anlass feststellen, der die mangelhafte Vorbereitung des betreffenden Fehlschlages für eine vorliegende, drängende Situation enthüllt. Bei diesem Zusammenstoß von einheitlichem Lebensstil und äußerer Testsituation zeigt es sich, wie weit sich das Individuum in seinem Zusammenleben mit der Gemeinschaft der Menschen bewährt.

Die Erfahrungen der Individualpsychologie haben gezeigt, dass jeder von dem Individuum betretene Weg in der Gesamtkonzeption seiner Einheit eine Richtung nach einer erfolgreichen Lösung einer vorliegenden Aufgabe einschlägt. Was das Individuum als Erfolg empfindet, entspringt immer aus seiner subjektiven Meinung. Es geht aber auch aus unseren Erfahrungen hervor, dass alle Aufgaben, die dem Individuum ausnahmslos vorgelegt werden, in ihrer richtigen Lösung ein genügendes Gemeinschaftsgefühl erfordern. Da gegen diese individualpsychologisch festgelegte Tatsache kein Widerspruch zu finden ist, ergibt sich auch, dass der Selbstmord nur für den eine Lösung bedeutet, der anlässlich einer drängenden Frage an der Grenze seines mehr oder weniger zu kurz geratenen Gemeinschaftsgefühls angekommen ist. Dies zeigt sich bei allen Fehlschlägen aktiver und passiver Art, in ihrer Ausprägung des Minderwertigkeitskomplexes.

Dass der Selbstmord die Linie des Gemeinschaftsgefühls verlässt, ist ohne Weiteres ersichtlich. Alle Formen der Mitarbeit, des Mitlebens und der Mitmenschlichkeit fehlen. Auch dass dieses Verlassen in aktiver Weise geschieht, dürfte kaum einen Widerspruch finden. Auffallend ist nur die besondere Kurve der Aktivität, die abseits vom Gemeinschaftsleben und gegen dasselbe verläuft, das Individuum selbst schädigt, nicht ohne andere in Schmerz und Trauer zu versetzen.

Die Erschwerung eines weiteren Verständnisses, die darin liegt, dass der Selbstmörder sich wenig oder gar keine Gedanken macht über den Stoß, den er anderen versetzt, lässt sich übrigens beheben. Wie, wenn er den Anderen erst aus dem Kreis seiner Gedanken ausschalten müsste, um Selbstmord begehen zu können? So weit könnte sein Gemeinschaftsgefühl *[51]* in manchen Fällen wohl reichen. Übrigens findet man recht häufig im Gegensatz dazu in letzten Briefen oder Worten einen Hinweis auf eine Bitte um Verzeihung, betreffend den zugefügten Schmerz.

Die Bewegung und die Richtung des Selbstmordes kommt also nicht um den Schmerz des Anderen herum. Und vielleicht sind viele, die am Wege des Selbstmordes stehen, durch ihr größeres Gemeinschaftsgefühl abgehalten, den anderen Schmerzen zuzufügen.

Und der Andere fehlt wohl nie. Zumeist ist es der, der durch den Selbstmord am meisten leidet.

Jeder Einzelne ist so sehr der Gemeinschaft verbunden, dass er keine Bewegung machen, keinen Gedanken denken, kein Gefühl äußern kann, die nicht Zeugnis ablegen für den Grad seiner Verbundenheit mit der Gemeinschaft, für sein Gemeinschaftsgefühl.

In dem unablässigen Suchen der Individualpsychologie nach Verstehen der

Einheit, ihrer Vorbereitung und der Vorbeugung von Fehlschlägen, immer in der Überzeugung, dass die Entstehung einer Fehlkonzeption des Lebens und ihre Organisation bis in die frühe Kindheit zurückverfolgt werden kann, müssen wir versuchen, jenen Typus von Kindern zu finden, der als potenzieller Selbstmordtypus angesehen werden kann. Nachforschungen im vergangenen Leben von Selbstmördern und von Personen, die einen missglückten Selbstmordversuch gemacht haben, und Erforschungen von Kindheitsperioden von Selbstmördern zeigen stets Züge, die wir in ähnlicher Form bei allen Fehlschlägen gefunden haben, die neben geringem Gemeinschaftsgefühl eine größere Aktivität zeigen. Fast immer waren sie schwierige, wenigstens von einer Seite verwöhnte Kinder, mit viel Selbstgefälligkeit und großer Empfindlichkeit ausgestattet. Recht häufig zeigten sich Gefühle der Verletztheit, die das gewöhnliche Maß überstiegen. Im Falle eines Verlustes oder einer Niederlage zeigten sie sich als schlechte Verlierer. Direkter Angriff gegen andere zeigte sich selten. Immer zeigte sich ein Lebensstil, der erraten ließ, wie sie durch gesteigerte Klagen, Trauer und Leiden auf andere einzuwirken trachteten. Ein Hang, bei schwierigen Lebenslagen unter seelischen Schmerzen zusammenzubrechen, fiel öfters auf. Daneben auch ein gesteigerter Ehrgeiz und Eitelkeit und ein Scheinbewusstsein ihres Wertes für andere. Fantasien, in denen sie krank oder gestorben waren, wodurch der Schmerz der anderen die höchsten Grade erreichte, gingen parallel mit dem festen Glauben an ihren hohen Wert für andere, den sie zumeist aus der verwöhnenden Situation ihrer Kindheit erworben hatten.

Ganz ähnliche Dinge fand ich in der Vorgeschichte von Melancholikern, deren Typus an den der Selbstmörder grenzt.

In die einfachste Form gebracht, zeigt sich der Lebensstil des potenziellen Selbstmörders, seine in der Kindheit erworbene Konstitution darin, dass er den Anderen oder andere dadurch trifft, dass er sich selbst in Schädigungen hineinfantasiert oder sich sie zufügt. Wir finden in ihm den Typus, der zu viel an sich denkt, zu wenig an andere, nicht genügend mitzuspielen, mitzutun, mitzuleben und mitzustreben vermag, sondern in einem übertriebenen Bewusstsein seines Wertes in großer Spannung stets günstige Ergebnisse erwartet. [52]

Von frühkindlichen Äußerungen findet man abgrundtiefe Trauer bei oft nichtigen Anlässen, starke Wünsche, krank zu werden oder zu sterben, falls Kränkungen erlebt werden, Zornesausbrüche mit gewollten Selbstbeschädigungen und eine Stellungnahme zu anderen, als ob diese schuldig wären, alle Wünsche zu erfüllen. Gelegentlich kommen Neigungen zu Selbstbeschuldigungen zutage, die das Mitleid der anderen hervorrufen, stark übertriebene Waghalsigkeiten, die zum Zwecke des Schreckens der anderen ausgeführt werden, zuweilen auch hartnäckige Hungerstreiks, die die Eltern verzagt machen.

Manchmal findet man Listformen eines direkten oder indirekten Angriffes gegen andere, Angriffshandlungen, gefolgt von Selbstmord, oder nur Fantasien, Wünsche und Träume, die auf direkten Angriff hinzielen, während später der Selbstmord folgt.

Man wird selten fehlgehen im Feststellen, gegen wen der Angriff zielt, wenn man herausfindet, wer dadurch am meisten getroffen ist.

Beispiele von Selbstmord in der Familie wirken auf Gleichgerichtete anziehend, ebenso die von Freunden, von bekannten Personen und die von speziellen Selbstmordplätzen.

Der Psychiater wird gut daran tun, seine Diagnose des potenziellen Selbstmörders für sich zu behalten, aber alle notwendigen Vorsichtsmaßregeln zu treffen. Er wird es auch über sich gewinnen müssen, vor anderen darüber zu schweigen, aber festzustellen, dass etwas für den Patienten geschehen müsse, um ihm eine bessere, selbstständigere, gemeinschaftsgemäße Stellung zum Leben zu ermöglichen.

Kurz will ich noch erwähnen, dass ich auch im Leben von Trinkern und Morphinisten ähnliche, wenn auch etwas abweichende Züge gefunden habe.

Der Ausbruch der Selbstmordidee sowie aller anderen Fehlschläge erfolgt natürlich stets angesichts einer konfrontierenden, unbeweisbaren exogenen Frage, für die der Betroffene ein ungenügendes Gemeinschaftsgefühl besitzt. Die größere oder geringere Aktivität entscheidet dann die Richtung und Entwicklung der Symptome, die durch Verständnis des Zusammenhanges aufgehoben werden können.

Literatur

Adler, A. (1898): Gesundheitsbuch für das Schneidergewerbe. Berlin. [Faksimile 1987. Hg. R. Porep]

Adler, A. (1902c): Leben und Schicksal der Säuglinge. Arbeiter-Zeitung (Wien), 16. Febr., Morgenblatt, S. 1–2

Adler, A. (1902d): Wie ernähren wir unsere Kinder? Arbeiter-Zeitung, 20.Dez., S. 8, und 30 Dez., S. 5–6

Adler, A. (1903a): Stadt und Land In: Ärztliche Standeszeitung (Wien), 2. Jg., Nr. 18, S. 1–3, Nr. 19, S. 1–2, Nr. 20, S. 1–2

Adler, A. (1904a/2007a): Der Arzt als Erzieher. In: Alfred Adler Studienausgabe, Bd. 1: Persönlichkeit und neurotische Entwicklung. Frühe Schriften (1904–1912). Hg. mit einer Einführung von A. Bruder–Bezzel. Göttingen, S. 25–34

Adler, A. (1905a/2007a): Das sexuelle Problem in der Erziehung. In: Alfred Adler Studienausgabe, Bd. 1: Persönlichkeit und neurotische Entwicklung. Frühe Schriften (1904–1912). Hg. mit einer Einführung von A. Bruder–Bezzel. Göttingen, S. 35–40

Adler, A. (1907a/1977b): Studie über Minderwertigkeit von Organen. Frankfurt a. M.

Adler, A. (1908b/2007a): Der Aggressionstrieb im Leben und in der Neurose. In: Alfred Adler Studienausgabe, Bd. 1: Persönlichkeit und neurotische Entwicklung. Frühe Schriften (1904–1912). Hg. mit einer Einführung von A. Bruder-Bezzel. Göttingen, S. 64–76

Adler, A. (1908d/2007a): Das Zärtlichkeitsbedürfnis des Kindes. In: Alfred Adler Studienausgabe, Bd. 1: Persönlichkeit und neurotische Entwicklung. Frühe Schriften (1904–1912). Hg. mit einer Einführung von A. Bruder- Bezzel. Göttingen, S. 77–81

Adler, A. (1908e/2007a): Die Theorie der Organminderwertigkeit und ihre Bedeutung für Philosophie und Psychologie. In: Alfred Adler Studienausgabe, Bd. 1: Persönlichkeit und neurotische Entwicklung. Frühe Schriften (1904–1912). Hg. mit einer Einführung von A. Bruder–Bezzel. Göttingen, S. 51–63

Adler, A. (1908f/2007a): Zwei Träume einer Prostituierten. In: Alfred Adler Studienausgabe, Bd. 1: Persönlichkeit und neurotische Entwicklung. Frühe Schriften (1904–1912). Hg. mit einer Einführung von A. Bruder-Bezzel. Göttingen, S. 48–50

Adler, A. (1909a/2007a): Über neurotische Disposition: Zugleich ein Beitrag zur Ätiologie und zur Frage der Neurosenwahl. In: Alfred Adler Studienausgabe, Bd. 1: Persönlichkeit und neurotische Entwicklung. Frühe Schriften (1904–1912). Hg. mit einer Einführung von A. Bruder-Bezzel. Göttingen, S. 82–102

Adler, A. (1910b/2007a): Über den Selbstmord, insbesondere den Schülerselbstmord. In: Alfred Adler Studienausgabe. Bd. 1. Persönlichkeit und neurotische Entwicklung. Frühe Schriften (1904–1912). Hg. mit einer Einführung von A. Bruder-Bezzel. Göttingen, S. 114–121

Adler, A. (1910c/2007a): Der psychische Hermaphroditismus im Leben und in der Neurose. Zur Dynamik und Therapie der Neurosen. In: Alfred Adler Studienausgabe. Bd. 1: Persönlichkeit und neurotische Entwicklung. Frühe Schriften (1904–1912). Hg. mit einer Einführung von A. Bruder-Bezzel. Göttingen, S. 103–113

Adler, A. (1911c/2007a): Über männliche Einstellung bei weiblichen Neurotikern. In: Alfred Adler Studienausgabe, Bd. 1: Persönlichkeit und neurotische Entwicklung. Frühe Schriften (1904–1912). Hg. mit einer Einführung von A. Bruder-Bezzel. Göttingen, S. 181–212

Adler, A. (1911d/2007a): Beitrag zur Lehre vom Widerstand. In: Alfred Adler Studienausgabe, Bd. 1: Persönlichkeit und neurotische Entwicklung. Frühe Schriften (1904–1912). Hg. mit einer Einführung von A. Bruder-Bezzel. Göttingen, S. 213–222

Adler, A. (1912a/2008a): Studienausgabe Bd. 2: Über den nervösen Charakter. Grundzüge einer vergleichenden Individualpsychologie und Psychotherapie. Hg. von K. H. Witte, A. Bruder-Bezzel und R. Kühn unter Mitarbeit von M. Hubenstorf, mit einer Einführung von A. Bruder–Bezzel. Göttingen

Adler, A. (1912f/2007a): Zur Erziehung der Eltern. In: Alfred Adler Studienausgabe. Bd. 1. Persönlichkeit und neurotische Entwicklung. Frühe Schriften (1904–1912). Hg. mit einer Einführung von A. Bruder-Bezzel. Göttingen, S. 223–236

Adler, A. (1912h/2007a): Das organische Substrat der Psychoneurosen: Zur Ätiologie der Neurosen und Psychosen. In: Alfred Adler Studienausgabe, Bd. 1: Persönlichkeit und neurotische Entwicklung. Frühe Schriften (1904–1912). Hg. mit einer Einführung von A. Bruder-Bezzel. Göttingen, S. 237–249

Adler, A. (1913c/1920a): Weitere Leitsätze zur Praxis der Individualpsychologie. In: Adler, Praxis und Theorie, S. 40–47. [Neu: in Alfred Adler Studienausgabe, Bd. 3. Hg. von G. Eife, in Vorbereitung]

Adler, A. (1913f/1914a): Der nervöse Charakter. In: Adler, Heilen und Bilden, S. 123–133. [Neu: in Studienausgabe, Bd. 3. Hg. von G. Eife, in Vorbereitung]

Adler, A. (1913j): Traum und Traumdeutung. In: Zentralblatt für Psychoanalyse 3: 574–583 [Neu: Studienausgabe, Bd. 3. Hg. von G. Eife; in Vorbereitung]

Adler, A. (1914a/1973) (Hg., mit C. Furtmüller): Heilen und Bilden: Ärztlich-pädagogische Arbeiten des Vereins für Individualpsychologie. Frankfurt a. M.

Adler, A. (1914f): Soziale Einflusse in der Kinderstube. In: Pädagogisches Archiv 56: 473–487

Adler, A. (1914h/1920a): Die Individualpsychologie, ihre Voraussetzungen und Ergebnisse. In: A. Adler, Praxis und Theorie, S. 19–32. [Neu: in Studienausgabe, Bd. 3. Hg. von G. Eife, in Vorbereitung]

Adler, A. (1914i): The homosexual problem. In: Urological and Cutaneous Review, Technical Supplement (Oktober-Heft)

Adler, A. (1914o): [Rezension] W. Astrow (Hg.): Petersburger Träume: Eine unbekannte Erzählung von Dostojewski. Neue Freie Presse, Osternummer. In: Zeitschrift für Individualpsychologie 1: 63–64.

Adler, A. (1916/2009a): Die Frau als Erzieherin. In: Alfred Adler Studienausgabe. Bd. 4. Schriften zur Erziehung und Erziehungsberatung (1913–1937). Hg. von W. Datler, J. Gstach u. M. Wininger. Göttingen

Adler, A. (1918a/1920a): Über die Homosexualität. Praxis und Theorie, 127–135
Adler, A. (1918f/1920a): Die neuen Gesichtspunkte in der Frage der Kriegsneurose. Praxis und Theorie, 291–304
Adler, A. (1918g): Ein Psychiater über Kriegspsychose. In: Internationale Rundschau 4/9 (25. Juli): 362, Zürich
Adler, A. (1919c/2008a): Vorwort zur zweiten Auflage von: Über den nervösen Charakter 1912a, Studienausgabe, Bd. 2, S. 30 f.
Adler, A. (1920a/1974a): Praxis und Theorie der Individualpsychologie: Vorträge zur Einführung in die Psychotherapie für Ärzte, Psychologen und Lehrer. Neu hg. von W. Metzger [Neudr. d. 4. Aufl v. 1930]. Frankfurt a. M.
Adler, A. (1924g): Kritische Erwägungen über den Sinn des Lebens. In: Der Leuchter: Weltanschauung und Lebensgestaltung. Bd. 5. Darmstadt, S. 343–350 [Neu: in Studienausgabe, Bd. 3. Hg. von G. Eife; in Vorbereitung]
Adler, A. (1926a): Liebesbeziehungen und deren Störungen. Wien [Neu: in Studienausgabe, Bd. 3. Hg. von G. Eife; in Vorbereitung]
Adler, A.(1926h): Homosexualität. In: A. Bethe u. a. (Hg.), Handb. Norm. path. Physiol., Band 14. [Nachdruck: 1930d/1977a, S. 109–113]
Adler, A. (1927a/2007b): Studienausgabe Bd. 5. Menschenkenntnis. Hg. mit einer Einführung von J. Rüedi. Göttingen
Adler, A. (1929b/1973): Individualpsychologie in der Schule. Frankfurt a. M.
Adler, A. (1929c/1981a): Neurosen. Zur Diagnose und Behandlung. Frankfurt a. M.
Adler, A. (1930d/1977a): Das Problem der Homosexualität und sexueller Perversionen: Erotisches Training und erotischer Rückzug. Mit einer Einführung von W. Metzger. Frankfurt a. M.
Adler, A. (1931b/1979b): Wozu leben wir? [What Life Should Mean to You]. Mit einer Einführung von W. Metzger. Frankfurt a. M.
Adler, A. (1931o/1982b): Individualpsychologie und Psychoanalyse. II. Psychotherapie und Erziehung. Ausgewählte Aufsätze, Band II. 1930–1932. Ausgewählt und hg. von H. L. Ansbacher und R. Antoch. Mit einer Einführung von R. Antoch. Frankfurt a. M.
Adler, A. (1933/2008b): Studienausgabe Bd. 6: Der Sinn des Lebens (1933). Religion und Individualpsychologie (1933). Hg. mit einer Einführung von R. Brunner und R. Wiegand. Göttingen
Adler, A. (1933b/2008b): Der Sinn des Lebens. Hg. von R. Brunner. In: Alfred Adler Studienausgabe. Bd. 6. Der Sinn des Lebens – Religion und Individualpsychologie. Hg. mit Einführungen von Reinhard Brunner und Ronald Wiegand. Göttingen, S. 5–176
Adler, A. (1938): Social interest – a challenge to mankind [Übers. von »Sinn des Lebens«, 1933]. London
Adler, A. (1945b/1983a): Die sexuelle Funktion, S. 173–177.
Adler, A. (1982a): Psychotherapie und Erziehung. Ausgewählte Aufsätze, Band I: 1919–1929. Ausgewählt und herausgegeben von H. L. Ansbacher und R. F. Antoch, mit einer Einführung von R. F. Antoch. Frankfurt a. M., S. 23–32
Adler, A. (1983a): Psychotherapie und Erziehung. Ausgewählte Aufsätze, Band III: 1933–

1937. Ausgewählt und herausgegeben von H. L. Ansbacher und R. F. Antoch. Mit einer Einführung von R. F. Antoch. Frankfurt a. M.

Adler, A. (2007a): Studienausgabe, Bd. 1: Persönlichkeit und neurotische Entwicklung. Frühe Schriften (1904–1912). Hg. mit einer Einführung von A. Bruder–Bezzel. Göttingen

Adler, A. (2009a): Studienausgabe, Bd. 4. Schriften zur Erziehung und Erziehungsberatung (1913–1937). Hg. mit einer Einführung von W. Datler, J. Gstach u. M. Wininger. Göttingen

Ansbacher, H. (1981): Die Entwicklung des Begriffs »Gemeinschaftsgefühl« bei Adler. Zeitschrift für Individualpsychologie 6: 177–194

Aschheim, S. (2000): Nietzsche und die Deutschen. Karriere eines Kults. Stuttgart

Baader, G. (1984): Die Medizin im Nationalsozialismus. Ihre Wurzeln und die erste Periode ihrer Realisierung 1933–1938. In: Pross, C., Winau, R.: Nicht misshandeln. Das Krankenhaus Moabit. Berlin, S. 61–109

Baudelaire, C. (1857): Les Fleurs du Mal – Die Blumen des Bösen. Stuttgart, 1998

Berger, A. Freiherr von (1911): Hofrat Eysenhardt. Novelle. Wien, Leipzig

Bottome, Ph. (1939): Alfred Adler. Apostle of Freedom. London

Bruder-Bezzel, A. (1983): Alfred Adler. Die Entstehungsgeschichte einer Theorie im historischen Milieu. Göttingen.

Bruder-Bezzel, A. (1999): Geschichte der Individualpsychologie. 2. Aufl. Göttingen

Bruder-Bezzel, A. (2004): Nietzsche, Freud und Adler. In: Bruder-Bezzel, A., Bruder, K.-J.: Kreativität und Determination. Studien zu Nietzsche, Freud und Adler. Göttingen, S. 122–169.

Bruder-Bezzel, A. (2005): Die Einheit von bewusst und unbewusst in der Theorie von Alfred Adler. In: Buchholz, M., Gödde, G. (Hg.): Macht und Dynamik des Unbewussten, Bd. I., Gießen, S. 361–382

Bruder-Bezzel, A. (2006): Manès Sperber (1939/2006). Zur Analyse der Tyrannis. (Buchbesprechung). Zeitschrift für Individualpsychologie 31: 371–376

Bruder-Bezzel, A. (2009): Die verschwiegenen Wege der Lust an der Macht. Alfred Adlers Eysenhardt. In: Wahl, P., Sasse, H., Lehmkuhl, U. (Hg.): Macht – Lust. Göttingen

Cannon, W. (1932): The Wisdom of the Body. New York

Cremerius, J. (1990): Die psychoanalytische Behandlung der Reichen und der Mächtigen. In: Cremerius, J.: Vom Handwerk des Psychoanalytikers: Das Werkzeug der psychoanalytischen Technik, Band 2. Stuttgart, S. 219–261

Cresta, M. (1912/1913): Besprechung von Adlers Hofrat Eysenhardt. Zentralblatt für Psychoanalyse III: 616 f.

Dahmer, H. (1973): Libido und Gesellschaft. Frankfurt a. M.

Engel, G. (1909/1914): Der Reiter auf dem Regenbogen. Neubearb. Aufl. Berlin

Engel, G. (1909/1922): Die Furcht vor dem Weibe. Leipzig

Erdheim, M. (1982): Die gesellschaftliche Produktion von Unbewußtheit. Frankfurt a. M.

Erdheim, M. (1990): Wie familiär ist der Psychoanalyse das Unbewusste? Über homogene und heterogene Psychoanalyse. In: Rohde-Dachser, C. (Hg.): Zerstörter Spiegel. Psychoanalytische Zeitdiagnosen. Göttingen, S. 17–31.

Freschl, R. (1912): Das »Lustprinzip« bei Nietzsche. Zentralblatt für Psychoanalyse, 3: 516–551

Freschl, R. (1914): Vorbemerkungen zu einer Individualpsychologie der Persönlichkeit Friedrich Nietzsches. Internationale Zeitschrift für Individualpsychologie 1: 110–115

Freschl, R. (1936): Friedrich Nietzsche und die Individualpsychologie. Internationale Zeitschrift für Individualpsychologie 14: 50–61.

Freud, S. (1914): Zur Geschichte der psychoanalytischen Bewegung. G. W. Bd. X. Frankfurt a. M., S. 43–113

Freud, S. (1921): Massenpsychologie und Ich-Analyse. G. W. Bd. XIII. Frankfurt a. M., S. 72–161

Freud, S. (1928): Dostojewski und die Vatertötung. G. W. Bd. XIV. Frankfurt a. M., S. 398–418

Freud, S.; Jung, C. G. (1991): Briefwechsel. (Hg. von W. McGuire und W. Sauerländer). Frankfurt a. M.

Frey, P. (1904): Der Kampf der Geschlechter. Wien

Friedmann, A. (1925): Linkshändigkeit (Autoreferat). Internationale Zeitschrift für Individualpsychologie 3/6: 342 f.

Friedmann, A. (1926): Biologie und Psychologie der Linkshändigkeit. Internationale Zeitschrift für Individualpsychologie 4/5: 257–271

Furtmüller, C. (1946): Adlers Werdegang. In: Furtmüller, C. (1983): Denken und Handeln. Schriften zur Psychologie 1905–1950. Hg. von Lux Furtmüller. München, Basel, S. 231–287

Gast, L. (1992): Libido und Narzissmus. Vom Verlust des Sexuellen im psychoanalytischen Diskurs. Eine Spurensicherung. Tübingen

Glaser, E. (1976): Die erste Konfrontaion zwischen Marxismus und Psychoanalyse. Die Zukunft. Sozialist. ZS f. Politik, Wirtschaft und Kultur. Wien, H. 18, S. 11–17

Gödde, G. (2009): Traditionslinien des Unbewussten. Schopenhauer, Nietzsche, Freud. 2. Aufl. Gießen

Goethe, W. (1810): Zur Farbenlehre. In: Rupprecht Mathaei u. a. (Hg.): Goethe – Die Schriften zur Naturwissenschaft. Bd. 3–7. Weimar 1951–1973

Gruber, M. (1904): Hygiene des Geschlechtslebens. Stuttgart

Handlbauer, B. (1990): Die Adler-Freud-Kontroverse. Frankfurt a. M.

Heisterkamp, P. u. G. (1995): Homosexualität. In: Brunner, R., Titze, M. (Hg.): Wörterbuch der Individualpsychologie. 2. Aufl. München, Basel, S. 230–234

Hoefele, J. B. (1986): Individualpsychologie und Literatur. Zur Literaturästhetik Alfred Adlers und seiner Schule. Frankfurt a. M.

Hoffman, E. (1997): Alfred Adler. Ein Leben für die Individualpsychologie. München. (Engl.: The Drive for Self. Alfred Adler and the Founding of Individual Psychology. Addison Wesley 1994)

Hubenstorf, M. (1991): Die Genese der Sozialen Medizin als universitäres Lehrfach in Österreich bis 1914. Diss. Berlin

Kahn, G. (1907): Das Weib in der Karikatur Frankreichs. Stuttgart

Kaus, O. (1912): Der Fall Gogol. Schriften des Vereins für freie Psychoanalytische Forschung, Bd. 2. München

Kaus, O. (1916): Dostojewski, Zur Kritik der Persönlichkeit. Ein Versuch. München.

Kenner, C. (2007): Der zerrissene Himmel. Emigration und Exil der Wiener Individualpsychologie. Göttingen.

Kiernan, J. (1888): Sexual Perversion, and the Whitechapel Murders. The Medical Standard, 4 (November): 120–130; (December): 170–172

Kramer, J. (1914): Kindliche Phantasien über Berufswahl. In: Adler, A. (Hg.) (1922), Heilen und Bilden. 2. Aufl. München, S. 321–335

Kretschmer, W. (1982): Über die Anfänge der Individualpsychologie als »freie Psychoanalyse«. Zeitschrift für Individualpsychologie 7: 175–179

Kubin, A. (1909/2009): Die andere Seite. Ein phantastischer Roman. Einf. von Josef Winkler und Eberhard Spangenberg. Frankfurt a. M.

Lazarsfeld, S. (1931): Wie die Frau den Mann erlebt. Leipzig

Le Bon, G. (1908): Psychologie der Massen (französ. 1895). Leipzig. (Neu: Le Bon: Psychologie der Massen. Mit einer Einführung von P. R. Hofstätter. Stuttgart, 2008)

Metzger, W. (1974): Vorbemerkung zu: Adler, A.: Praxis und Theorie der Individualpsychologie. Frankfurt a. M., S. 7–16.

Mühlleitner, E. (1992): Biographisches Lexikon der Psychoanalyse. Tübingen

Musil, R. (1978): Der Mann ohne Eigenschaften. Reinbek

Neuer, A. (1914): Ist Individualpsychologie als Wissenschaft möglich? Internationale Zeitschrift für Individualpsychologie 1: 3–8

Neuer, A. (1925): Warum die Individualpsychologie missverstanden wird. Internationale Zeitschrift für Individualpsychologie 3: 260–262

Pestalozzi, J. H. (1938): Sämtliche Werke, Bd. XII. Berlin, Leipzig

Pfungst, O (1907): Das Pferd des Herrn von Osten. In 2. Aufl. als: »Der Kluge Hans«. Frankfurt a. M., 1983

Polak, E. (1928): Individualpsychologische Betrachtungen über Tolstoi. Internationale Zeitschrift für Individualpsychologie 6: 456–481

Protokolle der Wiener Psychoanalytischen Vereinigung (Hg. Nunberg, H.; Federn, E.): Bd. I. 1976, Bd. II 1977, Bd. III 1979. Frankfurt a. M.

Rattner, J. (1980): Alfred Adler und die Literatur Zeitschrift für Individualpsychologie 5: 208–217

Rattner, J. (1979): Alfred Adler und F. M. Dostojewski. Zeitschrift für Individualpsychologie 4: 61–73

Rühle, O. (1925): Die Seele des proletarischen Kindes. Dresden. In: Rühle, O.: Zur Psychologie des proletarischen Kindes. Frankfurt a. M., 1975

Rühle-Gerstel, A. (1932): Das Frauenproblem der Gegenwart. Leipzig. Nachdruck: Die Frau und der Kapitalismus. Frankfurt a. M. 1972

Rühle-Gerstel, A. (1979): Kein Gedicht für Trotzki. Tagebuchaufzeichnungen aus Mexico. Frankfurt a. M.

Russo, C. (1924): Bemerkungen über die pädagogischen Anschauungen Kants. Internationale Zeitschrift für Individualpsychologie 2: 13–18

Schiferer, R. (1995): Alfred Adler. Eine Bildbiographie. München, Basel

Schiller, F. (1795): Über naive und sentimentalische Dichtung. In: Sämtliche Werke, Bd. 1

Schimmer, L. (2001): Individualpsychologische Literaturinterpreation. Frankfurt a. M.

Schmid, A. (1912): Zur Homosexualität. Zentralblatt für Psychoanalyse 3: 228–229

Schopenhauer, A. (1851): Aphorismen zur Lebensweisheit. In: Schopenhauer, A.: Parerga und Paralipomena

Schrecker, P. (1913/14): Die individualpsychologische Bedeutung der ersten Kindheitserinnerungen. Zentralblatt für Psychoanalyse 4: 121–130

Schrögendorfer, K. (1966): Schicksal Burgtheater. Alfred Freiherr v. Berger und der Anbruch der Moderne. Graz, Wien, Köln

Sperber, M. (1937): Zur Analyse der Tyrannis. Graz, Leykam, 2006

Stekel, W. (1908): Nervöse Angstzustände und ihre Behandlung. Berlin, Wien

Stern W. (1918): Die menschliche Persönlichkeit. Leipzig

Strasser, Ch. (1914): Zur forensischen Begutachtung des Exhibitionismus. Internationale Zeitschrift für Individualpsycholgie 1: 33–44

Strindberg, A. (1912): Buch der Liebe. Ungedrucktes und Gedrucktes aus dem Blaubuch. Gesamtausgabe, Bd. 8

Sulloway, F. (1982): Freud. Biologie der Seele. Jenseits der psychoanalytischen Legende. Köln.

Vaihinger, H. (1902): Nietzsche als Philosoph. Berlin, 1916

Vaihinger, H. (1911): Die Philosophie des Als Ob. Leipzig

Vischer, F. T. (1879): Auch Einer. Eine Reisebekanntschaft. Berlin

Weinmann, K.(1926): Das Selbstwertgefühl und seine Störungen. Internationale Zeitschrift für Individualpsychologie 4: 69–76

Wirth, H.-J. (2002): Narzissmus und Macht. Zur Psychoanalyse seelischer Störungen in der Politik. Gießen.

Wohlfahrt, P. (1935): Die psychologische Entwicklung von Dostojewskis Jüngling. Internationale Zeitschrift für Individualpsychologie 13: 104–115

Worbs, M. (1983): Nervenkunst. Literatur und Psychoanalyse im Wien der Jahrhundertwende. Frankfurt a. M.

Personenverzeichnis

Adler, Friedrich (1879–1960), Physiker, sozialdemokratischer Politiker, Sohn von Victor Adler, Wien 124
Adler, Max (1873–1937), Prof. Dr., Philosoph, austromarxistischer Theoretiker, Wien 12 ff., 17, 22, 158 ff., 162
Adler, Raissa (1872–1962), Frau von Alfred Adler, russ. Herkunft 13
Adler, Victor (1852–1918), österr. sozialdemokratischer Führer, Wien 124
Alexander der Große (356 –323 v. Chr.), griechisch-makedonischer König 96, 160
Ansbacher, Heinz, L. (1904–2006) Prof. f. Psychologie, Individualpsychologe 10, 163, 199
Aristophanes (448–385 v. Chr.), griech. Komödiendichter 91
Aristoteles (384/3–322/1), griech. Philosoph 68
Aschheim, Steven 14
Baudelaire, Charles (1821–1867), französ. Schriftsteller, Lyriker, Boheme, Paris 69
Beer, Rudolf (1885–1938), Prof., Schauspieler, Regisseur, Theaterdirektor, Wien 182
Beethoven, Ludwig van (1770–1827), dt. Komponist 171
Berger, Alfred Freiherr von (1853–1912), Jurist, Privdoz. f. Philosophie, Prof. f. Ästehtik, Direktor des Burgtheaters, Wien 30, 32, 72, 81, 83, 76, 7 f., 82, 86
Binet, Alfred (1857–1911), französ. Psychologe 79, 89
Blei, Franz (1871–1942), Literat, Avangardist, Wien 13 f., 30
Bleuler, Eugen (1857–1939), Prof. f. Psychiatrie , Zürich 62, 79
Bloch, Iwan (1872–1922), Dr. med., Sexologe, Berlin 89

Bottome, Phyllis (1864–1963), engl. Erzählerin, Anhängerin von Adler 24
Brentano, Luio v. (1844–1931), Prof. f. Ökonomie, Sozialreformer 19
Börner, Wilhelm (1882–1951), Arzt, Pädagoge, Schriftsteller, Vorkämpfer der österr. Friedensbewegung, Wien 182
Bruder-Bezzel, Almuth 10, 14 f., 18, 20, 24, 25, 33 f., 120, 163, 177, 200
Cannon, Walter (1871–1945), amerikan. Prof. f. Physiologie, Konzept Homöostase 197
Carnot, Lazare, Nicolas, M., Graf (1753–1823), franz. Staatsmann, Feldherr in der Französ. Revolution 143
Chaucer, Geoffrey (1343–1400), engl Schriftsteller, (Canterbury Tales) 84
Coolidge, Calvin (1872–1933), 13. amerikan. Präsident (1923–29) 178
Corday, Charlotte (1768–1793), unterstützte in der Französ. Revolution die Girondisten, ermordete Marat 144
Cremerius, Johannes (1918–2002), Prof. Dr. med., Psychoanalytiker 32
Cresta, Max, Individualpsychologe um 1913 72
d'Annunzio, Gabriele (1863–1938), Schriftsteller des Fin de Siècle, Symbolist, Leitfigur des italien. Faschismus, Mentor und Gegenspieler von Mussolini 180
Dahmer, Helmut 22
Danton, Georges-Jacques (1759–1794), französ. Revolutionär 17, 21, 23, 142, 144, 146
Delila, Frau des Samson/Simson (Altes Testament) 68
Demosthenes (348–322 v. Chr.), griech. Politiker, Redner 171

Dostojewski, Fjodor M. (1821–1881), russ. Dichter 14, 17, 30, 32 ff., 73, 101–110
Dymow, Ossip (1878–1959), russ.-jüd. Schriftsteller 182
Ehrenstein, Albert (1886–1950), expressionistischer Schriftsteller, Zürich 30
Empedokles (494–434 v. Chr.) griech. Philosoph, Dichter 67
Engel, Georg Julius (1866–1931), (Pseudonym Johannes Jörgensen) deutscher Schriftsteller, Theaterkritiker 67
Erdheim, Mario 9, 32
Federn, Paul (1871–1950), Dr. med., Mitglied in der Wiener Psychoanalytischen Vereinigung ab 1903 22
Fischer, Aloys (1880–1937), Prof. f. Pädagogik, Philosophie, Psychologie, München 88, 111, 160
Fließ, Wilhelm (1858–1928), Dr. med., Berlin 67, 89
Freschl, Robert, Individualpsychologe, Wien 34
Freud, Sigmund (1856–1939), Wien 7 ff., 12–15, 21, 25–30, 33 f., 60 f., 66, 89, 161, 184
Frey, Philipp (Pseudonym von Philipp Friedmann) (1873–1920), Schriftsteller, Lehrer, Kaufmann, Mitglied der Wiener Psychoanalytischen Vereinigung 1906–1908 67
Friedmann, Alice (1897– nach 1970), Dr. phil., Individualpsychologin, Wien, arbeitete in Erziehungsberatung 172
Furtmüller, Carl (1880–1951), Dr. phil., Gymnasialprofessor, sozialdemokratischer Stadtschulrat, Individualpsychologe, Wien 13, 34, 91
Garibaldi, Giuseppe (1807–1882) Guerillakämpfer und Protagonist der italienischen Einigungsbewegung (Risorgimento 1820–1870) 106
Gast, Lilli 15, 74
Gödde, Günter 14
Gibbon, Edward (1737–1794), britischer Historiker, besonders über römische Antike 184

Glaser, Ernst (geb. 1912), Historiker, Schriftsteller, Sachbuchautor, Wien 13, 22, 58
Goethe, Johann Wolfgang (1749–1832), dt. Dichter 31, 73, 84, 143
Gogol, Nikolai Wassiljewitsch (1809–1852), russ. Schriftsteller ukrainischer Herkunft 15
Golebiewski, Eduard (1868–1901), Vertrauensarzt der nordöstl. Baugewerbs-Berufsgenossenschaft Berlin, Opposition gegen Schutzzollpolitik 20
Grün, Heinrich (1868–1924), Dr. med., Standes- und Kommunalpolitiker, Sozialdemokrat, Wien 19, 43 f., 47, 52, 54, 125, 127, 141, 161, 208
Gruber, Max (von) (1853–1927), Prof. Dr. med., Bakteriologe, (Sozial)Hygieniker, Eugeniker, Rassenhygieniker, Wien, München 26, 52–56
Halban, Josef (1870–1937), Prof. Dr. med., Gynäkologe, Wien 182
Handlbauer, Bernd 13, 15
Hébert, Jacques René (1755–1794), französ. Revolutionär 145
Heisterkamp, Petra und Günter 27
Herterich, Franz, Hofrat (1877–1966), Schauspieler, Regisseur, Direktor des Burgtheaters Wien 182
Hilferding, Margarethe (1871–1942, KZ Treblinka), Dr. med., erste Frau in Freuds Mittwochgesellschaft, Sozialdemokratin, Individualpsychologin, ehemal. Ehefrau von Rudolf Hilferding, Wien 28, 154
Hilferding, Rudolf (1877–1941, in Gestapohaft), Dr. med., Kinderarzt, Wien, marxistischer Finanztheoretiker, sozialdemokratischer Politiker, Reichsfinanzminister in der Weimarer Republik. 28
Hirschfeld, Magnus (1868–1935), Dr. med., Sexologe, Berlin, Kämpfer für die Straffreiheit der Homosexualität, Gründer des »Wissenschaftlich humanitären Komitees« (Whk) 26, 56, 89

Hitschmann, Eduard (1871–1957), Dr. med. Psychoanalytiker, Wien 60
Hoefele, Joachim 34
Hoffman, Edward 16, 199
Hubenstorf, Michael 12, 18 f.
Jakob, Heinrich Eduard (1889–1967), Journalist, Schriftsteller 182
Janet, Pierre (1859–1947), französ. Neurologe 78 f., 89
Jung, Carl Gustav (1875–1961), Psychiater, nach seinem Bruch mit Freud Begründer der analytischen Psychotherapie, Zürich 28, 147
Kahane, Max (1866–1923), Dr. med., Gründungsmitglied der Psychologischen Mittwoch-Gesellschaft, Wien 19
Kahl, Wilhelm (1849–1932), Prof. der Rechtswissenschaft, Politiker (DVP) und Reichstagsabgeordneter in der Weimarer Republik, setzte sich für die Straffreiheit von Homosexualität, der »einvernehmlichen homosexuellen Handlungen« ein 90
Kahn, Gustave (1859–1936), französ. Symbolist, Dichter und Kunstkritiker 69
Kant, Immanuel (1724–1804), Philosoph 12 ff.
Kara Mustapha, Großwesir, Oberbefehlshaber der türkischen Armee bei der zweiten Türkenbelagerung Wiens 1683 70
Karpeles, Benno (1868–1938), Redakteur, Sozialdemokrat, Wien 111
Kaus, Gina (1893–1985), Romanschriftstellerin, Individualpsychologin, verh. mit Otto Kaus (1920–1926) 28, 154
Kaus, Otto (1891–ca. 1945?, Bombenangriff), Individualpsychologe, Schriftsteller, Wien und Berlin 28, 33 f.
Kenner, Clara 14, 28, 33, 75, 126, 197
Keyserling, Hermann, Graf (1880–1946), freier Philosoph 147
Kiernan, James (1852–1923), amerikan. Psychiater, Chicago 89
Krafft-Ebing, Richard v. (1840–1902), Prof. f. Psychiatrie, Sexologe, Wien 89 f.

Kramer, Josef, Individualpsychologe, Wien 77, 172
Krassin, Leonid Borissowitsch (1870–1926), russ. Revolutionär, früher Kampfgefährte der Bolschewiken, später Volkskommissar 181
Kretschmer, Wolfgang (1918–1994), Prof. Dr. med., Neurologe 14, 147
Kubin, Alfred (1877–1959), österr. Zeichner, Illustrator, Schriftsteller 120
Lazarsfeld, Paul (1901–1976), Soziologe, Wien, New York 28
Lazarsfeld, Sophie (1881–1976), Sozialdemokratin, Individualpsychologin, Wien 28, 154
Le Bon, Gustave (1841–1931), einflussreichster Begründer der Massenpsychologie 21, 184
Lenau, Nikolaus (1802–1850), österr. Schriftsteller, lyrischer Dichter 71
Lessing, Theodor (1872–1933), Philosoph, Publizist, Sozialist, »Feminist« 182
Liebenberg, Richard, Dr., Direktor des Landesberufsamtes Berlin, Autor 169
Livius, Titus (59 v. Chr.–17. n. Chr.), römischer Geschichtsschreiber 184
Lombroso, Cesare (1836–1909), italien. Prof. f. Psychiatrie, Kriminalanthropologe 79, 139
Ludwig XVI. (1754–1793), König von Frankreich, hingerichtet 18, 30, 143
Lueger, Karl (1844–1910), Bürgermeister v. Wien (1897–1910); Gründer der österr. Christlich-Sozialen Partei 18
Luxemburg, Rosa (1871–1919), Revolutionärin 23
Mann, Thomas (1875–1955), dt. Dichter 147
Marat, Jean-Paul (1743–1793) französ. Revolutionär 142 ff., 180
Marx, Karl (1818–1883) 12 f., 58 ff., 113, 117, 158 f., 162
Mayreder, Rosa (1858–1938), Frauenrechtlerin, Schriftstellerin, Wien 182
Möbius, Paul Julius (1853–1907), Neurologe, Psychiater 67

Metzger, Wolfgang (1899–1979), Prof.
f. Psychologie, Gestaltpsychologie,
Herausgeber der Adler-Werke im
Fischer-Verlag 32 f.
Mühlleitner, Elke 28
Moll, Albert (1862–1939), Dr. med., Neurologe, Sexologe, Berlin. Gründer der
Internationalen Gesellschaft für Sexualforschung (1913) 72, 89
Moreno, Jacob, Levy (1889–1974), Psychiater, Psychodrama, Wien 30
Moses, biblische Figur des Alten Testaments 113
Musil, Robert (1880–1942), österr. Schriftsteller 31
Mussolini, Benito (1883–1945), italien. faschistischer Diktator 17, 21, 25, 176–180
Napoleon Bonaparte (1769–1821) französ. Staatsmann, Feldherr, »Kaiser« 102, 118, 143, 171, 177, 181
Neuer, Alexander (1883–1941, KZ Frankreich), Psychiater, Individualpsychologe, Wien 160
Nietzsche, Friedrich (1844–1900), Philosoph 10, 12 ff., 30, 33 f., 68, 101, 110
Oberon, mythologischer Elfenkönig 84
Oppenheim, David Ernst (1881–1943, KZ Theresienstadt), Altphilologe, Gymnasialprofessor, Individualpsychologe, Wien 34
Pestalozzi, Johann Heinrich (1746–1827), Schweizer Pädagoge 198
Pfungst, Oskar (1847–1933), Psychologe, Berlin 89
Plutarch (ca. 46–120 n. Chr.), griech. Philosoph, Historiker, Vergleich von Griechen und Römern 79, 184
Polak, Elise 33
Polgar, Alfred (1875–1955), österr. Schriftsteller, Kritiker, Wien 111
Porep, Rüdiger 20
Puschkin, Alexander, Sergejewitsch (1799–1837), russ. Nationaldichter 108
Rank, Otto (1884–1939), Dr. phil., Psychoanalytiker, Wien 22, 58, 60

Rattner, Josef 29, 31, 33 f.
Rühle, Otto (1874–1943), sozialdemokratischer Pädagoge, rätekommunistischer Politiker, Schriftsteller, Dresden 16, 23, 25, 28
Rühle-Gerstel, Alice (1894–1943), Dr. phil., politische Publizistin, Individualpsychologin, Dresden 16, 28
Robespierre, Maximilien François Marie Isidore de (1758–1794), französ. Revolutionär 142, 144 ff., 177, 180 f.
Rops, Félicien Joseph Victor (1833–1898), belgischer Maler, Grafiker 62, 68 f.
Rousseau, Jean-Jacques (1712–1778), französ. Philosoph, Aufklärer 143
Rubiner, Ludwig (1881–1920), expressionistischer Dichter, Literaturkritiker 30
Russo, Cäsar, Individualpsychologe, Wien 160
Salome, Stieftochter von König Herodes 68
Schiferer, Rüdiger (gest. 2002) 19, 30, 35
Schiller, Friedrich (1759–1805), dt. Dichter 62, 106
Schimmer, Leopold 30, 32, 34
Schmid, Alexander, vermutlich Individualpsychologe um 1913/1914, Wien 96
Schmoller, Gustav v. (1838–1917), Prof. f. Staatswissenschaft und Nationalökonomie 19
Schnitzler, Arthur (1862–1931), österr. Erzähler, Dramatiker, Wiener Moderne 29, 33
Schopenhauer, Arthur (1788–1860), dt. Philosoph 67
Schrecker, Paul (1889–1963), Prof. f. Philosophie, Individualpsychologe, Wien 98
Schrenck-Notzing, Albert, Freiherr von (1862–1929), dt. Psychiater, Sexualpathologe, Parapsychologe 89
Schrögendorfer, Konrad 32
Schulhof, Hedwig, Individualpsychologin 28, 34
Seneca, Lucius Annaeus (1–65 n. Chr.), römischer Philosoph, Stoiker, Dramatiker, Naturforscher 81

Shakespeare, William (1564–1616), engl. Dichter 73, 84, 116, 148
Spencer, Herbert (1820–1903), engl. Philosoph, Soziologe 43
Sperber, Manès (1905–1984), politischer Publizist, Schriftsteller, Romancier, Individualpsychologe 16, 25
Steiner, Maximilian (1874–1942), Dr. med, Psychoanalytiker, Wien 60
Stekel, Wilhelm (1868–1940), Dr. med., Psychoanalytiker, Wien 13, 62
Stern, William (1871–1938), Prof. f. Psychologie 112, 160
Strasser, Charlot (1884–1950), Dr. med. Psychiater, expressionistischer Schriftsteller, Zürich 30
Strasser, Josef (1870–1935), sozialistischer Politiker, Jounalist 30
Stürgkh, Karl, Graf von (1859–1916), österr. Ministerpräsident (1911–1916) 122, 124
Strindberg, August (1849–1912), schwed. Schriftsteller, Naturalismus, Expressionismus 67 f.
Stumpf, Carl (1848–1936), Prof. f. Psychologie, Berlin 89
Sulloway, Frank J., amerikan. Wissenschaftshistoriker 89
Teleky, Ludwig (1872–1957), Sozial- und Arbeitsmediziner, Gewerbehygiene 18
Tolstoi, Leo Nikolajewitsch Graf (1828–1910), russ. Dichter 17, 30, 33, 106, 182
Trotzki, Leo (1879–1940), russ. bolschewistischer Revolutionär 13, 22
Tunney, Gene (1897–1978), amerikan. Schwergewichtsboxer (1926–28) 178

Ulrichs, Karl Heinrich (1825–1895), Jurist, Theorie der Homosexualität »Uranismus«, Vorkämpfer für die Straflosigkeit homosexueller Handlungen 56
Vaihinger, Hans (1852–1933), Prof. f. Philosophie 14
Virchow, Rudolf (1821–1902), Prof. f. Pathologie, Cellularpathologie, Sozialmedizin 15, 19, 42
Vischer, Friedrich Theodor (1807–1887), Schriftsteller 66
Voltaire (1694–1778), französ. Philosoph, Aufklärer 143
Wassermann, Jakob (1873–1934), dt. Schriftsteller, Romancier 182
Weber, Carl Maria, von (1786–1826), Komponist 84
Weininger, Otto (1880–1903), Philosoph, Schriftsteller, Wien 67
Weinmann, Kurt (1885–1974), Dr. med., Individualpsychologe, München 161
Wells, Herbert George (1866–1946), engl. Schriftsteller fantastischer Romane, Science-Fiction, soziologische und historische Kommentare, Sozialist 179
Wenger 66
Wieland, Christoph Martin (1733–1813), Dichter der Aufklärung 84
Wilson, Woodrow (1856–1924), amerikan. Präsident (1913–1921) 124
Wirth, Hans-Jürgen 32
Wittels, Fritz (1880–1950), Dr. med., Psychoanalytiker, Wien 13, 182
Worbs, Michael 29

Sachverzeichnis

A

Aberglauben 11, 100, 136
Absolutismus 114
Abstinenz 52, 54 f., 57
Abtreibung 28, 154 ff.
Adel 121, 142
Affektlage 58 ff.
Aftergebilde 132
Aggression 10, 14, 79, 86, 95
Aggressionstrieb 58, 60
Aggressionsumweg 59
Aktionslinie 169, 174
Allgemeinheit 54, 94, 98, 148 f., 158, 161, 173 f., 183 f., 188 ff., 193, 197
Allmenschentum 108
Allmenschheitsempfinden 112
Altruismus 22
altruistische Idee 58 f.
ambivalent 14, 24, 27, 79
Ambivalenz 61, 79 f., 204
   voluntäre 62
Analogie 79, 132
Anatomie 54
Angst 10, 26 f., 53, 57, 6 ff., 81, 85, 94, 117, 120
Ängste 24
Ängstlichkeit 80
Angstneurose 56
Angst vor der Frau 26, 61
Angstzustand 83, 86
Anpassung
   aktive 186
Antifeministen 136
Antisemitismus 8
Arbeit 16, 21, 30, 34, 45 f., 48 ff., 63, 66 f., 77, 90, 92, 103, 105, 131, 139, 160, 165, 174, 181, 184, 187, 201, 206
Arbeiterbewegung 12 f., 21 ff., 44
Arbeiterin 141
Arbeitsbedingung 20, 170

Arbeitsmedizin 12
Arme, der/die 45, 103, 107, 144
Armenarzt 41
Armenpflege 41
Arrangement 32, 63, 83, 94 f., 156
Arzt 12, 18 ff., 38, 41 f., 44–57, 61, 77, 83, 93, 99, 123, 125, 127, 143 f., 155, 158, 161, 169
Ärztekammer 19, 47
Ärztestand 41–44, 46 f., 49 f.
ärztliche Kunst 48 ff.
ärztliches Ansehen 51
ärztliche Standespolitik 12
Ästhetik 63, 160
Atavismus 89
Ätiologie 41, 55
Attitüde 79, 82, 85, 95
   zögernde 83 f., 94
Aufklärungsschrift 52
Ausbeutertum 126
Ausdrucksbewegung 195
Ausdrucksform 25, 60, 153, 160, 162, 187
Ausgleich 149, 177 f., 180, 189
Ausleseverfahren 169
Austrofaschisten 17
Austromarxismus 12, 158
Austromarxisten 58
austromarxistisch 14
autoritäre Herrschaft 24
autoritäre Persönlichkeit 8, 25, 33
Autoritarismus 10, 25
Autorität 45, 96, 115, 117, 173

B

Bankräuber 179
Barbarei 111
Bastillensturm 145
Baustein 191, 199, 202 ff.
Befreiung 22, 24, 46, 123, 128, 163, 165, 176, 179

Befruchtung 54 f.
Begabung 31, 117, 169
Begabungsprüfung 171
Belastung 150
Beratungsstelle 16, 28, 171
Bereitschaft 11, 78, 95, 166, 205
Beruf 9, 12, 26 f., 50, 77, 79, 83, 131 f., 136, 139 f., 151, 169–174, 189, 200 f., 205
berufliche Auslese 169
Berufsantritt 170
Berufsberater 170, 173
Berufsberatung 169, 171, 173 f.
Berufseignung 16 f., 169, 173 f.4
Berufsfrage 173
Berufsneigung 169 f., 173 f.
Berufsprüfung 171
Berufsrollenbewusstsein 174
Berufstätigkeit 12
Berufswahl 7, 77, 169 ff., 174
Berufswahlphantasie 77, 172
besitzlose Klasse 41
Bevölkerung 20, 41, 45 f., 48–51, 89, 120, 122, 163
Bewegung 8, 13, 15, 21 ff., 109, 116, 121, 142 ff., 176, 178 f., 181, 197, 200, 203, 210
Bewegungslinie 143, 160
Bewusste, das 203
Bewusstsein 10 f., 113, 157, 159, 202 ff., 211
Bewusstseinsprozess 159
Bezogenheit 109, 159
Bibel 73
bildende Kunst 8
Biografie 8, 29 f., 33 f., 72, 79
bipolar 79
Bipolarität 62
Bisexualität 57, 89
Blutsverwandtenehe 150, 185
Bolschewiki 115
Bolschewismus 7, 10, 15, 17, 21, 23, 111 f., 114, 116–120
Bubi-Kopf 165
Bürgerkrieg 143

C

Charakter 48, 53, 64, 74, 77, 79, 82, 93, 98, 100, 133, 139, 155, 159
Charakterbeschreibung 15, 32
Charité 35–38
Common Sense 183 f., 188, 191, 199, 203
Congressus interruptus 56
Corriger la fortune 82

D

Dämon 78, 87
Degeneration 89
Degenerationstheorie 29 f., 140
Degradierung 58 f.
Demut 102, 105 f., 143
Demütigung 22, 24, 82, 84 ff., 176, 179
Desintegration 204
Despotie 33, 101, 110
deterministisch 9
Dichter 29–34, 67, 73, 76 f., 83, 101, 104 ff.
Dichterinterpretation 33
Dichtkunst 67
Dichtung 8, 29, 31
Dienstmädchen 141
Diensttauglichkeit 123
Diktator 144, 177, 178 ff.
Diktatur 23, 43, 113, 176
Diktatur des Proletariats 23, 113
Dirne 79, 84, 105, 136, 138–141
Dirnencharakter 140
Disposition 11, 63, 70, 80, 88 f.
  neurotische 95
Dissident 15
Distanz 9, 16, 80, 88, 92, 94 ff., 98, 106, 138
  seelische 92
Doppelgänger 29 f., 33, 101
Doppelgängerschaft 32
Doppelmoral 26
Dressur 121
Drogenabhängige 200
Drückeberger 125
Durchschnittsphilister 135

Sachverzeichnis

E
Egoismus 113, 156, 167
Egomane 177
Ehe 16f., 26ff., 54ff., 63f., 66, 70, 93f., 133, 136, 147, 150–154, 156, 167, 171, 200f.
Eheberatungsstelle 28, 157
eheliche Sexualität 27
eherne Gesetzmäßigkeit 148
eherne Tatsachen 183, 186
Ehrgeiz 35, 64, 72, 78, 80, 93, 100f., 104, 113, 115, 119, 136, 143, 145, 153, 157, 208, 211
Eigenliebe 100, 104, 108, 110, 150
Eignung 62, 78, 97, 132, 148, 153, 171, 173
Einheit 15, 32f., 72, 98, 160, 194, 195, 200, 202f., 210f.
  geschlossene 101, 109
Einheit der Persönlichkeit 72, 195
einheitlich 15, 45, 77, 80, 102, 109, 115, 126, 148, 164, 170, 184, 192, 195, 210
Einzelmensch 159, 186
Einzelne, der/die 55, 57, 94, 114, 119, 128, 148f., 160–164, 172, 176, 183–192, 195, 197–200, 204
Einzelpsyche 21, 119, 183
Einzelwesen 9
Einzigartigkeit 15
Eitelkeit 35, 104, 105, 110, 144, 148, 211
Ejaculatio praecox 63
Ekel 59, 64, 117
Elend 19, 40, 102, 106, 112, 138, 196
Elternliebe 115
Emanzipation 12, 56
Emanzipationskampf 12
Emotion 12, 135, 202
emotionale Verbundenheit 11
Empfindlichkeit 31, 58f., 84, 208, 211
Endabsicht 85
Endlichkeit 194, 197
endogene Ursache 209
Entbindung 155
Entehrung 24, 130
Enteignung 41
Entgleiste, der/die 128
Entität 202
Entmannung 84
Entmutigte, der/die 173
Entrechtung 41
Entthronung 188
Entwertung 11, 26, 65f., 68, 91f., 151
Entwertung der Frau 11, 68
Entwertungstendenz 66f.
Entwicklungsstörung 173
Ephebe 91
Epilepsie 103, 108
Erbe 196
Erbfaktor 150
Erinnerungsbild 86
Erkenntniskritik 159
Erkenntnistheorie 160
Erklären 158
Erlebnisausdruck 159
Ermutigung 170, 172
Eros 91f.
Ersatzwelt 31
Erster Weltkrieg 7, 10, 13, 15, 21, 26f., 30, 72, 120
Erstgeborene, der/die 188
Erythrophobie 66
Erzieher 52, 77, 115f., 158, 161, 173, 177, 206
Erziehung 12, 15f., 28, 74, 77, 96, 111, 117, 147, 149, 151, 154, 156ff., 163f., 166f., 172, 178, 183, 190, 194, 199, 202, 206, 208
  neue 163
Erziehungsberatungsstelle 16, 28
Erziehungsfehler 96
Erziehungsgrundsatz 167
Ethik 15, 60, 110, 117, 149, 159, 183
Ethiker 101, 109f.
ethisch 11, 48, 53, 60, 63, 68, 105, 132, 158f., 185
ethische Idee 60
ethnopsychoanalytisch 8
Eugenik 52
Eugeniker 26, 52
Eunuchoidismus 99
Evolution 27, 147, 164, 183–186, 187, 189, 191f., 195, 200, 205
evolutionäre Theorie 89

Ewigkeit 147, 149, 188
Ewigkeitswert 186
Exanthem 66
Exanthemausbruch 70
exogen 204, 209, 212
exogener Faktor 204
Expansionstendenz 91, 95, 98 f., 139
Expressionistenszene 30
Extremist 180

F

falsche Scham 120, 127 f.
familiale Beziehung 9
Familie 9, 17, 26, 83, 96, 100, 109, 117, 119, 133, 137, 150 ff., 155, 171, 185, 188, 196 ff., 203, 207, 212
  zufällige 110
Familiengründung 150
Familienleben 132
Faschismus 8, 17, 21, 176, 179 f.
Fatalismus 22, 58
Fatalismus-Diskussion 22
Faulheit 201
Fehlentwicklung 199 f., 204 ff.
Fehlschlag 161, 181, 186, 188 f., 191, 200, 204, 210 ff.
Fetischismus 32, 92
Fiktion 10, 14, 32, 82 f., 91, 98, 140, 172
  leitende 82
fiktiver Lebensplan 77
fiktives Persönlichkeitsideal 78
Finale 68, 110
Flucht vor der Frau 92
Formenwandel 82 f.
Formwandel 32
Fortpflanzung 135, 185
Fortschritt 17, 22, 47 ff., 51, 118, 133, 145, 184, 194 f., 197, 199, 205
Französische Revolution 21, 23, 25, 180
Frau
  Angst vor der 26, 61
Frauenbewegung 27
Frauenemanzipation 28, 88, 91
Frauenfrage 13, 15, 28
Frauenparlament 91
Frauenrechtler 134

Frauenrolle 97, 140 f.
Freier 26
Freudomarxisten 22
Frieden 8, 56, 124, 179
Frigidität 64, 97, 152
Frontdienst 124
Führer 21 f., 24 f., 30, 43, 73, 124, 127, 130, 161, 163, 166, 180, 183 f., 188
Führer der Menschheit 43, 73, 161
Führung 12, 47, 166
Furcht vor Degradierung 12, 58
Furcht vor der Frau 32, 65, 67 f., 72, 88, 91, 137

G

Gangart 187
Ganzheit 198 ff., 202
Ganzheitsbeziehung 198
Geburtenkontrolle 26
Geburtenregelung 16, 154
Geburtenrückgang 27, 52
Geburtenüberschuss 134
Gefühl 10 f., 31, 46, 55, 65 f., 78 f., 81, 84 ff., 91, 93, 97, 100, 103, 105, 109, 112, 118 ff., 128 f., 140 f., 148, 165, 167, 173, 177–182, 184, 187, 190 f., 200, 202, 205, 210 f.
Gefühl der Minderwertigkeit 65 f., 78, 173, 181, 187
Gefühl der Unterlegenheit 180
Gefühl der Unvollkommenheit 182
Gefühl der Wertlosigkeit 190 f.
Gefühl der Zusammengehörigkeit 11
Gegenfiktion 33
Gegenrevolution 142
Gegensatz 32 f., 65, 101–104, 108 f., 155, 210
Gegenspieler 82
Gegenwille 114
Gegenzwang 114
Gehorsam 114, 120 f.
Geisteswissenschaft 160
Geiz 59, 63, 78
Geldverlust 209
Geltungsbedürfnis 139
Geltungsdrang 10

Sachverzeichnis 229

Geltungstrieb 137f.
Gemeinsamkeit 133, 151, 153
Gemeinsamkeitsgefühl 138
Gemeinschaft 9ff., 15, 21, 32, 67, 88, 92, 100, 111f., 114, 116ff., 147ff., 151, 153, 159, 179, 187, 189, 201, 205, 210
Gefühl der 112
Gemeinschaftsaufgabe 147
Gemeinschaftsbestrebung 93, 115
Gemeinschaftsgefühl 9ff., 15, 22–25, 28f., 31, 33, 6f., 86, 102, 105, 109, 111, 113, 115f., 118f., 127, 149ff., 157–164, 166, 182ff., 187, 189f., 192, 193ff., 197–201, 203–206, 208–212
Gemeinschaftsgeist 158
Gemeinschaftsidee 10, 88, 92
Gemeinschaftsleben 210
Gemeinsinn 10, 23, 92, 98, 108, 111ff., 118
Gemeinwohl 41
Generalstab 121, 123f., 126ff.
Genie 29, 31, 60, 73, 143
Genius 182
Genossenschaft 20
Genossenschafter 30
Gesamtheit 104, 148, 151, 169, 184, 186, 194, 196, 202
Geschlechterkampf 183
Geschlechtermetaphorik 9, 11
Geschlechterverhältnis 26, 61, 154
geschlechtliche Liebe 195
geschlechtliche Unmäßigkeit 55
Geschlechtskrankheit 26, 45, 52f., 57, 61, 134f., 151
Geschlechtsleben 52f., 55
Geschlechtslust 134
Geschlechtsrolle 89, 92, 97
Geschlechtstrieb 54, 56f.
Geschlechtsverkehr 55f., 132, 135, 137
Geschlechtszugehörigkeit 11
Gesellschaft 7, 8, 11ff., 17, 19, 26, 35, 56, 63, 78, 84, 89f., 95, 97f., 107, 118, 131f., 134ff., 138–141, 147f., 150, 152f., 159, 161, 164, 171, 178, 181, 190
Gesellschaftsideal 133
Gesellschaftsleben 97, 141
Gesellschaftsordnung 134

Gesellschaftsproblem 133
Gesellschaftsprodukt 20
Gesellschaftsschicht 135
Gesetzmäßigkeit 149ff., 170
 eherne 148
gesunder Menschenverstand 199f., 202, 204f.
Gesundheit 18ff., 37, 45f., 48, 55, 57, 80, 149
Gesundheitsbuch 20
Gesundheitspflege 40, 44ff.
Gesundheitspolitik 18, 20
Gesundheitswesen 12
Gewalt 22f., 82, 111, 113–117, 127, 139, 179, 181
Gewerbehygiene 20, 42
Gewerbetreibende 50, 139
Gewerkschaft 20
Gewerkschaftsbewegung 13
Gewissen 75, 82, 160, 182
Gewissensbisse 32
Glaubensbekenntnis 108, 159
Gleichberechtigung 12, 28, 90, 190
Gleichgewicht 197
Gonorrhoe 62
Gott 78f., 82, 104f., 108, 114, 125, 129, 161
Gottähnlichkeit 79, 82, 119
Gottheit 78, 108, 129
göttliches Wesen 146
Gouvernante 141
Grausamkeit 59, 78, 144, 178, 179
Grenze 32, 62, 76f., 79, 101–105, 112, 137, 143f., 155, 179, 205, 208, 210
Grenzgefühl 105
Größenwahn 120, 123
großer Mann 166
Großmannssucht 138
Grunddialektik 159

H

Halluzination 32, 75, 85ff.
halluzinatorische Erregung 64
halluzinatorische Kraft 85
Harakiri 209
Hassmotiv 165
Haupteigenschaft 201

hegemonial 183
Heilwirkung 152
Held 33, 66, 72, 77, 101f., 104f., 109, 119,
  120, 128, 179
Heldentum 101, 104f., 108
Hemmung 22, 58, 60
Hemmung der Aggression 22
Heredität 91, 191, 197, 209
hermaphroditisch 61
Herrschaft 10, 83ff., 104, 112, 115f., 118,
  163, 180
Herrschaftsgelüste 118, 138
herrschende Klasse 51, 86, 126
Herrschenden, die 19, 23, 24, 111, 120f.,
  144
Herrschsucht 24, 64, 78, 80, 84, 93, 97,
  113, 115, 136, 151
Heterosexualität 27, 54, 92, 97, 99
heterosexuelle Liebe 92
Hexenkünste 190
Hexenverbrennung 190
Hexenverfolgung 183, 185
historischer Materialismus 188
Höherentwicklung 12, 190, 194f.
Homöostase 197
Homosexualität 10, 17, 26f., 56, 64,
  88–92, 94–100, 136, 140
homosexuell 85, 89, 91, 100, 140
Homosexuelle, der/die 52, 56, 90–, 93,
  97–100
Homosexuellenbewegung 27
homosexuelle Perspektive 100
Hygiene 17, 18, 26, 40ff., 44ff., 48, 50,
  52f., 55, 149
  Gewerbe- 17f., 26, 40ff., 44ff., 48, 50,
    52f., 55, 149
  Sozial- 17f., 26, 40ff., 44ff., 48, 50,
    52f., 55, 149
Hygieniker 134
Hypochondrie 61
hypochondrisch 62, 64, 81, 83

I

Idee 14, 25, 31f., 36, 58ff., 111f., 155, 161,
  177, 191, 194
  altruistische 58f.

Identifikation 24
Identifikationsbegriff 11
Idiosynkrasie 59f.
Imperialismus 113
imperialistische Tendenzen 165
Individualität 98, 178
Individualpsychologe 11, 28, 34, 157f.
Individualpsychologie 8f., 11, 14–17, 23,
  27ff., 32ff., 61, 65, 72f., 76, 88, 91,
  93–96, 99, 101, 114, 119, 131, 135, 154,
  158–168, 172, 177, 183f., 188, 194, 196,
  198, 200, 202f., 208ff.
Individuum 13, 15, 21, 25, 99, 148, 16ff.,
  178, 191, 195, 199f., 202, 204ff., 210
Industrialisierung 18, 117
inferiority complex 164
Instinkt 75, 78, 202
interaktionistisch 9
intuitives Erfassen 14, 188
Inzest 117, 150
Irrtum 99, 104, 108, 119, 136, 148, 151, 191
isolierter Held 105, 107f.
isoliertes Heldentum 105, 109

J

Jakobinerklub 143
Jugendbewegung 21

K

Kaiser 76, 105, 177, 179
Kamerad 107, 129, 173
Kameradschaftlichkeit 92f., 132
Kameradschaftsgeist 24
Kampf 15, 19, 22f., 31, 44, 56, 67, 91, 93,
  97, 113f., 116, 123, 128, 135, 143, 158,
  161, 165ff., 177ff., 192, 205
Kampf der Geschlechter 67, 167
Kampf gegen Degradierung 22
Kapitalismus 11, 22, 111, 113f., 117
Kassenarzt 49
Kastration 66
kategorischer Imperativ 109
Keuschheitsfanatiker 137
Kinder
  verwahrloste 157
Kinderasyl 41, 45

Sachverzeichnis

Kindererziehung 26, 28, 154, 166
Kindergarten 206
Kinderheim 16
Kinderliebe 28
Kinderschänder 85
Kinderschändung 75, 87
Kindersegen 53, 56, 156
Kinderzahl 55, 93, 97
Kindheitserinnerung 98, 107
Klasse 19, 49, 53, 59, 117, 145, 180
Klassenbegriff 60
Klassenbewusstsein 23, 58 ff.
Klassenherrschaft 113
Klassenkampf 12, 17, 21–24, 58, 165, 167
Klassenkampftheorie 59
klinische Psychologie 8
Klopffechter (Wortstreiter) 121
Knabenliebe 91 f.
Knechtseligkeit 121
Kollektivismus 11, 24
Kommunismus 111
Kompensation 9, 10, 14, 21, 30, 58, 69, 158, 176, 179, 194, 197
Kompensationsbedürfnis 176
Kompensationsprozess 197
Kompensationsversuch 100
kompensatorisch 10, 24 f., 66, 72, 78, 88, 93, 95, 169, 172
Komplex 31, 109, 177, 181
Kompromissstandpunkt 134
Kondom 56, 63
Königtum 142
Konstitution 89, 139, 211
Kooperation 11, 64, 188, 190, 192, 200, 204 f.
koprophil 60
Körperlichkeit 80, 160
Kosmos 147, 198, 201
Krankenkasse 20, 41
Krankenversicherung 41, 48
Krankenversorgung 49
Krankheit
  venerische 42, 56 f., 67
Krankheitsstatistik 44
Krebsschaden 11
Krieg 7 f., 10, 15, 22 ff., 111, 115, 118–125, 127–130, 163, 165, 167, 178, 180, 183, 190, 192
Kriegsbegeisterung 122 f.
Kriegsdichter 127
Kriegsdienst 24, 120, 125
Kriegsdrohung 205
Kriegsfreiwilliger 127, 129 f.
Kriegsgegnerschaft 24
Kriegsgewinner 124, 127
Kriegslust 126
Kriegsneurose 15, 24, 94
Kriegsneurotiker 24
Kriegspsychose 24, 129
Kriegssituation 23
Kriegstreiberei 8, 22
Kriegsziele 23
Kriminalität 201
Kriminelle 200
Kultur 7 ff., 11, 15, 17, 24, 91, 104, 112, 115, 133, 135, 137, 141, 143, 149, 164, 172, 179, 183, 194, 197
kulturelle Aggression 58
Kulturforderung 57
Kulturgedanke 111
Kulturschaffende 8
Kulturstaat 55
Kulturwissenschaftler 8
Kunst 8, 14, 29–32, 34, 37, 48, 68, 76, 110, 118, 121, 137, 185, 189, 191, 193, 196
Kunstgriff 78, 82, 84, 92, 95, 97 f., 137, 139, 140
Künstler 8, 29 ff., 36, 61, 68 f., 73, 101, 105, 110 f., 189
Künstlermythos 31
Künstlerpsychologie 7, 17, 29 f.
Künstlerseele 105
Kunstschaffen 30, 105
Kunstschöpfung 106
Kunstwerk 30, 32, 73
Kurpfuscherei 53

L

Lachen 110
Lebensaufgabe 28
Lebensfrage 152, 195
Lebenskampf 166

Lebenskonzept 204, 206
Lebenslauf 177
Lebenslinie 89, 100
Lebensplan 81f., 88, 94f.
Lebensreformbewegung 21
Lebensregel 186
Lebensschule 147
Lebensstandard 19
Lebensstil 33, 183, 187f., 190f., 194f., 199f., 202ff., 208f., 211
Lebenswahrheit 76
Lehrer 33f., 50, 53, 110, 115
Lehrerbildung 16
Lehrkanzel (Lehrstuhl) 17ff., 44ff.
Leitbild 27, 95
leitende Idee 23, 112, 144, 172
leitende Persönlichkeitsidee 78
leitendes Ziel 84, 108
Leitlinie 77, 78, 82f.
Liberalismus 180
Liebe 30f., 63f., 66–69, 94f., 108, 115, 117, 125, 144, 150ff., 160, 167, 171, 184, 187, 189–201, 209
Liebesbeziehung 28, 97, 149, 201
Liebesenttäuschung 209
Liebesleben 132, 149, 151
Linkshänder 172
Literatur 7f., 12, 15, 17, 29, 34, 111
Literaturinterpret 34
Logik des menschlichen Zusammenlebens 112, 117, 161
Lues 57, 63, 67, 70
Lüge 104, 109, 113, 116, 118
Lügennachricht 121
Lustprinzip 14

M

Macht 10, 14, 22f., 25, 32f., 43, 49, 67, 68, 70, 78, 81, 83, 92f., 95, 10f., 110–114, 116, 118f., 150, 164ff., 177, 180, 188, 193, 202
  persönliche 161
Machtausübung 23
Machtbestrebung 113f.
Machtgelüste 120, 129
Machtgier 23, 112f.

Machthaber 49f., 126f., 142
Machtkategorie 10
Machtkitzel 113, 115, 120
Machtkritiker 14
machtlüstern 161
Machtmittel 114
Machtposition 32
Machtprinzip 115
Machtpsychologe 14
Machtrausch 23, 115ff., 119
Machtstreben 10, 23f., 26, 32f., 111, 118, 180
Mädchenhändler 138
Maler 62, 68, 171
Malerei 61, 67ff.
Mangel an Gemeinschaftsgefühl 164, 204, 206
Manngleichheit 97
männlicher Protest 11, 14, 26, 28, 32, 166
männliche Weltanschauung 190
Marxismus 7, 13, 17, 21f., 58
marxistisch 12, 16, 19, 22, 47, 158
marxistische Staatsauffassung 47
Masochismus 15, 64, 92
Masse 21f., 24f., 43, 57, 97, 108, 118f., 123, 126, 136, 143, 163–166, 176, 180, 183f., 186, 188–192, 195, 197, 200, 204, 206
Massenaktion 184
Massenanalyse 59
Massenanschauung 189
Massenbewegung 7, 21f., 24, 128, 163, 165f., 183ff., 188–194, 205f.
Massenbewusstsein 114
Massendesertion 124
Massenerscheinung 94, 133, 138
Massenneurose 24, 120
Massenprodukt 184
Massenpsyche 21, 119, 183, 185, 187f., 190, 193
Massenpsychologie 8, 17, 21ff., 25, 183, 189, 191
massenpsychologisch 120, 164, 185
Massenströmung 164, 166, 189
Massensuggestion 21
Massenteile 184

Masturbant 57
Masturbation 52, 53 f., 56, 63, 92, 97
materialistische Geschichtsauffassung 188
Mechanismen der Macht 33
Medizin 18 f., 40–46, 48, 51, 83
 prophylaktische 44
 soziale 18 f., 44 ff.
medizinische Wissenschaft 45 f., 50 f.
Medizinisierung 8
Meinung 15, 46 f., 56, 81, 90, 127, 170, 187, 189, 195, 200, 202, 210
Melancholie 55
Memento 81
Menschenbild 12
Menschenkenner 29
Menschenkenntnis 16, 30, 73, 77, 161, 209
Menschenmasse 185
Menschheit 12, 21, 23 f., 43, 55, 107, 112 f., 116, 118 f., 125, 127, 136, 148, 150 f., 157, 163, 165 ff., 182, 184–189, 191, 193–197, 199 ff., 203–207, 209
menschliche Evolution 186 f., 193
Menschlichkeit 182
Mentalität 21
Militärarzt 50, 126
Militarismus 114, 123
Militärkoller 124
Minderwertigkeit 58, 63, 65, 69, 84 f., 93 f., 96, 140, 165, 167, 170, 177 ff., 181, 197
Minderwertigkeitsgefühl 9 f., 14, 21, 31, 33, 82, 93–96, 99 f., 117, 137, 141, 150, 153, 158, 163–167, 172, 177 ff., 181
Minderwertigkeitskomplex 163 f., 167, 177, 179, 203, 210
Minussituation 189
Misstrauen 49, 66 f., 93, 115, 126, 136
Mitarbeit 189, 210
Mitfreude 185
Mitleben 99, 210
Mitleid 37, 59, 68, 83, 211
Mitläufer 193
Mitmensch 65, 75, 79, 119, 123, 147, 149, 150 ff., 160, 200, 206
Mitmenschlichkeit 104, 150, 152, 160, 187, 190, 210
Mittwochgesellschaft 8 f., 11, 15, 19, 22, 27–30
männlicher Triumph 69
Männlichkeit 11, 54, 57, 66, 80 f., 139, 141, 163, 167
Moral 22, 26, 58, 79, 86, 90, 133 f., 139, 154, 157, 160 f., 163
moral insanity 96, 137
moralische Fähigkeit 163
moralischer Schwachsinn 96
Moralisieren 134
Morphinist 212
Märchen 35, 73
Musikerberuf 171
Musterungsarzt 123
Musterungskommission 123
Mutter Erde 148
Mutterliebe 154, 157
Mutterschaft 12, 140, 155 ff.
Mutterschaftszwang 28, 154 f., 157
Mystiker 106

N
Narzissmus 10
narzisstische Persönlichkeit 32, 72
Nation 124, 126, 178, 191
Nationalismus 113
Nationalökonomie 44, 46, 59
Nazis 17, 24, 52
Nazismus 21
Nazizeit 11
Nächstenliebe 33, 101, 104 f., 108 f., 195
Neid 78, 112, 136
Nervosität 77, 94, 165, 189
nervöser Charakter 24, 32 f., 68, 72, 138 f.
nervöser Typus 136
Neue Frau 27
Neurasthenie 52, 55
Neurastheniker 53
Neurose 27, 30 ff., 57, 60 f., 63 ff., 69, 77, 79, 82, 85, 88, 94, 100, 137, 161, 164, 189
Neurotiker 26, 31, 60–63, 65, 68 f., 79, 85, 94

neurotische Disposition 95
neurotische Psyche 84
Niedergedrückte, der/die 179
Nieskrampf 66
Nivellierung 59
Norm 26, 79, 88, 97, 148, 197, 204
notwendiges Übel 134
Novelle 30, 32, 72, 76, 84, 87
Nützlichkeit 152

O
Objekt 91, 116, 119, 134, 136, 153
Obrigkeit 124
Öffentlichen Sanitätspflege 18, 40, 44
Ohnmacht 43, 12 f., 129
Ohnmachtsgefühl 10
Okklusivpessar 56
Ökonomische Bedingungen 188
Oktoberrevolution 21
Omnia ex opinione suspensa sunt 81
Opfer 36, 45, 80, 87, 107, 112, 120, 123, 128, 140–144, 152
Organminderwertigkeit 30, 65
Organminderwertigkeitsthese 31

P
Palliativmittel 41
Panslawisten 108
Paragraph 144 17, 154 f.
Paralyse 62, 64
Parasiten 40
Paroxysmus 136
Partei 16, 19, 45, 51, 108, 116, 121, 180
Pathografie 8, 29, 142
Pathologie 27, 30
pathologisches Genie 30
patriarchalische Gesellschaft 11
patriarchalisches System 114
Patriotismus 78, 123
Pädagoge 89, 162
Pädagogik 16
pädagogische Intervention 15
persönliche Macht 161
Persönlichkeit 25, 33, 72, 75 ff., 81, 121, 138 f., 147, 191, 200, 202, 204, 208
  wechselnde 79

Persönlichkeitsgefühl 14, 80, 82 f., 92
Persönlichkeitsideal 72, 78, 80, 82, 84, 95
  fiktives 78
Persönlichkeitsidee 78
  leitende 78
  vergöttlichte 77
Persönlichkeitstheorie 9, 12
Perverse, der/die 56, 89 f., 93, 97
Perversion 27, 64, 88–95, 97, 99, 117, 140, 178
Perversionsneigung 90
Philosoph 8, 13 f., 29, 61, 67, 158, 162, 194
Philosophie 12, 14 f., 68, 147, 159, 191
Phobie 62, 66 f., 70, 94
Phobiker 62, 68
Physiologie 54, 158
Platzangst 66, 69, 81
Polarität 159
politische Bewegung 17, 207
politische Führer 17
politische Macht 25
politische Psychologie 17, 21
politischer Narzissmus 8
Polizeiarzt 50
polygamische Neigung 150
praktischer Arzt 42, 49 f.
praktische Vernunft 183 f., 188
Prüderie 52
Prestigepolitik 24, 136
Prüfling 169 f., 174
Prüfung 69, 81, 169 ff., 173 f.
Privatangelegenheit 151
private Intelligenz 191
produktive Kraft 188
Proletariat 21, 59, 117, 142
  Kampf des 23, 113 f.
Prophet 104
Prophylaxe 18, 43 f., 46, 208
Prostituierte 70, 85, 131 f., 135, 138, 139 f., 151, 200
Prostituierung 138
Prostitution 17, 26, 53, 57, 131–138, 140 f.
Prostitutionsbedürftige 131, 136, 138 ff.
Prostitutionsfrage 133
Pseudomasochismus 64
Psychiater 89, 129, 139, 177, 206, 212

Psychiatrie 26 f., 79, 83, 164
psychische Impotenz 63, 66
psychischer Hermaphroditismus 11, 26, 62, 79
Psychoanalyse 8 ff., 15 f., 22, 26 f., 29, 32, 58 f., 61, 72
Psychografie 29 f.
Psychologe 16, 76, 83, 89, 101, 108, 110, 155, 157, 160, 173, 177, 194, 206
Psychologie 8 f., 16, 21 ff., 26, 58 ff., 72 f., 101, 110, 131, 133, 135, 159, 163 f., 178, 183 f., 189, 195
  vergleichende 85
Psychoneurose 77, 95
Psychopath 157
Psychopathologie 12
Psychose 77, 85, 137, 202
Psychotechnik 174
Psychotherapeut 9, 177

R
Rassenhygiene 52
Rassenhygieniker 52
Reaktionsbildung 60
Realist 108
Redner 36, 144, 171, 178, 180
Reflex 202
Reformbewegung 27
Regierung 15 f., 19, 37, 42, 44 f., 47 f., 50, 103, 115, 127
Regimentsarzt 125
Reizbarkeit 165
Religion 86, 107, 149, 162
Repression 26
Republik 15, 21, 147
Revolte 82 f., 88, 92, 100, 106, 110, 115, 126, 134, 141
Revolution 7, 15, 23, 73, 142–146, 180 f.
Richtung 16, 24, 31, 76 f., 85, 91 f., 99, 119, 128, 132, 150, 152, 160, 164, 166, 170, 174, 183, 185 ff., 190, 192 f., 195, 200, 203, 205 f., 210, 212
Rotes Wien 7, 15 f., 23

S
Sadismus 15, 60, 92

sadistischer Trieb 60
Scham 125
Schamgefühl 59, 117, 130
Schande 24, 123, 129 f.
Schein 14, 53, 79, 81 f., 90, 94, 115, 139, 150
Scheinbewusstsein 211
Schmerz 210 f.
Schneidergewerbe 20
Schockwirkungen 189
Schöpfung 32
schöpferisch 199
schöpferische Kraft 194, 197
schöpferischen Kraft 85, 187, 204
Schöpferkraft 105, 149
Schöpfung 76, 104 f., 107, 113, 151, 202 f.
Schuld 24, 98, 102 f., 109, 118, 120, 125 f., 130, 165
Schulden 209
Schuldgefühl 105
Schule 9, 16, 45, 50 f., 53, 92, 119, 121, 145, 147, 161, 166 f., 169, 171, 173 f., 177, 194, 199 f., 206 f.
Schulreform 16, 173
Schwachsinnige, der/die 197
schwachsinnige Personen 202
Schwangerschaft 65, 84, 97, 152, 154–157
  unerwünschte 155
Schwangerschaftsunterbrechung 155
Schwächegefühl 94 f., 100, 114, 138, 153
Seelenbild 125
Seelenkunde 14, 61, 111 f., 115
seelische Dynamik 150, 171
seelischer Apparat 113
seelisches Niveau 161
seelisches Organ 114, 153
seelische Widersprüche 104
Selbstbefriedigung 26, 201
Selbstbereicherung 139
Selbstbewusstsein 91, 137, 161
Selbstgefälligkeit 211
Selbsthilfe 47, 49, 51
Selbstmord 7, 17, 72, 75, 111, 118, 128, 208 ff., 212
Selbstmordepidemie 209
Selbstmordidee 212

Selbstmordtypus 211
Selbstmordversuch 211
Selbstmordzahl 209
Selbstmörder 208–212
Selbstmörderfürsorgeverein 209
Selbstunsicherheit 121, 137
Selbstverteidigung 165
Selbstvertrauen 93, 139, 166, 173
Selbstwert 172
Selbstwertgefühl 10, 161, 172
sense of inferiority 164
sense of solidarity 164
sentimentalische Dichtung 62
Sentiment d'incompletude 78
Seuche 41, 44, 48, 151, 205
Sexualaufklärung 26
Sexualbegehren 32
Sexualberatungsstelle 28
Sexualbetätigung 53, 56, 97
Sexualbeziehung 139
Sexualerziehung 25
sexualfetischistisch 135
Sexualfunktion 201
Sexualhygiene 52 f.
Sexualität 26
Sexualität 7, 25 ff., 53 f., 57, 82, 140, 147, 154, 156, 181
    eheliche 27
Sexualitätsdiskurs 17, 25 f.
Sexualmoral 8
Sexualpädagogik 26, 52
sexualpolitischer Diskurs 25
Sexualreform 8, 25
Sexualreformbewegung 26
Sexualspannung 86
Sexualtrieb 25, 53, 98 f., 136
sexuell Perverse, der/die 200
sexuelle Abnormität 74
sexuelle Befriedigung 54
sexuelle Beziehung 25
sexuelle Emanzipation 26
sexueller Jargon 26
Sicherheit 43, 78, 81, 86, 90 f., 93, 102, 109, 155, 165, 192, 195
Sicherung 62, 64, 66, 69, 80, 84, 86, 100
Sicherungsmechanismus 61

Sicherungsnetz 63
Sicherungstendenz 62–65, 68 ff.
Siegfrieden 127, 130
Simulant 24
Sinn des Lebens 147 f., 152, 185 f., 189, 196
Sinnlichkeit 78, 131, 139
Sklavendienst 130
Sklavengehorsam 121
Sklavenherde 124
Sklaverei 56, 126
Säkularmensch 77, 106
Solidarität 11, 24, 164
Sozialcharakter 183
Sozialdemokratie 13, 14, 17, 19, 22, 23, 35, 117, 142, 154
soziale Anpassung 187
soziale Bereitschaft 205
soziale Beziehung 7, 9, 25, 205
soziale Frage 12, 18
soziale Gesetzgebung 18, 49
soziale Instanz 10
soziale Interaktion 11
soziale Lage 9, 18, 20
soziale Maßstäbe 10
soziale Medizin 18 f., 44 ff.
soziale Realität 9
soziale Relation 9
soziale Stellung 155
soziale Struktur 97, 133, 183, 187
soziale Störung 199
soziale Verhältnisse 18
soziale Zellorganisation 42
sozialer Druck 199, 205
sozialer Fortschritt 200, 206 f.
sozialer Kontakt 200 f.
sozialer Kontext 9
sozialer Vergleich 9 f.
soziales Feld 9
soziales Gebilde 149
soziales Gefühl 183
soziales Genie 166
soziales Interesse 11
soziales Leben 10, 147, 190, 193
soziales Problem 187, 204
soziales Umfeld 9
soziales Wesen 7, 9, 11

Sozialhygiene 19, 41, 45
Sozialhygieniker 26
Sozialismus 10, 22, 58, 60, 111, 113 f., 117 f., 177, 179
Sozialist 13, 114, 178, 180
sozialistische Bewegung 16, 176
sozialistische Tendenzen 16
Sozialmedizin 7, 17 f., 21, 47
Sozialmediziner 19
Sozialpolitik 48 f.
Sozialpsychologie 8, 21, 183
sozialpsychologisches Denken 9
Sozialwissenschaft 159
Soziologe 28, 89, 179, 194, 206
Soziologie 159
Spannung der Geschlechter 150
Sparsamkeit 80
Spießer 161
Sprache 53, 136, 149, 160, 163, 183 f., 196, 202
Staat 19, 22, 41 f., 44, 47, 49 f., 55 f., 72, 82 f., 86 f., 126, 133, 191
Staatshilfe 17, 47, 49, 50 f.
Stachelrede 121
Standespolitik 19, 47
Statistik 44, 46, 93, 132, 202
statistische Wahrscheinlichkeit 192
Strafe 27, 56, 73, 76, 89, 97, 103, 129, 132, 138, 142, 148, 173
Streben nach Überlegenheit 181
Streben nach Überwindung 10, 183, 189
Streben nach Geltung 10
Streben nach Herrschaft 112
Streben nach Macht 9 ff., 23, 101, 104, 112 f., 176, 180
Strom der Evolution 185, 187 f., 190
Störung 74, 97, 199 ff.
Subjekt 116 f.
subjektiv 22, 100, 138 f., 159, 203, 210
subjektiver Faktor 22
Subjektivität 202
sub specie aeternitatis 149, 183, 188
Symptom 55, 61 ff., 65, 74, 189, 212
Syphilidophobie 17, 26, 61, 63 ff., 67, 69 ff.
Syphilisfurcht 61, 64

T

Tabes 62, 64, 70
Technik 8, 118, 163, 190, 197
teleologisch 171
Test 169
Testsituation 210
Thanatos 70
Therapie 8, 41 ff.
Therapierbarkeit 27
Tod 70, 79, 83 f., 87, 123 f., 145, 184, 199, 208
Tradition 9, 150, 168
Training 31, 88, 103, 169 f., 172, 174
Trauer 80, 210 f.
Traum 24, 30, 70, 86, 101, 105 ff., 110, 212
Traumatisierung 8
Trieb 9, 25, 59, 77, 159, 202
triebhaft 149
Triebkraft 11, 17, 30, 76
Triebleben 58 f.
Trieblehre 59
triebpsychologisch 9
Triebumwandlung 14
Trigeminusneuralgie 64
Trinker 200, 212
Trotz 52, 89, 93, 95 f., 143, 150
Tugend 96, 128, 141, 145
Täuschung 24, 119

U

Über den nervösen Charakter 85, 91, 136
Überempfindlichkeit 67, 93, 136, 165
Überlegenheit 10, 68, 79, 82, 90 f., 95 f., 100 f., 104, 107, 113, 115, 118, 136, 140, 150, 156, 160, 178 f.
Überlegenheitsäußerung 178
Überlegenheitsgefühl 177
Überlegenheitskomplex 176 f., 181
Überlegenheitsreaktion 178
Überlegenheitsstreben 179
Übermensch 180
Überwinder 117, 173
Umstürzler 106
Umsturz 134
Umwelt 191, 198, 202
Umwelteinfluss 191, 202

Unbewusste, das 29, 65, 203
unbewusster Anteil 30
Unbewusstes 202
Unduldsamkeit 136
Unfallversicherung 41
Ungerechtigkeit 144, 192
Ungeschicklichkeit 172
Unmäßigkeit 52, 55 f.
Unsicherheit 10, 31, 65 f., 69, 78, 81, 84, 91, 103, 114, 167, 192, 205
Unterbewusstsein 164
Unterdrückung 60, 163, 167, 178 ff., 191
Unterlegenheit 180
Unterwerfung 33, 64, 78, 83, 95, 106 f., 115 f., 183
Unverantwortlichkeit 98 f., 107, 128, 137
Urbanisierung 18
Urninge 56
Utilitarismus 159, 161

V

Vaginismus 97
Vaterlandsverteidigung 10
Vatermord 32
Vatermörder 102
Vatertötung 34
venerische Krankheit 42, 56 f., 67
Verantwortlichkeit 24, 118 f.
Verbrechen 75 f., 97, 100, 125, 164, 182
Verbrechensneigung 137
Verbrecher 75, 84 f., 118, 177
Verbrechertypus 138
Vererbung 54, 202
Verführung 24, 99, 141
Vergesellschaftung 159
vergleichende Psychologie 85
vergöttlichte Persönlichkeitsidee 77
Verhaltensmuster 177 f., 181
Verhütung 28, 53, 57, 184
Verichhaftung 159
Verletzlichkeit 208
Verletztheit 211
Vernunft 160
Versicherung
    Kranken- 41, 48
    Unfall- 41

Verstehen 29, 158, 197, 210
verwahrloste Kinder 157
Verwöhnung 178, 188
Völker 112, 127, 165, 179
Völkerbund 111
Völkerleben 115
Volk 16, 19, 21 f., 24 f., 35, 41 f., 44 ff., 49, 55, 92, 108, 112, 114, 117, 120–127, 130, 142 ff., 146, 151, 165 f., 176, 179, 180, 191
Volksausbeuter 127
Volksbildung 16
Volkskrankheit 42
Volkswille 97
Volkszahl 133
Vollkommenheit 152
voluntären Ambivalenz 62
Vulgärpsychologie 113

W

Wahnsinn 29
Wahrheit 45, 53, 73, 101, 102, 104, 108, 112, 113, 117, 119, 130, 144, 160, 191
Wahrnehmung 202
Wahrscheinlichkeit 202, 204, 205
Waschzwang 65
weibliche Charakterzüge 11
weibliche Rolle 70, 131, 140 f.
Weisheitslehrer 147
Weltanschauung 115, 117 f., 131, 133, 136, 141, 189, 193
Weltbeherrschung 186
Werk 7 f., 11, 14, 24, 29 f., 33, 44, 48 f., 53, 60, 68, 83, 117, 144, 162, 182, 195
Werkinterpretation 32, 72
Wert 32, 46, 51, 91, 148 f., 152, 155, 174, 183 f., 191, 196, 202, 205, 211
Wertgefühl 189 ff.
Wertung 85, 148
Widerspruch 51, 68, 98, 108, 114, 122, 134, 148 f., 170, 186, 192, 210
Wiederkehr des Gleichen 68
Wille zum Schein 14
Wille zur Macht 10, 14, 82, 114, 116
wirhaft 159
Wirklichkeitssinn 119
Wissenschaft 19, 29, 42, 45 ff., 50, 54, 88,

100, 113, 115, 118f., 127, 131, 150, 190f., 194, 196ff.
Wissenschaftler 12, 27, 29, 194, 203
Wissenschaftlichkeit 159
wissenschaftsfremd 159
Wohlfahrt 163, 167, 169, 185, 190, 194f.
Wunsch nach Kindern 149

Z
Zärtlichkeitsbedürfnis 10
Zeitungsschreiber 127, 130
Zellorganisation
 soziale 42
Zellularpathologe 19
Zellularpathologie 15, 42
Zensur 122, 160
zögernde Attitüde 83f., 94
Ziel 24, 44, 46, 80, 83, 94f., 98, 101, 104, 108, 110, 113f., 116, 119, 134, 142, 144, 146, 149, 161, 165, 171, 173, 182, 184f., 186, 188, 191, 195, 200, 202f.
 leitendes 84, 108
Zielstrebigkeit 158
Zittern 55, 124
Zitterneurose 129
Zärtlichkeitsbedürfnis 58
Zuchtwahl 52, 54
Zuhälter 131, 138, 140f.
Zuhältertum 138
Zusammengehörigkeit 112, 117f., 132, 160
Zusammenhang 8–12, 17–20, 30f., 50, 54, 60, 62, 66f., 72, 75, 77, 97, 100, 103, 105, 109, 117, 133, 137f., 140, 145, 147–150, 162, 174, 194, 197, 203, 206
Zusammenhangsbetrachtung 161f.
Zwang 24, 100, 113f., 129, 132, 149, 157, 185ff.
Zwangserscheinung 66
Zwangsidee 75
Zwangsvorstellung 32, 70
Zwang zur Evolution 186
Zwecksetzung 14
Zweifel 49, 66, 81, 86, 91, 144, 189, 205, 207
Zweigeschlechtlichkeit 149
Zwei-Stadien-Theorie 201
Zwiespältigkeit 102